Erinnern und Überliefern

Günter Scholdt · Schlaglichter auf die „Innere Emigration“

Günter Scholdt

Schlaglichter auf die „Innere Emigration“

Nichtnationalsozialistische Belletristik in Deutschland 1933–1945

Lepanto Verlag, Rückersdorf üb. Nürnberg

Bibliographische Information der Deutschen Nationalbibliothek
Die Deutsche Nationalbibliothek verzeichnet diese Publikation in der Deutschen Nationalbibliographie; detaillierte bibliographische Angaben sind im Internet über http://ww.d-nb.de abrufbar.

Lektorat: Christoph Fackelmann
Gestaltung und Satz: werksatz-dresden.de
Gesetzt aus der Arno Pro

Druck: Druckerei Böhlau, Leipzig

ISBN 978-3-942605-25-0

I. Einleitung

II. Schlüsseltexte der Inneren Emigration

Subversive Epik

Zweierlei Erzählen über Geschichte

Dramatik im „Dritten Reich"

Lyrik der Inneren Emigration

I.
Einleitung

Zählen Sie auch zu den Lesern, die Einleitungen meist überschlagen? Das spart zweifellos Zeit. Nur rate ich, es diesmal anders zu halten. Denn im Folgenden wird manches erläutert, was Sie dazu bringen könnte, einen markanten Ausschnitt unserer jüngeren Kulturvergangenheit vorurteilsloser zu betrachten. Auch könnte es das Verständnis der hier getroffenen Auswahl der Akzente erleichtern und vor falschen Erwartungen schützen, wie der Verwechselung mit einer Literaturgeschichte. Denn ein solches Werk, das ausgewogen und repräsentativ über beeindruckende belletristische Zeugnisse der Jahre 1933–45 in Deutschland informiert, existiert immer noch nicht trotz einiger Darstellungen, die dies zumindest implizit beanspruchen.

Stattdessen gibt es neben einigen erhellenden Einzelstudien und Editionen ein riesiges Forschungsfeld für die wenigen Wissenschaftler, die dieser Aufgabe fachlich wie methodisch gewachsen sind und sich zudem unvoreingenommen für dieses teils kontaminierte Gebiet interessieren. Ihnen und besonders allen, die gerne abseits des Mainstreams schmökern, möge dieser Band als Vademecum dienen zur Erschließung einer weithin verschollenen Literatur. Sein Hauptadressat ist weder das Feuilleton, das inzwischen eine auffällige Tendenz zur Uniformität gerade im Umgang mit diesem Teil des literarischen Erbes aufweist, noch die Hochschulgermanistik, die bestimmte Sachverhalte und Problemlagen lieber ignoriert. Das Buch richtet sich vielmehr vor allem an den neugierigen und lernbereiten Leser, der sich nicht auf die massenmediale Vorinformation und einschlägige historische Stereotype verläßt.

Er sei ermuntert, eine vielfach vergessene, abschätzig behandelte und größtenteils aus den Bibliotheken entfernte Literatur einmal ohne wertungsmäßige Scheuklappen zu prüfen, weshalb zum „Reinschnuppern“ zuweilen ausführlich resümiert wie zitiert wurde. Relativ kurz behandelt werden dagegen diejenigen Bücher, die sich noch heute einer gewissen Popularität erfreuen wie etwa Kästners *Drei Männer im Schnee.* Um die vornehmlich avisierten Leser nicht durch fachspezifische Barrieren abzuschrecken, wurde die Diskussion der Sekundärliteratur auf ein Mindestmaß und im wesentlichen auf Trends beschränkt. Auf Hundertschaften von Fußnoten hat diese Studie verzichtet und Philologennamen bzw. Quellen nur ausnahmsweise vermerkt. Etwa bei besonders krassen (Fehl-)Urteilen oder sprachlichen Pointen, die ich mir nicht unzulässig aufs eigene Formulierungskonto buchen will. Die Literaturangaben beschränken sich auf eine Liste lesenswerter Primärtexte, Hinweise auf ergänzende eigene Studien und eine knappe Auswahlliste weiterführender oder in der Diskussion häufig genannter Darstellungen zum Thema.

Absicht, Form und Gegenstand

Keine Literaturgeschichte und kein Überblick erwarten Sie also, sondern nur *Schlaglichter* auf eine Literaturszene. Die Klarstellung simuliert keine falsche Bescheidenheit angesichts einer fünf Jahrzehnte währenden Beschäftigung mit dieser Materie. Sie reflektiert eher das demütige Bewußtsein, daß sich die erörterten Beispiele mühelos vervielfachen bzw. durch andere ersetzen ließen. Und wo dieser Band exemplarisch über Humor, Satire, Trends oder Stile handelt, hieß dies gleichzeitig, umfangsbedingt, ein gutes Dutzend ähnlich relevanter Gesichtspunkte völlig zu übergehen.

Auch von der philologischen Kenntnislage her verbieten sich allzu ehrgeizige Absichtserklärungen. Schließlich sind ganze Bereiche wie Theater, Hörspiel oder bemerkenswerte Drehbücher höchstens ansatzweise erforscht bzw. nur summarisch behandelt. Insofern versteht sich die Studie als aufmunternde Annäherung an einen stiefmütterlich behandelten Literaturkomplex und Begründung der Generalthese: Es gab damals – mehr als meist eingestanden – künstlerisch Bedeutendes und vor allem achtbaren widerständigen Mut.

Im Anschluß an die nachfolgend erörterten Rahmenbedingungen werden Schlüsseltexte der drei belletristischen Grundgattungen vorgestellt, dazu Publikationen im pragmatischen Bereich, d.h. aus dem breiten Feld nichtfiktionaler Textsorten. Aus der Forscherperspektive handelt es sich dabei um literarhistorische Probebohrungen, vom Leser aus gesehen um textliche Appetithappen, vom Kritiker aus um Einübungen in die Praxis epochenspezifischen Wertens. Die Verständnishemmungen, bedingt durch Geschmacks- bzw. Gesinnungsänderungen, historische Wissensdefizite oder Sprachwandel, sind übrigens kaum größer als bei der Lektüre der Exilliteratur. Man beachte lediglich, unter welchen Bedingungen solche Werke entstanden sind und hüte sich vor Selbstgerechtigkeit, wozu ein Blick auf *heutige* Mutproben hilft, die gewiß nicht zahlreicher gewagt werden.

Andererseits verdient auch genuin Ästhetisches Beachtung, wie im Kapitel über favorisierte Stile, Tendenzen und Genres dargelegt, obwohl auch hierin durch die Zensurdrohung Außerliterarisches kräftig hineinspielt. Dabei sollten wir von einer Betrachtung wegkommen, die sich fast ausschließlich an den Absichten und Bilanzen einer das Schrifttum reglementierenden Bürokratie ausrichtet. Schließlich gab es bei allem staatlichen Druck im alternativen Lager ein durchaus kräftiges Eigenleben. Das gilt nicht zuletzt in einem Bereich, den wir für die Jahre 1933 – 45 höchst selten ins Auge fassen, da wir uns die

Kulturszene kaum anders als grau in grau vorstellen: dem begrenzten, aber gleichwohl eifrig bebauten humoristisch-satirischen Feld, das zweifellos Aufmerksamkeit verdient.

Gegenstand der vorliegenden Studie ist die zwischen dem 30. Januar 1933 und dem 8. Mai 1945 in Deutschland geschriebene bzw. erschienene nichtnationalsozialistische deutschsprachige Literatur. Werke im Ausland lebender Autoren finden nur Erwähnung, wenn sie auf den deutschen Buchmarkt gelangten. Das gilt z. B. für den nach Italien emigrierten Stefan Andres, für Schweizer wie Hermann Hesse bzw. Österreicher (auch vor dem „Anschluß"), solange ihre Texte die Zensur passierten, wie im Falle Robert Musils, Hermann Brochs oder Rudolf Brunngrabers geschehen. Auch Thomas Manns *Die Geschichten Jaakobs* (1933), *Der junge Joseph* (1934), *Leiden und Größe der Meister* (1935) und selbst der umstrittene Vortrag *Leiden und Größe Richard Wagners* (1933) wurden ja mit beachtlichen Auflagen noch eine Zeitlang in Deutschland geduldet.

Zwar waren die Schaffens- und Äußerungsbedingungen für Autoren im Ausland fraglos freier. Dennoch gehörten die Werke mancher Emigranten zumindest peripher zur deutschen Buchszene, insofern sie, um hier erscheinen zu können, auch im Sinne der Verlage gewisse Rücksichten nehmen mußten. Das konnte zuweilen zu Änderungsvorschlägen oder Streichungen führen. Wichtiger noch ist ein anderer Aspekt: die Musterung der damaligen Literaturlandschaft aus der Sicht von Rezipienten, denen an alternativer Lektüre gegenüber der offiziell propagierten lag. Sie wiederum beantwortet die Frage: Standen solche Leser gemäß heutigem Vorurteil tatsächlich weitgehend vor einem kulturellen Scherbenhaufen, oder bot man ihnen doch mehr, als Literarhistoriker meist einräumen?

Ich tendiere zu letzterem, wobei zu mancher Bereicherung sogar Schriftsteller beitrugen, die politisch nicht über jeden Zweifel erhaben sind. Schließlich mündete selbst ein Parteibuch bzw. das Involvement in den offiziellen Literaturbetrieb – wie etliche Beispiele zeigen – nicht automatisch in eine vom Regime gewünschte Ideologieproduktion. Das gilt beispielhaft für die Lyriker Wilhelm Lehmann und Günter Eich, mehr noch für Gertrud Fusseneggers *Mohrenlegende,* einen bemerkenswerten Text, der rassistischer Inhumanität explizit widerspricht.

Insofern wurden in diesem Band, auch wenn klassische Repräsentanten der Lebens- und Schreibform „Innere Emigration“ natürlich im Mittelpunkt stehen, zuweilen Schriftsteller und Werke einbezogen, die sich dem vereinfachten Gegensatzschema zwischen NS-Bekenntnis und (verdeckt oppositionellem) Rückzug entziehen: Texte mit unpolitischen bzw. zeitübergreifend-existentiellen Themen oder in Ausnahmefällen gar Texte von schwankenden wie abtrünnigen NS-Parteigängern. Wo auch sie Überzeugendes, ideologisch nicht Kontaminiertes schufen, verdient dies Erwähnung, ohne daß im Einzelfall aufwendig biographisch geprüft wurde, ob den Verfassern nach heutigem Moralstandard ein „Persilschein“ zusteht.

Es zählen also vornehmlich wieder Integrität und Qualität der Texte im Bewußtsein, daß sich Literarhistorie nicht in moralischen Spruchkammerverfahren und eifernden „Wikipedia“-Dossiers erschöpfen sollte. Ersetzt doch die Aufdeckung selbst der letzten (durch öffentlichen Druck ertrotzten) Loyalitätserklärung keine Würdigung, die sich um Verständnis innerhalb des Zeitrahmens bemüht. Und Germanisten hätten m. E. Wichtigeres zu tun, als jede Verfehlung eines Autors minutiös zu dokumentieren. Die Vorstellung, daß durch Offenlegung persönlichster Lebenszeugnisse auch die strengen heutigen Rechercheure dereinst einmal gläsern würden, könnte vor überbordender Selbstgerechtigkeit schützen.

Wer erwartete denn auch, daß in dunklen Zeiten ausgerechnet Intellektuelle sich klüger oder tapferer gegenüber staatlichen Verführungen oder Drohungen verhalten als die Restbevölkerung? Der Blick auf die Gegenwart jedenfalls bewahrt vor Illusionen. Denn der aktuelle Bekenner-„Mut" rührt doch vornehmlich daher, statt der eigenen Gegenwart die Vergangenheit anderer zu „bewältigen". Konzentrieren wir unsere Urteile also wieder stärker auf Werke statt auf Menschen. Tendenzliteratur entlarvt sich von selbst. Wer jedoch trotz mancher zwielichtigen Bekundung seine Texte davon weitgehend reinhielt, verdient, daß dies literarhistorisch entsprechend gewürdigt wird.

Konkretisieren wir es am Beispiel Hans Falladas. Er gehört zum Typus derjenigen, die schlicht überleben und schriftstellerisch „ihr Ding" machen wollten. Psychisch labil, drogen- und alkoholkrank, politisch illusionslos und engagiert lediglich durch sein Mitgefühl für notgebeutelte „kleine Leute", strebt Fallada in seinen besten Texten danach, dem pessimistischen Bild vom Menschen und vom Verhältnis der Geschlechter durch Ausnahmefiguren oder Humor ein Quentchen Hoffnung abzutrotzen. Schreiben betrachtete er als rauschhaft erfüllte Mission seines Lebens, als sein Eigentliches. Dafür schottete er sich nach Möglichkeit von allem ab, wie sein Brief an den Verleger Rowohlt vom 9. Januar 1937 verrät:

Ich bin Ihnen sehr dankbar, wenn Sie Dinge wie schlechte Kritiken, Angriffe, Buchbeschlagnahmen von mir fernhalten. In den meisten Fällen werde ich gar nichts dazu tun können, diese Dinge zu ändern. Sie erledigen das alles ruhiger und besser als ich. Ich aber bin sehr ängstlich geworden. Ich lese keine Kritiken mehr, weder gute noch schlechte. Neue Krankheiten, neue Rückfälle in Depressionen kann ich mir weder geldlich noch innerlich leisten. Ich muß und ich will weiter arbeiten, und ich habe auch die Lust dazu, wenn ich mich nicht stören lasse. Wie ich vor dem Teufel Alkohol auf das Land ausgerissen bin und mich dabei eigentlich recht gut befinde, so möchte ich mich jetzt ganz schneckenhaft von allem, was in der Welt vorgeht, abschließen – und ich glaube auch eigentlich, meiner Arbeit wird das nicht schlecht bekommen.

Wo ihn NS-Behörden in seiner Schriftstellerexistenz bedrohten, neigte er hin und wieder zu Konzessionen. So änderte er etwa, als man davon den Neudruck von *Kleiner Mann – was nun?* abhängig machte, einen prügelnden SA- zum unverfänglichen Tormann. In Vorreden simulierte er dem Regime gegenüber Loyalität. Und da er das Erscheinen von *Wer einmal aus dem Blechnapf frißt* für gefährdet hielt, lobte er 1934 einleitend eine verwandelte „deutsche Wirklichkeit", die dem „Geschwätz von Humanität für Strafgefangene" ein Ende bereitet habe. Danach aber schrieb er wie früher.

Goebbels wollte ihn ködern und verlangte vom Roman *Der eiserne Gustav* einen NS-konformen Schluß. Damit geriet er in eine Zwickmühle. Denn auch sein Einwand, als Nichtparteigenosse könne er dies kaum glaubhaft bezeugen, half nichts, und die Schützenhilfe des Propagandaministeriums verwandelte sich, wie Emil Jannings berichtete, blitzschnell in eine Drohung: „Wenn Fallada heute noch nicht weiß, wie er zur Partei steht, so weiß die Partei, wie sie zu Fallada steht." Gänzlich auf die schiefe Bahn geriet er durch die ministerielle Aufforderung, einen antisemitischen Barmat-Kutisker-Roman zu schreiben. Ob der Autor das je vorhatte – womit er moralisch den Rubikon überschritten hätte – oder nur hinhaltend taktierte, wissen wir nicht. Stattdessen wissen wir von vielen damals verfaßten Werken Falladas, die nichts Nazistisches enthalten und die zeitgenössische Epik bereichern.

Wer daher seine damaligen Texte ernsthaft prüft, kann erkennen, daß die konformistischen programmatischen Erklärungen mit den Inhalten kaum etwas gemein haben. Schließlich wollte oder konnte der Autor, von kleineren Ausnahmen abgesehen, einfach nicht so schreiben, wie es sich NS-Ideologen wünschten. Alle Hauptfiguren seiner Romane sind gebrochene Charaktere. Nur sie konnte er abbilden in seiner von konkreten Beobachtungen strotzenden Produktionsweise. Auch löckte er immer wieder einmal gegen den Stachel. Im *Blechnapf* etwa finden sich die Namen der Literaturfunktionäre Blunck und Steguweit für keineswegs sympathische Personen. Als er einen scheinbar der Konjunktur entsprechenden Landroman vorlegte, trat er ideologisch in alle Fettnäpfchen. Und *Wolf unter Wölfen* provozierte die NS-Orthodoxie nicht weniger. Mit Fallada, dem Realisten, war buchstäblich kein (NS-)Staat zu machen.

Was heißt „Innere Emigration"?

Vermutlich ließe sich dieser Literaturkomplex philologisch konsensfähiger benennen. Doch bewahre ich mit „Innere Emigration" lieber einen historisch gewachsenen Begriff, auch wenn der im Vergleich zur Exilliteratur ein Imageproblem hat. Denn die Exilanten taten propagandistisch alles, um ihre Existenz nicht mit „Flucht", sondern mit „Widerstand" zu assoziieren, was ihre Texte ja auch häufig belegen, so wenig sie im Inland wohl meist gewirkt haben. Innere Emigration hingegen verband man mit einer weniger reputierlichen unkämpferischen Haltung der Innerlichkeit. Was dies immerhin in praxi bedeutete oder bedeuten konnte, klärt sich am besten durch exemplarische Lebensläufe.

Dazu eignet sich vorzüglich ein Autor wie Hermann Kasack, zumal von ihm eine der ersten Äußerungen zum Verhältnis zwischen den nichtnationalsozialistischen Autoren innerhalb Deutschlands und jenen des Exils stammt. Sein Tagebuch vom 26. Juni 1933 enthält die frühe Feststellung: „Den Emigranten nach außen entsprechen die Emigranten nach innen." Er geht damit automatisch von einer aufenthaltsunabhängigen geistigen Zusammengehörigkeit von Schriftstellern aus, denen Hitler zum unerwünschten Schicksal wurde. Eine solche Gemeinsamkeit war ursprünglich oft auch von Exilanten betont worden. Doch im Lauf des Krieges verdüsterte sich das Bild. Und ab 1945 wurde diese Schreib- und Lebenshaltung seitens der Geflüchteten einem massiven Ideologieverdacht ausgesetzt. Am härtesten äußerte sich Thomas Mann in seinem Statement vom 28. September 1945, *Warum ich nicht nach Deutschland zurückgehe:*

> *Es mag Aberglaube sein, aber in meinen Augen sind Bücher, die von 1933 bis 1945 in Deutschland überhaupt gedruckt werden konnten, weniger als wertlos und nicht gut in die Hand zu nehmen. Ein Geruch von Blut und Schande haftet ihnen an; sie sollten alle eingestampft werden.*

Seine eigenen Publikationen im Fischer Verlag bzw. der *Neuen Rundschau* vergaß dieser gnadenlose Literaturrichter dabei großzügig. Desgleichen den Umstand, daß gerade er in seinem berühmten offenen Brief an Eduard Korrodi vom 3. Februar 1936 die Existenz einer Inneren Emigration ausdrücklich bestätigt und vor Selbstgerechtigkeit der Exilanten gewarnt hatte. Doch um dergleichen lästige Details ging es im ersten großen Literaturstreit der künftigen Bundesrepublik kaum. Immerhin stieß Manns brachiale Äußerung damals noch auf heftigen Widerspruch in Deutschland. Auch behaupteten die hier verbliebenen Autoren noch ein gutes Jahrzehnt, nicht selten zu Lasten der ehemals exilierten, die öffentliche Szene. Doch je mehr Jüngere in die Redaktionsstuben gelangten, umso massiver nutzten sie diese Abrechnung dazu, sich von den Älteren abzugrenzen und ihren eigenen Einfluß zu vergrößern.

Dabei wurde ihnen von der hinsichtlich eigener Verstrickungen – siehe Günter Grass! – eher vergeßlichen Nachfolgegeneration wechselweise stilistische Antiquiertheit und moralisches Versagen vorgeworfen. Es genügte nun nicht mehr, sich nazistischer Gleichschaltung durch Rückzug aus dem politischen Themenfeld entzogen zu haben. Vielmehr galt solche „Innerlichkeit" zunehmend als systemstabilisierende Flucht aus der Verantwortung. Im gleichen Kontext stand Theodor Adornos sarkastischer Ausfall gegen Werner Bergengruen, dem er trotz seiner im Land lebenden jüdischen Ehefrau Amnesie in bezug auf den Holocaust unterstellte. Auch Gedichte zu schreiben sei angesichts von Auschwitz „barbarisch".

Ergänzend erschienen vielgelesene (polemische) Analysen über die *Literatur unterm Hakenkreuz* von Franz Schonauer (1961) und Ernst Loewy (1969). Und spätestens mit Ralf Schnells Studie (1976) drohte vielen Inneren Emigranten eine Art germanistischer Exorzismus, während die Beschäftigung mit der Exilliteratur zu boomen begann. Beide Autorengruppen wurden nun meist als gegensätzlich eingeschätzt, verschärft durch moralische Prägestempel. Wer die Jahre 1933 – 1945 im Ausland hatte verbringen müssen, erhielt einen Bonus. Innere Emigration hingegen wurde zu einem Begriff, den man „hinterfragte", „entlarvte" oder dem man überlegen und spöttisch-ironisch begegnete. Beispielhaft dafür ist ein Statement des damaligen Vorsitzenden der Exilgesellschaft, Ernst Loewy:

> *Das Mißliche dieses Begriffs liegt in der Tatsache beschlossen, daß diejenigen, die ihn, zumeist lauthals, kreierten [...], am ehesten der Belehrung darüber bedurft hätten, wie sehr Herrschaft und Innerlichkeit seit je sich bedingt haben. [...] Der Verfall der deutschen Literatur unter dem NS besteht nicht allein darin, daß sich ein Teil der deutschen Schriftsteller offen prostituiert hat; sie*

besteht ebenso darin, daß ein anderer Teil, um einen Rest und Schein von Integrität zu wahren, sich in die Innerlichkeit zurückgezogen hat.

Philologen formulierten nicht durchweg so schroff. Doch viele kennzeichnet eine Haltung, die den in Deutschland verbliebenen Autoren nur Passivität oder feiges Untertauchen unterstellt. Dies verkennt allerdings die Energieleistung, die man aufbringen mußte, sich dem Sog allgemeiner Anpassung zu entziehen. Man tut so, als ob Opposition und völliger Vorausblick auf das künftige Geschehen, darüber hinaus Dissens mit einfach allen Zielen, Maßnahmen und Erfolgen des „Dritten Reiches" die natürlichste Sache von der Welt gewesen seien. Als ob es keiner Generalmobilisierung der Seelenkräfte bedurft hätte, diesen Massenrausch einigermaßen unbeeinflußt zu überstehen. Als ob die moralischen Fronten der europäischen Politik und Ideologie von Anfang an so einfach durchschaubar gewesen wären. Als ob Anfechtungen täglicher Art nur bei sittlich Ungefestigten überhaupt ernsthaft hätten erwogen werden können, von der täglich vom Umfeld genährten Depression ganz abgesehen. So notierte Ernst Jünger z. B. am 2. Dezember 1942 im Tagebuch:

Der Hauch der Schinderwelt wird oft so spürbar, daß jede Lust zur Arbeit, zur Formung von Bildern und Gedanken in mir erstirbt. Die Übeltat hat einen auslöschenden, verstimmenden Charakter; die Menschenflur wird unwirtlich wie durch ein verborgenes Aas. [...] Der Geist ermattet an den Aufgaben, die er sich stellte [...]. Aber gerade dagegen muß man ankämpfen. Die Farben der Blumen am tödlichen Grat dürfen dem Auge nicht verbleichen, und sei es eine Handbreit neben dem Absturze. Das ist die Lage, die ich in den „[Marmor-] Klippen" schilderte.

Innere Emigration, das hieß vielfach eine bedrückende soziale Isolation in Kauf nehmen, produzieren teils ohne Erwartung eines Echos zu Lebzeiten, „seelische Unterernährung“ leiden, ein gutes Jahrzehnt lang Verzicht leisten auf emotionale Geborgenheit in der Mehrheitsmeinung der Landsleute. Das hieß die Schizophrenie aushalten, sich nicht freuen zu dürfen über die Verbesserung der Wirtschaftsverhältnisse und der Arbeitslosensituation, den Krieg gegen Deutschland bzw. die Niederlage billigend in Kauf zu nehmen im Bewußtsein persönlicher Gefahr und einer Ahnung, daß auch die Sieger dem Land nicht einfach nur Freiheit und Gerechtigkeit bringen wollten. Das hieß sich krampfhaft abschotten gegenüber den zuweilen verblüffenden Erfolgsmeldungen der Hitlerschen Vabanquepolitik und eine Kassandra-Existenz führen, in der man im allgemeinen Jubel bereits die Alarmglocken durchschrillen hörte. Marie Luise Kaschnitz z. B. beschwor im ersten Band der *Wandlung* (1945/46) die isolationistische „Fremdheit“, der Regimegegner im Inneren unterworfen waren:

> *Waren Ufer und Himmel nicht lange Zeit heiter und licht, trieben die Schiffe nicht reich beladen dahin? Wer den Wohlstand mißachtete, war des Volkes Feind; wer moralische Bedenken erhob, war ein Sonderling, dessen Mißgunst angeprangert und dessen Weltferne verspottet wurde. Und vereinsamte uns schon das Leiden, so stieß uns die Hoffnung vollends aus dem Kreis der Gemeinschaft aus. Denn was wir erhofften, war ja gleichbedeutend mit dem Untergang des Volkes, dem wir angehörten. Es war gleichbedeutend mit der Vernichtung des Landes, in dem wir lebten und in dessen Erde wir tiefer als wir ahnten verwurzelt waren. […] Im Guten wie im Bösen zu seinem Lande zu stehen, war jahrhundertelang der Grundsatz der Besten einer Nation; wer sich und sei es auch nur in Gedanken, dem Feinde verbündete, fiel noch immer der Verachtung – auch des Gegners – anheim.*

Nicht wenige erduldeten ein geradezu somatisches Leiden an Deutschland, von dem im Fall Kasack sein Biograph Heribert Besch anschaulich berichtete. Die Tagebuchnotizen über körperliche Beschwernisse sprächen oft von „Lähmungen", „innerlichen Zerstörungen", der „Verzweiflung des Geists" und der „Pestzeit der Seele", von Migräneanfällen, „Neuralgien" und „schlimmen Herzanfällen". Und er resümiert:

> *An diesen tatsächlichen Lebensbedingungen müssen sich alle Vorurteile über „innere Emigration" messen lassen, die sie als „Rückzug", „Schonraum" oder „Zeit des Schweigens" idyllisieren möchten. „Mir schnürt's die Kehle ab", schreibt Kasack am 8.3.1936 [...]: „Unwichtig ist es, in der Gegenwart zu leben; wichtig ist mir, diese Gegenwart zu überleben."*

Und wenn dazu nur mehr ein Mittel zu taugen schien, das von Kasack immer wieder metaphorisch beschworene „Verspinnen", „Verpuppen", „Verkapseln", „Vergraben" gegen die Zeit, gegen apokalyptische Visionen und das Bewußtsein, auf einem Pulverfaß oder Vulkanrand zu sitzen, so sollte man diese (selbst-)therapeutischen Reaktionen nicht geringschätzen.

Und was heißt hier Rückzug aus der Welt? Selbst wenn die Schriftsteller die Tagesrealität verdrängen wollten, sie konnten es ja gar nicht. Kasack, dieser „wegschauende Visionär" (Besch), ebensowenig wie andere. Er ahnte bald, was kommen werde, und sein Leiden vergrößerte sich dadurch, daß ihm aus Einsicht die utopische Alternative des Kommunismus versagt war. Auch andere, wie Werner Bergengruen, Reinhold Schneider, Otto Flake, Ernst Wiechert und Erich Kästner – mochten sie auch literarisch ins scheinbar Zeitlose emigrieren oder harmonisierende Unterhaltungsromane verfassen –, wußten genau, daß ihr inneres Literaturreich eine unwirkliche Welt oder regelrecht eine Gegenwelt war, die sie mit Absicht beschworen. Und ihre Leser wußten es auch.

Werfen wir noch einen kurzen Blick auf den Begriff „Innerlichkeit" im zeitgenössischen Kontext. Man legte stärkeren Wert auf Privates statt Politisches, auf Haltung statt Programm, Charakter statt Ideologie, vertraute (vermeintlich) ewigen Werten der Natur, der Kunst oder der abendländischen Tradition als säkularen Heilkräften. Wer all dies als halbherzige Scheindistanz herabsetzt, sollte zumindest konzedieren, daß seinerzeit bereits der Rückzug aus der Öffentlichkeit eine (zuweilen offiziell als Desengagement gerügte) politische Handlung darstellte: als Reaktion auf die totale Politisierung im „Dritten Reich" und die völlige Vereinnahmung durch die „Volksgemeinschaft" neuer Prägung. Von einer gewissen Prominenz an galt, wie im Fall Stefan Georges, bereits das erkennbare Abstand-Bewahren als politische Demonstration.

Man muß die Wertdifferenz zum Credo des totalitären Staats mindestens so betonen wie die Konvergenz. Setzen doch selbst Texte ihr politisches Signal, die dem Glück im Winkel größere Bedeutung beimaßen als völkischem Glanz und populären Posen der Macht. Wiecherts *Einfaches Leben* korrespondierte eben nicht mit Speers Triumphalbauten und Lehmanns Naturberauschung nicht mit dem *Aufbruch der Nation*. Die religiöse Bindung eines Schneider oder Bergengruen ließ sich nicht mit der Vergottung des Führerstaats vereinbaren. Ernst Jüngers *Marmorklippen* empfahlen unverkennbar andere Werte: die des Ordnens, Sichtens in einem Leben aus beschaulicherer Tradition, und sie widersprachen den apokalyptischen Zügen eines imperialen Übermuts. Sein 1942 erschienenes Kriegstagebuch erinnerte im Titel bezeichnenderweise nicht mehr an Stahlgewitter, sondern hieß *Gärten und Straßen,* was seiner Botschaft entsprach:

An gewissen Scheidewegen unserer Jugend könnten uns Bellona und Athene erscheinen – die eine mit dem Versprechen, uns die Kunst zu lehren, wie man zwanzig Regimenter ins Treffen führt, so daß sie zur Schlacht zur Stelle sind, während die andere uns die Gabe verhieße, zwanzig Worte so zu fügen, daß ein vollkommener Satz durch sie gebildet wird. Es könnte sein, daß wir den zweiten Lorbeer wählen, der seltener und unsichtbarer am Felshang blüht.

Die „Stillen im Lande" waren eben keine lauten Propagandisten. Gleichwohl setzte selbst ihre kontemplative Bescheidung einen Kontrapunkt zum militanten Zeitgeist. Der emotionale Kern solcher Existenz, die Abscheu vor einem krakenhaft wuchernden Staat und dessen allumfassender Indienstnahme, wurde weit unterschätzt. Und wo man als Vorläufer der von Schonauer, Loewy, Christoph Meckel (*Suchbild,* 1980) und anderen so verachteten Innerlichkeit Biedermeier-Naturen, Stifter oder Raabe nannte, übersah man, daß auch ein Voltaire als Quintessenz seines *Candide* politisch-philosophische Heilsrufe des Tages verworfen und ein „cultiver notre jardin" („pflegen wir unseren Garten!") gepriesen hat.

Vor allem aber ignorierte man, welches Ärgernis diese vom Publikum oft gewünschte, scheinbar so unspektakuläre Abweichung vom Kurs der engagierten NS-Literaten bedeutete. Abfällige bis bösartige Statements finden sich zuhauf. So polemisierte Hanns Johst etwa über den Irrglauben von „ewiggestrigen" „sogenannten Dichtern", durch „Innerlichkeit und d[ie] Phrasen von Ewigkeitswerten" dem „eindeutigen Bekenntnis" zum neuen Staat „aus dem Wege gehen zu können". Heinz Steguweit warf dem Langen-Müller-Verlag mit dessen *Innerem Reich* vor, die unkämpferischen „Stillen im Lande" gegenüber den NS-Engagierten zu bevorzugen, und hielt dies für „geistigen Hochverrat". Und Wilhelm Schäfer erläuterte 1942 in seiner Rede *Wider die*

Humanisten, die Zeiten seien vorbei, „dem einzelnen sein privates Dasein zu sichern oder ihn als Weltbürger vogelfrei zu entlassen".

Dabei sei keineswegs verkannt, auf welch schmalem Grat zwischen Opposition und Anpassung sich das Leben und Schreiben der Daheimgebliebenen häufig vollzog. Innere Emigration war täglicher Kampf gegen kleinere oder größere Anfechtungen, der mit zunehmender Dauer die Aussicht einschloß, daß dieses Regime zumindest vorläufig an der Macht bleiben werde. Dabei ging es in der Regel nicht sofort um politisch-moralische Fundamentalfragen wie Krieg oder Frieden bzw. die Vernichtung von Minderheiten und ideologischen Gegnern, sondern um kleine alltägliche Alternativen, wie etwa die Frage, ob man den deutschen Gruß ausüben oder bei Staatsanlässen flaggen sollte. Hinzu kamen Angaben in Fragebögen oder gewisse Anerkennungsrituale, derentwegen man nicht unbedingt ein Berufsverbot riskieren wollte. Für solche Herausforderungen bietet Kasacks Tagebuch bestes Anschauungsmaterial, darunter eine Stelle, in der sich der Autor fragt, ob er nicht mit formalen Konzessionen seinen beruflichen Status hätte wahren können. So heißt es am 5. Mai 1933:

> *Gestern abend war Günter Eich hier. Er ist inzwischen „Pg" geworden. Vielleicht hätte ich's auch tun sollen. Nun ist's zu spät. Die [Loko-]Motive der Zeit rollt knallend und brausend und sich betäubend weiter. Nein, man macht mich nicht irre: Was geschieht und als Bewegung geschehen ist, ist natürlich nicht rückläufig zu machen. Aber dass es eine positive Epoche ist, die jetzt anbricht, vermag ich weder zu glauben noch mit dem Verstande prüfend anzusehen.*

Es diskreditiert den Autor keineswegs, daß er sich diese Frage überhaupt stellte, zumal er die darin enthaltene bequemere Lösung ja letztendlich verwarf. Pläne eines „friedlichen Arrangements mit dem Lande" ventilierte schließlich Thomas Mann laut Tagebuch noch am

10. April 1933 und am 16. März 1934. Zudem desavouierte er selbst seinen Sohn Klaus, dem er seine Mitarbeit an dessen Exilzeitschrift verweigerte, wie es auch Alfred Döblin, René Schickele oder Stefan Zweig taten. Und selbst Heinrich Mann, der moralische „Führer der Emigration", bestätigte in einem Brief vom 3. November 1933 den Bruder in solcher politischen Zurückhaltung und dem Wunsch, weiterhin im Geburtsland publizieren zu können:

> *Du hast in jeder, sogar in materieller Hinsicht, recht gethan, das Buch in Deutschland erscheinen zu lassen. Der deutsche Erfolg wird weiterwirken und den amerikanischen Absatz steigern. Das ist zweifellos ergiebiger, als wenn man in Amsterdam erscheint und, schon darum, in Deutschland verboten ist. Wenn ich könnte, würde ich es genau so machen. Das heisst: im Innern den Kampf gegen die Machthaber führen. Ich darf es leider nur von aussen her".*

Solche Auffassungen sind in Emigrationskreisen keineswegs singulär. Auch Ivan Goll riet seiner Geliebten Paula Ludwig, sich als Dichterin Deutschland nicht völlig zu versagen. „Gerade Federn wie deine sind wichtig, um eine heimliche Minorität des unbeugsamen Geistes zu sammeln." Die Emigrationsliteratur werde infolge von „Raum- und Käufermangel" ohnehin bald „Asthma haben". Auch Kasack hätte – wie ihm anpassungsbereitere Kollegen vor Augen führten – bei größerer äußerlicher Biegsamkeit vielleicht weiter im Funk arbeiten können. Dann wäre ihm wohl ein berufliches Schicksal erspart geblieben, das seiner Publikationstätigkeit engste Grenzen setzte und sein Jahresgehalt bis zum Zweiten Weltkrieg auf eine Summe beschränkte, die nur mehr vier Prozent des 1932 erhaltenen betrug – was zweifellos das Existenzminimum unterschritt.

Wohl dem – wie in scheinbarer Paradoxie die „halbjüdische" Autorin Elisabeth Langgässer einmal formuliert hat –, der als politischer oder rassischer Gegner gar nicht erst der Versuchung ausgesetzt war! Ihm fiel es zumindest leichter, zu den später gesuchten „zehn Gerechten“ zu gehören. So aber kam es, daß sich manche Autoren gezwungen sahen, aus ihrer Zurückhaltung herauszutreten und dem Kaiser zu geben, was nach totalitärer Regierungsauffassung des Kaisers war. So ergab es sich, daß Loerke oder Flake die geforderten Loyalitätsbekundungen unterschrieben, Lehmann, Eich oder gar der wahrlich couragierte „preußische Anarchist“ Gerhard Nebel ihre berufliche Stellung mit einem Parteieintritt zu sichern suchten.

Es gab Mindestanforderungen, die noch der am stärksten Zurückgezogene befolgen mußte, um vor Behelligung sicher zu sein. Selbst Ernst Jünger formulierte auf Anforderung zu Hitlers 50. Geburtstag zwei lakonische Sätze. Hans Carossa und Georg Britting, die sich politischer Vereinnahmung lange widersetzt hatten, wie auch Ricarda Huch plagten sich mit Gruß- oder Dankadressen. Das Ganze lohnte eine eigene Studie.* Und hier lehne ich mich urteilend aus dem Fenster: Was in manchen, häufig unfreiwilligen Vor-, Nach- oder Grußworten gelegentlich an Anrüchigem zu lesen ist, betrifft noch nicht die Essenz politischer Haltung, sondern zählt eher zu den läßlichen Schriftstellersünden. Das wußten die Zeitgenossen meist besser einzuschätzen, und wir sollten hier vom grünen Tisch der Retrospektive aus nicht allzu penibel verweilen. Gab es doch bedeutsamere Anlässe, Charakter und literarisches Niveau zu zeigen.

Zu inneren Konflikten führten administrative Arrangements wie bei Haushofer im Auswärtigen Amt oder Zwänge in der Armee (Jünger, Klepper, Lange). Zu notieren sind kurzfristige Verirrungen bei Elisabeth Langgässer, Reinhold Schneider oder Frank Thiess, die durch spätere Publikationen wieder gutgemacht wurden. Auch wo

---

* Vgl. Verf.: *Autoren über Hitler* (1993), S. 751–755.

solche beschränkte Zusammenarbeit mit dem Regime erfolgte, zeugt dies nicht gegen die Autorengruppe als grundsätzliche Alternative zur NS-Dichtung. Es offenbaren sich lediglich menschliche Schwächen bzw. die Verführ- und Erpreßbarkeit durch eine übermächtige Staatsgewalt.

Der (meist unterlassene) Vergleich der inneren mit den äußeren Emigranten könnte vor Doppelmoral schützen. Schließlich gab es auch bei letzteren tägliche Anfechtungen, die man mal besser, mal schlechter bestand. Auch Exilanten kannten durch Umstände in den Gastgeberländern erzwungene faule Kompromisse. Der hundertfache Kotau vor Stalin, Brechts allenfalls höfliche Anfragen nach dem Verbleib engster Mitarbeiter in Moskauer GPU-Händen, Feuchtwangers Antichambrieren im Kreml, Ernst Blochs und Heinrich Manns pathetische Rabulistik zur Verteidigung der „Säuberungen", Anna Seghers' beflissene Linienschwenks nach jedem neuen Parteibefehl, Thomas Manns Ängstlichkeit, den amerikanischen Behörden zu mißfallen, als es darum ging, deutsche Belange zu verfechten, usw. usf.

Eine vergleichende Musterung der Autorengruppen inner- und außerhalb Deutschlands sollte also auf Schwarz-Weiß-Kontraste verzichten. Und die Tatsache, daß keine über jeden Zweifel erhabenen Widerstandsheroen präsentiert werden können, die ohne Zögern persönliche Nachteile in Kauf nahmen oder gar offene Konfrontationen suchten, gestattet noch kein literarhistorisches Verdikt. Auch sollten wir andererseits entsprechend gewichten, welchen couragierten Beitrag zur Aufklärung etliche Werke der Inneren Emigranten leisteten. So wenn Schneider Las Casas als Mahnung vor Rassenhaß auferstehen ließ, Ricarda Huch diese Forderung sogar offen formulierte. Wenn Bergengruen in seinem gegen Denunziationswesen geschriebenen *Großtyrannen* deutliche Worte fand oder Hans Leips Gedicht anläßlich der Zerstörung Hamburgs die Frage nach der Verantwortung aufwarf. Ernst Jünger etablierte seine Marmorklippen als Gegenwelt zu der des Oberförsters, Wiechert stellte in den *Weißen Büffeln* das Machtprinzip des Despoten in Frage, Reck-Malleczewens *Bockelson* attackierte Kollektivismus und Massenwahn unter messianischen Demagogen usw., usf.

Als vorläufiges Fazit läßt sich festhalten: „Innere Emigration“ ist ein brauchbarer literaturhistorischer Begriff für eine Schreib- und Lebensform von Autoren, die weder emigriert noch in Kernfragen „nazistisch infiziert“ waren. Ihre Literatur kennzeichnet eine breite Skala graduell ansteigender Distanzierung vom NS-Regime. Der Begriff bleibt sinnvoll, selbst wo er nach Ende des „Dritten Reichs“ zuweilen apologetisch mißbraucht wurde und der Übergang zu Opportunismus und Kollaboration fließend ist, wie auf der anderen Seite der Übergang zu offener Konfrontation und aktivem Widerstand.

Begriffsstreitereien

Despektierliche Äußerungen von Autoren und Germanisten zu diesem angeblich „literaturgeschichtlich fragwürdigen“ (Walter Berendsohn) oder „belasteten“ Begriff (Michael Braun) sind Legion. Siegfried Sudhof zitierte als Resümee eine ressentimentgeprägte Einschätzung Alfred Döblins, der von einer „völlig schwachen, fast erloschenen Literatur“ sprach. Günter Hartung verwies auf Brecht, für den die „legalen Druckerzeugnisse des Dritten Reiches“ als „kümmerlicher Zweig des internationalen Rauschgifthandels“ figurierten. Franz Schonauer verwarf den „Mythos“ von der Inneren Emigration und reduzierte deren Schreiben auf eine Flucht ins Erbauliche. Jean Améry zeigte „wenig Verständnis“ für eine „Körperschaft, die sich nach 1945 als ‚Innere Emigration‘ ad hoc konstruierte". Erhard Schütz nannte den Begriff „sehr schillernd und keineswegs unproblematisch".

Hermann Korte sah ihn „zu einer Allerweltsformel, ja zur Entschuldigungsfloskel" verkommen. Echte Vertreter der Inneren Emigration, meinte Peter Brokmeier, könne man „an den Fingern einer Hand" abzählen, und belegte damit seinen eingeschränkten Kenntnisstand. Frank Westenfelder hielt den Begriff für „wenig brauchbar" und „schon zu abgenützt". Hans-Bernhard Moeller konstatierte apodiktisch: „Da der Begriff nicht der Klärung dient, ist er hier durch den Sammelbegriff ‚apolitische, nicht-oppositionelle Reichs-Literatur' abgelöst." Jörg Drews betitelte einen Artikel, bezogen auf die Qualität der Texte, bezeichnenderweise: „Die unergiebige ‚Innere Emigration'". Man könnte die Liste mit einem guten Dutzend ähnlicher Statements bis in die Gegenwart verlängern, doch die Würfel waren Ende der 1980er längst gefallen und die Forschungstrends gesetzt. Da vermochten germanistische Außenseiter wie Hans Dieter Schäfer, Heidrun Ehrke-Rotermund, Erwin Rotermund, Friedrich Denk oder Sebastian Graeb-Könniker nur wenig zu ändern.

Selbst Jörg Schusters 2016 erschienene Studie mit dem sprechenden Titel *Die vergessene Moderne* rehabilitiert lediglich eine kleine Autorengruppe, indem sie deren naturmagische Schreibtendenz der Moderne zurechnet und damit literarhistorisch adelt. Doch sein einleitend mit großem Aplomb verkündeter Anspruch einer philologischen Revision zugunsten zu Unrecht Vergessener gleicht einem Eiertanz, der die Wiedereinsetzung ästhetischer Kriterien bei gleichzeitiger Bewahrung gängiger zeitgeschichtlicher Klischees mit moralischem Subtext versucht: vom behaupteten Rangunterschied exilierter gegenüber zu Hause gebliebener Autoren über das unbefragte Fortschrittsparadigma bis zur abschätzigen Haltung hinsichtlich des Begriffes „Innere Emigration", den „man ohnehin ad acta legen" solle.

Zur Begründung für solche Abwertung werden etwa Benns offene Antwort an Klaus Mann von 1933 oder die Nachkriegspolemik gegen Thomas Mann herangezogen, ohne zu berücksichtigen, daß auf einen groben Klotz manchmal auch ein grober Keil gehört. Andere bekrittelten die im Begriff enthaltene Metapher, da niemand nach innen emigrieren könne. Die Formulierung „Emigration" sei trügerisch, denn ein reales Auswandern aus dem Verfügungsbereich des Regimes sei das nicht, und im „falschen" gebe es kein „richtiges" Leben. Ein weiterer Einwand: Die komplexe Literaturszenerie 1933/45 ließe sich nicht auf einen Nenner bringen. Als ob dies Stil- und Epochenbegriffe jemals geleistet hätten, vom Barock über die Aufklärung oder Romantik bis zur Neuen Sachlichkeit. In manchen Literaturgeschichten finden sich zur Vermeidung des Terminus gänzlich unsinnliche Bezeichnungen, wie man gleichzeitig glaubte, um der Präzision willen „Exilanten" von „Exulanten" unterscheiden zu müssen. Das sind akademische Spitzfindigkeiten, die kaum je den Kokon ihrer Sphäre überschreiten.

Man nähme solchen Streit um Worte ernster, wüßte man nicht, daß es schlicht darum ging, einer mißliebigen Erkenntnis die Bestätigung zu verweigern, um einem unerklärten metapolitischen Erkenntnisauftrag zu genügen. Denn der eifrig verströmte Gelehrtenschweiß diente letztlich doch, statt genauer hinzusehen, nur einem Morgensternschen „Daß nicht sein kann, was nicht sein darf". Literarhistorischer Dogmatik gemäß konnte in der NS-Despotie keine hochwertige, verdeckt widerständige Literaturszene entstehen.

Es gab sie dennoch, samt zahlreichen Zeugnissen schriftstellerischer Widerborstigkeit, die uns heute eigentlich beschämen müßten. Unter Druck entwickelte man beachtenswerte Formen und Darstellungsweisen, gestützt von einem Publikum, das solche Manifestationen von Courage und Qualität sensibel dechiffrierte, ihre

Autoren dafür verehrte und deren Bücher kaufte. Mit Skeptikern, die solches Kulturleben zum nachträglichen Konstrukt erklärten, mußte sich allerdings bereits Bergengruen herumschlagen:

> *Man hat heute manchmal Gelegenheit, spöttische Äußerungen zu hören wie die, die „Helden der inneren Emigration" wollten ihre Proteste gegen die Barbarei zwischen den Zeilen geschrieben haben, hätten das aber mit so sympathetischer Tinte getan, daß niemand sie je habe entziffern können. Wer so spricht, [...] zeigt, daß ihm, was das Leben unter totalitären Regierungsformen angeht, alle Erfahrung fehlt. Er hat keine Vorstellung davon, bis zu welchem Grade sich die Feinhörigkeit der Unterjochten zu steigern vermag. [...] Die leiseste Andeutung wurde verstanden.*

Zu den seriösen Bedenken gehören immerhin Abgrenzungsprobleme. Wer sein Geburtsland verließ, hat eine nachprüfbare Entscheidung getroffen. Doch wie stand es bei den Zuhausegebliebenen, in deren Biographien sich zuweilen unterschiedlichste Verhaltensweisen zeigten: kritischer Dissens neben beruflichem Opportunismus oder Teilübereinstimmung mit bestimmten Zielen und Erfolgen des Regimes? Man denke an die Rückgliederung der Saar oder die Vereinigung mit Österreich. Verlockungen oder Einschüchterungen durch die Machthaber bleiben nicht ganz ohne Wirkung, zumal die NS-Kulturpolitik, abgesehen von antijüdischen und antikommunistischen Ausgrenzungen, keine revolutionäre Tabula rasa anstrebte.

Unterschätzen wir also die Schwierigkeit nicht, im Einzelfall NS-Literatur säuberlich von anderen für den deutschen Buchmarkt verfaßten Texten zu unterscheiden. Nur bei klassischen Tendenzprodukte fällt dies leicht: bei Werken wie Aloys Schenzingers *Hitlerjunge Quex,* Hans Zöberleins *Befehl des Gewissens,* Richard Euringers *Deutsche Passion,* Hanns Johsts *Schlageter,* Eberhard Wolfgang Möllers

Rothschild siegt vor Waterloo oder bei Zehntausenden unsäglicher Hitler-Gedichte. Wo immer sich markante Ideologeme zeigen, z. B. Führerkult, Lob der ausgrenzenden NS-Volksgemeinschaft, Verherrlichung von Krieg und Eroberung, antichristliche und antiliberale Affekte, „Blubo"-Gesinnung, nationalistische Schicksalsergebenheit und vor allem Rassismus, ist der Tatbestand eindeutig.

Solche – zuweilen auch in andere Zeiten verlagerte – Propaganda-Botschaften, sind deutliche Indizien und führten in der Regel über die Auflistung fataler Passagen umstandslos zu literaturgeschichtlichen Begräbnissen. Das lag nahe, sofern man sich darüber hinaus nicht wertungsmäßiger Zirkelschlüsse bediente, indem man die konstatierte ästhetische Minderwertigkeit politisch-moralisch begründete. Denn natürlich büßten Hochkaräter wie Benn, Doderer, von den Brincken, Hamsun, Pound oder Drieu la Rochelle nicht automatisch ihre Kreativität ein, sobald sie ideologisch aufs falsche politische Pferd gesetzt hatten.

Gleichwohl dekretierte Alfred Andersch in dem Essay *Deutsche Literatur in der Entscheidung* bereits 1948 so apodiktisch wie tautologisch, „daß jede Dichtung, die unter der Herrschaft des Nationalsozialismus ans Licht kam, Gegnerschaft gegen ihn bedeutete, sofern sie nur Dichtung war." Rolf Geissler ergänzte von philologischer Seite: „Eine nationalsozialistische Dichtung hat es – wenn man von der Lyrik einiger junger Partei-Panegyriker absieht – nicht gegeben." Und Ralf Schnell bezeichnete die nationalsozialistische schlicht als (bloß machtorientierte) „Nicht-Literatur".

Wer tiefer in die Materie einstieg, konnte sich relativierenden Einsichten nicht entziehen, die sich etwa aus mancher formalen Übereinstimmung von NS-Texten mit Produkten des Sozialistischen Realismus oder der antifaschistischen Kampfliteratur ergaben. Auch sprach zu viel gegen die simple Gleichsetzung von NS-Belletristik mit

„Horst-Wessel-Lyrik", wie Uwe-K. Ketelsen formulierte. Vielmehr habe der Nationalsozialismus bei den Bildungsbürgern den Kulturkampf gewonnen durch Ausweidung einer (unpolitischen) literarischen Tradition und eine spezifische (antiaufklärerisch-mythische) Sprechweise.

Das kam jenen entgegen, die den Kreis kontaminierter Texte und Autoren mit Bezug auf lebensgeschichtliche Verstrickungen viel weiter ziehen wollten. Zusätzlich ließ sich so der große zeitgenössische Literaturkomplex eines nichtlinken bzw. nichtrepublikanischen Schrifttums desavouieren, indem man zahlreiche Autoren zu Vorläufern oder ideologischen Helfern erklärte. Darunter fielen besonders heimatselige Nostalgiker seit dem 19. Jahrhundert. Hinwendung zur Provinz galt nun als prekäre Regression wie manche Traditions- und Klassikfixierung überhaupt. Folgerichtig setzten sich Modernismus- und Zivilisationskritiker dem Verdacht verhängnisvoller Realitätsverleugnung aus.

Auch wo die Dichter Anspruch auf ein das Volk lenkendes mythisches Sehertum erhoben, galt dies als anrüchig, ungeachtet des Umstands, daß die Aufklärungs- und Führungsintention sozialistischer Kader, die sich auf „wissenschaftliche" Voraussicht berief, kaum weniger prätentiös fundiert war. So bestimmte eben die jeweilige ideologische Ausrichtung respektive die aktuelle politische Interessenlage die Definition: Aus marxistischer Sicht verschleierte NS-Literatur die sozioökonomische Basis der aktuellen Krise, der feministische Ansatz (z. B. Klaus Theweleit) sah darin misogyne Affektliteratur. Vom Standpunkt der „Reeducation" aus monierte man ihre antiwestliche, bei Sozialisten ihre antibolschewistische Zielsetzung, usw., usf.

Komplizierend wirkt sich aus, daß selbst bekennende Nationalsozialisten oder diejenigen, die sich vom Regime als Galionsfiguren in Dienst stellen ließen, oft nur mit Teilen der NS-Programmatik harmonierten oder zuweilen Werke offerierten, die nicht einfach propagandistischen Vorgaben folgten. Darunter Unpolitisches, ideologisch Sperriges bzw. Texte, die an einem allgemeineren Wertekanon partizipierten. Dies gilt für Josef Weinhebers Lyrikband *Wien wörtlich* (1935), den als NS-Dichtung zu klassifizieren den Banausen verriete. Auch Friedrich Sieburgs *Robespierre* (1935), Bernt von Heiselers *Cäsar* (1940), Franz Tumlers *Der Ausführende* (1937) oder Franz von Unruhs *Bruderdorf* (1942) entziehen sich eindimensionaler agitatorischer Nutzung.

Treffender und grundsätzlicher scheint mir daher bei literarischen Urteilen die pragmatische Feststellung: Wer sich als Autor penetrant einer politischen, religiösen oder konfessionellen Idee bzw. Bewegung verschreibt, darf jenseits dieser Sympathisantenkreise eben nur in dem Maße Aufmerksamkeit oder Respekt erwarten, wie er sich von der jeweiligen Dogmatik nicht fesseln läßt, d. h. seine Botschaften überpolitisch transzendiert oder seine tagespolitische Verwendbarkeit reduziert. Das taten „nazistisch infizierte" Literaten höchst selten, aber in einzelnen Fällen schon. Und wo sich dabei Schnittmengen mit Inneren Emigranten ergaben, liegt darin nichts, was jene zusätzlich in Verdacht bringt.

Eine Kulturszene wird schließlich weniger von Prinzipien als von Menschen bevölkert, die sich nicht unbedingt danach richten, ob sie literarhistorischen Klassifikatoren die Einstufung in gängige Tugend- oder Untugend-Register erleichtern. Auch unter den Inneren Emigranten gab es, abseits der inhumanen NS-Essentials, durchaus Übereinstimmungen mit Grundüberzeugungen von so manchem, was sich seit 1933 zu Lasten eines intellektuellen Linkstrends verändert hatte. Und tägliche Verlockungen und Pressionen taten ein übriges.

Insofern war es ja auch nicht generell falsch, durch Aktenstudium viele allzu glatte antinazistische Lebensläufe als geschönt zu entlarven. Kasimir Edschmid etwa, einst von Baldur von Schirach protegiert, hatte seinen Landsleuten in seinem larmoyanten Erinnerungsroman *Das gute Recht* (1946) eine allzu peinliche Widerstandsversion aufgetischt. Und Luise Rinsers von jugendlicher „NS-Infektion" befreite, antifaschistisch gelättete Vita mußte auch nicht eins zu eins übernommen werden. Aber auch bei seriöseren Karrierebildern ergaben sich zuweilen Widersprüche oder Vergeßlichkeiten.

Nun sind solche Diskrepanzen keineswegs erstaunlich, sondern resultieren schlicht aus der flächendeckenden Vermehrung biographischer Recherchen aus der Schlüsselloch- oder Unterrockperspektive. Sie dienten, politisch gewollt, zunächst den „Entlarvungen" der ideologisch hauptverdächtigen Konservativen (Hausmann, Carossa, Thiess, Lehmann, Flake, Schneider etc.), um sie von antifaschistischen Leitfiguren der Nachkriegszeit wie Andersch, Eich, Huchel, Kuby, Koeppen, Schnurre, Weyrauch, Richter, Rinser, Erich Kästner und Günter Grass abzusetzen. Mittlerweile sind diese selbst in den Fokus nachgeborener Ermittler geraten. Wo jemand im „Dritten Reich" ein Doppelleben zu führen gezwungen war, schlägt sich dies nun einmal fast zwangsläufig in Quellen nieder.

Man hätte mit solchen ungeschönten Viten leben können, die eben naturgemäß meist keine schulbuchmäßigen Vorzeigekarrieren waren. Doch der inzwischen erzeugte öffentliche Druck ließ Abwägungen kaum noch zu, sondern tendierte zum Entweder-Oder: „Nazi" oder „Antifaschist". Bei solchen Maßstäben war das Ergebnis präjudiziert, weshalb wir uns nochmals, konzentriert auf drei Prinzipien, den Beurteilungskriterien zuwenden müssen.

Wertungskriterien

1. Autorenmusterung via Lebensführung

Eine generelle Überlegung vorweg: Sollte politische oder persönliche Tugendhaftigkeit für Schriftsteller tatsächlich als dominierendes Auslesekriterium gelten, schrumpfte der Umfang von Literaturgeschichten weltweit mindestens um die Hälfte. Zugespitzt auf 1933 / 45, gehört nach heute gängigem Verständnis ja vielfach schon Nichtemigration zu den rechtfertigungsbedürftigen Unterlassungen – eine pseudomoralische Absurdität. Denn während Juden und dem Regime bekannte politische Gegner gut daran taten, Deutschland schnellstens zu verlassen, gab es für Ungefährdete gewiß kein entsprechendes sittliches Gebot. Zurecht formulierte die ehemalige *ZEIT*-Herausgeberin Marion Gräfin Dönhoff:

> *Mich mutet die Forderung, niemand dürfe in einem totalitär regierten Land dichten, filmen, malen, musizieren, weil dies eine Legitimierung des Systems bedeuten könnte, merkwürdig dogmatisch an. Ich glaube, eine solche Forderung ist selbst totalitär.*

Im Grunde wich ja das damalige Verhalten kaum von der internationalen Norm ab: Nach Errichtung einer Diktatur emigrieren vor allem diejenigen, die um ihr Leben oder ihre wirtschaftliche und soziale Existenz fürchten. In Einzelfällen werden Autoren auch ohne unmittelbare Bedrohung allein deshalb ihre Heimat verlassen, weil ein unbändiger Freiheitswille sie drängt. Meist dann, wenn sie es sich finanziell leisten können, über internationale Beziehungen verfügen oder fremde Sprachen beherrschen. Doch dies waren in allen Ländern und

Zeiten Ausnahmen, und das jeweilige Land verliert durch sie doppelt, weil gerade ihr Abgang das öffentliche Leben noch homogener macht.

Parteigänger jubeln und profitieren in solchen Zeiten. Der große Rest wartet zunächst einmal ab, in der Hoffnung, daß die Bedingungen sich relativ schnell wieder ändern. Diese Zwischenzeit wünscht man möglichst unbeschadet zu überstehen, notfalls durch Arrangements, um weiter den Beruf ausüben zu können. In den Köpfen heutiger Kommentatoren geistert zuweilen die Vorstellung eines gebotenen Generalstreiks der Dichter und Denker herum, so als ob die Hitler-Diktatur durch solchen Protest auch nur gewankt hätte. Und da dies nicht erfolgte, hält man zumindest den Auszug der Kulturelite quasi für eine Pflicht, was belegt, wie wenig man sich in die damalige Situation hineinzuversetzen vermag.

Gab es doch für die Anfangsjahre gewiß ein halbes Dutzend plausibler Gründe, sich viel unspektakulärer zu verhalten, als es heutige Feuilletonheroen von anderen erwarten. Denn das hieß Knall auf Fall, Haus, Bibliothek, Sammlungen, literarische Infrastruktur, Verlagsbeziehungen, Verwandtschaften, Freundschaften sowie das vornehmste Schriftstellerkapital, die Muttersprache, aufzugeben, um sich einer gänzlich unsicheren Existenz auszuliefern, in der nicht selten Not und Hunger warteten. Die Argumentation, das hätten die Exilanten ja schließlich auch auf sich genommen, übersieht, daß dieses Auf-sich-Nehmen in aller Regel durch Lebensgefahr oder berufliches Aus erzwungen war. Wenn dies, zur Stärkung der moralischen Differenz gegenüber den Daheimgebliebenen, zuweilen anders behauptet wurde (exemplarisch von Klaus Mann, Balder Olden und Oskar Maria Graf), gehört es – bei allem Respekt vor dem Leid der Geflohenen sei es gesagt – zur Legendenbildung des Exils.

Was allzu schnelle, dubiose Konversionen vieler „Märzgefallener" betrifft, so richten sie sich selbst. Im übrigen jedoch greift zur Erklärung mangelnder Opposition schlicht der Niemöller-Effekt, wonach viele sich zurückhielten, weil sie sich nicht betroffen wähnten. Auch der oppositionelle Pastor hatte ja, als Kommunisten, Sozialdemokraten oder Gewerkschaftler ins KZ gebracht wurden, zunächst geschwiegen, da sie nicht seine politischen Sympathien besaßen. „Als sie *mich* holten", räumte er später reumütig ein, „gab es keinen mehr, der protestieren konnte." Dieses Handlungsmuster besitzt zeitübergreifendende Gültigkeit.

In Weimar kam hinzu, daß man sich in einem unerklärten Bürgerkriegszustand befand, den zu beenden etliche Autoren (aus dem konservativen, rechten wie linken Lager) auch autoritäre Lösungen nicht unbedingt ausschlossen. Die Republik von Weimar hatte nämlich nahezu alle Seiten enttäuscht und besaß wenig Befürworter. Die meisten spürten bei sechs Millionen Arbeitslosen, daß die Situation polarisierend auf eine Entscheidung zulief, und fragten sich: Lohnt sich der Einsatz für ein ungeliebtes, untauglich scheinendes Gebilde? Denn man hatte doch blitzschnell realisiert, daß die neue Regierung bei Widerstand nicht lange fackelte.

Überparteiliche Solidarität unter Frauen und Männern der Feder gab es schon lange nicht mehr. Schon in Weimar wurde mit harten Bandagen um Einfluß gestritten. Warum sollte sich auch ein Bergengruen oder Schaper mit Kommunismus-Schwärmern solidarisieren, wo sie doch vom Baltikum her die Konsequenzen sowjetischer Sozialexperimente hautnah kannten. Auch standen konservative Kunst- und Kulturvorstellungen häufig in einem erbitterten Kampf mit progressiven. Selbst ein Thomas Mann verabscheute vieles von dem, was die Tucholskys und Kerrs vertraten.

Über Anfangsirrtümer der späteren Inneren Emigranten rümpft man heute die Nase, besonders über ihre Illusionen etwa in bezug auf den „Tag von Potsdam", als die Scheinharmonie durch Tradition sowie die Geborgenheit in der Masse gerade für Einzelgänger zur großen Versuchung wurden. Sicherlich war es selbst bei solchen Spektakeln instinktlos, von Hitlers Regierung je so etwas wie bürgerliche Liberalität, Rechtssicherheit, Frieden und Aussöhnung zu erwarten. Aber Verträge mit Polen und dem Vatikan milderten diesen Eindruck zumindest anfangs. Die Hetze gegen Juden war barbarisch, doch auch sie ließ zu Beginn noch nicht zwangsläufig ihre mörderische Dimension erkennen, was selbst viele Betroffene bezeugt haben. Zudem zeigte die Wirtschaftslage in England, Frankreich oder den USA binnen kurzem Deutschland mit besseren Karten.

Auch gab es zur Zeit des deutschen einen zweiten Totalitarismus Moskauer Prägung, der wahrlich kein humanitäres Teddybärenantlitz trug. Und was die Brecht, Toller, Kisch, Arnold Zweig oder Anna Seghers ihren Landsleuten als menschlichere Option vorgaukelten, zeigte zu deutlich seine terroristisch-liquidatorische Fratze, um als Freiheitsalternative glaubwürdig zu sein. Denn die 90 gesicherten (bis zu 200 geschätzten) Toten des „Röhm-Putsches“ nehmen sich wie Fußnoten aus zu den Massenmorden der stalinistischen „Säuberungen“, die allein einer Million Parteigenossen das Leben kosteten und ein Vielfaches sonstigen „Klassenfeinden“ und „Konterrevolutionären“, die durch Erschießungen, Deportationen oder den „Holodomor“, die als politische Waffe eingesetze Hungersnot, auf der Strecke blieben.

Und entlarvten sich nicht – wie die NS-Presse suggerierte – Emigranten in der Saar-Abstimmung durch ihr Votum gegen eine schnelle Rückgliederung vollends als „Volksverräter“? Selbst im Krieg unterschieden doch etliche im Land verbliebene erbitterte Hitler-Gegner wie die Brüder Jünger immer noch zwischen Hoch- und Landesverrat. Es geht bei solchen skizzenhaften Einwürfen gewiß nicht um Apologie, sondern den schlichten Hinweis, daß die Entscheidungslage der

Zeitgenossen diffiziler war, als es Gymnasiasten und Geschichtsstudenten heute üblicherweise vermittelt wird.

Auch die Begründung mancher Autoren, sie hätten als Zeitzeugen die Dinge in der Heimat persönlich in Augenschein nehmen wollen, muß nicht (durchweg) unglaubwürdig sein. Und was sprach gegen eine verantwortungsbewußte Arbeitsteilung, wonach Exilanten im Ausland von einem „anderen Deutschland" kündeten, während im Lande selbst Regimeskeptiker dafür sorgten, daß zumindest gelegentlich Sand ins ideologische Getriebe geriet?

Last, not least sollte man auch Naheliegendes nicht vergessen: Die menschliche Nomadenexistenz hat für die meisten Menschen nichts Natürliches. So reflektiert etwa in *Eine Frau aus Berlin* (2003), der Bearbeitung des Tagebuchs einer Anonyma, die dem russischen Nachkriegsterror ausgesetzt war, die „Heldin" über ausgeschlagene Exiloptionen:

> *In Moskau möchte ich nicht leben. Was mich dort am meisten bedrückte, war die pausenlose ideologische Schulung [...]. In Paris oder London hingegen war ich gern. Doch hab ich dort stets aufs schmerzlichste verspürt, daß ich daneben stand, fremd blieb, bloß geduldet, Ausländer. Ich bin freiwillig nach Deutschland zurückgekehrt, obwohl Freunde mir zur Auswanderung rieten. Es war gut, daß ich heimkehrte. In der Fremde hätte ich nirgends Wurzeln schlagen können. Ich fühle mich meinem Volk zugehörig, will sein Schicksal teilen, auch jetzt noch.*

Und stellvertretend für andere gab Erich Kästner seine *Notwendige Antwort auf überflüssige Fragen:*

> *Ich bin ein Deutscher aus Dresden in Sachsen.*
> *Mich läßt die Heimat nicht fort.*

Ich bin wie ein Baum, der – in Deutschland gewachsen –
wenn's sein muß, in Deutschland verdorrt.

2. *Aufgepfropfte Normen des Exils*

Es ist unbillig, den innerdeutschen Literaturbeitrag an der kämpferischen Exilliteratur auszurichten oder ästhetische Defizite zu registrieren, wo er nicht bestimmten Avantgarde-Standards entspricht. Natürlich ließ sich in Paris, London, New York oder Moskau rückhaltlos über Hitler schimpfen. Doch vice versa wäre die Annahme blauäugig, ein kommunistischer Autor im sowjetischen Exil oder im Spanischen Bürgerkrieg hätte öffentlich auch nur in nebensächlichen Details den jeweiligen Stalin-Kurs kritisieren dürfen oder die deutschen Emigranten in den USA hätten sich in einem gänzlich offenen Meinungskorridor befunden.

Neben jeweils anderen Spielräumen und Produktionsbedingungen sind auch unterschiedliche literarische Absichten zu berücksichtigen. Man tut heute so, als hätte sich die Literatur 1933 sozusagen auf ein humanitäres Kommando hin jeglicher Themenfülle entledigen müssen zugunsten einer einzig verbliebenen legitimen Aufgabe: der antifaschistischen Agitation. Alle anderen Gestaltungen des menschlichen Kosmos – Alter und Jugend, Liebe und Tod, Freundschaft, Einsamkeit, Krankheit, Gottsuche und Glaubensverlust, Vorbilder, Träume und poetische Visionen, individuelle wie historische Sinnsuche, Landleben und Großstadtschock, Traditionsbruch und Werteverfall, Armut, Naturerlebnis, das Unbewußte, Phantastische, Absurde als Erfahrung oder Trost im Humor – gelten heutigem Urteil offenbar als weitgehend belanglose Literaturgeplänkel von Gegenwartsflüchtlingen.

Würdigte man hingegen die Hochleistungen etwa im Bereich der Naturlyrik, des historischen Romans oder des literarischen Tagebuchs, darüber hinaus Entwicklungen im Bereich zeitübergreifend-typologischen Erzählens, der Modernen Klassik und besonders des Magischen Realismus, sähe die Epochenbilanz erheblich günstiger aus. Vom genuin literarischen Standpunkt aus käme dies in der Darstellung noch stärker zum Ausdruck, läge der Schwerpunkt dieses Buchs nicht auf dem Nachweis, welches regimekritische Potential viele Texte entfalteten.

3. *Die verklärte Moderne*

Viele in Deutschland verbliebene Autoren entwickelten als Kontrast zur chaotischen Zeit ein positives Verhältnis zur Form. Sie auf einen durchweg experimentellen Stil oder einen diesem zugrundeliegenden revolutionären Geist festzulegen verfehlt ihr Anliegen. Man darf nicht jede Eigenheit ihrer Texte als erzwungenen Modernitätsmangel auslegen. Auch stellt „modern" ja ein durchaus problematisches Kriterium dar bzw. ein nur relatives, bezogen auf jeweils frühere Zustände. Leben wir inzwischen doch bereits im „Dritten Jahrhundert der Moderne", die ohnehin durch Stilpluralismus gekennzeichnet ist. So gehört zu jeder Moderne eine Gegenmoderne als Bestandteil, wie der Fall Hamsun exemplarisch belegt.

Eine allgemein akzeptierte Definition ästhetischer Modernität dürfte daher schwerfallen. Ich begnüge mich insofern zunächst mit Thomas Anz' Begriffsbestimmung, die immerhin für viele ähnliche steht. Als „modern" beschreibt sie die Literaturentwicklung seit dem Naturalismus. Sie werde „mit Namen wie Nietzsche, Kafka, Joyce, Beckett oder auch Paul Celan assoziiert, mit der Literatur des Fin de siècle, mit Bewegungen wie dem Expressionismus, Dadaismus oder Surrealismus, mit einer antiklassischen und oft experimentellen Ästhetik des Häßlichen und Disharmonischen sowie mit literarischen Texten, die aufgrund ihrer hermetischen, hochgradig selbstreflexiven und elitären Abgehobenheit in hohem Maße dunkel und interpretationsbedürftig erscheinen".

Anz' grundsätzlich brauchbare Definition fällt allerdings dadurch auf, daß sie den Begriff im Sinne heutiger Ethiknormen verengt. Denn sehen wir vom umstrittenen Nietzsche ab, finden sich keine Vertreter einer heute eher anrüchigen Moderne – man denke z. B. an Marinetti, Hamsun, D'Annunzio, Pound, Céline und Ehrenburg –, obwohl sie gewiß nicht weniger zur Ausprägung eines neueren Literaturverständnisses beigetragen haben, wenn auch als Stichwortgeber zu mancher epochalen Monstrosität. Die unterstellte Zusammengehörigkeit von originellem provokativem Experiment und Humanität bzw. sozialer Verantwortung verrät eine naive Illusion. Daß viele der kanonisierten Schriftsteller bekämpft oder verfolgt wurden, bestätigt nicht automatisch ihre genuine moralische Größe.

Vielmehr ist es bezeichnend, daß Rimbauds Losung „Il faut être absolument moderne" pikanterweise seiner *Saison in der Hölle* entstammt. Gerade Schrittmacher der ästhetischen Moderne waren mehrheitlich nichts weniger als Musterknaben im Sinne von Verfechtern der Menschenliebe, der Demokratie oder tatsächlicher Interessen des so häufig im Munde geführten kleinen Mannes. Zu oft wurden sie von krassen Ressentiments und Phobien geleitet, die in Zeiten von Krieg, Bürgerkrieg, Klassen- und Rassenkampf oftmals in politische Pathologien mündeten.

Die Geschichte der Moderne gleicht nicht zuletzt einem Sturmlauf gegen den Bürger, den Alltag, das Sicherheitsprinzip, das dem Wunsch, „gefährlich zu leben", im Wege steht. „Ein nützlicher Mensch zu sein", formulierte Baudelaire, habe ihm stets als „etwas sehr Abscheuliches" gegolten, und seine Stimmung 1848 beschrieb er, worauf die *Neue Rundschau* im April 1933 eigens aufmerksam machte, als „natürliches Vergnügen am Niederreißen, literarische Trunkenheit" oder „natürliche Liebe zum Verbrechen". Das führt geradewegs über Georg Heyms Kriegs- oder Johannes R. Bechers Revolutionseuphorien zu Brechts literarisch ausgelebten Gangstersympathien à la Mackie Messer oder Jüngers nationalistischer Kampfansage an die Republik im *Arbeiter* von 1932, es sei unendlich „erstrebenswerter", „Verbrecher als Bürger zu sein".

In vielen Befreiungsgesten äußert sich der Wunsch nach Zerstörung von wirklich oder scheinbar Abgelebtem, auch Aufbegehren gegen Intoleranz, aber ebenso Unduldsamkeit gegenüber vorher Gültigem. Wir beobachten Tabubruch und Schock als Selbstzweck, lustvoll sezierende Analyse statt Synthese, Hasten nach ständiger Innovation und Tempoverklärung. „Modern" ist, stilistisch wie menschlich gesehen, Kälte und Hitze zugleich, Massenkritik im Sinne elitärer Arroganz, aber auch Massenlauf in extremistische Lager. Anarchistische und schrankenlos individualistische Selbstverwirklichung steht neben der Anbetung des Kollektivs, inbrünstige Utopiegläubigkeit neben nihilistischer Misanthropie, häufig sogar innerhalb einer Person bzw. einer Dekade.

Hoch im Kurs stehen geistige Schecks, die erst die Zukunft kreditieren soll. In ihrem Dienst wirft man Traditionen bedenkenlos auf den Misthaufen der Geschichte, predigt allzuoft Gewalt als den Zweck heiligendes Mittel oder opfert in einer maschinenhaft-funktionalistischen Anthropologie das Glück der Lebenden auf dem Altar künftiger Menschheitsentwürfe. Die (mehr oder weniger) ahnungslose Vergötzung Moskaus durch Tausende europäischer Intellektueller, die schäbigen Euphemismen, mit denen sowjetische Säuberungen bedacht werden, entsprechen den fatalen Tiraden blutiger Rassisten oder kriegsbegeisterter Schreibtischeroberer. Und nicht selten waren ästhetizistische Motive bestimmend.

Le Corbusier z. B., Verehrer des französischen Faschistenführers Pierre Winter, „erträumte die Zerstörung von Paris, um es mit mathematischer Exaktheit neu zu errichten". Und der kommunistische Romancier Gustav Regler notierte im Spanischen Bürgerkrieg in einem verlassenen Haus angesichts von „Halbkultur" und religiösem Kitsch, die ihn an seinen Geburtsort erinnerten, man solle „es anstecken, damit die Erde rein würde von diesem Durchschnitt."

Man mustere sie genauer, diese literarisch vermittelten Welt- und Menschenbilder, von Sternheim, der seine „bürgerlichen Helden" ihre brutale Nuance verwirklichen läßt, über Benn, der „Gehirne mit Eckzähnen" züchten wollte, bis zu Brecht, dessen Appell zum Kader- und Kadavergehorsam sich in Werken wie der *Maßnahme* austobte, oder Bloch, der seinen Intellekt zur apologetischen Glorifizierung des Roten Zion mißbrauchte. Man vertiefe sich in Jahnns sadomasochistische Sexualobsessionen, vom *Pastor Ephraim Magnus* bis zum *Gestohlenen Gott,* Texte, die aus des Verfassers Grundüberzeugung erwuchsen, in seinem ganzen Leben noch keinem „Normalmenschen" begegnet zu sein, oder in zahlreiche Zeugnisse eines antiweiblichen Machismo von Nietzsche bis D'Annunzio, von Weininger über Brecht bis Hemingway.

Natürlich sind Wiecherts *Totenwolf* oder Jüngers *Arbeiter* „moderner" als die späteren Werke *Der Totenwald* oder *Heliopolis* – aber mit welchen ethischen Kosten ist solche Modernität erkauft? Ihr wohl einflußreichster Vertreter war Marinetti, bei dem man eigentlich kaum verkennen konnte, wie nackt und schamlos das Prinzip „Moderne" ausgebreitet wird: im zerstörerischen Ausleben des Generationenkonflikts, im Dogma eines völligen Neubeginns, in der Brutalität, mit der man alle sozialen Bedenken von sich wies und sich den lustvollen Killern der Lüfte als Menschheitsvision auslieferte, durch plakative Vergröberung aller Aussagen und Problemkomplexe und in letzter Instanz schließlich durch die uferlose Nutzung des Prinzips der Reklame.

Natürlich gibt es auch eine Freiheits- und Vernunft-Moderne. Doch scheint mir das soeben bewußt gezeichnete Kontrastbild zu einem gehätschelten Mythos mehr zu sein als ein realitätsverzerrendes Horrorszenarium. Demgemäß sollten wir die Ambivalenz der Moderne stärker berücksichtigen, um zeitgenössische Reaktionen auf entsprechende Schocks besser zu verstehen. Verbarg sich in ihnen doch nicht nur spießige Scheu, unangenehme Tatsachen wahrzuhaben, sondern zugleich humanes Erschrecken vor einer fortschrittseuphorischen Barbarisierung.

In diesem Sinne liest sich Ernst Jüngers Traumstück *Violette Endivien* (1938) als Revision früherer Radikalität. Der Erzähler gelangt darin in ein Geschäft, das Menschenfleisch verkauft, was im Schlußsatz sarkastisch kommentiert wird: „‚Ich wußte nicht, daß die Zivilisation in dieser Stadt schon so weit fortgeschritten ist' – worauf der Verkäufer einen Augenblick zu stutzen schien, um dann mit einem sehr verbindlichen Lächeln zu quittieren."

Zur Lage

Resümierend läßt sich feststellen, daß viele Prämissen keine angemessene Wertung gewährleisten. Eher erinnern sie an Hans Traxlers Karikatur eines Konkurrenzkampfs zwischen Vogel, Elefant, Fisch und Robbe, wobei der Kampfrichter die Wettbewerbsbedingungen erläutert: „Zum Ziele einer gerechten Auslese lautet die Prüfungsaufgabe für Sie alle gleich: Klettern Sie auf einen Baum!" Ähnlich zweifelhaft klassifizierten meinungsführende Literaturwissenschaftler die zwischen 1933 und 1945 innerhalb Deutschlands erbrachten literarischen Leistungen. „Ist es schon Wahnsinn", heißt es bei Shakespeare, „so hat es doch Methode". Und in der Tat waren die kulturpolitisch erwünschten germanistischen Resultate auf diese Weise garantiert.

Zwar gibt es noch heute bemerkenswerte Studien, die unser Verständnis jener Texte verbessern. Doch viele Publikationen verstellen eher den Zugang und bestätigen die Dekanonisierung von Autoren und Werken, die sich für einen (linksprogressiven) Politkurs nicht instrumentalisieren ließen. Das Ganze wird von einer Forschungsatmosphäre der Emapthielosigkeit gegenüber den Daheimgebliebenen getragen. Unpolemische Aufmerksamkeit beschränkt sich so weitgehend auf Vertreter der Exilliteratur, wie Brecht, Thomas, Klaus und Heinrich Mann, Tucholsky, Broch, Döblin, Werfel, Anna Seghers und Joseph Roth.

Vordergründig scheint das plausibel. Schließlich sind, wenn man Benn oder Ernst Jünger ausnimmt, die Genannten fast die einzigen, die heute überhaupt noch auf Resonanz stoßen. Denn, Hand aufs Herz, wer – selbst unter Philologen – liest oder kennt sie noch wirklich: die Wiechert, Carossa, Andres, Bergengruen, Brunngraber, Hartlaub, Kaschnitz, le Fort, Klepper, Lehmann, Loerke, Langgässer, Britting, Kasack, Reck-Malleczewen, Gurk, Stühlen, Reinhold Schneider oder Ricarda Huch, ganz abgesehen von Außenseitern wie Ilse Molzahn, Johannes Moy und E. G. Winkler respektive jenen Wanderern zwischen politischen Welten wie Martin Raschke, Ernst von Salomon, Egon Vietta und Hans Grimm?

Bereits vor knapp zwei Jahrzehnten konnten von 31 Teilnehmern meines germanistischen Hauptseminars 30 mit Namen wie Emil Barth, René Hocke, Martin Kessel, Jochen Klepper, Horst Lange, Marianne Langewiesche, Wilhelm Lehmann, Gerhard Nebel, Ernst

Penzoldt, Ernst Schnabel oder August Scholtis überhaupt nichts anfangen, 29 nichts mit Albrecht Haushofer, Hans Henny Jahnn, Friedrich Georg Jünger, Edzard Schaper, Frank Thiess, Siegfried von Vegesack, Günther Weisenborn, Wilhelm Weyrauch oder Georg von der Vring, 28 nichts mit Peter Bamm, Otto Flake, Hermann Kasack, Erik Reger oder Rudolf Alexander Schröder – alles Namen, die seinerzeit Klang und ein meist beträchtliches Publikum hatten. (Falls es Ihnen, liebe Leser, ähnlich geht, sind Sie also in bester Gesellschaft mit vielen Fachleuten, urteilen aber hoffentlich nicht so selbstgewiß wie diese.)

Belegt also das aktuelle Vergessensein der Genannten nicht schlagend, daß nur Ausgewanderte die Freiheit und ästhetische Souveränität besaßen, achtbare, noch heute bewegende Belletristik zu schreiben? Beweist dies nicht, daß die emigrierte Literaturprominenz praktisch die einzig würdige Vertretung jener Literaturepoche darstellt? Das wäre der Fall, hätten nicht die Vertreter dieser Überzeugung die Beurteilungsbasis durch die oben erörterten Kriterien oder tendenziöse Kompendien derart beeinflußt, daß eine der ästhetischen Leistung gerecht werdende Überprüfung kaum noch möglich ist.

Denn wo sind die Bibliographien, Nachschlagewerke oder Literaturgeschichten, in denen wir angemessen ausführlich und ohne moralistische Vorauszensur etwas über die diskreditierte Autorengruppe erfahren könnten? (Besonders schlimm wird's, wenn das so gefärbte Wissensrinnsal beim schulischen Endverbraucher ankommt, exemplarisch in dem dümmlichen Zeitgeistextrakt der Lernplattform „sofatutor.com".) Zudem sorgen ausgedünnte Verlagsprogramme und die Verramschung öffentlicher Bibliotheksbestände dafür, daß jene Epoche für heutige Leser aus schlichtem Informationsmangel nur noch unzulänglich rekonstruierbar ist.

Bedeutsame Texte, die die Lebendigkeit und Variationsbreite jener Epoche illustrieren, sind dem Gedächtnis weitgehend entschwunden.

Desgleichen die meisten Namen und Titel aus dem ungemein fruchtbaren Genre historischen Erzählens. Klassische Exempel des Magischen Realismus gelten mittlerweile als Geheimtips. Kollegen, mit denen man sich auf einem gemeinsamen Lektürefundament darüber austauschen könnte, lassen sich an zwei Händen abzählen. Welches Theater spielt noch Hauptmanns *Atriden*-Tetralogie?

Ist dieser Befund wert, erwähnt zu werden oder sich darüber zu erregen? Gilt nicht, daß Kulturleistungen ständig vergessen werden, um Platz für Neues zu schaffen, gleichermaßen für andere Zeiten? Allerdings findet sich so leicht kein zweiter Fall, wo ein ganzer Literaturkomplex so gezielt in den Orkus des Vergessens geschleudert wurde. Versunken wie Atlantis, nur nicht so ruhmreich der Erinnerung Nachgeborener würdig, sondern eher im Sinn einer vom herrschenden Zeitgeist gewünschten kulturhygienischen Entsorgung. „Cancel Culture" vom feinsten, bevor der Begriff hierzulande noch eingeführt war.

Und das Feuilleton kennzeichnen allenfalls gönnerhafte Gesten wie seinerzeit die Reich-Ranickis, der Erich Kästner zum „Exilschriftsteller honoris causa" erklärte. Ein entsprechend abwertendes Urteil dieses einflußreichen Kritikers, das von seinen Adepten wie z. B. Hermann Kurzke pflichtschuldig geteilt wird, stammt bereits von 1967. In seinem Nachwort zum Erzählungsband *Notwendige Geschichten* verwirft Reich-Ranicki zunächst die schematische Zweiteilung deutscher Belletristik zwischen 1933 und 1945 als wenig lebensnah:

> *Weder das Exil noch die Mitgliedschaft bei der Reichsschrifttumskammer trennt die beiden deutschsprachigen Literaturen. Zusammen mit Genies und Charakteren sind auch Schufte und Dilettanten ins Exil gegangen. Neben Kettenhunden und Speichelleckern sind auch unbeugsame Patrioten und liebenswürdige Talente im Reich geblieben.*

Anschließend ergeht jedoch, „lauwarme Versöhnlichkeit" ausschlagend, sein literaturpäpstliches Urteil ex cathedra: So erforderlich der Verzicht auf die „anschauliche Zweiteilung" in jenen Jahren auch sei und je unbefangener wir uns der Gemeinsamkeiten bewußt werden mögen, umso klarer hätten wir die „Qualitätsunterschiede" zu erkennen: „Es hieße die literarhistorische Wahrheit entstellen, wollte man verschweigen, daß die wesentlichen Werke in deutscher Sprache damals außerhalb Deutschlands geschrieben wurden."

Dieses simplifizierende Fazit, gegen das der hier vorliegende Band im Kern geschrieben ist, markiert die Grundstimmung unter heutigen Germanisten. Denn man muß beim Forschen tatsächlich etwas *finden* und nicht nur belegen wollen, wie erbärmlich das meiste damals war. Und es bedarf eines weiteren Rezeptionshorizonts, um sich der anderen Ästhetik vieler Innerer Emigranten aufzuschließen. Doch welche extrinsischen Anreize gäbe es dafür angesichts der hierzulande gültigen Kulturfahrpläne?

Lediglich Exilliteratur läßt sich im Sinne einer aktuellen politischen Agenda, wie sie die Ausprägung einer multikulturellen Einwanderungsgesellschaft darstellt, positiv nutzen. NS-Literatur, je stereotyper, desto besser dargestellt, eignet sich zumindest als Schreckbild und zur republikanischen Selbstbestätigung, wonach wir es so herrlich weit gebracht haben. Innere Emigration jedoch, die das negative Deutschen-Klischee aufzuhellen droht, bedient kein aktuelles politisches Interesse. Höchstens das der Meinungsfreiheit, woran unserer politischen Klasse allerdings lediglich im Sinne inhaltsleerer Proklamation gelegen ist.

Die als „Paradigmenwechsel" verkauften, von aktuellen Herrschafts- bzw. Legitimationsinteressen bestimmten philologischen „Säuberungen" waren also erfolgreich. Nationalliterarische Spezifika zählten nicht mehr, als man die ältere Autorengeneration pauschal dem Schuldverdacht aussetzte und praktisch abgeschrieben hat, da man auf ihrer Tradition nicht mehr aufbauen wollte. Willkommen war, was diese Entsorgung förderte, wobei an Einzelfallgerechtigkeit oder gar weitergehender Rehabilitation kein kulturpolitischer Bedarf bestand. Erweist sich doch offizielle Geschichts- wie Literaturgeschichtsschreibung auch in diesem Fall als Politik mit anderen Mitteln. Auch ästhetisch zeigt sich ein ständiger kultureller Bürgerkrieg, der im Fall der Bundesrepublik spätestens mit dem Marsch der Achtundsechziger durch die Institutionen entschieden war.

Dem zum Trotz bemüht sich dieser Band um stellvertretende Erinnerung an zumindest einige Werke der Daheimgebliebenen. Dies gilt ihm als Akt der Wiedergutmachung im Bewußtsein der literarhistorischen Verluste, die ein rigoroser Kulturkampf angerichtet hat, und als Replik auf die Provokation durch nachgeborene Meinungsbildner, die vom sicheren Schreibtisch aus ihren Altvorderen märtyrerhaften Widerstandsgeist abverlangen – eine Haltung, die ein gewisses Pharisäertum nicht verleugnen kann. Dies geschieht ausgerechnet in einer Atmosphäre, in der intellektueller Konformismus gedeiht wie schon lange nicht mehr und die Denunziation alternativer Positionen nicht nur völlig gefahrlos erfolgt, sondern erneut als Mittel der Karriereplanung dient.

Von jeher zogen mich Forschungsgebiete an, die jenseits der jeweils modischen Themenautobahn liegen. Doch die Motivation für dieses Buch rührt tiefer, verschärft durch die bedrückende Erfahrung, wie bedrohlich nahe wir dem mentalen Bewußtsein jener bösen Jahre bereits wieder gekommen sind. Vergleichbar ist natürlich nicht die verbrecherische Dimension, aber die einschüchternde Wirkung postdemokratischer Verwerfungen mit ihrem vorläufigen Höhepunkt durch das „Corona-Management“. Vergleichbar ist die

Grundatmosphäre eines neuen „soften" Totalitarismus, der seinen Untertanen je nach Gehorsam einen abgestuften Grundrechtsstatus einräumt.

Vergleichbar sind schikanöse, versteckt oder offen repressive Maßnahmen auf der Ebene der Administration und der „Zivilgesellschaft", die gemeinsam mit einer selbstverordneten Beinahe-Gleichschaltung der Medien ein bedenkliches Duckmäuser-Klima befördern. Wenn laut Allensbach 70 Prozent der Deutschen in zentralen Fragen der Nation Angst haben, sich öffentlich zu äußern, ist das ein Wert, der in etwa auch seit 1933 vorherrschte. Und man darf sich nicht damit beruhigen, daß die Folgen damaliger Meinungsverstöße viel schlimmer waren. Auch „Tugendterror" ist Terror. An den Universitäten bestimmt ein gewaltbereiter Mob, wer Vorträge halten darf und wer nicht. In den öffentlich-rechtlichen sowie in den etablierten „unabhängigen" Medien hat eine wirkliche Opposition jenseits des Machtkartells der ‚einzig honorigen' Parteien keine Chance.

Die Einsamkeit bzw. Isolation derjenigen, welche die jüngste Erosion des Rechtsstaats und den neuen Kurs der Politik für verhängnisvoll oder ökonomisch ruinös ansehen, gleicht derjenigen von damals. Auch heute führen viele ein Doppelleben und stellen sich täglich die Frage, wieviel Tarnung oder Anpassung gestattet ist, um abends noch ohne Scham in den Spiegel schauen zu können. Insofern bedürfen wir der imponierenden Beispiele von damals, jener Ausnahmetaten von Charakterstarken, die uns – und sei es auch nur in einigen ihrer literarischen Zeugnisse – zum Vorbild wurden.

In diesem Sinne widme ich den Band meiner Familie, allen, die mich unterstützt haben, und allen, die auch heute nicht den Mut verlieren und dem Lemmingzug der Massenmenschen nicht folgen.

II.
Schlüsseltexte der Inneren Emigration

Wer wagt es,
sich den donnernden Zügen entgegenzustellen?
Die kleinen Blumen
Zwischen den Eisenbahnschwellen!

Erich Kästner: *Eine Mutfrage* (1948)

Subversive Epik

Ein „Führerroman"? • *Der Großtyrann und das Gericht* von Werner Bergengruen

1935 erschien Werner Bergengruens *Der Großtyrann und das Gericht* und wurde umgehend zu einem Bestseller im „Dritten Reich" mit rund 200 000 verkauften Exemplaren. Er handelt von der aufwendigen Suche nach dem Mörder eines als Diplomat fungierenden Paters. Die Tat versetzt Cassano, einen fiktiven italienischen Stadtstaat der Renaissance, in größte Erregung. Der dortige Großtyrann verlangte nämlich vom gefürchteten Polizeichef, das Verbrechen innerhalb von drei Tagen aufzuklären. Andernfalls drohe ihm selbst der Tod. Die so forcierte Täterhatz verwandelt die Gemeinde umgehend in einen Ort der Einschüchterung, Lügen, Intrigen und unfundierten Beschuldigungen auch hochgestellter Bürger.

Um allem ein Ende zu machen und die vergiftete Atmosphäre in der Stadt wieder zu reinigen, bezichtigt der fromme Färber Sperone sich fälschlich selbst. Doch nun gesteht der Großtyrann, die Tat aus staatspolitischen Gründen begangen, aber die Gelegenheit genutzt zu haben, seine Untertanen zu prüfen. Anschließend hält er über das peinliche Ergebnis Gericht. Doch der Priester Don Luca wirft ihm vor, als unbefugter „Weltenrichter" „widergöttliches Spiel" getrieben zu haben. Der Potentat akzeptiert die Anklage. Und am Ende gewährt man sich wechselseitig Vergebung.

Der Roman ist ein spannender Krimi, dazu ein Fürstenspiegel mit negativen Gegenwartsbezügen und vor allem ein erzählerisch durchgespieltes Politik- und Gesellschaftsmodell. Regimegegnern bot es zahlreiche Ansatzpunkte, Parallelen zum NS-Regime zu ziehen.

Dabei ist das Buch im ganzen kein Schlüsselroman oder gar eine historisch kostümierte Hitler-Darstellung. Es spielt allerdings auf etliches an, was auf das „Dritte Reich" bezogen werden konnte: des „Führers" Kinderlosigkeit etwa, seine exzessive Bautätigkeit und Berufung auf die Jugend wie das einfache Volk, der Kirchenkampf und das Konkordat, die Machtrituale absoluter Herrschaft samt einer unterworfenen Justiz, der Geheimpolizei und des Spitzelwesens, dessen unheilvolle Wirkung anschaulich gezeigt wird. Ansonsten zeichnen sich Werke der Inneren Emigration meist weniger durch üppige Korrespondenzen mit aktuellen Geschehnissen aus als durch ihr grundsätzlich verschiedenes Ethos zu den politischen Forderungen des Tages.

Solche Kontraposition im Verein mit der Attraktion seiner reichen Fabulierlust festigten Bergengruens Stellung im Literaturleben bis in die 1960er hinein. Er war „Abiturdichter" mit einer Gesamtauflage von ca. sechs Millionen verkauften Büchern. Noch 1967 gehörte er laut *Spiegel*-Umfrage neben Hesse und Peter Bamm zu den von deutschen Studenten am meisten gelesenen Schriftstellern. Daß spätere Lesergenerationen ihre Gunst anders verteilen und Schreibweisen veralten, ist nichts Ungewöhnliches. Doch konkurrieren die in früheren Epochen lebenden Autoren ja nicht mit den jeweils aktuellen Schriftstellern und deren gewandeltem Geschmack für Stoffe und Stile. Wer also Literaturgeschichte ernst nimmt, schenkt auch der ehemaligen Prominenz wenigstens so viel Aufmerksamkeit, daß deren zeitgenössische Hochschätzung erklärbar bleibt.

Das trifft auf Bergengruen keineswegs zu, und von seiner gezielten Dekanonisierung ist auch der *Großtyrann* betroffen. Neben sprachlicher Abwertung stellte man seine Bedeutung als Widerstandstext in Frage, wobei manche Vieldeutigkeit oder Überinterpretation zeitgenössischer Leser ihm selbst angelastet wurde. Auch verwies man darauf, daß die Romankonzeption bereits in die 1920er Jahre zurückreicht oder daß der Herrscher gar als positive, zu Umkehr und Reue befähigte Figur gezeichnet sei. Und kaum einer der Verächter verzichtete auf den Hinweis, der Roman habe sogar die Billigung des *Völkischen Beobachters* gefunden (Kritik vom 7. Dezember 1935).

Nun fallen die frühen Anfänge der Arbeit an der Erzählung allerdings wenig ins Gewicht angesichts des Umstands, daß der größte Teil des Buches erst 1933 / 34 verfaßt und durch die politische Atmosphäre jener Zeit unverkennbar geprägt wurde. Bergengruen selbst schilderte, daß die ursprünglich eher religiöse Rechtsparabel plötzlich eine „unheimliche", ja „fürchterliche Aktualität" gewonnen habe. Auf solche seelische Verheerung zielt bereits das vorangestellte Motto des Buches: „Ne nos inducas in tentationem" („Und führe uns nicht in Versuchung"), sowie dessen Präambel:

> *Es ist in diesem Buche zu berichten von den Versuchungen der Mächtigen und von der Leichtverführbarkeit der Unmächtigen und Bedrohten. Es ist zu berichten von unterschiedlichen Geschehnissen in der Stadt Cassano, nämlich von der Tötung eines und von der Schuld aller Menschen. Und es soll davon auf eine solche Art berichtet werden, daß unser Glaube an die menschliche Vollkommenheit eine Einbuße erfahre. Vielleicht, daß an seine Stelle ein Glaube an des Menschen Unvollkommenheit tritt; denn in nichts anderem kann ja unsere Vollkommenheit bestehen als in eben diesem Glauben.*

Worin aber besteht das scheinbare Skandalon einer wohlwollenden Rezension im *Völkischen Beobachter?* Bevor man urteilt, sollte man sich den genauen Wortlaut anschauen und ihn im Rahmen zeitüblicher Kulturpraxis mustern. Denn neben dem schlichten Faktum, daß ein offenbar Bergengruen von früher her schätzender Anonymus das Buch empfahl, wäre dessen selektive Lesart zu beachten, die sein Lob gegenüber seinen ideologischen Vorgaben rechtfertigt. Und wo es heikel wird, hat er sich kritisch abgesichert. Wie die „hin und her getriebenen Menschen“ von Cassano, schreibt er, „innerlich vor dieser Aufgabe versagen, während der Tyrann selbst eine überlegene und eine, bei allem Gefühl für seine eigene Schwäche, gewisse menschliche Haltung an den Tag legt, ist interessant dargestellt, wenn auch eine müde, allzu skeptische Stimmung das Buch durchzieht.“

Doch wie legitim ist überhaupt ein Werk mit einer positiven Herrschergestalt, das im Referat vieler Germanisten sogar zum „Führerroman (der Renaissance)“ versimpelt wurde, während in der Kritik des *Völkischen Beobachters* lediglich von „einer der Herrengestalten der italienischen Renaissance“ die Rede ist? Falsch gestellte Fragen führen selten zu richtigen Antworten. Denn es gibt neben Bergengruens Text unangepaßte historische Romane im Dutzend, in denen eine im Grunde totale Systemkritik an dem Porträt eines prinzipiell positiv gezeichneten Monarchen aufgehängt wird. Schließlich kommt es nicht so sehr auf die Zentralfigur an, sondern auf den Konflikt mit der Macht oder die mutige Haltung zu ihr.

Hierin liegt die eigentliche nonkonformistische Botschaft. Denn wenn bereits ein mit einer Teilsympathie gezeichneter Herrscher solchen Verführungen der Macht erliegt, welche Gefahr verkörpert dann erst der charakterlich ungefestigte Despot, den Leser, die nicht mit dem Nationalsozialismus sympathisierten, täglich realiter vor Augen hatten. Und diejenigen im Lager der Hitler-Befürworter, die durch solche Lektüre überhaupt noch ansprechbar waren, dürften vielleicht durch Kernsätze der Präambel berührt worden sein, die sich gegen die Illusion menschlicher Vollkommenheit und damit auch gegen Führervergötzung richteten.

Daß dieser Roman nicht ausdrücklich oder ausschließlich auf die NS-Epoche zielt, stört heutige Bergengruen-Verächter, deren Weltbild durch alleinige Fokussierung auf *eine* Diktatur erkenntnismäßig verstellt ist. Aber typologische Überzeitlichkeit hat auch ihren Sinn. Und was scheinbar so verblasen allgemein wirkt, weil es nicht – wie im Exil – unzweideutig Roß und Reiter nannte, gewinnt an Einsichten, wenn man sich eines verdeutlicht: Unterdrückung, Denunziation und Spitzelwesen gab oder gibt es nicht nur in *einer* Epoche und *einem* Regime. Gerade wir im Jahr 2022 sollten besser nicht so tun, als beschränke sich dergleichen nur auf 1933/45.

Daß gleichwohl der Text auch zur Entstehungszeit als sensationelle Tat empfunden wurde und keineswegs als Gegenwartsflucht, ist von Zeitzeugen vielfach belegt. Exemplarisch formulierte dies Otto von Taube in der *Frankfurter Zeitung*. „Die Handlung“ schrieb er, „ist von einer erregenden Spannung, als wären wir an ihr mitbeteiligt [!], litten unter dem giftigen Schirokko, der die Unheilswochen durchweht, und atmen auf am frischen Gerichtsmorgen, der den besseren Seelen die sittliche Kraft stärkt“.

Wie porträtiert man seinen Unterdrücker? ◆ *El Greco malt den Großinquisitor* von Stefan Andres

Generalinquisitor Niño de Guevara beauftragt den berühmten El Greco, sein Porträt zu zeichnen. Der Maler bespricht sich mit dem befreundeten Arzt Cazalla, dessen Bruder von just diesem Inquisitor zum Feuertod verurteilt worden ist. In El Greco streiten zwei Gefühle miteinander. Anfällig für Ketzereien, fürchtet er den unmittelbaren Kontakt mit dem mächtigen Vertreter einer unerbittlich gewordenen Religion und dessen dogmatische Fallstricke. Gleichzeitig treibt ihn künstlerischer Ehrgeiz, gerade diesen kalt-dämonischen Charakter aller Welt zu enthüllen. Daher schlägt er die Alternative einer zuvor erwogenen Flucht ins freiere Venetien aus. In Sevilla erleidet der Kardinal während der Sitzungen zu seinem Bild eine Gallenkolik. Ohne Rücksicht auf das, was er dessen Bruder angetan hat, fordert er ausgerechnet Cazalla auf, ihn zu heilen. Wie dieser den Gewissenskonflikt zwischen ärztlichem Ethos und Bedürfnis nach Rache oder Widerstand löst, bildet ein zweites Spannungselement der Erzählung. Am Ende wird Guvara wieder gesund, und El Greco sogar üppig entlohnt, obwohl ihm das Kunststück gelungen ist, im Porträt des Inquisitors die Giftschlange im Auge des „heiligen Henkers" sichtbar zu machen.

Soweit die Handlung von Stefan Andres' 1936 publizierter Erzählung *El Greco malt den Großinquisitor,* angeregt durch ein um 1600 geschaffenes mannsgroßes Ölbild, das heute im New Yorker Metropolitan Museum of Art hängt. Der Wert dieses Klassikers der Inneren Emigration liegt, unabhängig von den Aussagen über die Zeit seiner Entstehung, bereits in der brillanten historisch-theologischen Auseinandersetzung mit einem finsteren Abschnitt der Kirchengeschichte. Doch als zweites wichtiges Thema illustriert bzw. erörtert die Erzählung zugleich verdeckt Konflikte und Probleme aus Andres' Gegenwart, insbesondere die prekäre Zwischenstellung, in er sich als Schriftsteller befand.

Denn der Autor erfreute sich zwar wohlwollender Aufmerksamkeit der neuen Kulturgewaltigen und sah von daher einer gesicherten Karriere entgegen. Doch seine christliche Prägung wie seine jüdische Frau boten Konfliktstoff und Gefahr in dieser Zeit und nötigten das Ehepaar, nach Italien auszuweichen, also eine verdeckte Emigration zu vollziehen. Andres publizierte jedoch weiterhin in Deutschland. Und seine Schriftstellerexistenz war von der ständigen Frage bestimmt, wie offen er Dissens und böse Zukunftsahnungen formulieren durfte. Auch der geschilderte El Greco erkundet ja in sich das vertretbare Maß an Anpassung, Versteckspiel und Lavieren: „Wer noch zu leben gedenkt, der lerne lügen." Welche Bekenntnis-Mission kam ihm zu? Wuchs nicht mit jeder neuen Veröffentlichung die Gefahr? („Lange kann man sich verbergen, dachte el Greco, und er spürte den Schweiß unter den Achseln ausbrechen, bis der Ruhm kommt.")

Wie verhält man sich dem Terror gegenüber, und wie überwindet man die Furcht, die einen zugleich in verhängnisvolle Fehler treibt? Oder auf Cazallas ethisches Dilemma bezogen: Darf oder muß ich jemand heilen, der vielen anderen Unheil bringt? Wie genau Stefan Andres in seiner Motivation beim Schreiben verstanden wurde, belegen exemplarisch zwei Briefe einer lettischen Freundin vom Februar bzw. 1. März 1943: „Du selber bist doch der *El Greco,* und es hat mich sehr gefreut Dich tiefer zu kennen." Jetzt sei es an ihm, den Großinquisitor zu malen, „möge also das Wissen El Grecos dich behüten!" Und weiter hieß es:

> *El Greco kommt mir vor wie ein Präludium an Dein Schicksal, Dein Leben, Dein Werk: alle Deine Motive sind da enthalten. Jetzt befindest du Dich in seiner Lage, und wirst alles so brav wie er zu lösen verstehen! Auf dem Hintergrund des Toledo in Flammen mußt du noch viele und viele Bilder malen.*

Dabei ist Andres' Alter ego, was der Textqualität zugutekommt, kein Held schlechthin, sondern zugleich fehlbarer Diesseitsmensch, dem man die ironische Erklärung nachsieht, er rechne das Porträt Guevaras zu seinen Heiligenbildern, weil der Großinquisitor das zehnfache Honorar des „geizigen" Königs Philipp gezahlt habe. Doch dieser unernsten Begründung fügt er noch eine zweite, ernste an:

> *„Ich habe sein Gesicht erkannt, und dafür ist er dankbar, wie selten ist das! Er ist ein Heiliger um seiner Schwermut willen, ein trauriger Heiliger, ein heiliger Henker! Er hat Kryptenaugen", sprach el Greco leise, „und wo sie im Dunkel seines Hauptes und seiner Welt münden, wissen wir nicht."*

Solche Ambivalenzen oder dunkle Stellen, die sich einem inzwischen geforderten undialektischen Widerstandsappell nicht fügen, haben Interpreten irritiert. Auch des Malers Ausspruch, es sei „umsonst, die Inquisitoren zu töten. Was wir können, ist – das Antlitz dieser Ächter Christi festzuhalten!“ bereitet Probleme, wo man sich nicht genügend bewußt macht, daß hier perspektivisch gesprochen wird und es Andres auch um überaktuelle Deutungen ging. Weiteres rechtfertigt sich aus der Eigengesetzlichkeit schriftstellerischer Welten, die dennoch mutige Regimekritik nicht ausschließt. Dies gilt generell für die Innere Emigration. Manche ihrer Texte enthalten zwar unverschlüsselten Widerspruch, sogar viel häufiger, als dies weithin von der Germanistik eingeräumt wird. Doch die damalige Verständigung zwischen Autor und Lesergemeinde vollzog sich in der Regel anders.

Denn oftmals setzte das zeitgenössische Publikum schlicht voraus, daß aktuelle Botschaften verfremdet waren und ihm selbst ein Teil der Entschlüsselung wie der Nutzanwendung zukam. Es wußte, daß zensurresistente Oppositionstexte auch Unanstößiges enthielten und mögliche Provokationen in Geläufiges eingebettet waren. Auch subversive Werke sind daher meist nicht durchgängig zeitbezogen und enthalten überepochale Aussagen. Vor allem aber erzählen sie, jenseits von aktuellen Anspielungen, eigenwertige Geschichten.

Die heute gängigen Wertungsnormen, wonach glaubwürdige Belletristik im „Dritten Reich“ an der Kampfliteratur des Exils gemessen wird, wenn möglich gar an der eindimensionalen Polemik von Autoren wie Heinrich Mann, Alfred Kerr und Lion Feuchtwanger (*Der falsche Nero,* 1936), führen nicht selten in ästhetische Sackgassen. Zumindest existiert vernünftigerweise kein Zwang zur agitatorischen Eindeutigkeit oder zum literarischen Arrangement im Sinne eines psychologisch eher uninteressanten Gut-Böse-Schemas. Vielmehr scheinen mir Werke umso überzeugender und sogar aufklärerisch eindringlicher, je psychologisch nuancierter und erzähltechnisch raffinierter der Konflikt geboten wird.

Unter diesem Gesichtspunkt gehören die spannungsgeladenen Dialoge, bei denen die ketzerischen Protagonisten stets innerhalb des dogmatischen Systems antworten müssen und ein unvorsichtiges Wort ins Verderben führen kann, zu den Höhepunkten von Andres' Erzählkunst. Dabei begnügt sich der Autor keineswegs mit der Zeichnung des Inquisitors als einfältig-sadistischer Karikatur. Der Autor wie sein „Held" lassen sich sogar teilidentifikatorisch auf ihren potentiell todbringenden Gegenpart ein – ein Erkenntnisverfahren, das als eines der wenigen im Exil (zum Entsetzen mancher Kollegen) Thomas Mann mit dem Essay *Bruder Hitler* (1938) praktizierte. Das verleiht dieser Analyse, in der das Böse mit dem Traurigen verknüpft wird, das Heilig-Idealistische mit fanatischer Besessenheit, ihr subtiles Schillern.

Zudem spürt man, daß Macht neben den terroristischen auch ihre (wider Willen) faszinierenden Seiten besitzt, daß sie buchstäblich in Bann schlägt. Und dennoch hält Andres' El Greco ihr stand, indem er sie kraft seiner Autor- bzw. Künstlerschaft zur Kenntlichkeit bringt. In der entscheidenden Sitzung malt er, weil Gott es so wolle, die Mozetta des Kardinals „blutrot", obwohl dieser in Wirklichkeit „adventlich violett" gekleidet ist. „Gott befiehlt Farben?" fragt der Inquisitor erstaunt, „nach welcher Wahrhaftigkeit"? Und der Maler repliziert:

> *„Nach jener Wahrhaftigkeit, die der Herr aussprach, als er sich in das Bild des Blitzes begab, der leuchtet von seinem Aufgang bis zu seinem Niedergang und alles enthüllt, was im Verborgenen ist." Der Kardinal blickte auf seine gespannt hängenden Hände, er sprach: „Schwarz und Rot, was enthüllt das?" El Greco trat mit seiner ganzen Gestalt hinter der Staffelei hervor, seine Stimme zitterte nicht, gleichwohl war sie leise: „Feuer in der Nacht!" Der Generalinquisitor*

senkte kaum merklich die Stirn, alle seine Bewegungen waren langsam und immer unauffällig, nur neue Formen seiner Unbeweglichkeit, und so blickte er von unten el Greco an: „Ihr meint die heilige Kirche mit diesem Bild!" El Greco nickte, aber nun zitterte er; und wieder nickte er, flehte zu seinem Mut, daß er ihn nicht verlasse, daß er mit diesem Nicken kein Verräter werde, und so sprach er zitternd: „Sie ist ein blutiges Feuer geworden, Eminenz!" Der Generalinquisitor erhob sich: „Ja, die Kirche hat viele Feinde", sagte er ruhig. Dann fügte er bei, morgen um dieselbe Stunde sei er wieder bereit.

Leichtes mit doppeltem Boden • *Der Maulkorb* von Heinrich Spoerl

In „großen Zeiten" zu leben ist nicht nur gefährlich, sondern auch seelisch belastend. Daher empfanden viele im „Dritten Reich" ein kompensierendes Bedürfnis nach aufmunternder Ablenkung von den auf politische Mobilisierung zielenden Parolen und Alltagsnöten. Auch ein Quantum an befreiender Kritik war willkommen, selbst in Kreisen, wo keine fundamentale Gegnerschaft zum NS-Staat bestand. Ein Autor, der den vom Regime gewährten Spielraum zum Vergnügen seiner Leser virtuos nutze, war Heinrich Spoerl. In Sachen Sprachwitz, Humor und kontrollierte Satire bediente seine gehobene Unterhaltung den Zeitgeschmack der 1930er und 1940er Jahre aufs beste. Und sein Publikum dankte es ihm durch treue Gefolgschaft.

Besonderen Zuspruch genoß sein 1936 erschienener Roman mit dem im zeitgenössischen Kontext assoziationsreichen Titel *Der Maulkorb*. Er spielt zwar wohl um 1900, genauer: in einer unbestimmten „guten alten Zeit". Aber als keineswegs passé erwies sich der Leserwunsch, die propagierte Vollkommenheit des Staates und seiner Repräsentanten auch mal von der menschlich-komischen Seite her zu befragen bzw. die Träger der Autorität sozusagen im Schlafrock oder der Unterhose zu zeigen. Kein Wunder, daß dieser Stoff auch in seiner Theaterfassung reüssierte. Und so wurde die von Spoerl verfaßte gleichnamige Komödie bereits Ende 1938 von mehr als fünfzig Bühnen aufgeführt.

Im Zentrum der Handlung steht der dienstbeflissen-korrekte Staatsanwalt Herbert von Treskow, der gleichwohl in seiner Stammtischrunde einmal einen über den Durst trinkt. Dort hat man empörte Reden über den Landesherrn geführt, der die kritischen Bürger angeblich beleidigt habe: „Nörgler hat er gewettert [...]. Stänker hat er gesagt, und auf ein gewisses Goethewort hat er angespielt. [...] Ist das ‚die Freiheit, die ich meine'?" Als handfeste Steigerung der Verbalrebellion bindet der letzte Zecher Treskow auf dem Nachhauseweg dem landesherrlichen Denkmal einen Maulkorb um, was umgehend zum Politikum wird. Und ausgerechnet Treskow, der sich seiner Berauschtheit wegen anderntags an nichts mehr erinnert, wird mit der Untersuchung beauftragt. Als er schließlich der schmerzlichen Wahrheit persönlicher Verstrickung immer näher kommt, bewahrt ihn eine glückliche Fügung vor schlimmen Konsequenzen.

Denn Rabanus, einziger Tatzeuge, liebt Treskows Töchterlein und nimmt sich des Problems an, um seinen präsumptiven Schwiegervater vor Schande zu bewahren. Er kungelt mit dem Oberstaatsanwalt und stiftet zwei rheinische Volkstypen zur Falschaussage an. Bätes wird fürs Gericht zum Täter erkoren. Wimm zeigt seinen Kumpel an und erhält dafür eine üppige Belohnung, die sich beide teilen. Schließlich entfällt im Prozeß noch die Anklage der „Majestätsbeleidigung", weil Bätes die Denkmalsfigur für „eine Art Goethe" gehalten habe. Und Dichter zu beleidigen ist allenfalls „grober Unfug".

Spoerl ist ein Meister der Kunst des (scheinbar) Leichten, die in Deutschland nur von wenigen beherrscht wird. Eine Attraktion seines Plots liegt darin, daß die Leser wie in Kleists *Zerbrochenem Krug* schon früh den wahren Verlauf erschließen. Umso amüsierter folgen sie – nicht ohne Schadenfreude – dem skurrilen Detektivspiel des Staatsanwalts, dem nur knapp ein (wenn auch triviales) Ödipus-Schicksal erspart wird. Zu den komischen Höhepunkten gehören die Gerichtsverhandlung und ein Familienrat, den Treskows Frau Elisabeth ohne Wissen ihres Gatten einberuft. Sie nahm nämlich irrtümlich an, Rabanus nütze sein Wissen über Treskows nächtliche Maulkorb-Eskapade, um die Zustimmung zu einer den Eltern unerwünschten Ehe mit ihrer Tochter Trude zu erpressen. Die Verwandten erörtern die drohende Kalamität eines aus dem Amt gejagten Staatsanwalts. Dennoch gelte es, heucheln sie, sittliche Standesgrundsätze hochzuhalten. Und nun regiert Satire pur:

> *Moral bleibt Moral. Die Treskows halten zusammen, und wenn sie alle vor die Hunde gehen. Einstimmig ist man dieser Ansicht. Immerhin sollte man auch die Meinung der andern achten. Es wäre angebracht, darüber abzustimmen, wegen der Wichtigkeit des Falles. Natürlich geheime Abstimmung. Frage: Soll Trude geopfert werden? Ein Kreuz bedeutet Ja. Elisabeth schneidet die Papierchen, verteilt sie, sieht geheimnisvoll gebeugte Köpfe und kritzelnde Crayons, sammelt die Zettel in einer Chinavase, schüttelt und öffnet mit zitternder Hand.*
> *Der erste: Ja. – Allgemeine Entrüstung.*
> *Der zweite: Ja. – Zweite Entrüstung.*
> *Der dritte: Ja. – Dritte Entrüstung.*
> *Weiter Ja und weiter Entrüstung. Bis zum letzten Ja und zur letzten Entrüstung. […] Professor Grau aus Bonn, Treskows Schwager, zerbrach sich tagelang seinen Mathematikerkopf, wieso und warum diese geheime Abstimmung nicht geheim war. Und was man in ähnlichen Fällen dagegen tun könne. Er kam dahinter: Jeder hätte drei Stimmen und drei Zettel haben müssen. Dann hätte jeder, der für Ja stimmen wollte, zwei Zettel mit Ja und einen mit Nein*

ausfüllen können; die Ja-Majorität wäre gesichert, und trotzdem blieben genügend Nein-Stimmen, hinter die sich jeder einzelne hätte verkriechen können. Er schrieb eine gelehrte Monographie darüber als Beitrag zur praktischen Demokratie.

Die am Schluß der Handlung restituierte offiziöse „Moral" läßt sich unterschiedlich beurteilen: vom eher humorlosen Standpunkt aus, wonach die auf Verständnis und Happy-End zielende Handlung eines drohenden Provinzskandals analytisch nicht allzu tief dringe und sich der Grenzen aktueller Anspielungsfreiheit bewußt geblieben sei. Das stimmt insoweit, als Spoerl die Systemfrage nicht berührte, was von einem Verfasser, der zuweilen sogar Verbindungen zu Parteigrößen zur Verbreitung seiner Werke nutzte, ohnehin nicht zu erwarten war.

Dennoch unterschätzt, wer die Harmlosigkeit zu sehr betont, das selbst in dieser gefälligen Darstellung steckende kritische Potential, das auch die Verfilmung von 1938 äußerst bemerkenswert ins Bild setzte. Denn in Treskows künftigem Schwiegersohn verbirgt sich – als Identifikationsfigur für den Leser – ein ausgeprägt ziviler Gegentyp zur bloßen Amtsautorität. Als selbstbewußter Staatsbürger läßt er sich von einer Behörde, die er respektlos als „mehr oder weniger zweckmäßige Einrichtung zur Erledigung staatlicher Aufgaben" und deren Vertreter er als „Karikaturen" begreift, keineswegs einschüchtern. Umgehend durchschaut er die Herrschafts- wie die offiziell präsentierte Gerechtigkeitsfassade. Auch weitere kritische Nadelstiche verraten Zivilcourage – im ursprünglichen, nicht vom heutigen Sprachgebrauch entwerteten Wortsinn. Man beachte etwa den Dialog zwischen Treskow und dem Oberstaatsanwalt, der sich vorschnell nach Verhaftungen erkundigt:

„Vorläufig fehlt mir dazu noch die Grundlage.“

„Manchmal ergibt sich die Grundlage für eine Verhaftung erst durch die Verhaftung. Sie wissen, wie schnell die einsame Zelle schweigsame Leute zum Reden bringt.“

„Ich halte dieses Mittel für nicht einwandfrei.“

Später setzt Spoerl noch eins drauf: „‚Ei natürlich, das erprobte Rezept: Untersuchungshaft zur Erpressung von Geständnissen.‘“ Auch beim Thema Denunziation gibt sich der Autor sarkastisch: „Für dreihundert Mark verrät ein anständiger Mensch nicht seinen Mitmenschen. Das müssen mindestens tausend sein, bei hochgezüchteten Charakteren sogar dreitausend.“ Oder er charakterisiert eine Vorstadtkneipe wie folgt: „Flüstern ist hier nicht üblich, nicht einmal bei hoher Politik.“ Und last not least schließt der banale Anlaß zu dieser Justizposse ja nicht aus, einmal grundsätzlich über Vertuschungen, Vorgesetztengehabe und bloß simulierte Gerechtigkeit nachzudenken. Bedeutsamer als sachkundige Polizeiarbeit und stimmige Urteile ist offenbar immer noch die öffentliche Reputation. Und derjenige, der eine Aufklärung am meisten behinderte, wird am Ende noch befördert. Eine Pointe, die nicht nur zum Schmunzeln taugt.

Ein Buch für „Erwachsene“ • *Wolf unter Wölfen* von Hans Fallada

„Ein besseres Gemälde der Inflationszeit haben wir bisher nicht gehabt, ein besseres werden wir kaum bekommen“, urteilte der Schriftstellerkollege Felix Riemkasten aus Anlaß von Hans Falladas 1937 erschienenem modernen Klassiker *Wolf unter Wölfen.* Der Romantitel verweist nicht nur auf die Hauptfigur Wolfgang Pagel, sondern zugleich auf Hobbes' Diktum, der Mensch sei dem andern ein Wolf. Auf dieser anthropologischen Basis präsentiert uns Fallada, konzentriert auf die Monate zwischen Juli und Dezember 1923, ein komplexes Gesellschaftspanorama jener fürchterlichen, aus den Fugen geratenen Zeit, deren Fieberkurve mit dem Dollarkurs täglich stieg. Er schildert den sozialen Verfall und ein ratloses, verzweifeltes, gequältes wie verkommendes Volk in Not, repräsentiert von deklassierten Offizieren, verantwortungsscheuen Bewohnern im Villenviertel, Schiebern, Huren, Spielern, Alkoholikern und Koksern, Polizisten, Dienstboten, Landarbeitern, Zuchthäuslern und Putschisten.

Die Handlung entfaltet sich von Berlin aus, wo sich ein Trio von Regimentskameraden aus dem Nachkrieg im Baltikum wiedertrifft: Rittmeister a. D. von Prackwitz, dem sein Gut Neulohe organisatorisch entgleitet, Oberleutnant von Studmann, dessen im Heer gewachsene „Kindermädchen-Instinkte" sich unerfüllt in der Hotelbranche entfalten, und der labile Ex-Fahnenjunker und Glücksspieler Pagel, Sohn eines verstorbenen Diplomaten. Er hat sich mit seiner standesstarren Mutter zerstritten. Anlaß war seine Verbindung zu Petra Ledig, einer – nomen est omen – unehelich Geborenen, die sich nach flüchtigen Versuchen auf dem Strich in den unzuverlässigen Pagel verliebt, von ihm geschwängert und verlassen wird, um sich durch harte Arbeit wieder nach oben zu kämpfen.

Die drei Baltikumer brechen schließlich nach Osten auf, ins angeblich gesund machende Landleben. Doch die Dekadenz beschränkt sich nicht auf Berlin, und Neulohe ist wahrlich keine „reine, unberührte Insel", wie sie Prackwitz beschwor, sondern rettungslos verfault. Der Rittmeister, in einen ruinösen Konflikt mit seinem Schwiegervater verstrickt, einem adligen Scheusal, vermag die schöne Fassade bald nicht mehr aufrecht zu erhaltenen und endet als nervliches Wrack. Seine Frau verachtet ihn, und seine 15jährige Tochter

Violet erweist sich als pubertäres Biest, das durch die heimliche Liaison mit einem Leutnant der Schwarzen Reichswehr und einen perversen Diener seelisch zerstört wird. Der Leutnant wiederum, in Putschpläne verstrickt, erschießt sich nach deren Scheitern.

Feldinspektor „Negermeier" ist ein Zyniker, der vor allem sein Wohl und die Gunst (abhängiger) Frauen im Blick hat und mit den Alliierten gemeinsame Sache macht. Ein ängstlich lavierender greiser Oberförster stiftet Unheil durch Geschwätz und wird schließlich ermordet. Die Tochter des Leutevogts verhilft ihrem Verlobten, einem Zuchthäusler, beim Ernteeinsatz zur Flucht. Die (nicht unsympathische) Geflügelmamsell, eifersüchtig beäugt von bigott-puritanischen Landadelvetteln, vertritt Lebensprinzipien in der Art von Brechts *Mahagonny*:

> *„Wenn ich mir nischt zu fressen nehme, kriege ich nischt. Und wenn ich dir keine latsche, latschst du mir eine. Immer die Zähne zeigen, junger Mann, auch gegen 'ne olle Frau, spielt gar keine Rolle. Sie hat ihr Gutes gehabt – und ich soll mein Gutes nicht haben, bloß weil sie 'nen dussligen Krieg und 'ne Inflation machen –?! Daß ich nicht lache!"*

In der Kürze solcher Personenskizzen wirkt manches wie eine Karikaturensammlung. Doch bei aller drastischen Ausmalung von Unschönem zeichnet Fallada seine Figuren zugleich mit Empathie und dem unbedingten Willen zu milieuechter Charakterisierung aus ihrer jeweiligen Perspektive. Viele Einzelbeobachtungen verraten höchste Präzision. Trotz der großen Anzahl der abgebildeten Sozialtypen bleiben sie plastisch, individuell unterscheidbar bereits durch ihre (dialektale) Redeweise, und werden überzeugend mit der Handlung verzahnt. Der Autor hat einiges von John Dos Passos gelernt. Und selbst ein Rezensent, der den Text als unsittlich ablehnte, räumte ein:

Das filmische Aufschießen der Handlung an den verschiedenen Spielorten, das allmähliche Zusammenwachsen der Handlungszweige, die scharfe Charakteristik gerade der kranken und haltlosen Menschen und eine Anzahl wahrhaft atemraubender Einzelszenen: das alles zeigt wieder, was Fallada kann, wie er seinen Leuten auf den Mund (beziehungsweise auf die Schnauze) geguckt hat.

Gibt es am Wolfsroman etwas zu kritisieren? Vielleicht das Happy-End, in dem Pagel angesichts des gänzlichen Verfalls von Neulohe nach Berlin zurückkehrt. Er versöhnt sich wieder mit Petra und seiner Mutter und beginnt ein Medizinstudium. Hermann Broch kritisierte den Schluß in einem Privatbrief als erkenntnisblinden „falschen Optimismus" à la *Gartenlaube*. Fallada stimmte dem zu, sprach von „Verlegenheitslösungen" und daß es „viel richtiger" wäre, „wenn mein Pagel versackte". Er glaube „selber nicht an einen Lebenssinn" und habe sich nun einmal „auf die Linie einer tüchtigen Schlichtheit zurückgezogen".

Wie er das tat, zeigt immerhin Klasse: ohne detaillierte psychologische Scheinplausibilisierung, sondern durch eine skizzenhafte Rückschau, die Sentimentales durch neusachliche Schnodderigkeit abfedert. Studmann betreffend, verweist er zudem intertextuell auf das Ende von Erich Kästners *Fabian* (1931). Der Oberleutnant zieht sich zwar, enttäuscht von Frauen und einer Welt, für die er nicht „schwimmen" lernte, als Aufseher in ein Berliner Sanatorium zurück. Aber er „ertrinkt" nicht in der Sintflut der Zeit, sondern hilft in seiner gesellschaftlichen Klause wenigstens denen, die sich vor dem Irrsinn der Epoche in ihren eigenen zurückgezogen haben. Das hat epischen Charme. Auch entspräche ein Pessimismus bis zur Neige nicht jener Resthoffnung, die bei Fallada – allen Wolfsdiagnosen zum Trotz – nie ganz erlischt. Er lotet seine Figuren bis in letzte Untiefen aus, doch auch das seltene Gute vergißt er nicht zu charakterisieren.

Hinzu kam, daß dieses untragische Ende seine prekäre Lage im „Dritten Reich“ zumindest nicht verschärfte. Fallada, der von nationalsozialistischer Seite aus immer wieder als zersetzend, dekadent oder pornographisch verschrien wurde, hatte seinem Buch eine *Warnung als Vorspruch* vorangestellt, mit Sätzen wie: „‚Wolf unter Wölfen‘ ist ein Buch von sündigen, sinnlichen, schwachen, irrenden, haltlosen Menschen, von Kindern einer zerfallenen, irren, kranken Zeit. Aber auch von einigen Aufrechten, Mutigen, Gläubigen. Es ist alles in allem ein Buch für in jedem Sinne Erwachsene.“ Jene Zeit sei „völlig überwunden“. „Aber vielleicht geziemt es dem Geretteten, überstandene Gefahr nicht ganz zu vergessen, sondern ihrer gedenkend sich doppelt der glückhaften Rettung zu freuen.“

Diese Absicherung war insofern doppeldeutig, als die Inflation zwar tatsächlich überwunden war. Aber im Kontext früherer Äußerungen sollte sie der Zensur natürlich signalisieren, daß die scharf sezierende Sozialstudie sich nur auf die überwundene Weimarer „Systemzeit“ beschränke und nun eine Ära gesellschaftlichen Glücks begonnen habe. Das hätte für Falladas Art zu schreiben (auch künftig) eine Brücke bilden können. Und in diesem Sinne besprachen ihm gewogene Rezensenten das Buch. Riemkasten etwa betonte ausdrücklich, alle Bitterkeit der Darstellung ende auch in diesem Roman angesichts einer „Neuwerdung des Lebens“. Schließlich sei es seinem Kollegen „nicht um das Kranke zu tun, sondern um das Gesunde“.

Sogar der *Völkische Beobachter* nannte den Roman ein „grundanständiges Buch, das neben seinem Temperament und seiner typisch ‚falladesken‘ Meisterschaft auch eine nicht zu unterschätzende zeitgeschichtliche Aufgabe erfüllt“. Der mit dem Autor befreundete Staatsschauspieler Mathias Wiemann lobte in einem Interview des Reichssenders Berlin, der Roman komme ihm fast noch „großartiger“ vor als Dantes *Göttliche Komödie* oder Balzacs *Menschliche Komödie:* „handelt es sich doch um ein Inferno, das wir alle noch erlebt haben." Selbst Goebbels notierte im Tagebuch: „Gelesen Fallada, ‚Wolf unter Wölfen', ein tolles, spannendes Buch."

Lagen also jene Emigranten richtig, die Fallada als Überläufer heftig kritisierten, allen voran Kurt Kersten mit seinem Verriß in der Moskauer Zeitschrift *Das Wort*? Die Darstellung sei *„eine einzige Reverenz vor Hitler*. Fallada möchte schier das Herz brechen, daß der küstriner Putsch ein so klägliches Ende nahm; aber man kann beruhigt sein – das Herz bricht ihm nicht, Fallada gehört zu den Herzkranken, die viel vertragen und uralt werden". Seine Anpassung könne „nur eine Fahrt in den Untergang werden. Anders gesagt: unter den Wölfen wird man mithenken oder gefressen werden, wenn man nicht entschlossen ist, sich in irgendeiner Weise zu wehren".

Das schoß weit übers Ziel hinaus. Kerstens Ressentiment ließ ihn Charakter und Qualität dieses Werkes verkennen wie den Umstand, daß sich schon bald die Hardliner der Rosenberg-Clique durchsetzten und den Roman in die „Liste des schädlichen und unerwünschten Schrifttums" aufnahmen. Als Auftaktpolemik erschien im Januar 1938 ein anonymer Artikel in der *Bücherkunde*, dem offiziellen Organ des von Rosenberg geleiteten „Amts für Schrifttumspflege". Unter dem Titel *Wirrwarr einer zügellosen Phantasie* wurde der Roman in Grund und Boden rezensiert. Erneut zeige sich die bei Fallada schon früher beobachtete „Vorliebe für das Widerliche und Ekelhafte". Es sei „unmöglich ein Bild davon zu geben, wie niedrig und unsauber" sich die Phantasie des Autors in allen Details auslebe. Es folgen Zitate angeblich verfehlter positiver Besprechungen, um (ganz im Sinne früherer Drohungen aus der Feder Hellmuth Langenbuchers) mit einer Warnung zu schließen. Aufgabe des Amtes für Schrifttumspflege bleibe, gegen derartige „Machwerke", die nur den Unterhaltungstrieb einer „unkritischen Menge" billig befriedigten, „auf das schärfste die Stimme zu erheben".

Eine Zuspitzung des Streits ergab sich aus dem heftigen innerparteilichen Konkurrenzkampf zwischen Rosenberg und Goebbels um die Buchzensur. Aber er bewies auch eine Inkongruenz mit dem bei Fallada vermittelten Welt- und Menschenbild und mit dessen selbstbewußter Behauptung einer spezifischen Ästhetik. Dieser Autor konnte oder wollte dort, wo er sein Bestes schuf, sich keiner anderen Maxime unterwerfen als einem rigorosen Realismus-Gebot. Und bezogen auf dieses Werk, will ich die in der Einleitung aufgeworfene Frage bejahen: Daß ein solches Meisterwerk verlegt werden konnte, rechtfertigte es vielleicht doch, einige politische Lippenbekenntnisse in Kauf zu nehmen.

Einsames Gespräch gegen die Zeit • *Weinhaus Wolf* von Gottfried Benn

Innere Emigration als Lebensform verbindet sich für zahlreiche Autoren mit dem Rückzug auf einen überschaubaren Ort, die Insel, in die Klause, den eng umgrenzten Raum. Dies trifft exemplarisch auf Gottfried Benn zu, genauer: auf den Autor der späten 1930er Jahre, der gerade aus dem politisch heiklen Berlin in die Garnison Hannover und die Wehrmacht sozusagen geflohen war, als Akt einer von ihm so bezeichneten „aristokratischen Form der Emigration". Und mehr noch auf den Handlungsort seiner (1937 geschriebenen, 1949 publizierten) Prosaimpression *Weinhaus Wolf*. Denn an einem einzigen Tisch dieser Gaststätte, den sich der Ich-Erzähler gewohnheitsmäßig zum Dämmerschoppen wählt, spielt sich alles Geschehen ab, das ausschließlich aus Erinnerungen, Beobachtungen und Reflexionen besteht.

Der (aus der „Kolonial- und Konsulatssphäre" stammende) Protagonist ist zwar nicht mit dem Autor identisch, teilt aber dessen

Weltsicht. Von sich selber urteilt er skeptisch, den größten Teil seines Lebens hinter sich zu haben, wobei, „eine große Gutwilligkeit dazu gehörte, es als fruchtbar zu erklären". Nach Beendigung globaler Wanderjahre ließ er sich in einer Mittelstadt nieder, nahe wie nie zuvor dem „bürgerlichen und menschlichen Kern einer Gemeinschaft", um sich zu „erneuern" und abermals die „Grundfrage der menschlichen Existenz" zu prüfen: Was berechtigt die weißen Völker, „die übrigen zu leiten"?

Dabei führt er ein mimikryhaftes Doppelleben in einer Wohnung, die nach hinten zum Hof hinausgeht, „auch, um verborgen zu bleiben". Er gibt sich höflich, aber wenig kontaktfreudig, hält kein Telefon aus Sorge vor Verabredungen. Immerhin wahrt er die Maske vorgegebener Korrektheit: „Zu den Gesellschaftsabenden ging ich regelmäßig, erhob das Glas auf das Wohl der Herren, besprach mit den Damen die zur Diskussion stehenden Themen und ließ das Blumenmädchen nicht vorbei". Abends sitzt er in einer Weinstube, die als kleinste überhaupt noch Kommunikation zulassende Zelle erscheint, vermeidet Gespräche und beobachtet stattdessen. Die Musterung seiner Umgebung hat etwas von einer zoologischen Studie. Nicht Individuen werden beurteilt, sondern mehr oder minder austauschbare, mit fremdem Blick sezierte Gattungswesen:

An einem Nebentisch saßen drei Herren, aßen Ragout aus Muscheln, erzählten, scherzten mit der Wirtin, ein heiterer Kreis. „Lieber gut, aber dafür ein Jahr länger", äußerten sie, handhabten das Eßgerät, Gabeln, zwischen Brötchenabbiß, dazu Pokal, dann wieder bogen sie die Schenkel aufwärts und traten aus. An der Schulter gelöste Gliedmaßen, unten Gamaschen. Ein Hund Krause, der gewaschen werden müsse, zum bevorstehenden Fest sei die Säuberung angezeigt, kehrte immer wieder. Aschenzuwachs am Glimmstengel, Saugen, Bemerkungen hin und her – so verging ihnen der Abend, verteilte sich das Ungewisse, gliederte sich die Zeit.

Dies also waren drei Gegenwartserwählte, Genossen, Geschichtsträger, Leidenschaftsfanale, mit ihren Zügen war ihnen aufgegeben, alles auszudrücken, was die Existenz ihnen entgegenwarf: Genuß, wippiges Lachen, Niederkämpfen der Konkurrenz, wirtschaftliche Triumphe und wiederum vor den Witwen von Geschäftsfreunden Beileid.

Was begründet solche (jegliche Gemeinschaft verweigernde) misanthropische Distanz? Bleiben wir in der „Handlung", äußert sich hierin der nihilistische Sarkasmus eines traurigen Snobs, den nichts mehr zu fesseln vermag. Erweitern wir den Blick aufs Zeitgeschichtlich-Autobiographische, reagiert hier ein gänzlich Desillusionierter auf seine Schockerfahrungen im „Dritten Reich". Dabei hatte ja Benn selbst sich anfangs, für etwa anderthalb Jahre, sogar zu Hitler bekannt. In dessen Machtübernahme wollte ein künstlerischer Décadent, der die Welt zuvor mit literarischem Röntgenblick als Latrine, Krebsbaracke und dergleichen wahrgenommen hatte, wenigstens einmal historische Größe erleben.

Was folgte, war ein kurzer Rausch masochistischer Gemeinschaftssehnsucht, wobei Benn sich einredete, ein Intellektueller „von Klasse" müsse das Opfer an Vernunft, menschlichen Beziehungen und liberalen Privilegien bringen und sich konstruktiv zum neuen Staat verhalten. „Unser aller Leben und Existenz hängt davon ab", schrieb er im April 1933. „Die Geschichte u. ihre Folgen sind viel ernster u. abgründiger als wir lange dachten." Und im Oktober forderte er in einem Brief an Frau Hindemith, sich für ein (notfalls auch tragisches) Schicksal zu entscheiden: „Hier ist Stoff und inneres Erlebnis – ran! Hier ist Geschichte – ertrage sie. Hier ist Schicksal – friß Vogel oder stirb! Gefahren, Untergang – liebe sie! Amor fati –, ‚dennoch die Schwerter halten'." Doch bereits am 27. August 1934 bekannte er Ina Seidel:

Ich lebe mit vollkommen zusammengekniffenen Lippen, innerlich und äußerlich. Ich kann nicht mehr mit. Gewisse Dinge haben mir den letzten Stoß gegeben. Schauerliche Tragödie! Das Ganze kommt mir allmählich vor wie eine Schmiere, die fortwährend „Faust" ankündigt, aber die Besetzung langt nur für „Husarenfieber". Wie groß fing das an, wie dreckig sieht es heute aus. Aber es ist noch lange nicht zu Ende.

Nein, das war es noch nicht. Denn nun geriet zunächst der Autor selbst unter Beschuß und wurde als „Kulturbolschewist" und Verfasser lyrischer „Ferkeleien" denunziert. So mußte er sich im militärärztlichen Dienst vor weiteren Nachstellungen verschanzen. Solche praktischen Erfahrungen mit Geschichte im Alltag mündeten nun endgültig in Benns Weg nach Innen, den er nie mehr verließ. Sie machten ihn sogar zum Prototyp einer bestimmten Richtung der Inneren Emigration, die von äußerster Desillusion getragen war. Insbesondere der heroischen Vorstellung von den großen historischen Persönlichkeiten galt somit in *Weinhaus Wolf* sein polemischer Rundumschlag, wenn nicht der Geschichte selbst:

Handeln ist Kapitalismus, Rüstungsindustrie. Malplaquet – Borodino – Port Arthur –: 150 000 Tote, 200 000 Tote, 250 000 Tote, – niemand kann die Geschichte mehr anders sehen denn als die Begründung von Massenmorden: Raub und Verklärung –: der Mechanismus der Macht. Und was sie aufzeichnet, ist keineswegs das volkhafte Gedächtnis der Nationen, sondern ihre Witzblätter. Schlägt man sie 20 Jahre nachher auf, erinnert man sich an die Moden der Kriegswitwen, doch an den Sinn der Schlachten längst nicht mehr. Ein Granatsplitter als Berlocque am Bauch der Accapareurs, der Haifische, der Kriegsgewinnler, wenn sie beim Tanztee eine Nutte köderten, das bleibt, das ist aere perennius, das überdauert die Generalstäbe, das ist der Fahnennagel der Geschichte. […] Wer der Gegenwart gar nichts zu bieten vermag, der sagt

Geschichte! Alles Rom, alles Rubikon! Die Fresse von Cäsaren und das Gehirn von Troglodyten, das ist ihr Typ! Kriege, Knuten, Tyrannen, Seuchen, um die Massen in Schach zu halten, [...] Wille und Macht –, was für Aufdrucke für diese Bouillonwürfel! Auf dem Tisch gratis Kolonialwaren und unter dem Tisch angeeignete Perserteppiche: das ist das Tatsächliche der Geschichte. Was sie zerstört, sind meistens Tempel, und was sie raubt, ist immer Kunst.

Der innere Monolog entfesselt die zornige Suada eines total Frustrierten. Und es ist, vor allem als Vorschau auf das, was bald kommen sollte, nichts weniger als Pose. Literarisch wiederum sieht sich diese barocke Folge raffinierter Wortkaskaden in der Tradition eines Ferdinand Céline, der sich, ähnlich streitbar, geradezu literarisch auskotzte. Aber selbst dieser Text, der aller Hoffnung abschwört und die historische „Abendstunde" gekommen sieht, entdeckt in der illusionslosen, formverhafteten passiven Beobachterrolle des Außenseiters nochmals ein letztes menschliches Aufblühen:

Nur nicht handeln! Wisse das und schweige. Asien ist tiefer, aber verbirg es! Stelle Dich geistig den Dingen, es wird weitergetragen, es prägt mit am Sein. [...] Denke immer: die Verwandlung! Auch wir haben Zeichen! Man muß sehr viel sein, um nichts mehr auszudrücken. Schweige und gehe dahin.

Der bezweifelte Widerstandsroman • *Auf den Marmorklippen* von Ernst Jünger

1939 erschien mit Ernst Jüngers *Auf den Marmorklippen* ein Text, den man mit Fug und Recht zu den bleibenden Erzählwerken des 20. Jahrhunderts rechnen darf. Er präsentiert sich als Allegorie gesellschaftlichen Verfalls, gezeichnet mit den Stilmitteln des Magischen

Realismus, als Trostbuch für Tapfere und antitotalitärer Schlüssel- bzw. Widerstandsroman zugleich. Das Geschehen vollzieht sich in einer typologisch skizzierten Landschaft und überzeitlichen Chronologie, in der überindividuelle Charaktere agieren. Im Zentrum steht die zivilisatorisch hochstehende, am Seeufer gelegene große Marina. Weitere Schauplätze sind die Weideflächen der Campagna eines befreundeten halbnomadischen Hirtenvolks und die bewaldeten Jagdgründe, in denen der dämonische Oberförster samt seinen bewaffneten Spießgesellen herrscht. Sie übernehmen schließlich die Macht in der Marina, wobei deren Eroberung die Zerstörung traditioneller Werte vorausgeht.

Zur Handlung: Der Ich-Erzähler und sein Bruder Otho verabschiedeten sich nach verlustreichen Kämpfen gegen die freiheitsliebenden Besiedler der „Alta Plana" von einem kraftstrotzenden Kriegerleben. Nun bewohnen sie die Rautenklause auf den Marmorklippen und widmen sich der Botanik und der ästhetisch akzentuierten Kontemplation eines friedlichen Lebens. Doch werden auch sie am Ende in den Bürgerkrieg verstrickt und finden, nachdem die Marina erlag, in Alta Plana Asyl. Zuvor hatten sie sich an einem Aufstandsversuch des Fürsten Sunmyra, der die alte Ordnung wieder herstellen wollte, nicht beteiligt. Sie hatten das Unternehmen als aussichtslos eingeschätzt, bergen jedoch nach dem Opfertod Sunmyras dessen Haupt, um daraus eine neue religiöse Tradition zu stiften.

Zeitgenossen im In- und Ausland würdigten den Roman, der nach Jüngers Tagebuchnotizen just „zum Termin" des Kriegsausbruchs beendet war, als subversive Demonstration. Man wunderte sich, daß ein so konfrontatives Bekenntnis in NS-Deutschland hatte publiziert werden können. Gleichzeitig provozierte es Exilanten (wie die Familie Mann) und politische Gegner Jüngers aus Weimarer Tagen, daß ausgerechnet ein früherer Bellizist und Nationalist eine so mutige Tat gewagt haben sollte. Und nach Kriegsende begann man, am Text herumzukritteln.

Zugute kam allen Verächtern ein unscharf gedeutetes Interview Jüngers. Der Autor hatte nämlich, angewidert von der nach 1945 ausufernden Beanspruchung von Widerstandsmeriten, eher den überzeitlichen Anspruch sowie den Kunstcharakter seines Werkes betont. Daß solche Qualitäten eindringliche zeitgenössische Botschaften nicht ausschlossen, übersah man nun allzugerne. Und in Folge tat eine vom Achtundsechziger-Geist beflügelte Mehrheit der Germanistik etliches, um nicht ausgerechnet diesen „Rechten" von ihrer spezifischen „Vergangenheitsbewältigung" ausnehmen zu müssen.

Dabei mußte man blind oder voreingenommen sein, um die zeitgenössische Brisanz zu übersehen. Schließlich lesen sich ganze Passagen des Buches als nur spärlich verhüllte Kritik an einer gegenwärtigen Schreckensherrschaft. Zudem bot der Roman eine Lageanalyse, die dem propagierten Geschichtsoptimismus des Regimes als Untergangsprophetie diametral zuwiderlief. Er verband dies mit einer Ursachenanalyse des Verfalls und einem verschlüsselten Widerruf bisheriger Daseinsziele der Brüder Jünger. Statt auf Kriegertum und (nationalrevolutionäre) Militanz setzte der Text auf gewaltfreie Leitwerte wie Freiheit, Geist und Wort.

Zudem entfacht die Handlung um die KZ-artige Schinderstätte Köppels-Bleek mit dem geschändeten Haupt des toten Sunmyra den ideellen Glutkern eines Bekenntnisses zum Widerstand. Jünger appelliert dabei an die innere Wehrhaftigkeit seiner Landsleute und spendet Trost, selbst in aussichtsloser Lage. Wie in Stefan Andres' *El Greco* oder bei anderen Inneren Emigranten geht es ihm um das, was Bergengruen im Roman *Am Himmel wie auf Erden* mit dem biblischen Motto „Fürchtet euch nicht!" auf eine Kurzformel gebracht hat. Bei Jünger heißt es:

Ich fühlte bei diesem Anblick die Tränen mir in die Augen schießen – doch jene Tränen, in welchen mit der Trauer uns herrlich die Begeisterung ergreift. Auf dieser bleichen Maske, von der die abgeschundene Haut in Fetzen herunterhing, […] spielte der Schatten eines Lächelns von höchster Süße und Heiterkeit, und ich erriet, wie von dem hohen Menschen an diesem Tage Schritt für Schritt die Schwäche abgefallen war […]. Da faßte mich ein Schauer im Innersten, denn ich begriff, daß dieser seiner frühen Ahnen und Bezwinger von Ungeheuern würdig war; er hatte den Drachen Furcht in seiner Brust erlegt. Da wurde mir, woran ich oft gezweifelt hatte, gewiß: es gab noch Edle unter uns, in deren Herzen die Kenntnis der großen Ordnung lebte und sich bestätigte. Und wie das hohe Beispiel uns zur Gefolgschaft führt, so schwur ich vor diesem Haupt mir zu, in aller Zukunft lieber mit den Freien einsam zu fallen, als mit den Knechten im Triumph zu gehn.

Eine oppositionelle Grundhaltung mußte also von Jünger-Jüngern nicht, wie man allzuoft hörte, künstlich in das Werk hineingelesen werden. Sie war durchgängig gegeben, wurde von NS-Instanzen auch registriert; doch wollte man daraus letztlich kein Politikum machen. Die zeitgenössische Rezeption belegt jedenfalls, daß man die Stoßrichtung verstanden hatte. Und wie heikel die Materie für deutsche Rezensenten war, zeigt exemplarisch Peter Suhrkamps Ausweichen. Denn statt einer Buchbesprechung mit zwangsläufigen Aussagen zum Inhalt verfaßte er unter bloßem Bezug auf den Buchtitel einen allgemeinen Essay über das Verhalten in Gefahr.

Inzwischen hat auch die etablierte Germanistik ihren Frieden mit Jünger gemacht. Der Autor gilt als Klassiker und als Stolz des Deutschen Literaturarchivs in Marbach. Es grenzt heute auch keine Nachwuchsphilologen mehr aus, wenn sie sich als Jüngers Bewunderer zu erkennen geben. Das Verständnis wird eher durch Versuche bedroht, den ideologischen Sündenfall des Fachs unter den Teppich zu kehren oder den Text durch Einbettung in gängige weltliterarische Bezüge oder unspezifisch beschriebene Entstehungsbedingungen zu verharmlosen (exemplarisch der Tagungsbericht von Simon Strauß in der *Frankfurter Allgemeinen Zeitung* vom 12. April 2017).

Deshalb sei nochmals betont, was dem Buch seine außerordentliche Bedeutung verleiht, jenseits von allen jüngst zusammengetragenen (teils relativierenden) erzähltechnischen, werkgenetischen, motiv- oder verlagsgeschichtlichen Details. Denn dieses Neue gewinnt seinen Stellenwert erst aus der hochbrisanten Konfrontation des Romans mit dessen Zeit und dem herrschenden Regime. Mut ist vielleicht keine ästhetische Kategorie. Aber er gibt dem Buch seine unverwechselbare Aura und Ernsthaftigkeit. Jede Zeile ist schließlich im wahrsten Sinne existentiell beglaubigt.

Und dieser zentrale Deutungsschwerpunkt darf durch keine noch so berechtigte Differenzierung, Einschränkung oder Perspektivenerweiterung verschoben werden. Denn vornehmlich der Charakter des Werks als eines Widerstandsromans konstituiert seinen epochalen Rang innerhalb der deutschsprachigen Literatur: jene in den besagten Tagen fast einzigartige politische Provokation, die auch heute fasziniert und zu weiterer Beschäftigung anregt. Schließlich spielte der Autor mit diesem Text, wenn nicht um seinen Kopf, so doch zumindest um seine Schriftstellerexistenz. Rechnete er doch stets mit einem Verbot und weiterer Gefährdung durch das Regime.

Bei aller Bedrohung zielte er als Autor jedoch zugleich auf die Verbindung von Schönheit und Gefahr, wobei „Schönheit" ebenso für ein nach Wahrheit strebendes, erfülltes Dasein steht. Jedes Wort dieses Buchs erscheint daher im doppelten Wortsinn wie auf Marmorklippen geschrieben, deren Glätte das Risiko erhöht, auch stilistisch abzustürzen, etwa im Umgang mit dem Pathos. Jeder Satz wird wichtig, sei er als verhüllte Opposition oder offen-konfrontativ formuliert. Es geht stets auch um Haltung als heroische Geste, die niemals vergessen werden darf, wenn man den Text interpretiert und sich nicht dem bequemen Moralismus von heute anschließt.

Kein Trost durch die Insel? • *Das einfache Leben* von Ernst Wiechert

Im selben Jahr, 1939, erschien auch Ernst Wiecherts Roman *Das einfache Leben,* der trotz amtlicher Distanzierung zum Klassiker der Inneren Emigration avancierte. Bereits 1942 war die Auflage auf 260 000 gestiegen, was sich nicht zuletzt durch seinen Charakter als Trostbuch erklärt. Das galt für eine breite Leserschaft respektive Wiechert-Gemeinde wie für den Dichter selbst, der sich gerade mit diesem selbsttherapeutischen Werk etwas von der Seele spülte, was diese – laut der Autobiographie *Jahre und Zeiten* (1949) – „beschmutzt, befleckt, erniedrigt, entwürdigt und zu Tode gequält" habe. Er reagierte dabei besonders auf seine zur Einschüchterung angeordnete Haft zwischen Mai und August 1938, zunächst im Gestapo-Gefängnis, dann im KZ Buchenwald.

Denn der ursprünglich von NS-Kulturfunktionären wohlgelittene Autor hatte sich als widerborstig gezeigt, hatte gewarnt vor dem Übermut der Macht und Verlierer des politischen Umschwungs verteidigt. Seine Münchner Reden *Der Dichter und die Jugend* (1933) und *Der Dichter und die Zeit* (1935) galten als regimekritische Sensationen. Auch in seinem populären Erzählwerk fand sich Oppositionelles. Und als Wiechert 1938 sich auch noch mit dem verhafteten Pfarrer Martin Niemöller solidarisierte und der Abstimmung über den Österreich-„Anschluß" fernblieb, war das Maß voll. Er wurde zur „Umerziehung" ins Konzentrationslager verbracht, danach von Goebbels abermals verwarnt und künftig zur Vorzensur seiner Schriften verpflichtet. In Folge erschien als erstes sein berühmtestes Werk: *Das einfache Leben.*

Der Roman handelt von der Selbstfindung des Korvettenkapitäns a. D. Thomas von Orla, der sein Trauma von Krieg, Revolution, einer seelenverheerenden Gegenwart und der unerfüllten Ehe mit einer zeitbedingt entwurzelten Frau verarbeitet, indem er sich als Fischer und Jäger auf eine masurische Insel zurückzieht. Das Bibelzitat „Wir bringen unsere Jahre zu wie ein Geschwätz" hat ihn innerlich getroffen. Werte des Kaiserreichs, der frühen Nachkriegszeit und einer unbefragten religiösen Gewißheit sind ihm zerbrochen. Nun will er loslassen, was ihm als zivilisatorisches Talmi erscheint, und neuen Sinn bzw. ein tauglicheres Lebensgesetz suchen. Einsame harte Arbeit in einer eindrucksvoll beschworen unberührten Natur, Liebe und Entsagung lassen ihn seelisch genesen, während sein ihm zunehmend entfremdeter Sohn im Sinne des Zeitgeists als forscher Offizier in künftige Schlachten ziehen wird.

Literarische innere Emigration hieß meist Schreiben mit halboffenem Visier und einer Neigung zu Überzeitlichem. Doch aktuelle Politik spielt auch in diese Handlung hinein. Und wer zwischen den Zeilen zu lesen vermochte, kam an Wiecherts Mahnung kaum vorbei, sich von weiteren militärischen „Götterdämmerungen" fernzuhalten. Auffallend häufig ist sein Romanpersonal, kriegsbedingt, von seelisch Verstörten, Zerbrochenen oder Kriegstoten und deren erschütterndem Schicksal betroffen. Demgegenüber fällt das Militärgehabe des Gutsbesitzers und Generals samt Faktotum, die wie Preußen-Karikaturen oder Sternheims Theaterfiguren parlieren, kaum ins Gewicht.

Auch frühere erbitterte Gegner aus Revolutions- oder Spartakustagen werden nun nicht mehr gemäß Freund-Feind-Denken enthumanisiert. Und in einer bemerkenswert deutlichen antibellizistischen

Stelle des Romans verweigert sich Orla der Mitarbeit in einem der Kampfbünde der 1920er Jahre:

Der Krieg sei mehr gewesen als eine Reihe von Schlachten. [...] ehe er behilflich sei, nichts als die alten Begriffe von neuem in junge Köpfe zu hämmern, als ob die Welt nicht elf Millionen Tote und eine ganze Reihe alter Götter verloren habe, eher wolle er seine Zeit mit nichts anderem zubringen, als Netze zu flicken und Kartoffeln zu graben. Vielleicht würde man doch einmal merken, daß die Weltgeschichte nicht nur anklopfe, um alte Kleider zu kaufen.

Wegen solcher Passagen und seiner unstreitigen Opposition im „Dritten Reich" wurde Wiechert nach dessen Sturz sogar international als Vertreter einer nicht kompromittierten deutschen Geistigkeit gefeiert. Doch schon bald mehrten sich Angriffe von Autoren und Kritikern aus dem Umkreis der linken Nachkriegsavantgarde, denen sein Pathos als salbungsvoll-pseudoreligiöse Larmoyanz und sein antimodernes Konzept der Rückkehr zur Natur als Sackgasse erschienen. Eine für die 1960er typische Attacke startete Franz Schonauer, der Wiechert als „extremsten Fall" deutscher Innerlichkeit abqualifizierte. Man könne die Wirkung seiner fatalen Lehren gar „nicht verhängnisvoll genug" einschätzen. Sie beraubten den Schriftsteller im bürgerlichen Bewußtsein seiner wichtigsten Funktion als „moralischer Instanz der Öffentlichkeit":

Derweil die Nationalsozialisten mit allen Mitteln der Teufelei Geschichte machen, läßt sich das bücherlesende, bürgerliche Publikum vom Rauschen der großen Wälder einschläfern, gibt es sich hin dem süßen Traum vom „einfachen Leben". Eine Groteske, daß dieser Roman [...] zu Beginn des Zweiten Weltkrieges erscheint, und zugleich ein Symptom der intellektuellen Verdummung [...]. Es ist die vita contemplativa, von der das Buch auf eine vertrackte

> *illusionierende Weise erzählt, die als Zustand der Ruhe und Problemlosigkeit fasziniert, die Botschaft von einer Welt, die außerhalb aller aktuellen Bedrängnisse liegt.*

Als Beleg zitiert er eine Passage aus dem Schluß des Romans:

> *Alles hatte seinen Platz und seine Ordnung, alles war richtig, wie es war und werden würde. Es war nicht gut und nicht böse. Er [d. i. Orla] hatte einen Sohn, der ihm Ehre machen würde, und es kam nicht darauf an, daß er nicht sein Ebenbild war. Er hatte eine junge Schwester namens Marianne, und es kam nicht darauf an, daß sie ebensogut fünfzehn oder zwanzig Jahre älter hätte sein können. Die Schöpfung hatte es nicht gewollt, und sie hatte ihre zureichenden Gründe dafür gehabt. Sie hatte auch nicht gewollt, daß der junge Graf am Leben blieb oder das Kind mit Namen Gloria. Sie ging ihren Gang. Sie streute aus und sammelte wieder ein. […] Man trug seinen Helm und rührte seine Hände, und ab und zu konnte man seinen Helm abbinden und die Hände in den Schoß legen. Nicht oft, aber doch ab und zu.*
>
> *Und manchmal konnte man es in den Nächten über das Wasser blitzen sehen, einen stillen, rötlichen Schein, und konnte meinen, daß er von der goldenen Krone herrührte, die auf dem Grunde lag.*

Für Wiechert also waltete, ähnlich wie für Stifter, ein höheres (zuweilen unerbittliches) Gesetz über Mensch und Natur, das wir nicht beeinflussen, aber erahnen bzw. durch Liebe mildern können. Insofern schöpfte er Hoffnung aus der Deutung säkularer Abläufe. Das provozierte eine ernüchterte jüngere Generation, deren rigoroses Wertungsmotto einer „Kahlschlag"-Ästhetik sich eher an der Devise ausrichtete: „Kein Trost nirgendwo". Sie sahen in der Gegenwelt des *Einfachen Lebens* nur Zeitflucht und illusionäres Wegschauen. Dabei kann Wiecherts Insel der Seligen nur vor dem Hintergrund der befürchteten Katastrophe umfassend verstanden werden als humane Kontrafaktur schauriger Aktualität. „Es war ein Traumbuch", heißt es in autobiographischer Rückschau, „in dem ich mich mit Flügeln über die grauenvolle Erde hinaushob [...]. Mit ihm baute ich noch einmal eine Welt auf, nachdem die irdische mir zusammengebrochen war. [...] Es war mir, als müßte ich nicht nur mich, sondern auch das Bild meines Volkes retten."

Über die wiederbelebte Grundstimmung des *Nachsommers* im Jahr 1939 mag man streiten. Doch auch Wiechert-Kritiker sollten eingestehen, daß der Roman nicht blauäugig, sondern als (durchaus zeitbewußter) Gegenentwurf konzipiert war. Auch reduzierte er die Rezeption der Leser keineswegs auf irrational-quietistische Zeitflucht. Man konnte sich aus dem Kontrast sogar explizit zu widerständigem Verhalten motivieren, wofür ja das eigene Verhalten Wiecherts zeugt, der in jener Zeit heimlich den KZ-Bericht *Der Totenwald* fertigte. Auch darf man nie vergessen, daß in totalitären Zeiten der Ausstieg ins Private eine hochpolitische Geste sein konnte.

Insofern ist es nicht ohne Pikanterie, daß reziprok vergleichbare Vorwürfe egozentrischer Vereinzelung und passiver Weltflucht ausgerechnet von nationalsozialistischer Seite erhoben wurden. Auch Rosenbergs *Bücherkunde* sah „keine Welt einer gesunden Innerlichkeit, die man bejahen kann", sondern ein ichbezogenes Buch „ohne allgemeingültige Bedeutung für unsere Gegenwart". Fazit: Nicht empfehlenswert!

„'s ist leider Krieg – und ich begehre, nicht schuld daran zu sein." • *Auf den Hügeln vor Moskau* von Horst Lange

Mochte das „Dritte Reich" in begrenztem Rahmen auch manche literarische Eigenwilligkeit tolerieren, so betraf dies in aller Regel nicht die Sicht des Weltkriegs. Verständnis für die Feinde, Zweifel an den offiziell genannten Kriegsursachen oder der Siegeszuversicht galten keineswegs als „Kavaliersdelikte". Und Defaitismus war buchstäblich lebensgefährlich. So liegt der Schluß nahe, daß für Autoren im „Dritten Reich" diesbezüglich schlechterdings kein Gestaltungsspielraum gegeben war, um anderes zu produzieren als heroische Erbauungs- oder Durchhalteliteratur. Das galt gewiß für mehr als neunzig Prozent aller entsprechenden Texte. Doch selbst bei diesem Thema riskierten einige Mutige mehr.

Alexander Lernet-Holenia tat es z. B. in *Mars im Widder*. Der Roman schildert einen monströsen Zug rückwärtslaufender Krebse von Osten nach Westen, was umgehend als allegorische Vorausnahme des erzwungenen Rückzugs der deutschen Angriffsarmee entschlüsselt wurde. Auch widersprach der Text implizit Hitlers offizieller Version vom Beginn der Feindseligkeiten durch polnische Truppen. Insofern wurde die für 1941 vorgesehene und bereits gedruckte Buchauflage vor Erscheinen vom Propagandaminister verboten. Besser erging es Horst Langes Erzählband *Die Leuchtkugeln*. Er konnte trotz mancher unbotmäßigen Passagen immerhin noch 1944 erscheinen, nachdem der Autor bereits den Zeitungsvorabdruck der Titelerzählung durch geschickt-couragiertes Lavieren entgegen den Einsprüchen der Militärzensur durchsetzen konnte.

Die im Band enthaltene Erzählung *Auf den Hügeln vor Moskau* vollbringt das scheinbar Unmögliche, innerhalb eines engen Korsetts propagandistischer Vorgaben eine auch ästhetisch überzeugende humane

Botschaft zu senden. Eine (moralische) Fundamentalkritik des Kriegs im Osten findet darin zwar begreiflicherweise nicht statt. Auch wird das Soldatische nicht schlechthin abgewertet. Vielmehr bleiben entsprechende Tugenden wie Mut, Entschlußkraft oder Kameradschaft bei Lange grundsätzlich in Geltung und werden aus der täglichen tödlichen Gefahr heraus teils als lebensrettende Gemeinschaft erfahren. Hinzu kommt eine für den Autor spezifische Denkfigur, in der das Kriegsgeschehen als solches, unabhängig von spezifischen Zielen und Voraussetzungen, auch als „Kampf von Materie und Geist" im Sinne menschlicher Bewährung gedeutet wird.

Allerdings finden sich bei Lange, dessen Erzählung bereits auf die Nachkriegs-Trümmerliteratur der Borchert, Böll oder Kolbenhoff verweist, keine militaristischen oder bellizistischen Tendenzen und gewiß keine Sympathien für die brutalen Visionen des Regimes im Bereich der Ethnopolitik. Auch lassen die Leiden der russischen Bevölkerung den Autor nicht kalt. Und das offiziell verordnete „Untermenschen"-Klischee stößt auf ausdrückliche Ablehnung. „Es ist mir unvorstellbar", notiert er am 22. September 1941 in sein Kriegstagebuch, „was die eigentliche Realität dort drüben sein mag. Die anderen bedenken nur, daß es der Gegner ist: schlecht, minderwertig, verdammenswert, zur Ausrottung bestimmt. Ich möchte dahinterkommen und weitersehen. Es ist eine Wand dazwischen."

Auf den Hügeln vor Moskau hat einen autobiographischen Handlungskern, der sich anhand von Langes Diarium auf den 7. bis 9. Dezember 1941 datieren läßt. Er betrifft seine Verwundung sowie unmittelbar vorangehende Eindrücke eines gefahrvollen Chaos, die Lange als Soldat einer Pioniereinheit während der verlustreichen Kämpfe am Wolga-Moskwa-Kanal gewonnen hatte. Geschildert wird also jener kritische Moment der Schlacht um Moskau, als die deutsche Offensive vom russischen Gegenangriff abgelöst wurde. Dem Ich-Erzähler wird dieser kriegs- wie welthistorische Wendepunkt dadurch bewußt, daß er den Auftrag erhält, Minen zu legen, die mit Warnaufschriften für die zurückweichenden Truppen zu versehen sind. Vor allem betrifft es die Zeile:

> *LETZTER: SCHILD ABREISSEN! Wieso denn? Ich fand keinen Sinn darin. Ich malte und las. Bis es mir einfiel und bis der Schreck mir den Rest des Traums aus dem Kopf blies. LETZTER – das bedeutete: zurück, mitten im Angriff ein jähes Ende, mitten im Schwung ein Nachlassen der Kraft, die uns hochgerissen hatte, die uns den Hunger vergessen ließ, die Kälte, den Tod und alles Elend der Welt. Morgen vielleicht, um die gleiche Zeit wie heute, werden die Sowjets in diesem Haus auf dem Hügel sitzen.*

Es folgt die Verwundung des Ich-Erzählers. In ein Lazarett eingewiesen, sucht er sich in Fieberträumen schmerzlich das jüngste Geschehen zu deuten. In seinem Gedächtnis läßt er die Stunden vor dem Rückzug Revue passieren. Besonders hingezogen fühlte er sich zu der Unterkunft seiner Einheit, einem reizvollen Haus, das binnen kurzem Opfer von Granaten wurde. Es wird ihm dabei zum Symbol für den absurden Kreislauf von Aufbau und Zerstörung. Stand es zuvor doch für Frieden, Geborgenheit, Hoffnung, Lachen, Tanz und Musik – Zustände und Empfindungen fern der grausamen Vernichtungspragmatik des Krieges, die dessen Teilnehmern nahelegt, Feindverluste ohne Mitgefühl zu registrieren.

In diesem Atmosphärischen liegt die zentrale Differenz, wenn nicht gar ein versteckt appellativer Widerspruch zur Kriegspropaganda. Denn die vom Autor in ihrer Not gezeigten Hausbewohner von Petrowa sind keine gesichtslosen Kontrahenten eines gnadenlosen Ringens, sondern schlicht mitleiderregende Verstörte und Bedrückte. Man versteht ihre Sprache nicht, sie behindern für Minuten den militärischen Ablauf, sind gerade deshalb lästig. Doch sie eignen sich wenig zu Feindstereotypen, wo doch des Bauern Blick nicht einmal den erwarteten Haß verrät, allenfalls Trauer und ein täppisches Bemühen, zur Verhütung von Schlimmerem das Wohlwollen der Besatzer zu gewinnen. Darüber hinaus bevölkern weinende Kinder die Unterkunft, „unschuldig", erschreckt „wie die Kücken" um die Großmutter als „Glucke" geschart, „welche die Flügel über ihnen spreizte". Balalaikas hängen an der Wand und erinnern an Zeiten des Glücks. Nun schlottert Angst in den Räumen angesichts brennender Dörfer ringsum. Und den einquartierten Soldaten fällt es schwer, die Unglücksbotschaft der Evakuierung zu verkünden:

„Fertigmachen!" rief der Leutnant [...]. Die Pioniere fuhren hoch [...]. Ich fürchtete den nächsten Augenblick [...]. Das, wogegen ich mich sträubte, mußte kommen, die Luft war schon voll von seinem Vorgeschmack. Aber die Kinder sahen ja noch ganz friedlich aus mit ihrer Marzipanfarbe, die ihnen selbst in den Augen glänzte. Und die Großmutter schaukelte an der Wiege weiter, unbeirrbar und voller Torheit.
„Beeilung!" schrie der Leutnant [...]. „[...] Und sagt dem Panje, er soll seine Siebensachen packen und sich auf den Weg machen. Um 18 Uhr schießt unsere Artillerie Sperrfeuer hierher!" Slatuk trat gleich vor. Er hatte eine Begabung für Hiobsbotschaften. Mit dicken Lippen schmatzte er sein Russisch auf den Bauern los, aber der hörte nicht auf ihn, er wandte sich an uns alle und dienerte vor uns. [...] „Ich war in Köln!" schrie er, er hatte solch eine melodische Stimme, wie man sie bei den Vorsängern gewohnt ist, es erstaunte mich gar nicht, „in Köln, in Eydtkuhnen [...] Plennij! Gefangen ..." Und nun kam ein Schwall russischer Worte, in denen er uns alle beschwor, ihn hierzulassen. Die Großmutter kicherte belustigt und ungläubig vor sich hin und gab der Wiege einen Schwung, daß sie fast bis zur Decke federte, die Kinder grinsten und umarmten sich. Der Leutnant schüttelte den Kopf und wies Slatuk an, den

Bauern um jeden Preis fortzuschaffen. Ich sah noch, wie er demütig und gefaßt zusammensank.

Warum das Ganze? Statt einer Antwort gibt es Phrasen wie des Leutnants lakonisches „Woyna!“ So ist eben Krieg! „Da kannst Du nichts gegen machen!“ Auch ein jüngst gefallener Kamerad wird im Traum vom Ich-Erzähler befragt. Doch dessen Bedürfnis nach tieferer Sinngebung kann er ebensowenig stillen. Was einzig bleibt, ist Erinnerung als solche. Denn daß alles womöglich vielleicht schon morgen vergessen sein werde, wie der letzte Satz der Erzählung unterstellt, ist eher provokativer Appell an den Leser, es anders zu halten.

Provokante Baltenromane • *Die baltische Tragödie* von Siegfried von Vegesack, *Die sterbende Kirche* und *Der Henker* von Edzard Schaper

Mit seiner Roman-Trilogie *Die baltische Tragödie* (1936) schuf Siegfried von Vegesack ein literarisches Standardwerk als Longseller mit sechsstelligen Verkaufsziffern. Der Erstausgabe von *Kindlers Literatur-Lexikon* galt der Text noch als bedeutendes literarisches „Denkmal“ für die inzwischen weitgehend Vertriebenen und anschauliche Epochenbilanz „ohne jede Ausschmückung“. In der letzten Bearbeitung des Kompendiums ist jedoch für diesen bedeutenden Roman skandalöserweise kein Platz mehr. Dabei bietet er viererlei: eine reizvoll erzählte, autobiographisch fundierte Familiensaga, die anschauliche Chronik der Deutschen im Baltikum bis 1919, einen Mustertext für verschlüsseltes bzw. doppelbödiges Schreiben im „Dritten Reich“ und eine nach wie vor weltweit taugliche Fallstudie einer (literarischen) Existenz in verfahrener historischer Situation.

Erzählt wird aus der Sicht des heranwachsenden Aurel. Ihm erschließt sich zunehmend die Welt, zunächst über das intensive Naturerlebnis in einer magisch beschworenen Landschaft und ein lustvoll-gruseliges Eintauchen in Märchen, Gespenstergeschichten und Regionalmythen, die dem Kind vom lettischen Betreuungspersonal als heimisches Kulturerbe vermittelt werden. Weitere Bildungseinflüsse entstammen deutscher wie russischer Literatur oder religiöser Unterweisung, die durch irritierende moderne Einflüsse (Darwin, Marx, Bakunin etc.) dialektisch auf die Probe gestellt wird. Die weitere Erziehung übernehmen unverdrängbar Politik, Revolution und Krieg.

Ihm voraus gehen nationale Identifikationsprobleme zwischen Deutschland und Rußland sowie starke, ethnisch verschärfte soziale Differenzen. In zahlreichen Episoden veranschaulicht Vegesack Armut und Unterdrückung der Landbevölkerung neben Privilegien der Elite. Er seziert deren weithin auf Immobilismus und politische Besitzstandswahrung reduzierte Balten-Ideologie, zeigt Andersdenkende, die daran zerbrechen, und bornierte Apartheidvertreter, die sich in ihrer mangelnden Bereitschaft zum politischen Ausgleich durch die Revolutionsgreuel von 1905 scheinbar bestätigt sehen. Aurel erfährt in der dunstigen Gesindestube ihm sonst unbekanntes „derbes, ursprüngliches Leben", zugleich aber auch, daß er hiervon wie durch eine „gläserne Wand" getrennt ist. Erst gegen Ende des Romans ergibt sich eine Versöhnung – allerdings nur als privatmenschliche Utopie, die im bezeichnenden Kontrast zum schaurigen realhistorischen Finale steht.

Vegesacks Diagnose mündet in generelle Zeitkritik, die auch typische Praktiken und Denkmuster der Hitler-Ära berührt. Zahlreiche Stellungnahmen im Text zeigen den Autor als engagierten Vertreter christlicher Humanität. Sie richten sich gegen Gewalt oder Despotie, sind antitotalitär, völkerversöhnend und antirassistisch. Zwar endet der Roman in einem allegorischen Treuebekenntnis zum geschlagenen Deutschen Reich, enthält aber wahrlich kein propagandistisch verwertbares Deutschland-Bild, was in der Kritik zuweilen rügend vermerkt wurde.

Zudem wählte Vegesack als Zentralfigur fast einen Antihelden, der entgegen den Zeitgeistidealen zu den (politischen) Entscheidungen eher ein ängstliches Verhältnis besitzt. Aurel ist ein weicher Knabe ohne die natürliche Sicherheit seiner Brüder. Im Ersten Weltkrieg hindern ihn „lächerliche" Erkältungen an militärischen Einsätzen und stempeln ihn zur geborenen „Nebenfigur", fast zum „Krepierling". Im anschließenden Bürgerkrieg plagen ihn „abscheuliche Angst" und Schuldgefühle wegen des Tötens. Auch begreift er die Lager nicht recht oder kann sich damit nur schlecht identifizieren. Aurel ist wahrlich kein Soldat, wie ein nationalsozialistischer Rezensent vorwurfsvoll festhielt, eher ein Zögerer zwischen den Parteien und Ideologien vom Schlage Hans Castorps in Thomas Manns *Zauberberg*.

Diese Zwischenstellung macht den ganzen Roman zum Verhaltens- und Schreibmodell in historisch verlorener Lage. Verkörpert sein Protagonist doch gerade jenes gespaltene Leiden an einer Epoche, die zwar zu Recht abgelöst wurde, in der er sich aber heimisch fühlte. Solche Zerrissenheit kennzeichnet weltweit zahllose vorrevolutionäre Gesellschaften: von Frankreichs Ancien Régime über die zaristische, von der britischen Kolonial- bis zur südafrikanischen Apartheid-Gesellschaft. Und wenn wir in den blutigen Abläufen nicht nur einen notwendigen Fortschritt, sondern zugleich eine menschliche Tragödie sehen, so gilt dies in erster Linie für einzelne guten Willens. Im Bewußtsein historischer Schuld oder Zwangsläufigkeit, aber ohne Gewißheit und Trost durch künftige Sozialparadiese sind sie den Prinzipienkämpfen ihrer Zeit ausgesetzt und werden zwischen den Mühlsteinen der Geschichte zerrieben.

Auch Edzard Schapers 1936 erschienener Roman *Die sterbende Kirche* spielt im Baltikum und thematisiert die Folgen der dortigen Bolschewisierung am Beispiel einer kleinen russisch-orthodoxen Gemeinde. Der lange in Estland lebende Verfasser war ein dezidiert christlicher Autor, den Sowjets wie Nazis gleichermaßen bedrohten. Die zeitgenössische Brisanz des Romans ergab sich dabei für Deutsche aus der von beiden Systemen praktizierten Kirchenfeindschaft. Die Handlung führt in die fiktive Hafenstadt Port Juminda nahe der estnisch-russischen Grenze, wo Pater Seraphim in schlichter Frömmigkeit seine Gemeinde seelsorgerisch betreut – unter den schwierigsten Bedingungen des Terrors von seiten der sowjetischen Geheimpolizei GPU. Der Text liest sich nach Wilhelm Duwe als „stilles Heldenlied auf die Verfolgungen und das Martyrium der Priester und Gläubigen der russisch-orthodoxen Kirche, das sich hier im Verborgenen vollzieht." Auch wenn das weltliche Schicksal von Seraphim und vielen seiner Gemeinde in der Katastrophe endet, symbolisiert durch den Einsturz der baufälligen Kirche in der Osternacht ausgerechnet durch Glockengeläut, liegt darin kein Ende aller Hoffnungen. Vielmehr versinnbildlicht die wunderbare Rettung eines jungen Paars das Weiterleben des Glaubens, der aus der Verfolgung neue Kraft gewinnt.

1940 bot Schaper mit dem Zeitroman *Der Henker* dem Regime ein noch größeres Ärgernis. Er handelt vom Grafen Ovelacker, einem deutschbaltischen Rittmeister in russischen Diensten, der im estnisch-lettischen Aufstand von 1905 einem Standgericht vorsitzt, das ohne sein bewußtes Verschulden auch drei fragliche Urteile fällt. Er gerät zwischen alle Stühle, als sich der nationale Freiheits- und Untergrundkampf der baltischen Urbevölkerung wieder belebt und die eigenen Standesgenossen in ihm nur noch eine Reizfigur oder politische Altlast sehen. Den gordischen Knoten aus Schuld und politischer

Verstrickung zerschlägt Ovelacker selbst, als er sich auf einen Sühnegang zum Totenbett des Koiri-Bauern begibt, seines Erzfeinds, dem er zwei Söhne hat erschießen lassen. Den dritten, nach Sibirien verbannten Sohn verspricht er freizubitten, um dem Hof einen Erben zu erhalten.

Der Roman trennt sich nur teilweise vom deutschbaltischen Herrschaftsanspruch und einem heute schwer erträglichen Sendungsbewußtsein. Aber er löst sich aus einem Freund-Feind-Denken zugunsten christlicher Aussöhnung. Sein Moraldiskurs mit aktuellem Bezug verläuft äußerst sensibel, und seine Psychologie erinnert an Dostojewski:

> *Es war, als müßte an der Wiege der Völkergröße und des Wachstums zu einer Nation immer eine schwere Schuld Pate stehen, als müßte ein neues Idol der Freiheit für alle nicht nur durch die Sklaverei der einzelnen erkauft werden, sondern als würde für die Ideale einer neuen Humanität und einer neuen Sittlichkeit von dem Staat, der sie verkündet hatte, mit Unmenschlichkeit und Unsittlichkeit gestritten durch ein Heer von Unholden, das der Staat sich als Vollstrecker seines Willens heranzüchtet.*

Das war zuviel für Alfred Rosenbergs Chefpropagandisten Bernhard Payr. Ihn empörte, daß „ein deutscher Mensch im Jahre 1940 ein Buch von 750 Seiten Umfang über das Problem der soldatischen Pflichterfüllung als Schuld veröffentlicht". In ihm kommentiere ein Autor, der sich den Erfordernissen des Tages entziehe und in eine überzüchtete Atmosphäre geflohen sei, einen Beschluß der baltischen Ritterschaft gar unter Bezug auf den Bibelspruch: „es wäre besser, daß ein Mensch stürbe, als daß ganz Israel zugrunde ginge". Auf „welchem Planeten" lebe Schaper eigentlich?

So gleichgültig wie uns die Sorgen der Juden um ihr eigenes Fortbestehen sind, ebenso gleichgültig muß uns heute eine Form der Seelenzergliederung sein, die man uns immer wieder als ‚typisch östlich' aufschwatzen wollte, die aber mit dem, was wir unter dem deutschen Osten verstehen, nichts mehr zu tun haben darf.

Das Werk sei abzulehnen.

Von geistigen Residuen im „Dritten Reich" • *Das Glasperlenspiel* von Hermann Hesse

Zählt Hermann Hesses *Das Glasperlenspiel* tatsächlich zum innerdeutschen Literaturkanon? Oder wird hier, gar um diesen aufzuwerten, eine künstliche Zugehörigkeit behauptet, wo das Buch doch eher in die Belletristik der Schweiz oder des Exils einzureihen wäre? Mitnichten. Dieses Werk ist von seiner Grundstimmung, seinem Anliegen und seiner Entstehungsgeschichte her sogar ein klassischer Text der Inneren Emigration. In ihrem belletristischen „Zentralorgan" *Die neue Rundschau,* herausgegeben vom Verlag S. Fischer (später Suhrkamp), erschienen Teildrucke des Romans, darunter dessen deutungsleitendes Vorwort. Und ein bereits mit Peter Suhrkamp abgeschlossener Verlagsvertrag wurde lediglich durch die verweigerte Publikationserlaubnis obsolet. Fast während der ganzen Zeitspanne des „Dritten Reichs" hat sich der Autor mit seinem 1930 begonnenen Opus magnum beschäftigt, ausdrücklich als Gegenentwurf zum militanten Zeitgeist besonders in Deutschland. 1939 schrieb er seinem Freund Georg Reinhart:

Sie denken möglicherweise: was der gute Hesse alles treibt und für nötig hält, während die Welt in Trümmer geht! Aber ich halte das, was ich treibe, auch wenn es nur Spielereien sind, für sehr viel nötiger und richtiger als das, was sämtliche Generäle, Staatslenker und Völker tun, welche alle, ob sie wollen oder nicht, dem Krieg dienen und zum Krieg rüsten. Daß ich da nicht mitzutun brauche, und daß man das, was ich bin und tue, auch mit aller Gewalt nicht zum Rüsten und zum Kriegen verwenden kann, ist mein einziger kleiner Trost inmitten des Jammers.

Nach abgeschlossener Textarbeit im Februar 1942 begann ein monatelanges Ringen des Verlags mit dem Propagandaministerium, bis man dort endgültig den Daumen senkte und Suhrkamp am 20. November die schmerzliche Pflicht zukam, das Manuskript Hesse wieder zurückzugeben. Ein Jahr später erschien das Buch im kleinen Zürcher Verlag Fretz & Wasmuth, in Deutschland erst 1946. Dabei war der Autor durchaus zu Konzessionen bereit gewesen, um die gewünschte deutsche Ausgabe nicht von vorneherein scheitern zu lassen. Für die vierte (1934 in der *Neuen Rundschau* gedruckte) Version seines Vorworts strich er die Kritik an Reventlows Bestseller *Kriegsschuldlüge und Kriegsschuldlügner* ebenso wie satirische Passagen über ein rassekundliches Traktat, einen karikierten Hitler oder die zu erwartenden Totalisierungsfolgen. Auch verzichtete er auf die noch in der Arbeitsskizze zum Schlußkapitel vorgesehene Weigerung des Helden, seinen Orden gleichzuschalten.

Der neu konzipierte Text vermied also scheinbar Heikles zur Gegenwart durch einen subtilen Trick. Indem er die Handlung ins Jahr 2400 vordatierte, eliminiert Hesses Gelehrten-Utopie das „Dritte Reich“ als unmittelbaren Erzählgegenstand. Indirekt jedoch kam dem Umstand, daß es schlicht als vergangene respektive überwundene Episode der Weltgeschichte behandelt wurde, durchaus zeitbezogene

Bedeutung zu. Nicht zuletzt der Gegensatz zu seinem hybriden Selbstverständnis provozierte. Und mittelbar sind die Jahre 1933/45 ja stets gegenwärtig durch Hesses gänzlich anderen Lebensentwurf. Darin avancierte der Verfasser – nach Heimo Schwilk – zum Schöpfer einer „romantischen Kunstreligion“ bzw. „Hohepriester der kastalischen Welt“, die vielem von dem, was Deutschlands Funktionselite pries, fundamental widersprach.

Insofern verbreitet das Werk – wie auf andere Weise Jüngers *Marmorklippen* oder Benns *Weinhaus Wolf* – Kerngedanken der Inneren Emigration. Und eine zusätzliche, eher unfreiwillige Verbindung zur innerdeutschen Literatur ergab sich durch die Rezeption des Romans im Spannungsfeld der Kontroverse zwischen innerer und äußerer Emigration und des Disputs, wie tagesbezogen engagiert ernstzunehmende Literatur sein dürfe oder müsse. Vor den Ansprüchen einer widerständigen Kampfliteratur oder eines faktenbasierten Gegenwartsrealismus vermochte Hesse nämlich nicht zu bestehen. Selbst sein befreundeter Schweizer Landsmann Rudolf Jakob Humm zieh ihn beim Erscheinen des *Glasperlenspiels* der bloßen „Introversion“, die sich mit „letzten müden Geistesheroen“ begnüge, einer nostalgischen Weltflucht „in der Epoche der höchsten Gefahr“.

Parallel zur Welle der Verehrung, die ihn schnell zum Abiturdichter erhob, kennzeichnen ähnliche Vorwürfe den deutschen Nachkriegsdiskurs, besonders durch Rebellen der Flakhelfer-Generation im weitesten Sinne. Joachim Kaiser etwa spottete über „Science Fiction der Innerlichkeit“. Die Vorbehalte betrafen über Hesse hinaus weitere ästhetisch benachbarte oder gesinnungsverwandte Autoren, von Wiechert und Andres über Kasack bis Kreuder, die zunächst gefeiert, dann von den Neuerern systematisch abgewertet wurden. So ergab sich die Paradoxie, daß eine literarische Botschaft, die im Wege des Nobelpreises weltweit prämiert wurde, bei

Teilen der einst emigrierten oder nachgeborenen Avantgarde zugleich Mißachtung fand.

Zum Inhalt: Der Roman erzählt, vor allem anhand der Vita Josef Knechts, von der abgeschotteten Ordenswelt einer Bildungselite, die sich in der „Pädagogischen Provinz“ Kastalien der Vergeistigung ihres Lebens widmet. Dazu gehört die harmonische Vereinigung aller Wissenschaften und Künste, um bislang geheime Zusammenhänge aufzudecken. Ein Bach-Konzert etwa korreliert mit einer mathematischen Formel, Erkenntnisstreben mit Ästhetik und Meditation. Alle Anstrengung gipfelt in der Suche nach einer „Universalsprache“, d. h. im „Glasperlenspiel“, an dessen ultimativer Definition sich ganze Philologen-Generationen versuchten. An der Spitze des Ordens steht der Magister Ludi, ein Titel, der gleichermaßen Spiel- wie Schulmeister bedeuten kann. Die historische Bezeichnung verweist zudem auf die Leitung des Theaters im frühneuzeitlichen Schuldrama und an barocken Ordensbühnen.

Kastaliens kulturelle Blüte entfaltete sich in Abgrenzung zum „Feuilletonistischen Zeitalter“, gekennzeichnet durch oberflächliche psychologisierende Sensationslust und kurzlebige (kommerzielle) Vernutzung von Bildung. Doch im Lauf seiner Amtstätigkeit gewinnt Knecht die Überzeugung, daß der Orden sich wieder der Welt öffnen müsse. Auch selbstgenügsame Artistik gefährde das Überleben des kastalischen Kosmos. Da er im Führungskreis keine Zustimmung findet, nimmt er Abschied, um Tito, den Sohn eines Freundes, zu erziehen. Der Schüler animiert den gerade Angekommen zum Wettschwimmen im eiskalten Alpensee, wobei der Lehrer ertrinkt. Knechts geistig-pädagogische Mission scheitert jedoch keineswegs. Denn der Untergang, der durch die Legende vom „Regenmacher“ bereits als ritueller Opfertod vorgezeichnet war – ein steinzeitlicher Wettermacher vollzieht ihn während einer langen Dürre, um das Überleben seines Stamms zu sichern –, wird zur von Knecht gewünschten Regeneration. Tito fühlt sich „mit heiligem Schauer" am Tod des Meisters schuldig und wird künftig „sein Leben umgestalten", das „viel Größeres von ihm fordern werde, als er bisher je von ihm verlangt hatte". Man mag dieses Ende als pathetisch-idealistische Kontrafaktur zu Erich Kästners von Hesse geschätztem *Fabian* betrachten, dessen Held zum Schluß ebenfalls ertrinkt. Aus einem sinnlosen Tod – Nichtschwimmer Fabian wollte ein nie gefährdetes Kind retten – wird ein symbolischer Neubeginn.

Das Verständnis auch dieses Romans leidet zuweilen darunter, daß man ihn fast ausschließlich unter dem Aspekt zeitgenössischer Wirkung beurteilt. Hesse selbst aber sah z. B. seine Abkehr von der frühen Konzeption forcierter aktueller Anspielungen keineswegs nur als Mangel, sondern auch als Verbesserung zum Grundsätzlichen. Auch dominiert bei diesem Autor stets versteckt Autobiographisches. So las z. B. Michael Kleeberg das *Glasperlenspiel,* gestützt auf zahlreiche Lebensbezüge oder Selbstzitate im Text, als „magisches" Kopftheater. Zwölf lange, „welthistorisch fürchterliche Jahre" habe Hesse „mit sich selbst Glasmurmeln" gespielt,

> *[…] weil er wusste, dass die Weltkulturgeschichte, die ihm vorschwebte, auch durch ihn selbst hindurchging, dass er es alles auch in sich selbst und im eigenen Leib hatte, Größe und Erbärmlichkeit und Neurose des Zeitalters. Er wusste, dass von sich zu sprechen eben auch hieß, von der Krise der Zeit überhaupt zu sprechen, nicht nur von der deutschen Misere, wie es Thomas Mann unternahm. Deshalb war das Thema dieses Glasperlenspiels […] Hermann Hesse selbst.*

Wie dieser pendelt sein Alter ego Knecht stets zwischen kreativer Isolation und notwendigem Sozialbezug. Und schließlich verläßt Knecht seine Bildungsklause aus Bedenken gegen die Sterilität der Ordenswelt, deren Ethos immerhin, selbst im Blick bloßer alltäglicher Pragmatik, Einsichten garantierte, die heute zunehmend gefährdet sind. In einer Zeit gesteigerter Propaganda, die uns analog zum Antaios-Mythos zuweilen gewaltsam von der Realität bzw. der konkreten Erfahrung trennt, haben wir Anlaß, Hesses Warnung ernst zu nehmen:

> *Wenn das Denken nicht rein und wach und die Verehrung des Geistes nicht mehr gültig ist, dann gehen bald auch die Schiffe und Automobile nicht mehr richtig, dann wackelt für den Rechenschieber des Ingenieurs wie für die Mathematik der Bank und Börse alle Gültigkeit und Autorität, dann kommt das Chaos.*

***Im Banne des Führerhauptquartiers* • *Im Dickicht des Südostens* von Felix Hartlaub**

Anfang Mai, während der letzten Kriegstage in Berlin, verliert sich die Spur des nur 31 Jahre alt gewordenen Schriftstellers und Historikers Felix Hartlaub. Er hinterließ bemerkenswerte Prosastücke, darunter vor allem das 39-seitige, Ende 1944 verfaßte Manuskript *Im Dickicht des Südostens*. In Editionen seit 1950 trug es anfangs den Titel *Im Sperrkreis* oder wurde unter *Tagebuch aus dem Kriege* bzw. *Aufzeichnungen aus dem Führerhauptquartier* rubriziert, was fast einer Irreführung gleichkommt. Denn die Vorstellung von Tagesnotizen oder Vorläufigem versperrt den Zugang zu dieser Prosa und deren Wert.

Dabei gehört *Im Dickicht des Südostens* zum literarisch Bedeutendsten, was während der NS-Jahre inner- wie außerhalb Deutschlands als Kommentar zur militärisch-politischen Katastrophe geschrieben wurde. Und es verblüfft, mit welcher philologischen Instinktlosigkeit etliche Germanisten oder Schriftsteller diese mißverständlichen Gattungsbezeichnungen übernahmen, die von der Schwester des Autors als Herausgeberin in die Welt gesetzt worden waren. Schließlich handelt es sich (trotz kleiner, leicht zu füllender Textlücken) um eine gänzlich durchkomponierte Erzählung in Form eines inneren Monologs, der sich an Mustertexten wie Schnitzlers *Leutnant Gustl* ausrichtet.

Sie beginnt, filmsprachlich formuliert, mit der Totalen: Militärische Wandkarten illustrieren den Rückzug an allen Fronten. Die Krise im Führerhauptquartier findet durch den 20. Juli ihren Höhepunkt, gespiegelt in Panikreaktionen, die einstige Offiziersherrlichkeiten beenden und die politische Götterdämmerung ankündigen. Dabei entfaltet sich (in Vor- und Rückblenden) ein gespenstisch-lemurenhaftes Personaltableau in der Endphase des Regimes, das an die besten Szenen von Oliver Hirschbiegels Film *Der Untergang* erinnert.

Die Milieustudien aus der Froschperspektive eines Obergefreiten besitzen protokollarische Schärfe. Man spürt durchweg die Insider-Sicht des Verfassers, der seiner Hauptfigur etliche Merkmale und Funktionen der eigenen Existenz im Sperrkreis unterlegte. Beide sind als Historiker Mitarbeiter am Kriegstagebuch des OKW und besetzen als Halboffiziere eine wenig respektierte, erotisch offenbar minder attraktive Stellung. Dazu sind sie angesichts der immer näher rückenden Front von der Abkommandierung zur kämpfenden Truppe bedroht und erleben hautnah die Fassadenhaftigkeit falscher Autorität.

In dieser mitleidlos-sarkastischen Musterung zerfällt, analog zu Benns *General*, historische Größe wie in einem Säurebad. Übrig bleiben banales Grauen, entlarvter Führerkult und Propagandaphrasen, wobei sich Sprach- zur Ideologie- und generellen Gesellschaftskritik weitet. Zudem vermittelt die Bunker-Isolation Grenzerfahrungen, läßt Zeit und Wirklichkeit zerfließen oder das Sinnwidrig-Groteske im Leben triumphieren.

Eine Tendenz zur Generalabrechnung ist bereits den frühen, durch Kürzungen verstümmelten Editionen zu entnehmen, zu denen sich die Erben absurderweise berechtigt fühlten, um das Andenken des Verstorbenen zu schützen. Enthalte das Manuskript doch – vermeintlich zur Absicherung bei möglicher Entdeckung – manche regimetreuen Passagen. Solches blamable Unverständnis des Texts wurde verschiedentlich noch durch „fachkundige" Leser gestützt, darunter keinen Geringeren als Hans Magnus Enzensberger. Griff der doch eine wenig spezifische, aber folgenreiche Erinnerung von Hartlaubs Schwester Geno auf, ihr Bruder habe sich im „Dritten Reich" zuweilen eine Tarnkappe gewünscht. Dies skandalisierte Enzensberger im Kontext von Zitaten aus *Im Dickicht,* die ihn nazistisch verseucht anmuteten, deren satirischer Gehalt ihm jedoch entgangen war. Schlimmer noch: Er beschuldigte mit solchen Pseudobelegen Hartlaub (als weiterhin gültigen Vertreter deutscher Intellektuellen-Mentalität), ein zur Zeitzeugenschaft unfähiger „politischer Voyageur" gewesen zu sein, der sich erspart habe, „für die Wahrheit einzutreten". Die Tarnkappe sei „ein Instrument existentiellen Selbstmords."

Das inzwischen modische, aber schiefe Bild des Autors mit der Maske wurde Jahrzehnte später durch Durs Grünbein verfestigt, wenngleich er es als Ehrenrettung aufgriff. Nannte er seinen literarischen Vorgänger doch „unseren Verwandten unter der Tarnkappe" und erklärte den NS-Jargon der Erzählung als „Verzweiflungssprung in die LTI" und „zynische Maske", womit er, wie bewußt auch immer, erneut Autor und Erzähler vermengte. Von Zynismus kann jedoch weder beim Verfasser noch der Zentralfigur seines Werks die Rede sein. Letztere kennzeichnet eher die Naivität eines fanatischen Führerglaubens. Und der Autor von *Im Dickicht* hat als satirischer Aufklärer gerade mit diesem Text alle roten Sicherheitslinien überschritten oder Masken abgeworfen, falls er je eine trug.

Auch zuvor tat dieser neurasthenische Literat (von Kind an zergrübelt, ein weltoffen-frankophiler Odenwaldschüler, unsportlich, auffallend unmilitärisch und mit einem Vater belastet, den man 1933 sofort wegen der Förderung „entarteter Kunst“ entlassen hatte) nämlich nur wenig, um seine Gegenposition zur NS-Ideologie zu verbergen. Wie etliche Briefpassagen und weitergeführte Kontakte zu (jüdischen) Exilanten belegen, begrenzte er seine Vorsicht auf jenes Mindestmaß, das ihn nicht märtyrerhaft ins offene Messer laufen ließ. Berufsbedingt finden sich einige Konzessionen, da er als Nichtverfolgter schließlich im Lande blieb, was moralstrenge Nachgeborene immerhin eingehend erörtern. Akzeptiert wurde gerade noch, daß der junge Mann im Alter von 20 bis 26 Jahren ohne Ressourcen und Erwerbsqualitäten außerhalb von „lingua tedesca“, wie er 1938 einem emigrierten Freund schrieb, nicht denselben Weg ging.

Bauchschmerzen bereitet orthodoxen Literarhistorikern jedoch Hartlaubs Beziehung zu den Mächtigen, die sich nach dem Frankreich-Feldzug ergab: zunächst im Dienst für das Auswärtige Amt in Paris bei der Sichtung erbeuteter Akten, sodann fürs Oberkommando der Wehrmacht. Hier amtierte er seit November 1941 als wissenschaftlicher Assistent bei der Erstellung von dessen Kriegstagebuch, zum Schluß sogar relativ selbständig. Qualifiziert hatte ihn seine militärgeschichtliche Dissertation *Don Juan d'Austria und die Schlacht bei Lepanto,* übrigens Hartlaubs einzige Publikation, die zu Lebzeiten auf nennenswerte Resonanz stieß.

Die Abkommandierung bot ihm (in eigenen Worten) eine „befristete Konservierungsmöglichkeit“ und die „völlig unwahrscheinliche“ Chance, dem Truppendienst bei der Flugabwehr zu entkommen, der ihn körperlich fast überfordert hatte. Er ergriff sie nicht ohne Skrupel und zugleich fasziniert von der Aussicht, sozusagen im Auge des

Zyklons hautnah zu erfahren, wie Weltgeschichte im innersten Zirkel gemacht und nicht zuletzt geschrieben wird.

Als er ab Oktober 1944 *Im Dickicht* konzipierte, wußte er es bis zur gänzlichen Desillusion. Vor allem kannte er das Prinzip, wonach historische Größe meist davon abhängt, wie stark man von konkretem Leid abstrahiert. Sein nun gänzlich kalter Blick betraf zudem das als unaufhaltsam taxierte Ende, so daß seine Erzählung bereits spätere Entschuldigungsphrasen der einst so stolzen militärischen Haupthähne im Sperrkreis antizipiert.

Auch sich selbst unterwarf er einer rigorosen Introspektion. Nicht im Sinn von Mainstream-Germanisten, die ihn, damit er wirklich zu den „Guten" zählte, auch einmal – spekulativ, jenseits von Quellenbelegen – mit der „Roten Kapelle" in Verbindung brachten, sondern gemäß einem höheren Anspruch an die eigene Person. Hatte er doch, wie subaltern auch immer, als „Rädchen" einer Machtmaschinerie „funktioniert". Und seine schonungslose Katastrophenbilanz trieb ihn zu der – heute weiterhin anerkannten – Erkenntnis, daß es in einem falschen Leben kaum ein richtiges gebe.

Die bitterböse Satire *Im Dickicht,* die parallel zu Hartlaubs kriegsgeschichtlichen Darstellungen oder im Anschluß daran als subversiver Kommentar verfaßt wurde, war ein psychischer Befreiungsakt, vergleichbar mit Albrecht Haushofers in Gestapo-Haft gedichteten *Moabiter Sonetten.* Dies erklärt Hartlaubs Tollkühnheit, mitten im Sperrkreis einen so zersetzend-defätistischen Text zu entwerfen, dessen offizielle Kenntnis ihn, besonders nach dem 20. Juli, fraglos den Kopf gekostet hätte.

Für ihn war es seelische Läuterung. Daher auch die wachsende Karikierung der Zentralfigur, die ihm zwar charakterlich nur wenig glich, dafür aber grell seine existentielle Lage abbildete. Er pathologisierte sie sogar in einem surrealistischen Schlußbild, in dem sich der

Schreiber die größenwahnsinnige Mission anmaßt, den ratlosen Hitler durch noch größeren Fanatismus zu übertrumpfen. So entstand ein (selbst-)therapeutisches brillantes Stück Literatur. Es ist Zeit, dessen Rang angemessen zu würdigen.

Schattenmenschen • *Die Stadt hinter dem Strom* von Hermann Kasack

Zu den ignorantesten Urteilen über Autoren und Werke der Inneren Emigration gehört der Spott Nachgeborener über die angeblich leeren Schubladen dieser Autorengruppe. Bereits wenige Nennungen allein für die epische Gattung, von Benns *Weinhaus Wolf* über Jahnns *Holzschiff*, Barlachs *Der gestohlene Mond* oder Hartlaubs *Im Dickicht des Ostens* bis zu Stefan Andres' *Sintflut* widerlegen dies nachdrücklich. Und gewiß gehört als Gipfel des Magischen Realismus Hermann Kasacks *Die Stadt hinter dem Strom* hinzu, genauer: die zwischen 1942 und 1944 verfaßten ersten zwölf Kapitel dieses Romans, die in der Suhrkamp-Ausgabe von 1947 rund die Hälfte des Textes einnehmen.

Auf diesen ersten Teil konzentriert sich das im Folgenden Gemusterte vor allem. Schließlich wäre es ohnehin besser gewesen, das Manuskript als Fragment zu edieren. Denn seine nach dem Krieg geschriebene Fortsetzung ließ sich nicht bruchlos anfügen. Sie atmet teils einen anderen Geist und fällt in ihrer lehrhaften Tendenz niveaumäßig ab. Schreibanlaß für Kasack war eine Vision zum Jahresbeginn 1942. Eigenen Angaben zufolge erblickte er „die Flächen einer gespenstischen Ruinenstadt, die sich in das Unendliche verlor und in der sich die Menschen wie Scharen von gefangenen Puppen bewegten". Immer stärker bedrängende Vorstellungen wollten literarisch gebannt werden. Später riet er Lesern, den Roman nicht nur als fiktionales

„unverbindliches Traumbild", sondern zugleich als Therapie zu verstehen. Helfen könne „nur eine veränderte Haltung des einzelnen, dem Tode und damit dem Leben gegenüber." Man nehme sich „weniger wichtig" und das Leben gelassener. Ihm selbst habe diese Art Angstbewältigung genützt.

Zum Inhalt: Der Keilschriftforscher Robert Lindhoff wird als Archivar und Chronist an das geheimnisvolle Archiv einer fremden Stadt berufen. Sie und ihre Bewohner erscheinen rätselhaft und unheimlich-bedrückend. Lähmendes Warten, Entsetzen, Freudlosigkeit und Ängstlichkeit gegenüber einer mysteriösen Präfektur kennzeichnen die Atmosphäre. Tägliche Gänge durch die Katakomben der Höhlen- und Ruinenstadt verschaffen nicht wirkliche Klarheit. Ihm begegnen gespenstige Wesen, die sich als Schauspieler pantomimisch betätigen. Der Sinn des Ganzen bleibt ihm ebenso verborgen wie die Leitlinien der Bürokratie. Moderne Technik und hektische Betriebsamkeit kontrastieren mit einem überall sichtbaren Verfall und zwecklosen Verrichtungen, denen sich die Menschen hier widmen (müssen). So schrubbt man Bretter, die zerborstene Fensterscheiben ersetzen, oder betreibt regen Tauschhandel, um am Ende wieder das Eigene zurückzuerhalten. Im Weichbild der Stadt tauchen Fabriken und Kasernen auf, über die Schattenarmeen verschoben werden.

Zuweilen trifft Lindhoff frühere Bekannte, darunter seinen Vater, einen Malerfreund oder seine Geliebte Anna. Doch ihre Äußerungen verwirren ihn nur. Aufklärung erfolgt erst im später geschriebenen zweiten Teil. Aufgrund von Andeutungen ahnen findige Leser allerdings schon früher, daß sich Lindhoff in einer Totenstadt befindet, als einzig Lebender in einem Zwischenreich und Purgatorium, bevor es ins endgültige Vergessen geht. Schließlich verweist der Romantitel auf Styx, jenen mythischen Fluß, den sich die alten Griechen als Grenze zwischen der Welt der Lebenden und dem Hades ersannen.

Kasacks Schilderungen sind von der Grundstimmung im „Dritten Reich“ geprägt. Die Menschen fühlen sich ausgespäht und leisten furchtsam Gehorsam. Wo Massen auftreten, wirken sie bedrohlich. Bombardierungen hinterließen furchtbare Zerstörungen ohne Aussicht auf nachhaltige Reparatur. Trümmer werden nach ärmlichen Utensilien durchsucht. Doch solche aktuellen Schrecken und Befindlichkeiten verdichtet der Roman zu seinem Vorteil im Sinne überzeitlich-exemplarischer Gültigkeit. Zugleich schöpft der Autor auch aus weltliterarischer Tradition.

Der Höllenbesuch in Dantes *Göttlicher Komödie* gehört ebenso dazu wie taoistische Vorstellungen oder romantische Bezüge (Doppelgänger, Marionette oder Spiegellabyrinth) vor allem zum „Gespenster-Hoffmann“. Manches erinnert an Kafkas groteske Bildwelt, in der sich oftmals Schrecken mit bitterer Ironie mischt. Das gilt etwa für die raumsparende Selektion des Archivs. Überlieferungen werden dort nämlich, außer zur Abschreckung vor unsterblicher Dummheit, bloß ihrem geistigen Ewigkeitswert gemäß bewahrt und demagogisches oder „billigen Tageszwecken“ dienendes Schrifttum gelöscht. Dabei kopiert Kasack nicht einfach, sondern findet seinen eigenen Platz im Assoziationsfeld zwischen Kafkas literarischen Alpträumen und den dystoptischen Entwürfen eines Orwell.

Einen künstlerischen Höhepunkt erreicht der Text mit der grandiosen Allegorie zweier Fabriken, von denen die eine Kunststeine herstellt, während die andere in ständig gesteigertem Tempo dieselben zertrümmert, um Rohstoff für erneute Steinproduktion zu gewinnen – ein absurder Vorgang, den man wechselweise als moderne Sisyphus-Erzählung, parabolische Kritik am Spätkapitalismus oder existentialistische Sinnlosigkeitsdiagnose gedeutet hat. Der Seniorpräsident des Fabrikbezirks, eine vom Wunsch nach Zerstörung getriebene „Mumie“, klärt Robert auf: Leben sei bekanntermaßen „nur ein Wind“, woraus Philosophen eine „Welttragik“ gemacht hätten. Doch „ohne Romantik und Pathos“ gesprochen:

„Wie viele Städte“, sagte er lebhaft, „sind im Lauf der Jahrtausende zerfallen, die so mühsam aufgebaut wurden. Wie viele Kleider sind zerrissen und abgetragen, die so sorgfältig einmal genäht worden sind. Auch meine Pyramiden werden einmal zu Staub zerfallen. Die Dauer der Materie ist beschränkt. Unter meiner Präsidentschaft wird der Prozeß des Zerfalls verkürzt. Es geht uns bei dem Spiel mit den Fabriken darum, einen Symbolwert darzustellen, wie man einen Logarithmus darstellt.“
„Es ist die Hölle“, sagte Robert.
„Für die Leute hier“, sagte die Mumie, „gibt es weder Hölle noch Himmel. Zwar glauben die Angestellten der Kunststeinfabrik an den Aufbau und die Angestellten meiner Fabrik an die Zerstörung. Es bleibt der Hohen Präfektur vorbehalten, daß sich Aufbau und Zerstörung immer die Waage halten. Freilich wird ihr der Ausgleich immer schwerer fallen. Es steht zu erwarten, daß mit dem neuen Zeitalter der Atomzertrümmerung, das meine Alchimisten vorbereitet haben, unsere Gruppe einen Vorsprung in der Vernichtung gewinnt, der so leicht nicht wettgemacht werden kann. Dann wird Ihr Archiv, das noch so treu der Humanität nachhinkt, ebenfalls bedeutungslos werden.“
„Welcher Zynismus!“ entfuhr es Robert.
„Ich bin nicht der Antipode, für den Sie mich halten“, sagte die Mumie lässig, und ein pfeifender Ton glitt durch die Zähne. „Ich wollte Sie nur von vornherein auf die Vergeblichkeit Ihrer Arbeit im Archiv aufmerksam machen. Die Überlieferung wird eines Tages aufhören. Es wird sehr einsam werden. Auch hier.“

Daß Kasack, der europäischen Nachkriegsmode entsprechend, nicht gänzlich den Becketts, Ionescos, Camus’ oder Sartres zugeordnet wurde, liegt am 1946 verfaßten zweiten Teil. Denn im Bewußtsein, daß die desaströse Realität seine Vision sogar überholt hatte, sah sich der Autor nach dem Krieg genötigt, die düstere Perspektive seines Romans zu mildern. In der weiterführenden Handlung konkretisiert er zwar einerseits die Aufarbeitung der Vergangenheit, indem er Vernichtungsopfer mit ihren Peinigern konfrontiert. Andererseits bemüht er sich um eine zumindest vage Schlußharmonie, die ein wenig an *Faust II* erinnert.

So verwehrt Anna in Gestalt einer Sibylle ihrem Geliebten den Eingang ins Totenreich. Wie Orpheus kehrt er aus der Schattenwelt zurück, um seine Mitmenschen vor dem Verhängnis einer zerstörerischen oder bloß zweckrationalen zivilisatorischen Verirrung zu warnen und sie das richtige Leben und Sterben zu lehren. Seine Heilsbotschaft als zugfahrender Wanderprediger vereinigt christliche Mystik mit chinesisch-tibetanischer Naturphilosophie und verheißt den Überlebenden nach entsprechender Katharsis einen geistigen Neubeginn, der Asien aufwertet.

Trotz dieses ästhetisch nicht ganz befriedigenden zweiten Teils bildete die Veröffentlichung des Romans das literarische Hauptereignis der unmittelbaren Nachkriegszeit und entfachte Rezensenten-Elogen in dreistelliger Zahl. Doch neben begeisterten Urteilen von Kollegen wie Bergengruen, Eich, Langgässer, Schneider, Broch, Lehmann und Vietta finden sich von Anfang an einige (meist ausländische) ressentimentbesetzte Rügen, die sich seit den 1970ern zu einer Anti-Kasack-Front verdichten und die schleichende Dekanonisierung des Textes einleiten.

Es geht vor allem um Grundsatzpositionen zu Lasten der ästhetischen „Traditionalisten“ und vermeintlich falschen „Vergangenheitsbewältiger“. – Kasack hatte in tröstender Absicht auch den Holocaust in einen kosmischen Zusammenhang eingebettet und damit gegen die inzwischen quasi verbindliche Auslegung verstoßen, die in ihm einen unergründlichen Zivilisationsbruch erkennen wollte. Seine unglückliche Argumentationsfigur, die allenfalls eine skeptische Anmerkung verdient hätte, bot jenen eine offene Flanke, denen die ganze Richtung nicht paßte. Schreiben über das „Dritte Reich“ hatte eindeutig und konkret schuldbezogen zu sein; Sinnsuche à la Kasack war schlicht ein Skandal. Man sprach von verstaubter Erzählkonvention (Werner Ross), „historischem und literarischem Versagen“ (Ehrhard Bahr), Anlaß, das „braune Unwetter“ kontemplativ zu verdrängen (S. Klimasch), oder bildungsbürgerlicher „Realitätsflucht“ und „Fetischisierung des ‚Geistes‘“ (Lothar Baier).

Vergessen wir die Zänkerei! Um die Stärken dieses Werks zu würdigen, bedarf es eines (hoffentlich noch nicht gänzlich ausgestorbenen) naiveren Lesers, der sich um literatur*politische* Kämpfe nicht schert, aber dafür intuitiv erfaßt, welche ästhetische Transzendierung in originellen Bildwelten geschieht.

Zweierlei Erzählen über Geschichte

Geschichtsschreibung und Erzähltexte über historische Gegenstände sind Nachbarn, die mit unterschiedlichen Mitteln und Kostümen operieren. Selbstverständlich gibt es einschneidende methodische Differenzen. Dem Historiker sind z. B. – um mich auf wenige Konkreta zu beschränken – erfundene Figuren, Handlungen, Begegnungen und Dialoge prinzipiell untersagt. Und was behauptet wird, sollte quellenmäßig fundiert sein. Insofern schauen Wissenschaftler meist etwas despektierlich auf geschichtsschreibende Literaten herab wie auf unstandesgemäß-peinliche Verwandte. Doch auch sie müssen eingestehen, daß bereits terminologisch die heute gängige Bezeichnung „historische Großerzählung“ eine gänzliche Verschiedenheit dementiert.

Auch dürften, wenn das mit der Wissenschaft so einfach wäre, falls sich alle aus dem gleichen Dokumentenpool bedienen, nicht völlig konträre Ergebnisse herauskommen. Doch genau dies geschieht. Denn offenbar wirken im Erkenntnisverfahren trotz tausender Literaturbezüge oder Fußnoten etliche Faktoren mit, die sich keineswegs aus der Sache selbst und konsequenter Heuristik ergeben. Bereits bei Abstrahierungen, Quantifizierungen, Analogiebildungen, Konstrukten und besonders, wo es gesellschaftlich relevant wird, im Bereich der Meinungen und Wertungen, entdeckt man immer wieder, wie erkenntnismäßig abhängig, subjektiv und tagesbezogen plötzlich bilanziert wird. Falls nicht gar das jeweilige Establishment aktuell verwertbare „normative“ Geschichtsschreibung einfordert und als Zahlmeister der Forschung meist auch umstandslos erhält. Das – so könnte man polemisch schließen – leistet ein durchschnittlicher

Romancier auch ohne spektakulären Theorieaufwand durch intuitive Schau oder durch ideologischen Auftrag.

Aber wir können es jenseits von Fachkritik auch positiv sehen. Denn welche Chance bietet mancher gut geschriebene historische Roman – im Gegensatz zu einer vielfach terminologisch und methodologisch überfrachteten Fachprosa mit ihrem Gestrüpp an Erwägungen, Exkursen, Kollegenscharmützeln und Beglaubigungen durch „Autoritäten", die die Mehrzahl der Leser eher ermüdet als dazu anregt, sich überhaupt der Reflexion über Vergangenes zu stellen! Ich nenne exemplarisch den geistreich-amüsanten Geschichtsdenker Joachim Fernau, den die hiesige Germanistik gezielt aus dem Kanon verbannt hat.

Und sind es nicht häufig selbst bei fachwissenschaftlichen Abhandlungen gerade griffige Formulierungen, provozierende oder replizierende Pointierungen bzw. eloquente Veranschaulichungen, die uns überhaupt erst den Einstieg in fremde Zeiten oder fruchtbare Debatten ermöglichen – Mittler zwischen Aktenfaszikel und konkretem Leben? Doch wie wir auch urteilen mögen: Zu keiner Zeit haben Schriftsteller Historikern diese thematische Domäne konkurrenzlos überlassen. Schon gar nicht in Diktaturen oder Systemen, die Freiheit nur heucheln.

Die Hochkonjunktur belletristischer Behandlung von Geschichte in jener Zeit erklärt sich schlicht aus dem Umstand, daß Regimekritik ja fast nur noch möglich war, wenn man sie in andere Epochen oder Länder verlagerte. Eine Fülle solcher Werke über frühere Unterdrükkung und Alleinherrscher kündet davon. Um Bespitzelung, Propaganda und Polizeiterror geht es z. B. in Arnold Ulitz' *Der Gaukler von London* (1938). Im selben Jahr gestaltete Reinhold Schneider in *Las Casas vor Karl V.* das Thema Judenverfolgung am Beispiel der Grausamkeiten an Indios.

Fritz Reck-Malleczewens *Bockelson* (1937) schildert, strotzend vor zeitgenössischen Parallelen, den Massenwahn der Wiedertäufer in Münster. Seine ein Jahr später publizierte *Charlotte Corday. Geschichte eines Attentates* enthält neben Sarkasmen zum Führerkult einen eindringlichen patriotischen Aufruf zum politischen Mord an Marat alias Hitler. Den Widerstand eines Offiziers gegenüber kriegsbedingter Verrohung behandelt Wolfgang Hoffmann-Zampis' *Erzählung aus den Türkenkriegen* aus dem Wissen von einschlägigen Praktiken im Rußland-Feldzug. Werner Bergengruens *Am Himmel wie auf Erden* thematisiert zeitgemäß ausdeutbare Katastrophenangst und gewaltsame Versuche staatlicher Meinungslenkung. Und so weiter, und so fort.

Mit solchen Werken und Reinhold Schneiders Britannien-Geschichte *Das Inselreich* (1936), die den verhängnisvollen Verzicht auf religiöse und rechtliche Staatsfundierung kritisiert, betreten wir den Übergangsbereich zwischen Geschichtsbelletristik und historiographischem Sachbuch. Ähnliches gilt für Marianne Langewiesches *Königin der Meere* (1940). Frank Thiess' monumentaler „Roman eines Jahrtausends", *Das Reich der Dämonen* (1941), bot eine Generalabrechnung mit dem bereits in der Antike faßbaren Geist der Despotie und eine Fülle aktueller Bezüge. Sie galten etwa Sparta, Diokletian, der Christenverfolgung und Alexander dem Großen als „einzigem Kosmopoliten unter allen Eroberern", der die „Besiegten nicht [habe] versklaven" wollen und daher „wirklich zum *Welt*herrscher geboren" gewesen sei.

Natürlich bemerkten NS-Funktionäre, daß solche Stoffe Einfallstore für ideelle Konterbande boten. So beklagte etwa Hellmuth Langenbucher 1937 in der *Bücherkunde,* daß häufig „historische Stoffe lediglich als Tarnung gewählt wurden für Versuche, rein private oder gesellschaftliche Angelegenheiten, wie sie heute nicht mehr gefragt sind, auf dem Umweg über historische Zustände zur Darstellung zu bringen." Danach drohte er: „Wir werden unerbittlich alle Versuche, sich mit privaten Gefühlen und mit Stoffen historisch zu tarnen, bekämpfen." Da überschätzte sich dieser durchaus einflußreiche Kulturgewaltige allerdings ein wenig. Und dergleichen Monita finden sich Jahr für Jahr aufs neue.

1940 beispielsweise ärgerte sich Gerhard Schmidt in der *Neuen Literatur* über die „seuchenartige Verbreitung der sogenannten historischen Romane", die eine grundsätzliche Klärung dieser „zwiespältigen literarischen Gattung" erfordere. An unscharfer Abgrenzung der Literatur von Geschichtsschreibung hätten nur diejenigen Interesse, die „Einsichtslosen" ihre Botschaften, je nach Rechtfertigungsbedarf, als Dichtung oder Geschichte vorstellen möchten. Eberhard Ter-Nedden stieß ins gleiche Horn. In Umbruchszeiten erlebten gerade historische Erzählformen als heimliche Apologie obsoleter Weltanschauungen eine auffällige Renaissance. In diesem Sinn endete manche Indizierung solcher Texte durch geistige Blockwarte mit Drohung, Schikane oder Verbot. Aber insgesamt hätte das Regime dieses Katz- und Maus-Spiel mit der Zensur nur unter völliger Lahmlegung ganzer epischer Genres gewinnen können.

Daneben gab es zwischen 1933 und '45 auch Werke, die sich, jenseits von Regimekritik, einer (zeit-)geschichtlichen Materie widmeten und dabei saubere literarische Arbeit leisteten. Dies gilt in erster Linie für den Österreicher Rudolf Brunngraber. 1936 erschien bei Rowohlt *Radium. Roman eines Elementes* und avancierte schnell zum internationalen Bestseller. (Günter Eich konzipierte übrigens nach Motiven des Romans ein ansprechendes Hörspiel.) Das Buch verbindet Statistik mit Story, Technik- und Sozialgeschichte mit Einzel- und Familienschicksalen sowie dem spannenden Nachvollzug wirtschaftlicher Konkurrenzkämpfe. Es herrscht ein neusachlich dokumentierender Reportagestil, der journalistische Fertigkeiten verrät. Spannung ist garantiert, wie dies bereits im Klappentext des Bandes anklingt:

Im Kongo und im Wilden Westen, in abendländischen Spitälern und Laboratorien, auf den Schlachtfeldern des Weltkriegs und in Wirtschaftskonzernen, bei der Atomzertrümmerung, der Kurzwellentherapie und in Stratosphärenflügen entfalteten sich die Triumphe und Tragödien um das Radium, den furchtbarsten und teuersten Stoff der Erde, der in Wissenschaft, Medizin und Wirtschaft schwere Kämpfe und große Umwälzungen hervorruft und die Vision eines neuen Zeitalters, der Atomzertrümmerungszivilisation, vermittelt.

Als literarisches Vorbild für Brunngraber dürfte Stefan Zweig mit seinen *Sternstunden der Menschheit* gedient haben. Schließlich erklärt sich der Erfolg des Buchs gleichermaßen aus der Seriosität seiner Informationen und den Erzählqualitäten des Autors, der die jeweiligen naturwissenschaftlichen, wirtschaftlichen, politischen oder zeitgeschichtlichen Aspekte einer technischen Innovation in spannende Familiengeschichten verflicht. Ähnliches gilt für *Zucker aus Cuba. Roman eines Goldrausches,* der 1941 erschien.

In diesem ökonomisch versierten Tatsachenroman verkümmert ein diversifizierter Agrarraum im Sog der Zuckerhochkonjunktur durch rigoroses Abholzen zur Monokultur, was wiederum um 1930 durch den Zuckerpreissturz im wirtschaftlichen und politischen Chaos endet. Auch der US-Dollarimperialismus wird seziert, inklusive der daraus folgenden permanenten Staats- und Gesellschaftskrise, die sich aus Korruption, Terror, Geheimpolitik und Bürgerkrieg speist. Der Erzähler spiegelt das Geschehen vorwiegend in den Kämpfen einer Grundbesitzer-Aristokratie und zeigt gewisse Parallelen zu den *Buddenbrooks.* Joachim Lavall repräsentiert dabei den letzten ehrbaren Kaufmann, der noch nicht in kurzfristigen Bahnen kommerziellen Interesses denkt. Doch die neue Generation mit ihren dekadenten Wünschen nach dem schnellen Geld bestimmt die Zukunft und verbaut sie zugleich.

Zwischen diesen beiden Geschichte veranschaulichenden Ezähltexten lag 1939 noch Brunngrabers *Opiumkrieg*, ein von faszinierender Sachkenntnis und liebevoller Identifikation mit den Chinesen kündender Roman über deren gescheiterten Freiheitskampf gegen britische Imperialisten im 19. Jahrhundert. Man mag ein Geschmäckle darin erblicken, daß dieses Thema just im Rahmen einer kulturpolitischen Propagandakampagne mit antibritischer Stoßrichtung auf die literarische Agenda geriet. Ansonsten verdient eine historische Jauchegrube wie der Opiumkrieg eigentlich keine schriftstellerische Zurückhaltung. Und dergleichen Bedenken hinsichtlich der Vansittarts aller Länder gegenüber Deutschland galten übrigens zu keiner Zeit.

Ein sonderbarer Held • *Ich, Claudius, Kaiser und Gott* von Robert von Ranke-Graves

Ein 1934 publizierter Roman des englischen Autors Robert Graves war NS-Literaturwächtern ein besonderes Ärgernis: der in alle Weltsprachen übersetzte, umgehend verfilmte Bestseller, der im List Verlag unter dem Titel *Ich, Claudius, Kaiser und Gott* erschien. Graves' Behandlung im Rahmen deutscher Autoren bedarf ergänzender Begründung, jenseits des Umstands, daß seine Plazierung auf dem hiesigen Buchmarkt eine Provokation darstellte. Zunächst einmal war Graves, dessen deutschsprachige Ausgaben unter „Robert von Ranke-Graves" erschienen – seine Mutter war eine Großnichte des berühmten Historikers Leopold von Ranke –, nicht ohne Beziehungen zu und Sympathien für Deutschland.

Darüber hinaus spricht er einleitend vom „glücklichen Stern einer deutsch-englischen Zusammenarbeit". Er meinte damit die Kooperation mit dem Übersetzer Hans Rothe. Schließlich war die deutsche

Ausgabe, die einen rund 1000-seitigen zweibändigen Wälzer auf etwa die Hälfte reduzierte und in den Augen seines Verfassers nun „handlicher", „klarer und wirksamer" machte, fast ein neues Buch. Und Rothe, ein (später emigrierter) Schriftsteller, Dramaturg und Schöpfer zahlreicher (von Goebbels 1936 verbotener) Shakespeare-Übertragungen, erwies sich bei der Neukonzeption des Bands offenbar als kongenialer Partner.

Last not least betont der Autor in einem bemerkenswerten Vorwort vom August 1934 gegenüber den besonders angesprochenen deutschen Lesern die aktuelle Bedeutung des Buchs: „Obwohl der nachmalige Kaiser Claudius zehn Jahre vor Beginn der christlichen Zeitrechnung geboren wurde, so weist sein Zeitalter mehr Gemeinsamkeiten mit der Gegenwart auf als irgendeine andere dazwischenliegende Epoche." Und daß sich die Lebensgeschichte des Kaisers streckenweise wie ein Gegenwartsbericht lese, liege keineswegs daran, daß der Autor etwa „die historischen Tatsachen" heutigen angepaßt hätte.

Das war ein Wink mit dem Zaunpfahl angesichts zahlreicher Szenen voller grausamer Machtgier, Cäsarenwahn, Speichelleckerei, mangelnder republikanischer Gesinnung oder eines Spitzelsystems, wie es etwa Tiberius aufgebaut hatte. Auch erörtert der Text bestimmte Finanzmanipulationen, den positiven Effekt des gerade in Deutschland befolgten Keynesschen Deficit-Spending oder spricht sich gegen preistreibende staatssozialistische Maßnahmen aus. Die Attraktivität des Buchs lag gleichermaßen in Darstellung und Stoff, was letztlich auf eine Skandalchronik des julisch-claudischen Kaiserhauses hinauslief – mit etlichen schlüpfrigen Episoden.

Der lockere Plauderton vieler Schilderungen bediente sich eines modernen Vokabulars – statt von „Germanen" war etwa stets von „Deutschen" die Rede. Gilt für die englische Historiographie ohnehin in der Regel, daß sie viel kurzweiliger schreibt als die hiesige, so gewinnt der Roman noch zusätzliche Publikumsnähe durch den biographischen Ansatz, der in diesem Fall noch durch die Ich-Perspektive gesteigert wird, die bekanntlich zu besonderer Identifikation des Lesers einlädt. Denn der Roman fingiert einen memoirenschreibenden Tiberius Claudius, dessen Tatenbericht bis zu seiner Ermordung im Jahr 54 n. Chr. reicht.

Eine solche Autobiographie gibt es in Wirklichkeit nicht. Gleichwohl hat Graves die wesentlichen historischen Fakten durchaus gewahrt. Der (Romane geradezu dutzendweise heraussprudelnde) Autor war zugleich Anglistikprofessor und Verfasser diverser Fachbücher (z. B. *Die Götter Griechenlands*), also mit wissenschaftlicher Arbeit durchaus vertraut. Auch kannte er die für seine Zeit einschlägigen antiken Quellen. Er verstand sein Buch sogar ausdrücklich als Korrektur eines ungerecht verzeichneten Bilds jenes Kaisers:

> *Seit jeher ist Claudius für mich eine höchst anziehende Erscheinung gewesen, und je länger ich mich mit ihm beschäftigt habe, desto mehr habe ich mich über die schematische Darstellung wundern müssen, die er in den meisten Geschichtsbüchern erfährt: er wird dargestellt als ein nicht zurechnungsfähiger, ängstlicher Pedant, der seinen Frauen und seinen Sekretären hörig war und eine Marionette in den Händen der Kaiserlichen Garde bildete. In Wahrheit aber ist er – obwohl er kaum irgendwelche Verwaltungspraxis hatte – einer der fähigsten und geschicktesten Herrscher gewesen, die Rom jemals gehabt hat. Seine finanziellen, religiösen und juristischen Reformen, seine militärischen Erfolge, die großen öffentlichen Arbeiten, die er angeregt hat, seine eindeutig wohlwollende Gesinnung für das Volk müssen den Nachfahren mit höchster Bewunderung erfüllen. Viele Beispiele, die für seine sogenannte Stumpfsinnigkeit angeführt werden, beweisen auch nur, daß er einen absonderlich feinen Humor hatte, der dem üblichen Beobachter entging.*

Diese Rehabilitation eines Verachteten hatte hierzulande ihre zeitgenössische Brisanz. Denn ein Krüppel als staatslenkendes Vorbild in einer Gesellschaft, die biologische Züchtung und Gesundheit zum obersten Programmpunkt erhob, war eine ideologische Herausforderung. Desgleichen waren es die von Claudius vertretenen Werte. Denn hier hatte ein von Kind an Herumgestoßener durch Schaden, Spott und Gefahr seine Lektion gelernt, als man ihn überraschend zum Kaiser ernannte. Einen sensiblen Menschenfreund, der einst, durch blutige Gladiatorenkämpfe geschockt, in Ohnmacht gefallen war, auf jüdische Aufstandstendenzen mit verständnisvollen (Religions-)Erlassen reagierte, beste Beziehungen zu König Herodes unterhielt und sich als einer der wenigen (letztlich tragisch gescheiterten) Herzensrepublikaner verstand – diesen Anti-Cäsar als eigentlichen Helden zu präsentieren war gewiß nicht im „neudeutschen" Sinne.

Welche regimekritische Botschaft hiermit vermittelt wurde, blieb den Lenkungsorganen in Deutschland nicht verborgen. In der *Bücherkunde,* die sich als Lordsiegelbewahrerin reiner nationalsozialistischer Lehre verstand, erschien die schroffste Ablehnung des Werkes. Man gestand Graves stilistische Eleganz zu und die Fähigkeit, Spannung durch Ereignisketten zu steigern, die dem „Durchschnittsleser" zur „bloßen Sensation" werde. Doch das Buch verkünde lediglich „die Sinnlosigkeit alles geschichtlichen Seins", und sein Geist sei „müde Resignation, verbunden mit einer überlegen sich gebärdenden zweifelnden Ironie":

> *Weil aber der stotternde, mißgestaltete Krüppel und Schwachsinnige zum Vermittler dieser Botschaft erhoben wird, [...] – deshalb wird uns dieses Buch endlich klar. Ein äußerlich schillerndes Produkt der tödlichen Dekadenz, die als Zersetzungsbazillus durch einen gewissen Typus von Geistigkeit die Volkskörper der abendländischen Kulturwelt bedroht.*

Des Weiteren monierte der Rezensent, der Verfasser wecke „durch seine Chronik des Grauens die Überzeugung“, „eine diktatorische Regierungsform anstelle der Republik“ bedinge „das Ende von Recht und Sitte“. „Dies allein ist sein Anliegen an die Gegenwart.“ Da lag jener kulturelle Blockwart nun gewiß nicht ganz falsch.

Männer auf Todesfahrt • *Tsushima*
von Frank Thiess

1936 erschien Frank Thiess’ Best- und Longseller *Tsushima,* laut Untertitel „Der Roman eines Seekrieges“, der in der besagten Schlacht vom 27./28. Mai 1905 kulminierte. Seine Qualitäten liegen gleichermaßen in der ungemein spannenden, von atemberaubender Anschaulichkeit und minutiöser Präzision getragenen Beschreibung der Kämpfe wie der epischen Würdigung einer kaum für möglich gehaltenen nautischen Bravourtat als Hohelied dessen, was Menschen und Soldaten zu leisten und vor allem zu erdulden vermögen. Hinzu kommen faszinierende Porträts der Protagonisten sowie ein die russische Sozialtragödie beleuchtendes Zeitpanorama, das auch geschichtsmythische Züge trägt, mit Assoziationen von der *Ilias* bis zur Argonauten- oder Nibelungensage.

Die geschilderten Abläufe lassen sich wie folgt skizzieren: Zaristische Verblendung, administrative Inkompetenz und skrupellose Geschäftemacherei provozieren einen verlustreichen Krieg mit dem aufstrebenden Japan. Die Feindseligkeiten gipfeln in der Seeschlacht bei der Insel Tsushima, der die Zerstörung des in Port Arthur stationierten russischen Pazifik-Geschwaders vorausging. Um die Belagerung dieser Festung aufzuheben, war vom baltischen Libau aus eine fieberhaft aus dem Boden gestampfte russische Entsatzflotte gestartet, geführt von Admiral Rojéstwenski. Unter unendlichen Schwierigkeiten (darunter Havarien, Versorgungsengpässe, industrielle Mängelfertigung, menschliches Versagen und politische Intrigen einer teils illoyalen Heimatfront) gelingt ihm das Unwahrscheinliche: sein Geschwader 20 000 Seemeilen um Afrika herum bis in die Koreastraße zu führen, wo es allerdings trotz tapferer Gegenwehr bei Tsushima von einer technisch und taktisch überlegenen japanischen Flotte fast gänzlich vernichtet wird.

Den Text charakterisiert die Verknüpfung von neusachlich-dokumentierenden Mitteln – es finden sich Fußnoten, Literaturangaben und Fachdiskussionen auf der Basis von Seekarten – mit Erzähltechniken, die zur Identifikation einladen: historisches Präsens, erlebte Rede, Bewußtseinsbericht. Das Fehlen von 40 000 Tonnen nichtgeladener Kohlen wird wie im Drama als Peripetie eines Verhängnisses gefaßt. Zusätzliche Spannung erzeugt das Duell zweier Schlachtenlenker, denen Thiess im Roman ein Denkmal setzt. Togo verkörpert Leistungskraft, Siegeswillen und das Glück einer aufsteigenden Großmacht, Rojéstwenski einsame Todesbereitschaft im Bewußtsein des unabwendbaren Untergangs. Für ihn vor allem gilt das vorangestellte Hebbel-Zitat: „In die Hölle des Lebens kommt nur der hohe Adel der Menschheit; die anderen stehen davor und wärmen sich." Seine Schweigsamkeit und disziplinarische Härte resultieren auch aus unterschiedlichen Voraussetzungen. Hat ihn doch die Heimatfront ähnlich verraten wie einst Hannibal:

> *Dem russischen Sterben stand die japanische Neugeburt gegenüber, der Einsamkeit Rojéstwenskis die unlösbare, in jedem Entschluß sich verwirklichende Verbundenheit Togos mit allen Kräften seiner Nation. Das Genie dieses Mannes ist nicht seine isolierte Größe. Rojéstwenski ragte als Persönlichkeit unvergleichlich höher über seine Umwelt empor als Togo über die Mehrheit seines*

Volkes. Wenn die russische Flotte in diesen Tagen an der japanischen Insel Formosa vorbeidampfte, so war dies Rojéstwenskis Werk. Es geschah aus seiner Energie gegen alle Schwerkraft seines Volkes. Togos Organisation der japanischen Flotte, Togos Siege, Togos strategische Berechnungen ergaben sich, im Gegensatz dazu, aus Voraussetzungen, die für jeden anderen Japaner auch bestanden hätten.

Thiess' Geschichtsbild orientiert sich an Plutarch, der die Geschichte als Dichterin versteht; es glaubt an ein göttliches Schicksal, das letztlich für Erfolg oder Mißerfolg verantwortlich bleibt. Schon Trojas Fall zeige diesen Einfluß. Auch zum Hunnenzug der Nibelungen wird die Fahrt der russischen Flotte in Parallele gesetzt, die ihr oberster Admiral ähnlich illusionslos wie Hagen führt. Solchen düsteren Assoziationen gesellen sich ganz am Ende kleine Leuchtpunkte menschlicher Verbundenheit hinzu, wonach „überall, wo Menschen das Außerordentliche leisten", sich über allem „Grauen des Todes der Regenbogen eines ewigen Geschehens" spanne:

Das Geschehen ist sophokleisch, überdunkelt von der erhabenen Furchtbarkeit der „Moira", jener Macht, die noch über der Liebe und dem Zorn der Götter thront, es ist menschliche Tragödie in einer so reinen Form, daß wir nicht mehr die Kraft der Sieger von der Kraft der Fallenden unterscheiden dürfen, denn beide speisen sich aus der gleichen Tiefe, beide sind gleich groß und gleicher Bewunderung wert.

Bekanntlich ist Thiess, der in der Weimarer Republik zu den prominentesten Autoren gehörte, seit seiner Antwort auf Thomas Mann für viele hiesige Germanisten ein rotes Tuch. Auch sein Seekriegsroman büßt das, wobei ihm Germanisten mit linker Prägung auch seine Haltung zum Bolschewisten-Aufstand ankreideten. Dabei fehlte es ihm nicht an Verständnis für dessen Ursachen. Aber Sympathie für revolutionäre Umtriebe durfte man von einem in Riga Geborenen, der über die (dortigen) Sowjetgreuel aus erster Hand unterrichtet war, gewiß nicht erwarten. Substanzreicher sind Fragen nach dem Weltbild des Autors im Kontext des Jahres 1936. Liegt es nicht nahe, in dem Buch, das ein Jahr, nachdem Hitler die Wehrpflicht wieder eingeführt hatte, auf den Markt kam, einen literarischen Tribut an die Nazis im Sinne geistiger Aufrüstung zu vermuten?

Stecken wir Interpretationspflöcke ab! Ein pazifistischer Roman ist *Tsushima* keineswegs, auch wo Thiess die ungeheuren Leiden und Strapazen ausmalt, denen die Schiffsbesatzung ausgesetzt ist. Exemplarisch das Krepieren im japanischen Schnellfeuer, das jämmerliche Ersticken im Qualm verbrannten Öls oder Ertrinken in durch Wassereinbruch zerstörten Heizräumen. Gesungen wird vielmehr ein Heldenlied, das von Opferbereitschaft in aussichtsloser Lage kündet, ja diesen Heroismus von Schiffskommandanten und Besatzung geradezu einfordert. Offenbar betrachtete Thiess soldatische Pflichterfüllung bis zum letzten als Fundament eines soliden Zusammenhalts von Nationen generell.

Doch ebensowenig war *Tsushima* ein nationalsozialistischer Propagandatext. Dagegen spricht die große internationale Akzeptanz dieses in 16 Sprachen übersetzten Werkes. Auch gehören zu seinen Bewunderern ausgewiesene Hitler-Gegner, von Hermann Graf Keyserling über Fritz Reck-Malleczewen bis Ernest Hemingway, der 1942 sogar eine Passage daraus in seinen Sammelband *Men at War* aufnahm. Schließlich weiß Thiess' Roman nichts von Freund-Feind-Denken oder minderwertigen Nationen und plädiert wie auch andernorts für ein friedliches Zusammenleben von Deutschen und Russen. Und was den Zeitbezug betrifft, so liegt er (in einer Periode forcierter antisowjetischer Tiraden) eher in der unmißverständlichen Warnung des

Autors vor einer Unterschätzung der russischen Substanz. Im Text finden sich mehrfach deutliche Hinweise, nicht zuletzt am Beispiel Napoleons.

Thiess schrieb keinen bellizistischen Text, sondern einen über Heldentum. Um Politik geht es eher am Rande, so sehr auch – besonders im Zusammenhang mit verratenem Patriotismus in Rußland – davon geredet wird. Es ist im Kern ein Roman über große Gefühle und Tragik, die am Ende wie im *Reich der Dämonen* ein klein wenig aufgehellt wird. Denn das düstere Heldenlied mündet in ein Lied der Sehnsucht nach Frieden. Es verbreitet winzige Hoffnungssignale am Beispiel der aufgeschlossenen Sympathie, die japanische Kinder einer ausreisenden russischen Schülergruppe entgegenbringen. Heroismus-Lob und Friedenswunsch – wie geht das zusammen? Nun, große Literatur erschöpfte sich noch nie in politischer Nützlichkeitslehre. Manche Tat, die das bisher für möglich Gehaltene übersteigt, ergreift, ungeachtet der Frage, ob ihre Anlässe oder Motive aus der Rückschau Billigung finden.

Ein weiterer Vorwurf: War es damals überhaupt moralisch statthaft, zu schreiben, ohne bei jeder Silbe die Gefahr tagespolitischer Instrumentalisierung zu bedenken? Vielleicht barg dies ein Risiko; aber Korrektheit ist das Ende bedeutender Literatur. Und vor Mißbrauch ist – jenseits Tendenzliteratur, die stets Freund und Feind benennt – kein offener Text gefeit. Man kommt also nicht um die Einsicht herum, daß anspruchsvolle Bücher anspruchsvolle Leser erfordern, die aus der Dialektik der erzählten Welt, ergänzt durch persönliche Einsichten und Erfahrungen, ihre eigenen Schlüsse ziehen.

Monarchie statt Diktatur ◆ *Der Vater* von Jochen Klepper

Im Februar 1937 erschien mit Jochen Kleppers Roman *Der Vater* ein Buch, dessen Autor man seiner jüdischen Frau wegen einen Monat später aus der Reichsschrifttumskammer ausschloß und 1942 samt Familie in den Tod trieb. Von NS-Hardlinern attackiert, wurde es gleichwohl bis Kriegsende hunderttausendfach verkauft, vom Innenminister Frick begeistert gelesen, Hitler und Göring feierlich überreicht und vom Kriegsministerium Soldaten zur Lektüre empfohlen. Ein solches Rezeptionskuriosum hat es schwer, angemessen verstanden bzw. geschätzt zu werden. Galt der Roman doch wechselweise als mutiger Einspruch eines Inneren Emigranten oder als zwischen Widerstand und Anpassung pendelndes Indiz für dessen prekäre Existenz.

Versuchen wir es trotzdem, zunächst mit Blick auf den Titel. Als „Vater" schlechthin versteht Klepper (neben dem himmlischen, der die Geschicke besonders christlicher Monarchen lenkt) Friedrich Wilhelm I. von Preußen. Hatten Autoren zuvor meist aus der Warte des „großen" Friedrich geschrieben, dem im Streit mit seinem furchterregenden Vater fast alle Sympathien gehörten, ändert sich dies nun. Zwar zeichnet auch Klepper den „Soldatenkönig" als Wüterich und Familientyrannen, aber er idealisiert den Kronprinzen nicht, sondern zeigt ihn zuweilen als (seine Tage mit Bijouterien vertändelnden, heimlich Schulden machenden) Antipoden eines Landesvaters, dessen Pflichtbewußtsein vornehmlich aus der Krise seines verarmten Landes erwachsen ist. Bezeichnend die Szene, in der Friedrich Wilhelm überraschend von einer Inspektion zurückkehrt und eine Hofgesellschaft schockiert, die sich an neuerworbenen Tabaksdöschen delektiert:

Es sei eine neue Mode, erfuhr er. Die Damen nähmen nun auch un peu du tabaque. Und zu jedem Kleide wähle man die passende Tabatière. Das sei jetzt üblich. Der König schob auf einem japanischen Lacktisch alles, was an Dosen über ihn verstreut war, zusammen. „Damit können Sie Dörfer retten, meine Damen, in jenem Lande droben im Osten, das Sie zur Königin, zu Prinzessinnen, zu königlichen Hofdamen macht. Im alten Preußen droben ist jetzt Hunger à la mode."

Daß dieser Generationenstreit nicht tödlich endet, sondern Friedrich wie Isaak im biblischen Mythos verschont wird, liegt letztlich bei Gott, der „das Opfer nicht wollte". Der Erstgeborene sei von ihm als künftiger König „gezeichnet" gewesen. Die emotionale Intensität gerade dieser Schilderung ist auch persönlich motiviert durch Kleppers eigenen Konflikt mit dem Vater, einem strenggläubigen Pfarrer, der seinen Lebensweg mißbilligte. Am 14. Oktober 1933 heißt es im Tagebuch: „Wie hätte ich gedacht, daß meine Familien-Tragödie [...] jemals in einem preußischen Königsbuch münden würde." Wie nahe ihm das Zerwürfnis ging, belegt zudem die Notiz vom 10. August 1934: „Vater und ich sind uns ja eine der schwersten Prüfungen gewesen, die Gott uns auferlegt hat, und was Sünde, Gnade, Führung Gottes ist, haben wir in großen Erregungen und Leiden aneinander erfahren."

Von grundsätzlicher Bedeutung ist jedoch Kleppers Absicht, in einer Zeit demagogischer Bedrohung ein Gegenbild zur NS-Herrschaft zu zeichnen: als Selbstvergewisserung und Apotheose des Mythos vom Preußentum und Königtum, die letztlich in einen Abgesang mündete. So entstand ein christlicher Roman über Glanz und Elend preußischer Existenz als Monument einer ausklingenden Epoche und als „politische Theologie" (Hans-Christof Kraus) zugleich. Sie verwarf die Staatsidee der neuen Machthaber keineswegs in allem, zumal Klepper ihr immerhin zutraute, einer (religionsfeindlichen) kommunistischen Revolutionsgefahr eher Paroli zu bieten als die der Republik. Auch im nationalkonservativen Ordnungsdenken ergaben sich Schnittmengen.

Was jedoch trennte, waren die militante (rassische) Intoleranz des Regimes, dessen rechtlos machender Radikalismus und vor allem der fehlende christliche Bezug. Kleppers „Vater" lebt nämlich in ständiger Gottesfurcht und respektiert ein über ihm stehendes Gesetz. So groß sein Furor sein mag, als das Gericht, das eigentlich die Todesstrafe über seinen Sohn verhängen sollte, ihm nicht folgt, akzeptiert er dennoch die aufrichtige Haltung von Männern, deren preußisches Ethos er als Kern ihres Charakters erkennt. Dies gilt explizit für den alten Dessauer oder für Schulenburg, den Vorsitzenden des Militärgerichts. Insofern, als der König seine Monarchie sittlich fundiert sieht, befremdet ihn die Willkür Peters des Großen. In Sachen Friedenspolitik verhält er sich sogar beispielhaft. Sein Testament mahnt ausdrücklich, jedes unnötig geopferte Leben müsse im Tode verantwortet werden:

> *Bedenket, wie scharf Gottes Gericht ist. Lest die Historie, da werdet ihr sehen, daß die ungerechten Kriege nicht gut abgelaufen sind. Da kann mein lieber Sukzessor sehen die Hand Gottes. Vor Gott Rechenschaft tun, das ist eine harte Sache.*

Daher führte dieser König (außer im Miniaturfeldzug zur Gewinnung von Rügen und Stralsund) zeitlebens keinen Krieg. Entgegen seinem historiographischen Militaristen-Image, das sich insoweit als Klischee erweist, als es unterschlägt, wie rücksichtslos man zuvor mit einem Land ohne kriegsfähigem Drohpotential umgesprungen war. Selbst Friedrich Wilhelms Tick mit den „Langen Kerls", deren Regiment er am Lebensende übrigens zur Disposition stellt, erklärt der

Roman nun differenzierter. Über den Abschreckungseffekt hinaus gesteht der König auf dem Totenbett, es habe Zeiten gegeben, „in denen es nicht unklug war, mich hinter der Narretei zu verbergen".

Dieser „Vater" ist also gewiß keine „Führer"-Antizipation und das eindringliche Preußenlob kein Akt der Kollaboration. Aber völlig unerklärlich, wie Kleppers Tagebuchnotiz vom 13. Dezember 1937 suggeriert („Unfaßlich wird uns bleiben, wie Hinkel und Bade als Nationalsozialisten das Buch mit solcher Wärme aufnehmen konnten"), ist dessen Hochschätzung in hohen Funktionärs- und Wehrmachtskreisen auch wieder nicht. Eher ein erwartbares Mißverständnis. Wo im „Tag von Potsdam" so spektakulär eine Art Translatio Imperii von Preußen zum „Dritten Reich" propagiert worden war, erlaubte auch der *Vater* zeitgenössische Analogien im Sinne des *Völkischen Beobachters* vom 17. Juli 1937, der im Buch eine wundersame und „ergreifende Schicksalsverwandtschaft" feststellte, „aus den tiefsten Geheimnissen deutschen Lebens".

Schließlich bot der Text manches, was in jenen Tagen offiziell erwünscht war: die Verklärung von Obrigkeit bzw. Befehl und Gehorsam („Gleichschritt", kein „Räsonieren"), Zentralismus, Fruchtbarkeits- oder Soldatenkult, die Legitimierung einer harten Herrschaft durch persönliche tägliche Aufopferung des Herrschers oder eine gewisse Intellektuellen-Verachtung. Und schon während seiner Arbeit am Buch erreichte den Autor die Ufa-Bitte um ein (mit Heinrich George zu realisierendes) Film-Exposé. Man wünschte einen großen nationalen Stoff „mit Parallelen zu heute". „Lieber Himmel", stöhnte Klepper darauf im Tagebuch vom 13./14. Januar 1934, „des ‚Vaters' Regierung ist Kritik, nicht Verherrlichung des Heutigen." Doch blanke Usurpation war solches selektive Textverständnis auch wieder nicht, zumal Klepper nur auf dieser Basis überhaupt noch schreiben durfte.

Als letztes ein Wort zum Wert heutiger Lektüre des Romans, der einen überquellenden Stoff fraglos mit Geschick erzählerisch bändigt und beachtliche Geschichtskenntnisse wie psychologische Einsichten verrät. Er beruht vor allem auf der beeindruckenden Veranschaulichung einer Staatsidee, kurz bevor diese endgültig erlosch. Und so finden wir in diesen 842 Seiten eine Fülle von Belegen für den erstaunlichen preußischen Beitrag zur Entwicklung moderner Staatlichkeit. Die Fortschrittlichkeit dieses Königs gegenüber egoistischem Adelsdünkel, frühe Fürsorge-Elemente, die Effektivität und Sparsamkeit der Verwaltung, Aufgeschlossenheit für eine reform- und bevölkerungsfreundliche Politik, die sich am Gemeinwohl orientierte, und vieles mehr, werden in zahlreichen Episoden illustriert. Die Idee „Preußen", die Friedrich Wilhelm seinen Landsleuten mit drakonischen Mitteln einhauchte, enthält schließlich vieles, was wir inzwischen vermissen: den schlanken, korruptionsfeindlichen Staat, die Belohnung von Fleiß, Opferbereitschaft, Disziplin, die Geltung des „Mehr sein als scheinen!", die Verantwortlichkeit für das jeweils Angerichtete.

Dabei ist Kleppers Preußenbild gewiß keine unkritische Idylle. Er zeigt Diskrepanzen zwischen Anspruch und Erfüllung eines keineswegs überall gelebten hohen Ethos. Am Hof verhalten sich viele intrigant und bestechlich oder stützen einen permanenten Überwachungsstaat, der nicht selten als Zuchthaus im doppelten Wortsinn figuriert. Man desertiert oder schimpft über das Unglück dieser aufgeklärten Despotie, die durch Einsicht geprägte Motivation zu selten fördert, sondern weithin auf bloßes Befehlen setzt.

Ambivalenz charakterisiert auch das königliche Familienleben. Zwar fehlen die üblichen erotischen Eskapaden anderer Fürstenhöfe. Dafür präsentiert sich uns ein Intrigengespinst und nicht selten eine Ehehölle, in der privates Glück vollends der Staatsräson zum Opfer fällt. Vielfältige, beinahe pathologische Disziplinierungsmaßnahmen im engsten Kreis lassen uns schaudern. Klepper beschönigt nichts, auch wo er dem Herrscher gute Absichten oder einen schicksalhaften Handlungszwang unterlegt. Sein Preußen kennt auch diese Schattenseiten.

Die Vorstellung göttlicher Inspiration von Herrschaft kam uns inzwischen durch leidvolle Erfahrung abhanden – ungeachtet der Staatsform übrigens. Stattdessen erfahren wir schmerzlich bis in die jüngsten Tage hinein, wie fatal sich mangelnde Machtkontrolle auswirkt. Insofern verbietet sich monarchistische Nostalgie. Dennoch können wir am *Vater* studieren, welche Strahlkraft und Effizienz ein Staatsmodell einst besaß, von dessen Ethos uns heute fast alles trennt. Befriedigt es doch allenfalls noch das billige Vergnügen einer abgehobenen politischen Klasse, seinen Kadaver propagandistisch auszuweiden.

Dreimal Historie aus weiblicher Sicht • *Bohemund* von Sir Galahad, *Königin der Meere* von Marianne Langewiesche und *Deutsche Geschichte* von Ricarda Huch

Beenden wir den Blick aufs Geschichtserzählen mit drei Schriftstellerinnen, deren Autorschaft durch ihr besonderes historiographisches Faible geprägt war. Alle drei waren gebildete, weltoffene, reisefreudige, selbstbestimmte Persönlichkeiten mit diversen Kontakten in der Kulturwelt. Zudem verband sie über biographische Vorlieben hinaus der Zugang zu ganzen früheren Epochen. Die 1874 in Stuttgart geborene Fabrikantentochter Bertha Diener ist heute – abgesehen vom weiter trendigen Großessay *Mütter und Amazonen* – praktisch vergessen. Zu Lebzeiten besaß sie, unter dem Pseudonym Sir Galahad schreibend, durchaus ihre (teils legendäre) Prominenz. Durch Heirat mit Friedrich Eckstein, dem Mäzen und Nachlaßverwalter von Bruckner und Hugo Wolf, kam sie z. B. mit führenden Wiener Künstlern und Literaten zusammen. Nach ihrer Scheidung lebte sie u. a. in München, seit 1920 bis zu ihrem Tod in der Schweiz.

1936 erschien ihre (kultur-)historische Studie *Byzanz. Von Kaisern, Engeln und Eunuchen,* die auch eine französische Ausgabe erfuhr. Das Werk zeugt von großer Belesenheit und der Gabe des Pointierens. Manche geistvollen wie gewagten Zuspitzungen zeugen davon („Ein goldenes Zeitalter ist jenes, dessen Schulden das nachfolgende blecherne bezahlen muß"). Selbst *Der glückliche Hügel,* ihre Biographie über Wagner, den musikalischen Säulenheiligen des „Dritten Reichs", bekundet immer wieder ihre Spottlust. Darüber hinaus erweist *Byzanz* auch die Fähigkeit der Autorin, antike Phänomene zeitgemäß zu veranschaulichen:

> *Wie es eine Übervölkerung gibt, so eine Übergötterung, mit den gleichen, verdächtigen Folgen für die Qualität.*
> *Immer noch eine Dea Syria, Kybele, Akdistis, Astarte, Berecynthia, Pessinuntis, den Kopf aus schwarzem Stein, den Leib aus Silber [...]. Immer noch ein Mond- oder Astraldämon, ein dionysischer Himmelzwitter kommt und erhält sein Heiligtum. Aglibol und Malachtel kommen, dann die Baale: Baal Sebub, Baal Peor, Baal Berith, auch Isis, Hathor, alle Hüter vom Nil in endloser Prozession, der Marnas von Gaza, die punische Herrin, Rudel tiergestaltiger Gottheiten mit borstigen oder opalisierenden Bäuchen. Alle werden zudringlich, orakeln ungefragt, verpöbeln ums tägliche Brot. Tempel entarten zu Menagerien, „große Mütter" zu Bordellmüttern; der abgründige Schauder verebbt als recht flacher „Frisson". Scharen ihrer Priesterinnen und Eunuchen mit phrygischen Mützen rennen den Leuten schon vor Tau und Tag die Türen ein, um Talismane, Billets zur nächsten Totenbeschwörung, Prophezeiungen, Elixiere*

gegen böse Omina oder Zaubersprüche zu verkaufen. Früher fiel dies ins Ressort einheimischer Gottheiten für Bagatellsachen, jetzt verdienen auch die großen Fremden daran, denn der Bedarf wächst unbegrenzt. Animismus, sonst frei flutend als religiöser Urstoff, ist nun verstopft mit Götterschlacke. [...] Jedenfalls benahmen sich die Göttermassen zu Rom am Ausgang der Antike trotz schärfster Konkurrenz weit kollegialer als die Philosophen in Athen, wo Privatdozenten rivalisierender Schulen bis hinaus ans Kap Sunion den Schülerschiffen entgegenruderten, um Hörer zu entern unter Mord- und Totschlagdrohung. Schließlich griffen die Behörden mit Kontingentierungen ein, derart trieben es die Weisen. Vor der geglätteten Glorie perikleischer Szenerie zog dann das studentische Leben als etwas zwischen Blocksberg und Alt-Heidelberg dahin.

Doch bei diesem Thema geraten ihre Popularisierungsversuche zuweilen an Grenzen und lassen manche Passagen als verkopft erscheinen – Resultat eines sehr ehrgeizigen Ziels, rund 1200 Jahre Geschichte in einem nur 318 Seiten starken Extrakt zu fassen. Die hochintensive Faktenraffung ließ sich in einem so engen Umfangskorsett kaum vermeiden. Die Autorin dürfte es gespürt haben. Sie griff jedenfalls ein Kapitel ihrer Studie nochmals auf und formte es zum 1938 erschienenen Kreuzfahrer-Roman *Bohemund,* der die Lebensgeschichte des Sohns des Normannenführers Robert Guiscard behandelt.

Bohemund, strahlend schöner Krieger und rücksichtsloser Draufgänger, entspricht dem Kraftrittertypus schlechthin. Vornehmlich in Eroberungskategorien denkend, verkörpert er das Gegenprinzip zu Byzanz, das in einer zuweilen strangulierenden Etikette befangen bleibt. Die oströmische Großmacht erwies sich gleichwohl selbst für ihre Feinde als attraktiv, die sie meist durch Überfluß korrumpierte. Aus dieser Opposition verstehen sich besonders die Eingangskapitel, für die Sir Galahad sich der historischen Aufzeichnungen der vierzehnjährigen Caesarissa Anna bedient, deren Bericht zeitgemäß stilistisch angepaßt wird:

> *„Was suchen all die fremden ‚Sieurs' bei uns? Ist ihr Ziel das Heilandsgrab, wie vorgegeben, warum setzen sie nicht von Italien gleich zu Schiff nach Palästina über? Stattdessen fallen schwerbewaffnete Horden ein in unser Reichsgebiet, plündern sich heran durch unsere kultiviertesten Provinzen, äschern unsere Dörfer ein, massakrieren unsere Untertanen, rücken drohend gegen unsere geheiligte Residenz und kreuzigen – es heißt ja ein Kreuzzug – unsere Priester. Die niemand rief, kommen, zahllos, wie Blätter im Frühling, Wellen im Sturm", – Sandflöhe in der Steppe, fiel ihr noch ein. Das aber konnte eine byzantinische Prinzessin niemals sagen. So ergänzte sie als dritten Vergleich, den ihr rhythmisches Gefühl verlangte: „Heuschrecken im Ägypterland."*

Diese Textstelle konzentriert bereits die Gesamttendenz des Buches. Denn Galahads zwischen Ironie und Lakonie wechselndes Zeitgemälde erweist sich als Kreuzfahrerroman, wie man ihn illusionsloser kaum verfassen kann. Von mittelalterlichen Idealen gemäß Artus' Tugendmodell und edlen Rittern, die ausschließlich ihrer christlichen Mission genügen, spürt man nämlich wenig. Zwar findet keine gänzliche Abwertung des Rittertums statt. Und der Glaube ist für die ins Morgenland Aufgebrochenen auch nicht bloßer Vorwand. Aber zwischen dem von religiöser Inbrunst getragenen Fußvolk und dessen Führern klafft meist eine deutliche Kluft. So erwartet uns direkt neben Zeugnissen opferbereiten Glaubens eine Abfolge von viehischen Gemetzeln, herrschaftlichen Ränkespielen, Raffgier, Neid, Betrug, Länder- und Pfründenjägerei. Und allzuoft dominieren brennender Ehrgeiz und bigotte Machtpolitik:

Sie alle zog Saint Gilles in seine Kreise. Dieser König von Südfrankreich, reichster der Barone, konnte seine Niederlage in Antiochia nicht verwinden. [...] Seitdem sammelte Saint Gilles wie ein Besessener Zitadellen. „Ganz oben auf dem Düngerhaufen kräht es sich am besten", spotteten die Pilgertruppen über seine hahnenmäßige Eitelkeit. Doch nicht nur in Lästerzeilen brach Empörung unter diesen Schichten aus, gegen so viel Zeit- und Blutvergeudung. Nur sie, die Ärmsten, hatten wirklich alles verlassen, um des Glaubens willen, ihnen bot der fremde Weltteil keine Prinzentümer auf dem Zug ins Heilige Land, er fraß nur ihre Leiber hunderttausendweise, zu seinem Dünger wurden sie nach namenloser Mühsal. Genug der Umwege, sie drängten nach Jerusalem, damit zumindestens ein Teil es noch erschauen möge. [...]
Entgegen den Befürchtungen erwies die Mannschaft sich durchaus nicht aufsässig, als es hieß, in einer neuen Himmelsrichtung mit dem eigenen Blut schon wieder andere Orte zu erobern, noch immer fernab von Jerusalem. Nur hatte der Gehorsam jetzt etwas von jener unbeteiligten Hoffart syrischer Kamele angenommen, wenn sie mit visionärem Blick beim Niederknien oder geisternden Paßgang ausschließlich eigene schimärische Angelegenheiten zu zelebrieren scheinen, den Hals verdreht ins Imaginäre, wobei ein belangloser Einklang mit der Absicht ihrer Treiber sich von ungefähr ergeben mag – oder auch nicht.

Die Verlegerstochter Marianne Langewiesche, von Jugend an mit Autoren vertraut, wechselte vom Journalistenfach bald zur Literatur. Aufmerken ließ bereits ihr – im Dreißigjährigen Krieg spielender – Roman *Die Ballade der Judith van Loo* (1938). Darin gestaltete sie die Münsteraner Sage einer Adligen, die als Soldat und Geliebte einem schwedischen Obristen folgt, ihre zerstörte Burg wieder aufbaut und nach dem Tod wie eine Heilige verehrt wird. 1940 ließ sie der Biographie einen auch international erfolgreichen Bestseller folgen: *Königin der Meere. Roman einer Stadt.* Er erzählt anschaulich, durch kulturhistorische Miniaturen bereichert, über zwölf Jahrhunderte das

Schicksal des Stadtstaats Venedig. Bereits früh hatte ihr der dem Elternhaus verbundene Oswald Spengler gerade die untergegangenen Kulturen ans Herz gelegt, und die Autorin griff im Venedig-Buch diese Anregung auf. Vor allem zeigte sie darin Gründe auf für eine erstaunlich langlebige Existenz dieser Herrschaft in einem Haifischbecken der Mächte.

Einer davon betraf kluge politische Bescheidung in das Erreichbare. Wo daher auch systemkonforme Rezensenten den Text lobten, hätten sie gut daran getan, die bereits im Vorwort formulierte Charakteristik venezianischer Politik genauer zu studieren und als verdeckte, die Gegenwart einbeziehende Warnung zu entschlüsseln. Denn das Buch spricht zwar konkret über eine Mittelmeermacht seit dem sechsten Jahrhundert. Aber manche Feststellungen enthielten zeitgenössische Anspielungen auf England, mit dem das Deutsche Reich gerade in einen Kampf auf Leben und Tod verstrickt war:

> *Venedig war ein Paradox. Es lag außerordentlich günstig am Meere, aber an einem Meer, das [...] jederzeit gesperrt werden konnte. [...]*
> *Vom Jahre 600 an war Venedig durch die Ungunst seiner Lage gezwungen, klüger zu sein als die anderen – wenn es am Leben bleiben wollte. Durch seinen Geist, nicht durch seine Soldaten, gelang es Venedig, der langlebigste Staat in der Geschichte zu werden [...].*
> *Morgenland und Abendland, Konflikt und Zwiespalt, bestimmten seine Kindheit, zwei riesige Mühlsteine, in denen es hätte zermahlen werden müssen nach allen Gesetzen der Erfahrung. Aber Venedig wurde nicht zermahlen.*
> *Machthunger deutscher Kaiser, ihre uralte Sehnsucht, das römische Reich wieder zu gründen, Heerscharen, die durch das Land Italien zogen, Stürze der Nachbarstädte, wie Genua und Mailand, Reichtum Venedigs, der Eroberer lockte, Wichtigkeit seiner Handelsmonopolstellung für die Kaiser; Venedig stellte allen Gefahren nur eins entgegen: seinen Geist.*

Machthunger byzantinischer Kaiser, die Venedig ausschalten wollten aus ihrem länderbeherrschenden Ost- und Westhandel – Venedig verhinderte das, nicht durch seine Soldaten, sondern durch seine Klugheit. [...]
Wie wenn im Jahre 600 ein Mann einen Leitfaden geschrieben hätte für die Politik dieser Stadt, an den sich alle Nachfahren zu halten haben, so handelte Venedig. Seine Genialität war das Ausspielen der Mächte gegeneinander. Seine Macht war, die Kräfte der Gegner so untereinander zu binden, daß ihre Stoßkraft gegen Venedig wirkungslos wurde.
Venedig hatte im Gegensatz zu allen anderen Staaten niemals Hunger nach unerreichbaren Dingen, niemals den Drang, ein Weltreich zu gründen. Dazu war es zu klug. Es eroberte nur, was es brauchte, und hielt das Eroberte nicht mit Waffengewalt, sondern nur durch kluge Verwaltung. Es strebte nicht nach Machtzuwachs, sondern nach Vermehrung und Sicherung des Handels. In seiner Beschränkung auf sich selbst zeigte sich die Meisterschaft Venedigs. Nicht weil es nicht fähig gewesen wäre, gründete es kein Weltreich, sondern weil es wußte, dieses Weltreich hätte keine 1200 Jahre überstanden. [...] Venedig sprach nicht, es dachte, kam als Erster ans Ziel und behielt recht. Venedig griff nicht nach Sternen, schoß nicht mit Ideen, rannte seinen Kopf nicht blutig an der Wand [sic!]. Venedig schwieg und handelte.
So war Venedig.

Um die regimekritische Botschaft zu ermitteln, interessiert es wenig, ob das vermittelte Geschichtsbild heutiger Forschung entspricht. Oder ob jede Parallele historisch zutrifft. (Venedigs Desinteresse an einem Weltreich galt gewiß nicht für England.) Wichtiger sind en passant vermittelte politische Urteile und Maßstäbe: also etwa die Forderung nach der Priorität von kluger Diplomatie gegenüber Welteroberungsplänen, von stillem Handeln statt großer Worte, von Geist statt Soldaten als Erfolgsrezept für ein Reich, das tatsächlich zu einem „tausendjährigen" werden sollte.

Damit zur dritten Verfasserin geschichtsschreibender Belletristik: Ricarda Huch (1864–1947) ist, ohne jede Ironie gesagt, die Vorzeigedame der Inneren Emigration, der selbst die Vertreter einer streng moralistischen Vergangenheitsbetrachtung Anerkennung zollen. Denn die mutige Vertreterin eines freiheitsbewußten Deutschtums erwies sich durchweg als nonkonformistische Zeitzeugin ihrer Epoche. Nach einem Philosophie- und Geschichtsstudium in Zürich verfaßte sie Gedichte, Romane und Biographien sowie umfangreiche Werke über die Romantik, den Dreißigjährigen Krieg und die Revolution von 1848. Ihr besonderes Interesse galt historischen Persönlichkeiten, meist revolutionären oder reformerischen Geistern wie Garibaldi, Stein und Bakunin.

Stets Dame trotz eines für damalige Verhältnisse zunächst exzentrischen Lebenslaufs, war sie gewiß eine außergewöhnliche Erscheinung: hochgebildet, emanzipiert, weltoffen, aber ohne jene nationalmasochistischen Neigungen, die nach den Weltkriegen den intellektuellen Trend bestimmen sollten. Bezeichnend ihr Presseaufruf nach Ende der NS-Herrschaft, Material zu sammeln, um die innerdeutsche Opposition zu ehren und deren Märtyrern ein Gedenkbuch zu erstellen, „damit das deutsche Volk daran einen Schatz besitze, der es mitten im Elend noch reich macht“. Das Projekt mündete 1953 in den von Günther Weisenborn herausgegeben Band *Der lautlose Aufstand*.

Auch der Preußischen Akademie der Künste gehörte sie an (zunächst als einzige Autorin) und widersprach deren Präsidenten Max von Schillings, als dieser 1933 ein Bekenntnis zum neuen Staat verlangte, mit beispielhafter Entschiedenheit:

Daß ein Deutscher deutsch empfindet, möchte ich fast für selbstverständlich halten, aber was […] die jetzige Regierung als nationale Gesinnung vorschreibt, ist nicht mein Deutschtum. Die Zentralisierung, den Zwang, die brutalen Methoden, die Diffamierung Andersdenkender, das prahlerische Selbstlob halte ich für undeutsch und unheilvoll.

Bei solchen Meinungsdifferenzen halte sie es „für unmöglich, in einer staatlichen Akademie zu bleiben". Über diese Unbotmäßigkeit sah man von offizieller Seite erstaunlicherweise hinweg. Zuweilen sogar noch später, etwa als ihren freizügigen judenfreundlichen Worten im Privatkreis eine Anklage nach dem Heimtücke-Gesetz folgte. 1941 scheute sie sich nicht, Bischof Clemens von Galen für dessen Predigten gegen das NS-Euthanasieprogramm schriftlich zu danken. Einen gewissen Schutz boten ihr internationales literarisches Renommee – wegen der Garibaldi-Biographie sogar bei italienischen Faschisten, allen voran Mussolini – sowie prominente Bekanntschaften, darunter die mit Reichsjustizminister Gürtner. Offen bleibt, inwieweit ihr 1917 verfaßter, 1937 verfilmter Kriminal- und Gesellschaftsroman *Der Fall Deruga,* der das Euthanasie-Thema für den Einzelfall verständnisvoll aufgriff, ihr genützt hat.

Ansonsten enthielten ihre Werke durchaus zeitgenössische Anspielungen, exemplarisch die Rußland-Novelle *Weiße Nächte* (1943) oder ihr lyrischer Temperamentsausbruch *Mein Herz, mein Löwe, hält seine Beute fest* (1944). Zur öffentlichen Herausforderung jedoch gedieh 1934 der erste Band ihrer *Deutschen Geschichte* unter dem Titel *Römisches Reich Deutscher Nation,* da er zentrale NS-Dogmen schlicht ignorierte. Zudem evozierte er Gegenwartseinsichten, wenngleich Huchs Darstellungsabsicht nicht primär auf Entschlüsselung, sondern auf ein souverän ihren Eindrücken entsprechendes Zeitbild zielte.

Darüber hinaus ging es ihr um literarisch pointierte, kaleidoskopisch vermittelte, vor allem plastische Geschichtsschreibung. Ihre faktenreichen Bilanzen über Territorialfürsten, Herrscherhäuser, Zunftkämpfe oder Städtebünde ergänzen liebevoll psychologisierende Charakterbilder, in denen hin und wieder auch Legenden Verarbeitung finden. Heutige Wissenschaftler, die ihre referenzgespickten Darstellungen, welche gleichwohl allzu häufig geschichtspolitischen Legitimationserzählungen gleichen, gerne als alleinseligmachenden Weg zur Erkenntnis verkaufen, mögen methodisch die Nase rümpfen. Immerhin wird auch hier anekdotisch etliches an Sozial- und Ideen-, Religions- und Ereignisgeschichte veranschaulicht. Der Band wurde zum Skandalon, da er mit Kernforderungen nazistischer Ideologie kollidierte. Insbesondere dreizehn Seiten über die Judenfrage elektrisieren geradezu durch Huchs couragierten Willen zur Objektivität. Zum Beleg ihres ungewöhnlichen Freimuts genügen zwei Textproben:

> *Die Judenverfolgungen des 14. Jahrhunderts wühlten auf, was an bestialischen Trieben in den Untiefen des deutschen Volkes sich verbarg, und offenbarten den Heroismus, dessen die Juden fähig waren. So pflegt die ewige Gerechtigkeit Gewinn und Verlust zwischen Verfolgern und Verfolgten zu verteilen.*

Zudem geißelte Huch Judenhetze von Gläubigern unter religiösem Vorwand und rühmte den Schutz vieler (an Krediten interessierter) Fürsten,

> *[…] weil die Haltung eines Volkes immer von denjenigen bestimmt wird, die an der Spitze stehen. Ob es sich um eine Schule, eine Stadtgemeinde, eine Kirchgemeinde oder ein Land handelt, die Großmut oder Niedrigkeit, die Überlegenheit oder Beschränktheit des Führers wird den Charakter der Gruppe, des Landes bestimmen.*

Solcher Mut provozierte eine rüde Schelte durch Rosenbergs *Nationalsozialistische Monatshefte*. Jeder „freiheit- und ehrliebende Deutsche“, heißt es, wehre sich mit „leidenschaftlicher Empörung" gegen dieses Werk, das „die Weltmachtansprüche Roms" im Stil Kardinal Faulhabers zu Lasten der Germanen vertrete. Die Autorin verteidige Juden und Klöster in „fassungslos" machender Offenheit.

> *Wir zweifeln nicht daran, daß die Huch für dieses Werk ultra montes höchstes Lob ernten wird. Mag sie dann auch getrost ganz jenseits der Berge bleiben und dort die Blüten ihres Geistes verstreuen. Im Deutschland Adolf Hitlers ist für Magierinnen dieser Art heute kein Platz mehr.*

Wie ging es weiter mit Huchs *Deutscher Geschichte?* Der zweite Band, *Das Zeitalter der Glaubensspaltung,* konnte 1937 gerade noch erscheinen, da die Autorin sich bei offen anstößigen Stellen zurücknahm, um sein Erscheinen nicht zu gefährden. Da man anschließend frühere Werke von ihr beschlagnahmte und für Leihbüchereien verbot, zögerte sie zunächst, den abschließenden dritten Band anzugehen. Enthalte der doch, wie sie ihrem Verleger schrieb, besonders die Absolutismus-Epoche betreffend, „natürlicherweise manche Analogien zur heutigen Zeit". Anderseits ließ sie dies Buchprojekt nicht los, und sie beendete es 1941.

Vor Goebbels' verschärfter Zensur fand der *Untergang des Römischen Reiches Deutscher Nation* jedoch keine Gnade und konnte erst in der Nachkriegszeit publiziert werden. Nicht gleich, sondern posthum 1949. Denn auch unter französischer Besatzung mißfiel deren Zensurbehörde ein Kapitel: jenes über Ludwig XIV. – eine kulturhistorische Petitesse, die gleichwohl ihre Symptomatik besitzt. Offenbar erweist sich der Wunsch nach Kontrolle von Meinungen, Geschichts- und Weltbildern als zeit- und systemübergreifend. Und wir Heutigen können leider nichteinmal behaupten, wir hätten davon grundsätzlich gelernt.

Dramatik im „Dritten Reich“

Gewiß keine Theaterwüste

Erkundigt man sich bei vermeintlich Gebildeten, die in den letzten dreißig Jahren deutsche (Hoch-)Schulen durchliefen, nach dem Theater im „Dritten Reich“, hört man Stichworte wie „Propagandaphrasen“, „Zensur“ oder „konformistische Langeweile“. Auch beim Namen Gründgens fällt den meisten (im Tenor des *Mephisto*-Romans bzw. -Films) eher Despektierliches ein. Viele sogenannte Experten stellen sich damalige Bühnen ausschließlich als Orte penetranter Ideologisierung vor, in denen Bauerntum, rassereine Volksgemeinschaft, Krieg und Eroberung gefeiert oder in Thing-Theatern Germanen-Nostalgie ausgelebt wurde. Und in den Dramen hätten sich gebärfreudige Maiden heroischen Pfauen unterworfen.

Die Erlebnisgeneration bestritt solche Klischees und schwärmte zuweilen gar von großen Theatererlebnissen, was sie bei nachgeborenen Erinnerungswarten schon fast einem fatalen Nostalgieverdacht aussetzte. So formulierte etwa der Deutsche Bühnenverein 1981 mit denunziatorischem Unterton: „Es läßt sich ebenso wenig wegdiskutieren wie Auschwitz, daß deutsches Theater und deutsches Drama mit der Zäsur des Jahres 1933 zerstört wurden.“ Und eine DDR-Theatergeschichte dekretierte, die „gelegentlich geäußerte These von der Glanz-Zeit des ‚Göring-Theaters‘“ sei eine „bewußte Lüge“. Wer das für einen veralteten Forschungsstand hält und seit den 1990er Jahren auch differenzierte Studien ins Felde führt, trifft nicht den Trend.

Denn es gibt zwar einige, wenige Kenner der Epoche, die solche Plakativität nicht teilen. Aber fast alle Fachpublikationen grundiert ein volksdidaktischer Zug, der sich mehr für Moralurteile und

Ideologiekritik interessiert als für die Entdeckung bemerkenswerter Stücke und das keineswegs so Uniforme dieser Theaterlandschaft. Den Blick dominiert jedoch mehrheitlich der große Aderlaß Tausender ins Exil gezwungener Autoren, Regisseure und Schauspieler, darunter so bedeutender wie Brecht, Zuckmayer, Max Reinhardt, Piscator, Elisabeth Bergner, Therese Giese und vieler anderer.

Auch die mächtige Zensur gilt als Hemmnis für Qualität und Kreativität. Und in der Tat fehlt es nicht an rigorosen wie grotesken Beispielen derartiger Eingriffe. Vor gänzlicher Strangulierung bewahrte immerhin der Umstand, daß einander mehrere Zensurinstanzen (darunter der Goebbels unterstellte Reichsdramaturg Schlösser, die Deutsche Arbeitsfront, das Amt Rosenberg und Göring als Herr über alle Staats- und Stadttheater Preußens sowie andere mächtige Gauleiter) durch Rivalität teils neutralisierten. Das schuf für findige Kunstbeflissene immer wieder einmal Nischen.

Was zudem die rückblickende Defizitbilanz bestimmt, sind aktuelle Wertungskriterien. Demnach figuriert Weimars Theater respektive Dramaturgie, genauer: seine bis heute kopierte Schock- und Grotesk-Ästhetik eines (didaktisch zuweilen überbordenden) politischen Engagements, sozusagen als Norm. Forciertes Zeittheater stand ab 1933 jedoch nur mehr NS-Autoren zur Verfügung, von Hanns Johst (*Schlageter*) über Richard Euringer (*Deutsche Passion*) bis Gerhard Schumann (*Entscheidung*). Und auch, wo zuweilen ein offeneres Theater geboten wurde, half in der Regel gerade die Nähe zur NSDAP oder deren Repräsentanten.

Dies galt exemplarisch für die 1944 uraufgeführte U-Boot-Tragödie *Die Wölfe* des NSDAP-Mitglieds Hans Rehberg, die mehr als ein Durchhaltestück war. Am Schluß fallen sogar die Sätze: „Wie grausam ist doch das, was du vom Vaterlande weißt. Du opferst, ohne dich umzusehen, dich und die anderen. Welch Untier, Robert, ist dein Vaterland." Das ging gewiß an die Grenze des Sagbaren. Weniger anstößig waren Theatererfolge von Walter Erich Schäfer. In *Schwarzmann und die Magd* (1933) schilderte er eine ländliche Tragödie mit Kindsmord, in *Der Leutnant Rougier* (Uraufführung 1940) verhilft ein deutscher Offizier einem 1917 wegen vermeintlicher Feigheit exekutierten französischen Leutnant zur postumen Rehabilitierung.

Wo hingegen (frühere) Sympathien der Verfasser für die politische Linke ruchbar wurden, machte man kurzen Prozeß. Die (noch dazu Grenzpolizisten verulkende) Schmugglerkomödie *Warum lacht Frau Balsam?* von Günther Weisenborn und Richard Huelsenbeck wurde nach Zuschauerprotesten 1933 schnellstens abgesetzt. Desgleichen Georg Kaisers und Kurt Weills von drei Theatern gespielte sozialkritische Oper *Der Silbersee,* obwohl sie im Märchenhaften endete. Das gleiche Schicksal ereilte Ilse Langners feministische Komödie *Amazonen* (1933), deren Pro- wie Epilog in der Gegenwart spielt. Hier störten nicht genehme Assoziationen zur Tagespolitik bzw. zur großstädtischen Lesbenszene. Ödön von Horváths (fälschlich als bloßes Nebenwerk verkanntes) Drama *Don Juan kommt aus dem Krieg* bekam 1936 ebenso keine Aufführungschance wie Hans Henny Jahnns *Armut, Reichtum, Mensch und Tier,* obwohl das Stück nicht in Deutschland spielte.

Was also spricht bei so ungünstigen Rahmenbedingungen dennoch für eine gewisse Theaterblüte? Zunächst einmal, was Hans Daiber hervorhob: „Nie vorher, nie nachher hat es in Deutschland eine dem Theater so aufgeschlossene Regierung gegeben wie im Dritten Reich." Dies äußerte sich durch eine opulente Ausstattung vieler Theater, deren Beschäftigtenzahlen sich zwischen 1933 und 1941 von 22 000 auf 44 000 verdoppelten, durch üppige Gagen für die Schauspielprominenz und deren häufige Aufnahme in die sogenannte Gottbegnadetenliste, die ihnen Waffendienst ersparte. Auch die Zuschauer zogen mit. Besonders die jugendlichen Besucherzahlen verdreifachten sich mindestens.

Der Zwangsexodus vieler Theaterschaffender war ein gewaltiger Verlust, bot aber zugleich anderen Könnern Chancen. Zudem gab es für anpassungsbereite Schauspieler, die früher oppositionell waren, für homosexuelle oder manche jüdische bzw. „jüdisch versippte" Künstler Ausnahmeregelungen, die insgesamt in die Tausende gingen. Mustern wir also unter den Daheimgebliebenen so klingende Namen wie Gustaf Gründgens, Heinz Hilpert, Jürgen Fehling, Otto Falckenberg, Karl Heinz Stroux, Lothar Müthel, Fritz Kortner oder Saladin Schmitt als Regisseure, Bühnenbildner wie Teo Otto oder Caspar Neher und Schauspieler wie Heinrich George, Bernhard Minetti, Emil Jannings, Werner Krauß, Horst Caspar, O. E. Hasse, Will Quadflieg, Marianne Hoppe, Grete Weiser, Paula Wessely, Brigitte Horney, Käthe Gold, Elisabeth Flickenschildt usw., so spricht wenig für künstlerisches Mittelmaß. Und als Folge ergab sich, daß Deutschland wohl nie zuvor oder danach eine solche Dichte an hochkarätigen (vom Zeitgeist nicht ruinierten) Klassiker-Aufführungen verzeichnete.

Diese Feststellung signiert keinen Persilschein für eine Theaterprominz fernab von NS-Verstrickung, sondern würdigt gleichwohl erbrachte Glanzleistungen von kunstbewußten Regisseuren oder Dramatikern. Durch welche sonstigen Konzessionen sie erkauft wurden in einem zuweilen prekären Geben und Nehmen, steht auf einem anderen Blatt. Allerdings bewahrt ein Blick auf den flächendeckenden Konformismus heutiger Kulturschaffender – unter Bedingungen, unter denen Widerspruch nicht den Kopf kostet – vor wohlfeilem Moralismus.

Einige Regisseure, allen voran Fehling und Gründgens, sie mochten sich mit Sektgläsern in den Logen der Politgewaltigen tummeln, nutzten immerhin die dabei gewonnenen Spielräume und leisteten sich – bei strikter Texttreue – zuweilen geradezu tollkühne aktuelle Anspielungen (exemplarisch Inszenierungen von *Richard III.*, *Hamlet*, *Antigone* und *Othello*). Sie korrespondierten mit einem hellhörigen Publikum, das auch Nuancen registrierte und etwa bei Schillers „Sire, geben Sie Gedankenfreiheit" frenetisch klatschte. In Wiener Theatern geschah Vergleichbares beim Stichwort „Österreich".

Nicht selten entschied sogar der Publikumsgeschmack gegen die Ideologie über den Spielplan. Nachdem Hanns Johst, immerhin des „Führers" Lieblingsdramatiker, als Chefdramaturg des „Staatliche Schauspielhauses" die Berliner Besucher durch eine Fülle aktueller Tendenzstücke vielfach vergrault hatte, feuerte Göring ihn kurzerhand samt Intendanten und ersetzte ihn durch Gustaf Gründgens. Er ignorierte dabei dessen „skandalöse" politische Vergangenheit und Homosexualität und schützte ihn rigoros gegen nationalsozialistische Anfeindungen. Als Gründgens wieder einmal „das Fell juckte" und er Paul Apels neuromantisches Traumstück von 1911, *Hans Sonnenstößers Himmelfahrt*, durch gesellschaftskritische Anspielungen zeitgemäß aufmotzte, erwog Göring die Absetzung des Stücks. Der außergewöhnliche Publikumszuspruch – die *B.Z. am Mittag* vom 28. Oktober 1936 schrieb vom „tollsten Theater-Erlebnis" überhaupt in Berlin – hinderte ihn aber schließlich daran. Auch Hömbergs Premierenerfolg von *Kirschen für Rom* bestätigt dieses Schema.

Zeitgenössische Dramatiker mit subversiven Botschaften wichen in der Regel auf Problemfelder aus, die weniger kontrolliert wurden: das Historienstück im Sinne eines „Zeitparallelentheaters", auf Mythenstoffe oder Lustspiele, die großzügiger begutachtet wurden. Besonders im leichten Genre unterlief sogar etliche Konterbande die Zensur: subtile Militarismus-Kritik etwa oder die Kritik an veralteten Geschlechterrollen, ja sogar an herrschenden Rassenormen, z.B. in Hömbergs Südseeidylle *Minnifie*.

Bilanzieren wir: Neben Gerhart Hauptmanns großem Alterswerk spielte man damals Routiniers des Boulevardtheaters wie Curt Goetz, Heinrich Spoerl und sogar (pseudonym) Erich Kästner. Hinzu kamen Talente wie Hans Hömberg, Karl Zuchardt, Walter Gilbricht, Richard Billinger, Albrecht Haushofer, Hans Rehberg, W. E. Schäfer, Willi Schäferdiek, Fred von Hoerschelmann (1940: *Die zehnte Symphonie*) und – solange sie noch aufgeführt werden durften – Günther Weisenborn und Ilse Langner. Das bot Etliches von Niveau für knapp sieben Friedens- und fast fünf Kriegsjahre, auch im Vergleich zum Exil. Denn dort schufen zwar Brecht das Gros seiner Klassiker, Zuckmayer das grandiose Drama *Des Teufels General* oder Werfel seine Meisterkomödie *Jacobowsky und der Oberst*. Darüber hinaus jedoch beschränkt sich der nennenswerte Ertrag auf eine Handvoll kämpferischer Stücke von Friedrich Wolf, Ferdinand Bruckner oder die langsam ausgeschriebenen Toller und Horváth. Grund genug, sich bei den innerdeutschen Dichtern etwas länger umzusehen.

Historienstücke • Hans Rehberg, Albrecht Haushofer, Bernt von Heiseler und Walter Gilbricht

Im „Dritten Reich“ feierten zahlreiche Historienstücke Premiere, verfaßt von NS-gläubigen Autoren ebenso wie von deren Gegnern, denen Geschichtsstoffe Chancen boten, durch verdeckte Analogiebildung Regimekritik zu üben – zumindest bei entsprechender weltanschaulicher Voreinstellung der Zuschauer. Aber auch wo es Dramatikern zunächst nur darum ging, bedeutende Schicksale möglichst überzeugend zu gestalten, eröffneten anspruchsvolle Werke in ihrem überzeitlichen Gehalt Zuschauern Gegenwartsbezüge. Ob ein Text Subversives enthielt, läßt sich übrigens nicht einfach durch Lebensdokumente ermitteln.

Denn sofern es sich um ernstzunehmende Autoren handelte, folgten auch Vertreter des Regimes (wobei es manche nur pro forma waren), nicht ausschließlich politischen Vorgaben. Zuweilen rebellierte ihr (ästhetisches) Gewissen. Oder Werke wurden im Prozeß der Gestaltung „schlauer" bzw. moralischer als ihre Verfasser. Das gilt beispielhaft für Hans Rehberg, dessen aus fünf Dramen bestehender Preußen-Zyklus gewiß keine linientreue Parteidichtung darstellt. Zurecht sprach der exzellente Theaterkenner Günther Rühle davon, daß Rehbergs an Shakespeare geschulte Dramaturgie auslegungsoffene Figuren schuf, die „Luft zum Atmen" hatten:

> *Er verweigerte von Anfang an die heroische Perspektive. Narren kommentierten die ersten Stücke. Seine ironischen Brechungen [...] waren in diesem Genre ungewohnt. Preußische Geschichte erschien hier nicht geschönt, sondern roh: mit Mord, Verrat, Stäupen, Köpfen, Meineid, Haß, Vertragsbruch, Kälte, mit ihren Glücks- und Unglücksfällen, menschlichen Dämonien und der Verflechtung von Haus- und Landespolitik. [...] Rehberg war zwar fasziniert vom ‚Mysterium der Macht', aber er zeigte Macht nicht nur als ein Produkt des Willens, sondern der Konstellationen, der Fügungen, des Reagierens, der Einsichten wie des Glücks und des Sichverzehrens im Dienst [...]. Im Leiden zeigte sich ihm der Genius, den er in der preußischen Geschichte suchte. Friedrichs Menschlichkeit, die Fähigkeit zur Reue, zu Wiedergutmachung, zur Verarbeitung auch persönlicher Enttäuschungen machte ihn sichtbarer als jede heroische Verklärung.*

Wo Rehberg immerhin noch dem erduldeten Leid Größe zusprach, lag bei anderen Geschichtsdramen ein gewichtiger Akzent auf den Gefahren von Tyrannei und leichtfertiger Entfesselung der Kriegsfurie, auf Themen wie Unterdrückung, Zensur und mutigem Widerstand. Wie beabsichtigt auch immer, boten etliche Episoden gehaltvoller Stücke Zeitgenossen bestechende Möglichkeiten, ihre prekäre Lage im Spiegel der Historie modellhaft zu erfassen. Das galt etwa für die Römer-Trilogie des – in den letzten Kriegstagen als Moabit-Häftling liquidierten – Albrecht Haushofer. In *Scipio* (1934), *Sulla* (1938) und *Augustus* (1939) häufen sich (teils resignative) Warnungen vor Demagogie, skrupelloser Machtgier, zynischer Menschenverachtung, Proskriptionsterror, Spitzel- und Denunziantenwesen. Mit Catull schildert Haushofer zudem einen freiheitsbewußten und deshalb verbannten Dichter. Dessen Person steht auch im Zentrum von W. E. Schäfers *Das Feuer* (1943). Auf dem Totenbett weist der Poet Cäsar die Zukunft als Verlockung und Gefahr:

> *Da siehst du die Welt vom Pontus bis zu den Säulen des Herkules und bis zu den Inseln, die im Nebel schwimmen. Und inmitten Rom [...]. Und dann spricht der Gott: Die Erde ist dein [...]. Sieh mich an. Da siehst du hinter dich. Aber der Gott ist zergangen wie eine leichte Wolke. Und hinter dir steht still und lächelnd der Tod. [...] Brennen oder verbrennen, Julius Cäsar. Herrschaft und Tod. Ein Drittes wird nicht gegeben.*

Aktuell deuten ließ sich Bernt von Heiselers 1942 publizierte Tragödie *Cäsar* als Auseinandersetzung mit Werten wie „Gerechtigkeit" und „Rechtsstaatlichkeit". Obwohl das Stück das Attentat offiziell beklagt, spricht es Brutus, der auffallenderweise das letzte Wort behält, idealistische Größe zu. Willi Schäferdieks 1939 uraufgeführtes Stück *Wer ist mit im Spiel* versteht sich als „Komödie" der französischen Republik, die 1799 durch Napoleons Staatsstreich beendet wurde. Das gekonnte Theaterstück deutet Politik als Geschäft, Volksbetrug und Ränkespiele Interessierter, bei denen der kleine Mann gut daran tut, seine Illusionen zu begraben. Wer es nicht ausschließlich auf Frankreich bezog, mochte seine Lehren daraus ziehen.

Denselben historischen Schauplatz betrat Walter Gilbricht mit *Letizia* (1937), einem Schauspiel über Napoleons Mutter, das bei allem Respekt für den Kaiser dem Freiheitswunsch Stimme verleiht, sowie mit dem Drama *Marie Charlotte Corday* (1935). Den Mordanschlag einer opferbereiten Patriotin auf einen Demagogen emphatisch zu feiern, war in jenen Tagen gewiß so heikel wie das flammende Plädoyer gegen Staatsterror. Dieser Hör- und Schauspieldichter zeigte sich auch sonst couragiert. Er ist unserem literarhistorischen Bewußtsein so weit entschwunden, daß „Wikipedia" nichts von ihm weiß und vor einiger Zeit bei der Eingabe seines Namens noch auf „Walter Ulbricht" verwies. Dabei gehörte Gilbricht nicht umsonst zu den Favoriten des Intendanten Hilpert und schrieb etliche Musterstücke der Historiengattung. Darunter *Michael Kohlhaas* (1935) mit dem Fazit: „Recht ist so zart, daß es, an einer Stelle nur verletzt und sei's auch nur durch einen Mückenstich, den ganzen Leib sich ausblutet."

Eine Tat war sein 1939 uraufgeführtes Drama *Abraham Lincoln*. Es bietet keine direkte Verschlüsselung aktuellen Geschehens, sondern eine Kontrafaktur des deutschen Politikverständnisses unter nationalsozialistischer Herrschaft. Schon das Thema „Negerbefreiung" wirkte antirassistisch. Der Autor zeichnete schließlich die Vertreter der Sklavenherrschaft als bequem gewordene ökonomische Nutznießer und dünkelhafte verarmte Arbeitsscheue oder spottete über deren „Grandezza des Blutes". Die rassenfanatischen Lincoln-Attentäter gerieren sich als bornierte Dummköpfe und eitle Schauspieler, die einer politischen Romantik anhängen.

In Sachen Sezessionskrieg stellt auch dieses Drama die Einheit der Nation über alles. Aber danach möge mit der Ausgrenzung der Unterlegenen Schluß sein. Denn wenn „sich die Union nicht aus all dem

Blut und Leiden gefestigter denn je erhöbe, würde der Gefallene zum Ermordeten, der Kämpfer zum Mörder, der Krieg ein Gemetzel ohne Sinn." Insgesamt zeigt dieses Stück den US-Präsidenten geradezu als Antipoden des deutschen „Führers". Lincoln ist demnach ein wahrhaft humaner Herrscher, uneitel, kein Prinzipienreiter, schelmisch und humorvoll, ein Politiker, der warten kann und sich nicht zu Taten provozieren läßt, auch wenn er seinen Ministern zuweilen als entscheidungsschwach, als-Kunktator gilt.

So weigert er sich (auch aus taktischem Kalkül), die Schuld auf sich zu nehmen, den Bürgerkrieg begonnen zu haben, lehnt es ab, als „Hasardeur", „Draufgänger" oder „Brandstifter" zu agieren um eines (vermeintlichen) kurzfristigen Vorteils willen: „Mut allein kann zögern." Dem Mythos „Volk" gegenüber ist er illusionslos und glaubt an Erfolge eher durch Evolution als durch revolutionäre Tat. Auch im Krieg kennt Lincoln kein mitleidloses Entweder-Oder und läßt sich durch das Elend einzelner Schicksale rühren, wo Unerbittlichkeit rein militärisch geboten wäre. Auf den Vorwurf, so viele Deserteure zu begnadigen, antwortet er seinem Verteidigungsminister:

> *Sie schreiben Urteile auf sauberes Papier und überlassen mir, diese Urteile durch meine Unterschrift rechtsgültig zu machen. Sie sehen nur das Gesetz – aber zu mir kommen die Menschen, die dieses Gesetz trifft. Eine Mutter, ein Grossvater, ein Bruder. Dieses Zimmer ist der Schauplatz von Tränen und Verzweiflung. Glauben Sie, dass ich in diesen Augenblicken mich auf ein Buch zurückziehen und mit dem Finger auf einem Paragraphen diesem Jammer begegnen kann? …* (Sehr leise) *Ich bin auch nur ein Mensch.*

Seine unbedingte Treue zur Verfassung übertönt seine Furcht, abgewählt zu werden: „Wahl schafft Vertrauen und Vertrauen ist Kraft – die einzige übrigens, die auch Niederlagen übersteht." Die US-Demokratie vermeidet, nach Gilbrichs Stück, selbst unter schärfsten Konkurrenten einen Freund-Feind-Gegensatz. Lincolns unterlegener Präsidentschaftsbewerber entschließt sich daher, ihn von nun an grundsätzlich zu unterstützen, um die Nation keiner Zerreißprobe auszusetzen. Über Lincoln sagt er: „Er war nur ein Gegner – kein Antipode! Uns trennte der Weg, nicht das Ziel."

Ziemlich am Ende feiert das Stück das Ideal eines Journalisten, dem man das Kompliment macht, er wisse „nicht nur zu lügen, sondern auch zu sterben". Dessen Antwort lautet: „Wir Journalisten wissen zuweilen etwas weit Gefährlicheres." Nämlich: „Die Wahrheit zu schreiben." Ein Prinzip, dessen sich auch die aktuellen Medien öfter besinnen sollten.

Komische Nadelstiche und Versteckspiele •
Curt Goetz, Erich Kästner, Paul Fechter u. a.

Darf man sich auch in finsteren Tagen von Komödien unterhalten, in eine Glücks- oder Traumwelt entführen lassen und von deprimierenden Tageseindrücken schmunzelnd Abstand nehmen? Man darf und durfte es zu allen Zeiten, falls man sich nicht hämisch über (von oben zum Abschuß freigegebene) Regimegegner ergötzt oder sich – wie es auch heute wieder von offiziösen Spaßmachern demonstriert wird – über gleichsam vogelfreie Außenseiter belustigt.

Nun, die Menschen im „Dritten Reich", denen spätestens seit der Sudetenkrise durchaus bewußt war, daß ein Tanz auf dem Vulkan begonnen hatte, machten von dieser seelischen Lizenz gebührend Gebrauch. Sie erzwangen per Abstimmung durch Kartenkauf landesweit ein Repertoire, das zu zwei Dritteln aus heiteren Stükken bestand, sieht man von den beiden ersten, noch deutlich ideologisch akzentuierten Spielzeiten ab. Zum Meistgespielten gehörten nicht politische Bekenntnisdramen, sondern August Hinrichs' *Krach um Jolanthe,* worin verschmitzte Bauern sich gegen die obrigkeitliche Pfändung einer Prachtsau wehren, Karl Bunjes (allerdings zeitgemäß adaptierte) Militärklamotte *Der Etappenhase* mit dem Plot, daß dem Herrn Oberst eine Katze statt des Hasenbratens serviert wird, und als absoluter Hit ein Klassiker: Lessings *Minna von Barnhelm.*

Zudem erfreuten sich die Deutschen an Curt Goetz' *Dr. med. Hiob Prätorius,* einer Komödie von 1934, die Humor als Therapie empfahl und deren Titelfigur der „Mikrobe der menschlichen Dummheit" nachstellte. Zur Vermeidung künftiger Kriege empfahl sie, ein Serum gegen diese „entsetzlichste aller ansteckenden Krankheiten" zu erforschen. 254 Aufführungen erzielte das Erfolgsstück bis in die ersten Kriegsjahre hinein, als sein Verfasser bereits in Amerika weilte. Dabei hatte Rosenbergs Dienststelle dekretiert, Goetz habe „Mitgliedern der NS-Kulturgemeinde nichts zu sagen". Vielen Deutschen offenbar doch, wie darüber hinaus der große Zuspruch zu den Filmkomödien *Glückskinder* (1936) und *Napoleon ist an allem schuld* (1938) belegt, zu denen Goetz spritzige Drehbuchtexte formuliert hatte – im zuletzt genannten Film übrigens als respektlose Satire gegen spleenigen Militarismus.

Daß die Zensur bei Lustspielen zuweilen lässiger verfuhr, zeigte der Fall Erich Kästner, dessen Schreibverbot für das UFA-Vorzeigeprojekt *Münchhausen* (1943) aufgehoben wurde. Seine Autorschaft lief allerdings unter dem Namen Berthold Bürger, wobei dieses Pseudonym nicht das einzige war, unter dem Kästner an der Lustspiel-Produktion im „Dritten Reich" beteiligt war. Andere lauteten Eberhard Foerster, Hans Brühl, Melchior Kurtz, Peter Flint oder Robert Neuner, teils von Freunden entlehnt, die mit ihm kooperierten oder ihm durch ihre Person ein Alias besorgten.

Auf diese Weise kam die Story seines Romans *Drei Männer im Schnee* (die Geschichte der Verwechslung eines armen

Preisausschreiben-Gewinners mit einem inkognito sein Luxushotel besuchenden Millionär) als *Das lebenslängliche Kind* (1934) auf die Bühne und wurde bestens angenommen. Weitere pseudonyme Kästner-Stücke hießen *Seine Majestät Gustav Krause* (1940) oder *Verwandte sind auch Menschen* (1937, verfilmt 1940). Hierin leistete sich der Autor sogar die kecke Anspielung, daß eine Figur, die ständig als Detektiv versagt, ausgerechnet „Emil" heißt. Kästners (ansatzweise sogar amtsnotorisches) Versteckspiel liest sich in den Akten des Propagandaministeriums als Realkomödie, wiewohl man nie vergessen darf, daß hier jemand um seine Existenz spielte.

Erwähnenswert sind große Publikumserfolge des späteren Widerständlers Werner von der Schulenburg mit den Komödien *Schwarzbrot und Kipfel* und *Diana im Bade* (beide 1935) sowie Ernst Penzoldts in Wien beifällig uraufgeführtes *So war Herr Brummell* (1933), eine Dramatisierung der Vita des berühmen englischen Dandys. Im Bereich der (Boulevard-)Komödie lieferten etliche heute vergessene Autoren zumindest saubere literarische Konfektionsware mit Esprit, allen voran Walter Gilbricht und Hans Hömberg, Richard Billinger und Karl Zuchardt. Auf mehreren Bühnen spielte man Heinz Lorenz' *Das Huhn auf der Grenze* (1933), eine charmante Posse um einen anarchistischen, Nationalismen abholden Sonderling, der seinen Kneipenwagen mitten im deutsch-französischen Niemandsland plaziert. W. E. Schäfer bot in *Die Reise nach Paris* eine routiniert gefertigte Insider-Story eines Schmierentheaters.

Zu den Themenschwerpunkten gehörten Liebe ebenso wie der Wunsch nach Frieden und zugleich ein klein wenig Obrigkeitsschelte. Von Heinrich Spoerls *Maulkorb* war oben schon die Rede.* Schärfer wirkte Andreas Andermanns *Des Königs jüngster Rekrut* (1933). Die

---

* Vgl. S. 65–69.

versierte Bearbeitung eines Gutzkow-Stücks von 1844 bot manche Zeitparallele in Sachen Spitzelwesen, Zensur und Sklavengehorsam. Paul Fechters reizvolle Komödie *Der Zauberer Gottes* (1940) spielt Ende des 18. Jahrhunderts in Ostpreußen, wo das Original eines noch halbheidnischen Pfarrers die Essenz christlicher Lehre auf segensreiche praktische Hilfe für einfache Menschen reduziert. Als „echter Masure" steht er zudem mit Deutsch auf Kriegsfuß. Seine mangelnden Theologiekenntnisse schockieren den ihn beaufsichtigenden Konsistorialrat. Doch bevor dieser ihn seines Amts entheben kann, stirbt der Pfarrer nach einer spektakulären Rettungstat.

Natürlich führt das Durchschnitts-Happy-End der Lustspiele zur Hochzeit. Doch wer glaubt, 1933–45 hätte die Bühnen vorwiegend ein heimchenhafter Frauentyp bevölkert, zeigt schlichte Unkenntnis. Zwar präsentiert etwa Billingers *Stille Gäste* (1933) eine entsagungsvoll-reine, eher legendenhafte Mädchengestalt. Doch, abgesehen von spezifischen – provokativen – Tendenzen der Promiskuität im Drama der Weimarer Literatur, hat sich das Frauenbild auf den Bühnen gar nicht so stark verändert. Zumindest in den Komödien tummeln sich fast durchweg selbstbewußt-emanzipierte Damen.

Exemplarisch gilt dies für die Heldin in Juliane Kays *Vagabunden*. Sie meistert, nachdem ihr Geliebter sie verlassen hat („Gefühle sind Vagabunden"), trotz eines nichtehelichen Sohns ihr Leben als promovierte Ärztin. In Charlotte Rißmanns *Versprich mir nichts* ergreift die Frau eines lebensuntüchtigen Malers, der aus übergroßen Skrupeln seine Bilder nicht veräußerte, die Initiative und verkauft sie zur Existenzsicherung unter ihrem eigenen Namen. In Per Schwenzens *Jan und die Schwindlerin* brilliert die Heldin als Rettungsschwimmerin und wählt sich selbst ihren Partner. Andere weibliche Hauptpersonen steuern Flugzeuge: in Ilse Langners *Amazonen* etwa oder in Axel Ivers' *Zwei im Busch* (1940), wo die Pilotin wie folgt charakterisiert wird:

„Sie ist wirklich ein patentes Mädel. Hat in Europa alle Arten von Sport getrieben, ist mit allen Wassern gewaschen und fürchtet sich nicht vor Tod und Teufel". Eine Filmdiva in Kurt Bortfeldts *Kinder auf Zeit* läßt sich in ihrer Überlegenheit weder von einem Einbrecher schrecken noch von einem ihr verfallenden Regisseur übertölpeln.

Die Prinzipalin in Karl Zuchardts gleichnamiger Komödie managt ihren ansehnlichen Buchladen aufs beste. In Zuchardts *Frisch verloren – halb gewonnen* muß der verliebte Nervenarzt seine ganze Berufskunst aufbieten, um die keineswegs eheversessene Heldin zur Heirat zu „überlisten". Prinzessin Wilhelmine in Andermanns *Des Königs jüngster Rekrut* stemmt sich zuweilen mit Temperament gegen den despotischen Vater Friedrich Wilhelm I. und ertrotzt sich schließlich dessen Lob: „Ihr Weiber seid doch manchmal verdammt gescheit. – Wilhelmine, ich glaube, du bist mir gewachsen." Weisenborns und Huelsenbecks *Warum lacht Frau Balsam?* zeigt eine allen überlegene Schmuggler-Chefin. Dominanzfigur in Maximilian Böttchers *Krach im Hinterhaus* ist die resolute Witwe Bock. Frauen dominieren in Gilbrichts Lustspielen *Die spartanische Suppe* und *Schuhe unterm Bett*. Hermann Roßmanns *Heiraten ist besser* zeigt eine aufmüpfige couragierte Heldin, die sich lieber von ihrem chauvinistischen Büroleiter kündigen als kujonieren läßt. Axel von Ambessers *Lebensmut zu hohen Preisen* illustriert ohne einseitige Parteinahme einen erst nach Jahrzehnten versöhnlich beigelegten Ehekonflikt zwischen bloßer männlicher Pflichterfüllung und weiblicher Selbstverwirklichung.

Es sind zu viele Beispiele, als daß wir den Trend übersehen könnten, übrigens auch jenseits der Komödiengattung. Zu den starken Frauengestalten im ernsten Genre gehören Weisenborns *Die Neuberin* (1935) sowie Gilbrichts *Letizia* und besonders *Marie Charlotte Corday*. Wolfgang Goetz' *Der Ministerpräsident* (1935) zeigt eine weibliche Repräsentantin, die allen Intrigen gewachsen ist und nach dem Motto verfährt: „Wenn die Männer versagen, müssen die Frauen an die Front." Ilse Langners *Der Mord in Mykene* (1937) plädiert leidenschaftlich für weibliche Gleichberechtigung. Und ist es nur Zufall, daß Ödön von Horvath 1934, als er sich in Berlin und München mit Filmarbeiten über Wasser hielt und sich unbedingt Deutschland als Markt erhalten wollte, ein – 1936 unter dem Titel *Don Juan kommt aus dem Krieg* beendetes – Drama konzipierte, das die Figur des legendären Verführers gänzlich uminterpretiert? Aus dem erotischen Draufgänger wird ein Passiver im Bann seiner ersten Geliebten, vornehmlich als Objekt weiblicher Sehnsüchte.

Frauenpower im „Dritten Reich"? Ein wenig schon.

„Make love, not war!" • *Kirschen für Rom* von Hans Hömberg und *Ulysses daheim* von Walter Gilbricht

Am 5. Oktober 1940 hatte das Berliner Staatstheater anläßlich der Premiere von Hans Hömbergs *Kirschen für Rom* wieder eine Sternstunde. Sein Intendant Gründgens schrieb 1954 von dieser Komödie, sie sei eine einzige „Anzüglichkeit und Bezüglichkeit" und auch so verstanden worden:

> *Schon mein Auftritt mit dem römischen Gruß und dem Slang „Segen und Arbeit" ging im Getobe unter, und alle Gesänge über die „Weisheiten der Wohltaten in besetzten Ländern", Lukulls Abscheu, sich in einem Land zu befinden, „wo die Kinder nichts dabei finden, ihre Eltern zu verraten" und zum Schluß, daß es „neben dem Kriegsruhm andere Lebensgüter gibt" machten das Stück weit über seinen Anlaß aktuell.*

Zum Inhalt: Der für seine erlesene Küche, Kultur und Lebensart berühmte Lukull steht vor der Heirat mit der angebeteten Fotis. Dennoch verläßt er sie um künftigen Feldherrenruhms willen und zieht in den Krieg ans Schwarze Meer. Als Sieger in mehreren Schlachten ordnet er die dortigen Verhältnisse mit ungewöhnlicher Nachsicht für die eroberten Provinzen und verletzt, indem er seine eigene Vision von der Sendung Roms als friedlicher Kulturmacht praktiziert, die Profitinteressen einflußreicher römischer Finanzkreise. Dies führt zu seiner Ablösung durch Pompeius, der das Söldnerheer durch Pensionsversprechen für sich gewinnt. Lukull verzichtet auf einen Machtkampf und besitzt auch die Größe, Fotis einem jüngeren Bewerber zu überlassen. Weise geworden, definiert er nun als seine wichtigste, ihn überdauernde Lebensleistung die Einfuhr der Kirschpflanze nach Rom.

Dieser zutiefst humane Patrizier – im Kern friedlich, zivilisatorischen Segnungen und Freuden des Gaumens und der Liebe aufgeschlossen – erinnert ein wenig an Shaws *Cäsar*. Sein Antipode ist der Nur-Militär Pompeius, der schon durch seine abgehackt-hölzerne Kommandosprache ein wenig als Karikatur erscheint. Er wird – ein bißchen in Anlehnung an gewisse Anti-Hitler-Stereotype – als ausschließlich martialisch geprägter kulinarischer wie erotischer Asket gezeichnet. Das Stück bietet somit eine amüsante Auseinandersetzung zwischen kriegerischen und zivilen Tugenden. Heroismus, begründet aus überquellendem männlichem Tatendrang, wird nicht gänzlich entwertet. Aber das Nur-Militärische erscheint als Reduktion des Menschen. Auch suggeriert Hömberg, daß der Antrieb, sich in den Kampf zu begeben, statt sich kulturellen Aufgaben zu widmen oder kulinarisch wie erotisch auszuleben, purem Ehrgeiz entspringe, mehr noch: vor allem durch ein vornehmlich an Kriegstaten orientiertes Sozialprestige fremdgesteuert erscheine:

LUKULL: Der Mann muß sich bewähren. Und wenn er die Gelegenheit hat und sie verpaßt, dann hat er den Anspruch auf Liebe verwirkt.
FOTIS: Ist das nicht eine Phrase? [...] mein Gefühl sagt mir, daß ihr Männer allesamt den Hang habt, uns Mädchen durch eine zauberhafte Niederträchtigkeit wehrlos zu machen [...]. Denn, was sollen wir im Ernst einwenden, wenn ihr beteuert: es geschieht alles nur für dich! Ihr werdet zu Helden für uns, ihr unternehmt Geschäfte für uns, begeht Verbrechen für uns; im Grunde schmeichelt ihr damit nur eurer Seelenbeschaffenheit, glaubt selbst daran, und die Tragödiendichter nehmen diesen Zug für bare Münze und sorgen in den Theatern für die Verbreitung der Idee.

Eine weitere Passage verstärkt diese Auslegung durch Lukulls Geständnis:

Herz, ich war bereit, zu bleiben. Aber ich vergaß, an die Mitmenschen zu denken [...]. Wenn ich nicht fortginge, dann kämen die Freunde, zunächst mit leichten Scherzen, dann mit bitteren Worten, hinter dem Rücken mit spitzen Nadeln – und nach ein paar Wochen könntest du dich nicht mehr auf der Straße sehen lassen.

Der Geist dieser Komödie zielt auf ein heiteres Spiel mit einem zeitgenössisch brisanten Thema, dessen eigentliche Pointe in der Umwertung der Hierarchie von Krieg und Kultur besteht. Indem am Schluß nur mehr die importierten Kirschen gefeiert werden, widerlegt der Autor frühere Befürchtungen Lukulls, der einem orientalischen Despoten gegenüber äußerte:

Ich habe den Geschmack nach Rom getragen, ich habe die Kochkunst für Rom entdeckt. Und es wäre mein höchster Triumph, wenn mit ehernem Griffel ins Buch der Geschichte eingetragen würde: – Damals lebte Lukull; er war der feinste Geist, den Rom zu seiner Zeit besaß. Er lehrte seine Zeitgenossen leben. Er lehrte sie, das Essen zum Born der Weisheit zu erheben. Mit ihm begann die Erkenntnis, das Dämmern, die Erleuchtung des kulturellen Fortschritts. Aber ich sage Ihnen schon jetzt: es wird ganz anders kommen: man wird mich als den Sieger von Tigranocerta, von Herakleia und Amisos feiern, und wenn die Geschichte großmütig ist, wird sie mich der Nachwelt als Eroberer von Pontus vorstellen. Man muß sich bescheiden, Tigranes, man muß sich bescheiden.

Als kleine Provokation des Stücks kam hinzu, daß mit dem in eine Frau wie in Uniformen verliebten, allmählich in die Jahre kommenden Feldherrn auch Görings Humor getestet wurde. Schließlich war der „Reichsmarschall" als Preußischer Ministerpräsident Herr der Berliner Bühnen. Das Berliner Publikum schätzte dergleichen, denn bis man die Komödie nach gut 70 Vorstellungen aus dem Programm nahm, war sie ständig ausverkauft. Und landesweit brachte sie es bis 1944 auf 39 Inszenierungen! „Daß die Aufführung überhaupt möglich war", schrieb Gründgens, „ist mir psychologisch nur so erklärlich, daß das Regime 1940 auf solchen Höhepunkten des Siegens stand, daß sie dieser Flohstich nicht verletzte." Und er verwies auf ein weiteres Hömberg-Lustspiel *Der tapfere Herr S.*, das er umgehend absetzen mußte, weil seine Uraufführung am 21. Januar 1943 just in die Stalingrader Endkrise fiel. Und da fehlte für Sokrates' Belehrungen des Strategen Alkibiades der Sinn:

Die Liebe zum Ruhm – die Liebe zum Vaterland – schön. Schön. Ich wünsche dir, daß dich deine Glut niemals dorthin führt, wo es unsicher ist … Ich wünsche dir, daß Athen niemals klagt: er hat mich aus lauter Liebe zugrunde gerichtet […]. Ich will mich trotzdem nicht über die Begriffe „Vaterland" und „Muttererde" verbreiten. – Nur eine Bitte habe ich an dich: Werde nicht maßlos, damit sich nicht Ehrgeiz in Vermessenheit verwandelt!

Auch belustigt sich die große Hetäre Aspasia im gleichen Stück über tollkühne Prahlhänse, die sich in ein Seeabenteuer stürzten, um ihr zu imponieren:

> *Es hat sich erst unterwegs herausgestellt, daß keiner segeln konnte. Männer sind manchmal wie die Kinder. Alle acht wollten mir einen hohen Begriff von sich geben, und keiner hatte den Mut, seine Unkenntnis einzugestehen. Aber den Mut, mich in den Tod zu fahren, hatte jeder einzelne.*

Auf Zuschauerbeschwerden hin mußte Reichsdramaturg Schlösser zum Rapport zu Goebbels, wo laut Protokoll Hömbergs „geistreiche Wortpointen" auf verdächtige „Tagesaktualität" hin untersucht wurden. Man bemäkelte Spöttisches bezüglich der damals hochgeschätzten Skulpturen Josef Thoraks und weiteres Zersetzende. Hömberg selbst sah sich zur brieflichen Distanzierung veranlaßt.

Eine Singularität war übrigens sein implizit formuliertes „Make love, not war!" keineswegs. Und daß meist Frauenfiguren dieses Motto verkörperten, entsprach dem Stimmungstrend der Zeit. Populäre Filme wie *Napoleon ist an allem schuld* oder *Frauen sind doch bessere Diplomaten* (immerhin 1941) zeugen davon ebenso wie ernste Dramen von Ilse Langner oder Rehbergs *Wölfe*. Auch war es kaum Zufall, daß keinen Monat nach *Kirschen für Rom* Walter Gilbrichts Komödie *Ulysses daheim* Premiere hatte. Den Tenor des Stücks bestimmt Penelopes Spott, Odysseus' vielgerühmte Abenteuer wirkten „reichlich jungenhaft" und liefen alle auf die „Freude eines Knaben am Kaputtmachen" hinaus. Als der heftig protestiert, wird er belehrt:

„Um eine Frau aus Troja heimzuholen, wurden Tausende von Griechenfrauen verlassen. Männerleiber sanken hin um nichts. Höchst wichtige Beschäftigung!" Über Jahre habe Odysseus' schützender Arm zu Hause gefehlt: „Was Wunder, daß die gleiche Jungenlust, die dich von dannen trieb, die tollen Freier herzog, und das Zerstörungswerk durch Prassen, Spielen, Schwelgen in diesem deinem eignen Kreis begann?" Nun aber endlich zurückgekehrt und gereift, möge er die „Ordnung der Natur durch stille Taten weiterwirkend" erhalten. Als Odysseus protestiert („Das heiß ich Haustier sein! Ein Leben, nicht des Sängers wert! [...] O möge ich nie zum Greis veralten!"), entdeckt Penelope sein „erstes weißes Haar", um es auszuzupfen, und verheißt ihm ganz neue, seinem Alter gemäßere Abenteuer. Das wichtigste sei momentan, seinen Sohn zu verheiraten. Der entgeisterte Gatte echauffiert sich: „Das nennst du – Abenteuer!" Und Penelope repliziert ungerührt: „Allerdings, nicht weniger aufregend als eine Schlacht, wie du sehr bald bemerken wirst."

Troja als Schicksalsmythos • Hans Leip, Ernst Legal, Ilse Langner und Gerhart Hauptmann

1935 wurde in Paris Jean Giraudoux' *Der Trojanische Krieg findet nicht statt* uraufgeführt. Das Drama erwies sich als Schlüsseltext für das in den 1930ern wieder einmal getrübte deutsch-französische Verhältnis und endete, wie provokativ die Prophezeiung auch immer gemeint war, pessimistisch: Der Krieg zwischen beiden Ländern werde trotz des guten Willens der Protagonisten Hektor und Odysseus – alias Briand und Stresemann – ausbrechen. Damit war diesseits und jenseits der Rheins Troja als Symbol des drohenden Zweiten Weltkriegs etabliert. Und auch hierzulande griffen Theaterdichter den Stoff auf.

Von der komischen Seite, die schon bei Giraudoux stets mitschwang, taten es Walter Gilbricht, der durch Penelope den Troja-Zug zum zerstörerisch-juvenilen Abenteuer erklärte, und Hans Leip. In dessen Komödie *Idothea oder die ehrenwerte Täuschung* (1941) gesteht

Helena ihrem Gatten, vom Trojaner Paris weder ver- noch entführt worden zu sein. Vielmehr habe sie ihn getäuscht und ihm eine ihr gleichende Magd zugeführt. Der gefiel ihre königliche Rolle so gut, daß sie sie beibehielt. Nun bedurfte es nur noch männlicher „Eitelkeit", „Rachedurst" und Zerstörungslust, und der Krieg brach aus. Der erschütterte Menelaos spricht daraufhin von „sinnlos vergossenem Blut" und erhält die sarkastische Antwort:

Hat jemand nur gesiegt,
wird sich der Sinn ergeben.
Und klagen dich die Toten an,
Geschichte deckt die Toten zu
und läßt die Taten leben.

Auch ernste Dramatik behandelte das Modell Troja. 1939 spielte das Berliner Schiller-Theater Ernst Legals *Gott über Göttern,* ein Stück, das am Beispiel Aias des Kleinen der Opposition eine Stimme gab. Auch er kämpfte tapfer vor Troja. Doch spätestens durch Odysseus' List mit dem Holzpferd gilt ihm der Krieg nur mehr als ehrloses Handwerk für „Abdecker" und Tummelplatz eitler Machtgelüste. Er haßt und verteufelt die Trojaner nicht, nur weil sie Gegner sind, und spricht im Gegensatz zum fanatischen Priester Kalchas sogar davon, daß „Trojas Schönheit verbrennt" und nicht „Geist", sondern „Gemeinheit" siege. Aias sagt sich von Göttern los, die, obwohl von beiden Völkern angebetet, solches zulassen oder fördern, und verwirft die Triumphgefühle der Griechen: „Wie soll glücklich werden, wer sieht, was ich sehe: Blindheit, Untergang, Tod."

Wegen Lästerei gegen Götter und Menschen, die Aias noch unter die Tiere stellt, wird er von König Agamemnon als „ewiger Widersacher" und „Unzufriedener" verstoßen: „Wohin käme der Mensch?

Jeder schließe sich an den Bruder / Gleichen Blutes, gleichen Landes und stehe fest auf der heiligen Erde / Seiner Geburt. Ihn schützet der Geist der Gemeinschaft." Den Trotz des Kleinen bricht dieser Bann nicht: „Damit geschieht mir nichts Neues. Verbannt war ich schon, wollte es sein", nicht aus „Hochmut", sondern „Schmerz". „Niemand ist gern allein", wenn er es muß. „Und niemandem macht es Freude, abgetrennt sich zu sehen / Von allem, was andere fühlen und wissen und denken." Nicht für das „Chaos" kämpfe er, sondern für das „Bessere". Einzig Kassandra, der ebenfalls Einsamen, fühlt er sich in bösen Ahnungen verbunden. Sie jedoch klammert sich weiterhin an ihren Götterglauben und weist seine Werbung zurück. Unbeirrt fordert Aias ein neues Sehen, wörtlich: den Ausbruch aus der Blindheit durch „Neue Augen".

Ein gutes Jahr vor Legal, am 20. Oktober 1937, kam Ilse Langners Tragödie *Der Mord in Mykene* auf die Bühne. Darin büßt Agamemnon tödlich seine Schuld, die Tochter Iphigenie als göttliches Opfer ausersehen zu haben, um gen Troja segeln zu können. Die Autorin ergänzt dabei Klytämnestras Rachemotiv durch eine soziologisch höchst zukunftsträchtige Motivierung. Agamemnon wird nämlich nicht nur Iphigeniens Schicksal angelastet. Die Königin beansprucht zudem als Frau, das Land viel besser und vor allem friedlicher regiert zu haben, und wehrt sich gegen Agamemnons erneuerte Alleinregentschaft. Als der König sie wegen Ehebruchs, den freilich auch er begangen hat, öffentlich demütigt, kommt es zur Bluttat.

Auf höchstem Niveau nahm sich schließlich Gerhart Hauptmann des Stoffes an. Von 1940 bis 1945 schuf er einen vierteiligen Dramen-Zyklus über das unheilvolle Geschick der Atriden, das im Trojazug seinen Ausgang nahm. Zunächst schrieb er den Schlußteil des gewaltigen Werkes: die 1941 uraufgeführte *Iphigenie in Delphi*. Darin kommt es am Ende zur allgemeinen Versöhnung und Reinigung der schuldbeladenen Königsgeschwister. Iphigenie selbst, die nach ihrer Entführung zur Mörderin im Priesteramt Gewordene, entsühnt sich und andere durch den Sturz in die Phädriaden-Schlucht.

Die Atriden-Tetralogie, deren Rekurs auf archaische Grausamkeit von Goethes harmonischem Griechenbild Abschied nahm, beginnt mit *Iphigenie in Aulis* (abgeschlossen 1943) und der durch Artemis behinderten Ausfahrt der Hellenen nach Troja. Agamemnon hat die Göttin beleidigt, was diese mit einer Windstille bestraft. Der verblendete König, getrieben vom kriegsbesessenen Priester Kalchas, ist bereit, für den Sieg seine Tochter Iphigenie zu opfern. Zunächst lockt er sie und seine Frau Klytämnestra unter falschem Vorwand ins Griechenlager. Danach zögert er und riskiert fast den Aufstand. Schließlich akzeptiert Iphigenie aus Vaterliebe selbst ihr Opfer. Ein schwarzes Toten- und Zauberschiff der Hekate entführt sie, während umgehend Wind aufkommt. Die Tragödie schließt mit Agamemnons (vom Volk beifällig verbreitetem) Ruf:

Die Bahn ist frei! Die Götter sind versöhnt!
Die Anker hoch, gehißt die Segel! Vorwärts
Gen Ilion! Nach Troja! Auf nach Troja!

„Es klang wie eine Befreiung und war der Aufbruch in einen mörderischen Krieg", kommentiert Günther Rühle die Szene und den daraufhin einsetzenden großen Applaus des Premierenpublikums vom 15. November 1943 im Wiener Burgtheater. Die Gründe für diesen „Jubel" dürften höchst unterschiedlich gewesen sein. Vielleicht war bei manchen Verblendeten sogar Zustimmung darunter, im Sinne von Goebbels' „Wollt ihr den totalen Krieg?" Andere mögen vornehmlich aus künstlerischen Motiven die grandiose Aufführung des Stücks beklatscht haben. Alle jedoch dürften gespürt haben, daß hier ihr ganz persönliches Schicksal auf die Bühne gestellt wurde und die Handlung zur Allegorie ihrer eigenen Lage geworden war. Und einige, denen längst die Kriegswende bewußt war, fühlten erschüttert, was die Schlagzeile des Londoner *News Chronicle* aus den Theaterkritiken herausdestillierte: „Wien spielt Stück, das Hitler angreift."

Man hat es nach 1945, um neben Hauptmanns Teilanpassung ans Regime auch den „Antifaschisten" zu zeigen, mit der Fahndung nach Anspielungen ein wenig übertrieben und Verse wie „Wir wollen keinen Krieg, wir wollen Brot!" oder „Heil, König Agamemnon! Heil! Heil! Heil!" überbetont. Der Regisseur Piscator inszenierte 1962, dokumentarisch begleitet, den Zyklus gar gänzlich als konkrete Anklage des NS-Regimes. Doch wird dies den Absichten Hauptmanns, der stets auch die mythische Überlieferung im Blick behielt, nur oberflächlich gerecht. Denn der Schlüsselcharakter des Texts erschließt sich tiefer als durch den bloßen Nachweis, daß darin Demagogie, die Raserei eines aufgepeitschten Volks und die Bereitschaft, für den Krieg selbst Familienbande abzustreifen, zur Darstellung gelangen.

Natürlich steht im Zentrum des Ausgangsdramas die Frage, ob ein Vater sein Kind (d. h. die durch Iphigenie verkörperte deutsche Jugend) für einen Vernichtungskrieg opfern dürfe, selbst wenn dieses (aus Vater- respektive Vaterlandsliebe) dem Opfer zustimmt. Agamemnons Umnachtung, vom Gros des Griechenlagers geteilt („der Wahnsinn herrscht! Ganz Hellas ist sein fürchterlicher Herd"), begründet diesen fürchterlichen Entschluß. Doch wo der Mythos hier aktualisierbare Aufklärung bot, bewegte Hauptmann zugleich ein anderes: die Gestaltung eines tragischen Verhängnisses, einer fatalen Verstrickung des Menschen wie speziell der Deutschen.

„Eine wahre Tragödie sehen", hatte er schon früh formuliert, heiße, „beinahe zu Stein erstarrt, das Angesicht der Medusa erblicken" und das „Entsetzen vorwegnehmen, wie es das Leben heimlich immer" bereithalte. Wer diesen Mythos auf seine Gegenwart bezog, wurde nach seiner Intention tief vom Atridenfluch berührt. Denn selbst der gegen Troja erfochtene Sieg verhieß ja keine Befriedung. Nun forderte die Heimat Rechenschaft, was Hauptmann im dritten Drama, *Agamemnons Tod* (abgeschlossen 1944), gestaltete. Darin rächte Klytämnestra den Kindesraub durch Totschlag ihres Gatten. Und in der Fortsetzung *Elektra* (abgeschlossen 1945) wird schließlich der gnadenlose Generationenkonflikt antizipiert, der sich realgeschichtlich durch die „Flakhelfer"-Jahrgänge und deren unter „Vergangenheitsbewältigung" firmierende Vater- und Muttermorde vollzog.

Daß sie sich selbst dabei der guten Seite der Geschichte zuschlugen, darf als zuweilen pharisäische Variation der uralten Erzählung gelten. Bei den Griechen und bei Hauptmann wurden auch die Jungen noch von Furien gepeitscht und bedurften Iphigeniens Schlußversöhnung. Oder werden sie noch heute von ganz anderen Erinnyen geplagt, und nur so erklärt sich ihre weitervererbte Phobie?

Lyrik der Inneren Emigration

Warnung, Trost und Gegenreiche • Stefan Andres, Werner Bergengruen, Hans Carossa u. a.

Offenbar sind düster-gefahrvolle Zeiten der Poesie keineswegs abträglich. Das gilt gleichermaßen für das Barockzeitalter wie für die Jahre 1933 – 1945, in denen in Deutschland zahlreiche große Gedichte entstanden. Die Naturlyrik erlebte seit Goethe und der Romantik eine weitere Blüte. Der Bereich religiöser Dichtung, der humoristischen Poesie und der Dichtung zum Thema Krieg ist mit etlichen sprachsensiblen Könnern hochkarätig besetzt. Lediglich dem satirisch-polemischen Zeitgedicht setzte die Zensur deutliche Grenzen.

Verdeckte Angriffe auf die aktuellen Verhältnisse blieben jedoch auch innerhalb Deutschlands keineswegs aus. Sie erfolgten meist im Rahmen historischer, mythologischer oder naturmagischer Anspielungen. Dabei sahen nonkonformistische Dichter ihre Hauptaufgabe darin, zu warnen, zu trösten und eine ideelle Gegenwelt zur totalen Vereinnahmung im „Dritten Reich" zu errichten. Klassische Warngedichte schrieben z. B. Oskar Loerke und Hermann Kasack mit poetischen Zyklen zum Thema Sintflut und Atlantis. Zeitgenossen sollte der Untergang früherer Hochkulturen auch die eigene Bedrohung vor Augen führen.

Ein einprägsames Exempel dieses Genres, *Der Traum von den Raubtieren und von dem Schattenreich,* stammt aus Loerkes Nachlaß. Der Dichter war bereits 1941 verbittert verstorben. Die grimmige Ironie des Gedichts besteht darin, daß selbst Bestien als überlegen erscheinen gegenüber den Menschen, die der Autor keineswegs als Höhepunkt der Schöpfung sieht. Vielmehr reagieren die Tiere auf die Massenvernichtungsimpulse der Menschen mit mitleidigem Unverständnis. Ohnehin prämiere Gott keine „Blutschuld" und gewähre „Waffensiegern" keine Dauer, sondern nur unbeklagtes Vergessen:

Wo blieb Babylon, die große?
Gilgamesch und Engidu?
Mit des Urtags Archenflosse
Fuhren sie der Urnacht zu. [. . .]

Susa, Ninive in Strahlenmähnen,
Pasargadä, Ekbatana,
Glichen sie nicht abgewehten Löwenzähnen,
die ein Säugling hinterm Zaun einst blühen sah?

Und Ägyptens Doppelkrone, Doppelfahne,
Flotten bis zum Weihrauchlande Punt –
Als Matrosen in den Rahen Paviane –
Modern ewig im Papyrusgrund. [. . .]

Wo sind Karthagos Elefanten
Und die Stadt des Hannibal?
Wie ein Glühwurmflug verbrannten
Ihre Spuren längst im All.

Und die Schrecklichste von allen,
Rom, von Blute feist und Lügenlärm,
Ist ins Niemalsmehr zurückgefallen,
Kaum ein Wind aus Hundsgedärm. [. . .]

Alle Siege sind zerstoben.
Zählt für einen immer zehn!
Seht, so hat es angehoben,
Und so will es weitergehn.

Ähnlich blicken Albrecht Haushofer im Sonett *Das Erbe* (1945) oder Oda Schaefer in dem Gedicht *Tote Stadt* (1944) auf den Untergang von Kulturen. Stefan Andres' Ode *Mittägliche Zeit* wiederum beschwört in leicht zu entschlüsselnden Bildern den verheerenden Einbruch panzerklirrender Monster in eine mittägliche Traumlandschaft. Der Text entstand möglicherweise im Zusammenhang mit dem Beginn des Spanischen Bürgerkriegs und erhielt, als er drei Tage vor Ausbruch des Zweiten Weltkriegs in der *Frankfurter Zeitung* erschien, geradezu visionäre Bedeutung. „Wie sind wir alle Beute geworden und Opfertiere", klagt der Dichter und fährt fort:

Wer aber noch fragt, warum
Der Chor der Grillen nicht mehr singt in den Wiesen [...],
Der hat im Nest der höchsten Wipfel
Geschlafen fürwahr [...].
Wer aber hörte von fern
Und wär's im Traum: einen Schrei
Und einen einzigen, hageren Ton
Wie den einer Glocke,
Die abstürzt oder zerbirst,
Dem wird es gewiß:
Ein Klirren ist's vom Panzer der Riesen,
Vielleicht auch zugeworfener Türen Angelgekreisch.
Und Angst der Gejagten
Im offenen Mittag.

Den Zitternden aber [...] wird es kund:
Die pflasterstampfigen Füße,
das furchtbare Heer,
nicht kehrt es sich wieder
zum Strom und zur Abfahrt.
Das Blut wird steigen
Bis auf zu den Gipfeln
Und röten die Rippen des Himmels.

Doch der christliche Autor läßt seine Leser nicht ganz ohne Hoffnung und verheißt am Hymnenende für die „kommenden Kinder" aus „Dunkel" und „Nacht" einen „neuen Morgen". Klassische religiöse Trostgedichte schrieben Autoren wie Reinhold Schneider („Allein den Betern kann es noch gelingen, / Das Schwert ob unsern Häuptern aufzuhalten", 1936), Rudolf Alexander Schröder (*Sieh Deine Traurigen, o Herr,* 1942), Jochen Klepper, Gertrud von le Fort und Ruth Schaumann. Einige wurden vertont, was die Wirkung auf die Gemeinde steigerte – allen voran der Text des wohl bekanntesten Kirchenlieds dieser Zeit, den Dietrich Bonhoeffer kurz vor seinem Tod aus der Gestapohaft hinausschmuggelte: *Von guten Mächten wunderbar geborgen ...* (1944).

Als kleine Trouvaille zeigt sich Werner Bergengruens humorvolles Gedicht *Der Hund in der Kirche,* das – als Fabel? – dafür wirbt, jenseits aller Kirchenetikette auch einen anschlußbedürftigen kleinen Vierbeiner als Teil der göttlichen Gemeinde zu begreifen. Dem biblischen „Fürchtet Euch nicht!" wiederum entsprach sein 1944 entstandenes Gedicht *Die heile Welt,* dessen Titelmotiv in der Nachkriegszeit heftige Polemik entfesselte. Die ersten beiden Strophen lauten:

Wisse, wenn in Schmerzensstunden
dir das Blut vom Herzen spritzt:
Niemand kann die Welt verwunden,
nur die Schale wird geritzt.

Tief im innersten der Ringe
ruht ihr Kern getrost und heil.
Und mit jedem Schöpfungsdinge
hast du immer an ihm teil.

Diese und einige anderen Verse ruinierten fast Bergengruens dichterischen Ruf, insbesondere durch Adornos Verdikt, das sie mit schokkierenden Holocaust-Details konfrontierte. Dabei taugte der mit einer Jüdin verheiratete Dichter schon biographisch nicht zu Adornos Watschenmann. Er bewohnte weder ein Tal politisch Ahnungsloser, noch bedurfte er in Sachen nationalsozialistischer Judenbehandlung sarkastischer Belehrung. Verfaßte er doch bereits Regimekritisches, als der spätere Frankfurter Philosophenguru noch Anbiederndes über Vertonungen eines Baldur-von-Schirach-Buchs publizierte.

Wenn Bergengruen sich gleichwohl im Rahmen einer Art Theodizee einem religiösen Hoffnungskonzept unterwarf, so äußerte sich darin kein naiv beschönigender Lobredner – spricht er doch ausdrücklich von atemberaubenden Drängnissen –, sondern ein trostspendender Gläubiger. Dessen Optimismus einer in letzter Instanz nicht zerstörbaren, in Gott geborgenen Welt teilte eine den Schlachtfeldern und -häusern gerade noch entronnene skeptische Kriegsgeneration oftmals nicht mehr. Doch war der geschmähte Text zumindest als das zu deuten, was er anstrebte: als trotziges Glaubensbekenntnis gegenüber den täglichen Schrecken im totalitären Umfeld.

Legitim bleibt gleichwohl die Frage, wie überzeugend der jeweilige Trost poetisch vermittelt wird. In Hans Carossas *Gestreift vom Todeswind* (1943) wird eine ländliche Szenerie durch einen Luftangriff gestört, dessen konventionelle metaphorische Veranschaulichung die Idylle streift. Danach „bekräftigt" sich das „vom Todeswind" gestreift Leben sogar. Und wo man dem Untergang zum Trotz in hohen Schluchten „Geisterlilien pflückt", beeinträchtige „kein Grauen" den Mut. Solche abstrakt-verblasene Trostverheißung war einer skeptischen Generation schlecht vermittelbar. Da hielt sich diese eher an Gottfried Benn, dessen nihilistische Resthoffnung sich auf die künstlerische Formung konzentrierte. Als Fazit von Jahrtausenden, konzediert ein Gedicht vom Oktober 1933, blieben allenfalls „ein paar große Männer / und die litten tief". Im Bewußtsein alles Zerfallenden gelte es: „schweigen und [...] dennoch die Schwerter halten / vor die Stunde der Welt."

Zu den bemerkenswerten Trostgedichten der Zeit zählen auch manche, die vom Sterben handeln. Exemplarisch gilt dies für Hans Erich Nossacks ergreifenden Text *Ein Mädchen spricht zum Tode* und besonders für Georg Brittings in den 1940ern begonnenen umfangreichen Sonettzyklus, der 1947 in die Sammlung *Die Begegnung* mündete. Der Dichter hält darin eine sehr persönliche poetische Zwiesprache mit dem Tod, der wechselweise als „schön", „arm", „gut", als „Rattenfänger" oder „Schulmeister" vorgestellt, mal gefürchtet, dann wieder herbeigesehnt wird. Höhepunkte sind (auch biographisch bedeutsame) Gedichte wie *Der Adler schlägt die rosenrote Taube* oder das tödliche Treffen antiker Helden in *Hektor und Achill*.

Brittings barocker Gemütslage entsprechend, entstehen parallel zu diesen Versen aus jahrhundertealter Totentanz-Tradition solche der Lebenslust. Die 1944 publizierte Erstfassung von *Lob des Weines* kündet davon und enthält zum Ende bezeichnenderweise das Sonett vom Guten Tod. Evoziert wird das Wunschbild eines von Wein gekrönten letzten Mahls, zu dem Freund Hein als „Gast“ begrüßt wird. Beide Zyklen, wie viele Gedichte aus Mythologie, Flora und Fauna, zeigen einen großen Poeten, dem wir unbedingt wieder mehr Aufmerksamkeit schenken sollten. Dies erleichtert eine wohl singuläre editorische Großtat der Georg-Britting-Stiftung, die seine Werkausgabe kostenlos online stellte.

Naturlyrik • Oskar Loerke, Georg Britting, Wilhelm Lehmann u. a.

Seit Ewigkeiten haben Menschen ihre Eindrücke von Landschaften, Jahreszeiten, Pflanzen und Tieren auch poetisch gefaßt. Natur erfuhren sie dabei als seelischen Erlebnis- und Erholungsraum, als Ort der Schönheit, Verlockung oder Depression, zuweilen auch als Medium segensreicher, gefährlich-spukhafter, geheimnisvoller bzw. uns fremd gewordener Botschaften. In politisch prekären Zeiten bot Natur einen literarisch verklärten Gegenpol. Im „Dritten Reich“ finden sich fast sämtliche Varianten anspruchsvoller Naturlyrik und gewiß ein bis zwei Dutzend einschlägiger Poeten von Rang.

Bereits um 1930 hatte sich um die Zeitschrift *Die Kolonne* mit Dichtern wie Horst Lange, Peter Huchel, Günter Eich, Hermann Kasack, Elisabeth Langgässer, Georg von der Vring oder Friedrich Schnack eine Art naturmagischer Schule gebildet, die sich vom „Reportertum“ der Neuen Sachlichkeit abgrenzte. Andere traten hinzu, besonders Georg Britting mit den Lyrikbänden *Der irdische Tag* (1935) und *Rabe, Roß und Hahn* (1939), Wilhelm Lehmann (1935: *Antwort des Schweigens*, 1942: *Der grüne Gott*), Karl Krolow, Werner Bergengruen,

Friedrich Georg Jünger, Oda Schaefer und Friedrich Bischoff. Oskar Loerke hatte in diesem Genre bereits reüssiert; nun folgten Sammlungen, deren Titel bzw. Titelgedichte zum Programm wurden: *Der Silberdistelwald* (1934), *Der Wald der Welt* (1936). Das erste der beiden Bücher begann mit der Strophe:

Mein Haus, es steht nun mitten
Im Silberdistelwald.
Pan ist vorbeigeschritten.
Was stritt, hat ausgestritten
In seiner Nachtgestalt.

Was 1934 lediglich ein mythisches Phantasiereich auszumalen scheint, wird 1936 zum (kaum getarnten) Zeitgedicht:

Erblickt ihr hinter mir die Flüchtlingsspur
Und trifft euch ein gehetzter Atemstoß?
Ihr sucht und horcht umsonst. Ich lächle nur:
Der Wald der Welt ist groß.

Er wächst in bittern Lüften der Gefahr.
Und wenn ihr es für Hochmut nehmt, vergebt:
Ihr wüßtet, wären eure Stirnen klar:
Der Wald der Welt entschwebt.

Konstruiert wird ein seelischer Schutzraum in Zeiten großer Gefahr, die den Dichter im eigenen Land zum Flüchtling, zum Inneren Emigranten macht. Weitere Verse präzisieren, daß dieser Wald keine weltvergessene Idylle ist, sondern „Kot", „Feinde" und eine das lyrische Ich verfolgende „rasselnde Schwadron" birgt. Doch als unzerstörbarer poetischer Biotop „entschwebt" oder zergeht er „in Rauch", d. h. entzieht sich als geistiges Gegenreich dem politisch-sozialen Angriff.

Sucht man nach Gemeinsamkeiten vieler Lyriker, liegen sie im Aufweis einer regenerativen, zyklisch hervortretenden Ordnung. Sie gehorcht übermenschlich-weisen Gesetzen, auch wo sich Natur ihrer Entzifferung verweigert. Davon handeln z. B. Brittings *Krähenschrift,* Lehmanns *Signale* und Eichs *Weg durch die Dünen.* Auch zeigen sich Natur und Mythos häufig vereint. Wirkliches verschränkt sich mit Traumhaftem. Magische Beschwörung restituiert eine von der städtischen Zivilisation und Politik verschüttete (Werte-)Welt. Eine Fülle zauberhaft belebter Landschaften zeugen davon: von Huchels *Mondballade* und *Nächtlichem Eisfenster* bis zu Bergengruens aus der Tradition Baltischer Phantastik erwachsenen Gedichten *Die Nachtgeräusche* oder *Die Heimkehr* (1936), worin mythische Wesen wie z. B. Einhorn, Vogel Greif, Drache oder der Jäger Orion zu Hause sind.

Andere Verse imitieren Naturgewalten (Bergengruens *Ballade vom Wind* oder Friedrich Bischoffs *Regenlied*), beschwören die Jugend oder eine (verlorene) Heimat als Sehnsuchtslandschaft (Anton Schnack: *Dem Main gewidmet, Der Fischer;* Horst Lange: *Der Osten;* Friedrich Bischoff: *Östliches Rondell;* Günter Eich: *Wiederkehr*). Auf der Basis realer Topographien zeichnet man naturpralle Traumlandschaften wie in Huchels *Insel Aloe,* F. G. Jüngers *Missouri* und Friedrich Schnacks *Madagaskar.* Karl Krolows *Traum von einem Wald* illustriert völliges Aufgehen in der Natur:

Ich träume grün. Wie ich die Augen schließe,
Ist noch das Dunkel meiner Lider grün.
Wenn ich den Baum jetzt in mir wachsen ließe,
Die zarte Blume dürfte weiterblühn. […]

Gelänge mir mit Beinwell und Ranunkel,
Voll Wegerich und Tausendgüldenkraut. –
Ich wüchse selig über alles Dunkel
Und wäre Blume, Baum und Vogellaut.

Neben trostspendenden mediterranen Idyllen (Oda Schaefers *Südliche Gegenwart*) findet sich als Kontrast auch Bedrohliches in der Natur, z. B. in Kasacks *Nebelreiter*, Huchels *Cap d'Antibes*, *Über den Jägern jagt der größere Hund* und *Späte Zeit* (1941):

Still das Laub am Baum verklagt.
Einsam frieren Moos und Grund.
Über allen Jägern jagt
hoch im Wind ein fremder Hund.

Überall im nassen Sand
liegt des Waldes Pulverbrand,
Eicheln wie Patronen.

Herbst schoß seine Schüsse ab,
leise Schüsse übers Grab.

Horch, es rascheln Totenkronen,
Nebel ziehen und Dämonen.

Natur oder ein Teil von ihr kann sich im Gedicht ganz in Stimmung auflösen, wie in Gottfried Benns *Astern*, einem schlechthin perfekten Gedicht von 1936:

Astern –, schwälende Tage,
alte Beschwörung, Bann,
die Götter halten die Waage
eine zögernde Stunde an. [...]

noch einmal ein Vermuten,
wo längst Gewißheit wacht:
die Schwalben streifen die Fluten
und trinken Fahrt und Nacht.

Britting verfügt über eine breite dichterische Palette auf der Basis intensiver Vertrautheit mit (reizvoll vermenschlichten) Naturphänomenen, Landschaften oder Jahreszeiten (*Der See, Der Wald, Der Kastanienbaum, Gläserner März, Unter hohen Bäumen, Marsch der österlichen Wälder, Mondnacht*). Ein realistischer Blick auf eine vielfach unerbittliche Natur erlaubt dennoch manche Transzendenz, wodurch aus Bildern Sinnbilder werden. Alliterationen, Assonanzen und einfallsreiche Wortschöpfungen charakterisieren ihn formal. Zur poetischen Domäne wurden Britting seine Tiergedichte. Man denke an *Federn, Nattern und Nesseln, Der Fasan, Kuckuck, Die Schlangenkönigin, Der Rabe* oder die Stilisierung des Hechts als „Raubritter“ mit „Unholdsaugen“, „unbeweglich, uralt, aus Metall, / Grünspanig von tausend Jahren“.

Ein religiös-allegorischer Zugang zur Fauna charakterisiert Elisabeth Langgässer. 1935 publizierte sie reizvolle *Tierkreisgedichte*. Ihre Kollegin Gertrud Kolmar wiederum unterlegte der Natur in *Die Frau und die Tiere* moralische Bedeutung. Der Band erschien 1938 im Jüdischen Buchverlag Erwin Löwe als letztem Publikationsreservat der Dichterin. Darin identifizierte sie sich in existenzbedrohter Klause mit meist wenig geschätzten Kreaturen wie Kröten *(Die Häßliche, Die Unke)* oder Schlangen. „Den Räuber hüllt prunkendes Pelzwerk“, klagt sie, doch der „Schleiche" habe ihr Schöpfer „die Füße ausgerenkt". „Nun wartet sie vor ihm im Staube, daß er ihr Flügel schenkt." *Die Ottern* wiederum avancieren zu „Königinnen"; ihr Gift schleiche in den unterirdischen Kerker zu den Gefangenen und tröste sie.

Als exemplarischer Protagonist der Naturlyrik gilt Wilhelm Lehmann, der exakte biologische Beobachtung mit der Mythen- und Märchenwelt *(Oberon, Titurel)* verknüpfte. Besonders an seiner Person entzündete sich der Streit um diese Gattung. Noch 2005 spottete z. B. Hans Christoph Buch über Lehmanns „botanisierende Kraut- und Rübenlyrik" als „Absage an die Zeitläufte und Rückzug in blumenumrankte Innerlichkeit". Uwe-K. Ketelsen ging noch weiter und brandmarkte Lehmanns 1941 entstandenes Gedicht *Signale* als Zeugnis menschlicher Verstümmelung durch Empathieverlust: „In der Inhumanität der Zeit ist ein Dichter inhuman geworden."

Welche Schmähung! Denn worum ging es? Einmal mehr schlagwortartig um die „heile Welt", die Lehmann, fernab von Polit- und Kriegsschrecken, immer wieder in den Wäldern fand. In seinem *Sommergesicht* (1942) macht Göttin Natur das Schlachten um Troja vergessen. In *Heile Welt* (1942) spenden Pflanzen und Tiere Schlaf wie Baldrian. In *Signale* schließlich konterkariert ein beruhigender Vogelruf den zuvor imaginierten Todesschrei torpedierter Seeleute und führt zum Fazit: „Granaten und Schrapnells verzischen".

Diese gewaltsame Simplifikation (samt unfreiwillig komisch tönendem Kuckucksruf) mag poetisch fragwürdig sein. Doch gilt es verbal abzurüsten. Denn ihre Grundbotschaft taugt nicht zu so harscher Denunziation von seiten nachgeborener „Bewältiger". Es ging schließlich im Kern nie um mehr als ein seelisches Atemholen in einer unpolitischen Sphäre, die für Stunden von Alpdrücken befreite. Dieses Bedürfnis war übrigens auch satirischen Geistern wie Erich Kästner nicht fremd. Verkündete er doch 1936 in *Die Wälder schweigen* bei aller ironischen Einkleidung explizit: „Dort, wo die Gräser wie Bekannte nicken / und wo die Spinnen seidne Strümpfe stricken, / wird man gesund."

Günter Eich, ein anderer Naturdichter, verlor in jenen Jahren jedoch sein Zutrauen in die Natur. In Texten wie *Truppenübungsplatz* (entstanden vermutlich 1940) oder *Beim Telegrafenbau* (verfaßt 1944/45) erschien sie ihm zunehmend als unstimmige Fassade einer technisch-militärischen Verheerung. Von ihm wird noch zu reden sein.

Heiteres und Bissiges • Eugen Roth, Fred Endrikat, Werner Finck u. a.

Daß Lachen gesund sei, gehört zu den Binsenweisheiten täglichen Lebens, selbst wenn es nur kurzfristig befreit oder sich zuweilen zur Grimasse verzerrt, weil darin zuviel Bitteres enthalten ist. Solchem urmenschlichen Bedürfnis entsprachen Autoren auch im „Dritten Reich", zuweilen in explizit therapeutischer Absicht. So schrieb etwa der Großmeister humoristischer Dichtung, Eugen Roth, der 1935 mit der Sammlung *Ein Mensch* schlagartig berühmt wurde, 1939 mit *Der Wunderdoktor* einen weiteren Bestseller dieser Art. Sein Vorwort zeigt das Programm:

Drum lest und lacht – denn, Gott sei Dank,
Es lacht so leicht sich keiner krank.
Doch freuen sollt mich's, wenn durch Lesen
Und Lachen mancher sollt' genesen!

Roths heitere Verse behandelten Zahn-, Stabs- und andere Ärzte, Wunderheiler und Scheintote, „Roh-Köstliches" und zahlreiche

Formen von Gebrechen, von Schnupfen und Bluthochdruck über „Geschwülste“ bis zu „Windigem“ („Ach, welcher unverdienten Schmähung / Ist ausgesetzt die arme Blähung!“). In *Erkenntnis* faßt er so genial wie lakonisch zusammen: „Zwei Dinge trüben sich beim Kranken: / a) Der Urin, b) die Gedanken.“ *Antike Weisheit* konstatiert:

Im Altertum schon steht geschrieben,
Daß jung stirbt, wen die Götter lieben –
Womit sie nicht gleich jeden hassen,
Den sie noch länger leben lassen.

Zuweilen mischt sich Sarkasmus in den Spott, wie in *Traurige Wahrheit:*

Oft geht uns was durch Mark und Knochen,
Das Rückgrat selbst wird uns gebrochen.
So was trifft andre nicht so schwer:
Sie haben längst kein Rückgrat mehr.

Seinem Erfolgsband *Ein Mensch* (mit insgesamt 450 000 Buchkäufern) hatte Roth übrigens das melancholische Motto vorangestellt:

Ein Mensch erblickt das Licht der Welt –
Doch oft hat sich herausgestellt
Nach manchem trüb verbrachten Jahr,
Daß dies der einzige Lichtblick war.

Eine weitere Sammlung, die vom Heilaspekt der Poesie ausging, nannte sich *Doktor Erich Kästners Lyrische Hausapotheke.* Sie präsentierte als Rezeptur gegen Dutzende von körperlichen wie seelischen

Leiden Gedichte als Arznei. Wegen Kästners Schreibverbot konnte der Band 1936 nur in der Schweiz erscheinen und enthielt meist früher Verfaßtes. Unter den neuen Gedichten verdienen jedoch einige durchaus Beachtung, allen voran der *Moral* betitelte aphoristische Evergreen: „Es gibt nichts Gutes / außer: Man tut es." Auch besinnliche Texte sind darunter wie *Des Vetters Eckfenster, Alte Frau auf dem Friedhof* oder *Das Altersheim. Im Auto über Land,* eine artistisch gelungene, lässige und zugleich liebevolle Momentaufnahme von Mensch und Natur, errang später zu Recht den Status eines Schulbuchklassikers:

An besonders schönen Tagen
ist der Himmel sozusagen
wie aus blauem Porzellan.
Und die Federwolken gleichen
weißen, zart getuschten Zeichen,
wie wir sie auf Schalen sahn.

Alle Welt fühlt sich gehoben,
blinzelt glücklich schräg nach oben
und bewundert die Natur.
Vater ruft, direkt verwegen:
„N Wetter, glatt zum Eierlegen!"
(Na, er renommiert wohl nur.)

Wilhelm Busch und Christian Morgenstern mit seiner sprachspielerischen Unsinnspoesie sind Vorbilder für etliche Versemacher, die sich sogar in Kreisen der Luftwaffe fanden. Davon zeugt der von Paul Georg Ehrhardt ergänzte Nachdruck von *Palmström als Flieger* aus dem Jahr 1942. Auch Werner Fincks *Der Mond* verrät Morgensterns Einfluß:

Er kann schon was, wenn man bedenkt,
Daß er die ganze Nacht
So selbstverständlich oben hängt,
Und gar nicht festgemacht.

Desgleichen Moritz Jahn, dessen in Morgensterns Geist 1931 geschaffener *Unkepunz* 1937 erweitert wieder erschien, und zwar mit folgendem Vorspruch:

Heute mach ich, froh und weise,
Mich zum andern auf die Reise.
Hör es, Land, und merk es, Stadt:
Gruß dem, der mich längst schon hat!

Auch Peter Gans Sammlung *Die Windrose* (1935) steht in solcher Tradition, darunter etwa Hymen an den *Landwehrmann Klinke* oder den *Bedrängten Dichter*:

Singe, Muse, eines Biedermannes,
eines Zeitgenossen Seelenpein!
Ist sein Schicksal auch privat, so kann es
doch am Ende unterrichtend sein.

Als weiterer Morgenstern-Adept zeigte sich Fred Endrikat, wenn er unter anderen Kuriositäten ein „Wassernixlein“ bedichtet, das auf einem „Wasserröslein“ nach einem Wasserfloh sucht. Sein Gedichtband *Die lustige Arche* (1935) trägt übrigens das Motto: „Die besten Menschen auf der Erde / das sind die Hunde und die Pferde.“ Auch Dr. Owlglass alias Hans Erich Blaich gehörte mit *Idyllen und Katastrophen* (1941) in den Reigen sprachverliebter Spötter:

Wie lieblich ist doch anzusehen
das Minnespiel der zwei Kakteen! [...]
Stumm finden Kaktus sich und Kakta
nach dem Prinzip: loquuntur facta.

In *Diogenes* wird es derber, als der – vor seiner Tonne Erbsenbrei verdauende – Philosoph von einem Literaten behelligt wird, der ihn nach seinem Weltsystem befragt. Darauf läßt der in seiner Mittagsruhe Gestörte „die Erbsen für sich sprechen“:

Wodurch es denn zustande kam,
daß jener schleunigst Abschied nahm
und den, der ihn so tief verletzte,
ins Reich der Zyniker versetzte.

Als Groteske endet Blaichs Ballade *Die treue Gattin*. Diese Treusorgende umhäkelt liebevoll sämtliche Gegenstände des Hauses. Als ihr Ehemann sich deshalb zu Tode ärgert, erhält er einen Leichenstein, der mit einem „kunstreich gehäkelten Schoner“ geschmückt wird.

Beim Übergang vom humoristischen zum satirisch-polemischen Zeitgedicht setzte die Zensur allerdings Grenzen, so daß dieses Genre eher die Domäne der Exilanten blieb. Dennoch finden sich immer wieder Nadelstiche gegen das Regime, die von einem wachen Publikum durchaus geschätzt waren. So reimte etwa Fred Endrikat in *Nörgler hinterm Ofen*:

Der Herbst ist da. Ach ja, nun muß man frieren.
Der letzte Brocken Kohle wird zum Teufel gehn.
Die Zeit ist schlecht. Man muß den Mut verlieren.

Sogar die kleinen Vögel emigrieren.
Wer weiß, wer weiß, ob wir sie jemals wiedersehn.

Und Peter Scher riet 1940 in *Gerade dies* seinem Nachwuchs:

Werde, Kind, ein wenig weiser,
rede, Schreihals, etwas leiser;
eines Tages bist auch du besiegt,
mußt bejahen, was du stets verneint,
und trotz Sträubens einmal doch verstehn:
Daß, je näher liegend etwas scheint,
in der Regel umso ferner liegt.

Dr. Owlglass verbreitete sich 1941 im Dezember-Heft des *Simplicissimus* über zwei unterschiedliche Arten zu schweigen. Risikoscheuen empfahl er, „den Schnabel" zu halten. Und in der „Katakombe" lief 1935 noch eine Erich-Kästner-Nummer *(Der Gesang vom Singen)*, deren demonstrative Unverfänglichkeit schon wieder nach verstecktem Tiefsinn fahnden ließ. Dabei unterlagen Kabarett-Künstler, zu denen auch der in den Enddreißigern debütierende Heinz Erhardt zählte, besonderer Beobachtung durch Zensurgewaltige. Ihre Existenz war durch die ständige Drohung drastischer Eingriffe geprägt. Attacken durch Goebbels oder *Das schwarze Korps*, wo man einen „geistigen Schuttabladeplatz" oder „morbide Geistesblüten" ausmachte, waren an der Tagesordnung. Aber Auftrittsverbote, Gestapo- oder KZ-Haft verbanden sich zuweilen mit heimlichen Sympathiebekundungen durch NS-Größen, Einsätzen bei Parteiveranstaltungen sowie in diversen Soldatenkabaretts.

Einer der ganz Großen, der dieses Vabanquespiel beherrschte, war der Star der bald verbotenen „Katakombe": Werner Finck.

Exemplarisch zeigt ihn *Das Kautschbrevier* (1938) mit dem Gedicht *Gang durch die Kuhherde* oder die riskante Bühnennummer *Silvester 1944*. Als er 1942, gerade auf Fronturlaub aus Rußland zurück, einmal mehr in Gestapohaft saß, entstand das anrührende Gedicht an seinen noch unmündigen Sohn Hans Werner – eine Ehrenrettung der ganzen Zunft und ein Plädoyer für Meinungsfreiheit in totalitären Zeiten, das uns auch heute wieder zunehmend angeht:

Du brauchst dich deines Vaters nicht zu schämen,
Mein Sohn.
Und wenn sie dich einmal beiseite nehmen
Und dann auf mancherlei zu sprechen kämen,
Sei stolz, mein Sohn.

Sie haben deinem Vater reichlich zugesetzt,
Mein Sohn.
Ihn ein- und ausgesperrt und abgesetzt,
Sie haben manchen Hund auf ihn gehetzt –
Paß auf, mein Sohn:

Dein Vater hat gestohlen nicht und nicht betrogen,
Er ist nur gern mit Pfeil und Bogen
Als Freischütz auf die Phrasenjagd gezogen –
Und so, mein Sohn,

Kannst du den Leuten ruhig in die Augen gucken,
Mein Sohn.
Brauchst, wenn sie fragen, nicht zusammenzucken.
Ich ließ mir ungern in die Suppe spucken,
Das war's mein Sohn.

Wie vieles hat der Wind nun schon verweht,
Mein Sohn.
Der Wind, nach dem ich mich noch nie gedreht –
Daß dir mein Name einmal nicht im Wege steht,
Gib Gott, mein Sohn

Kriegslyrik • Bruno Goetz, Georg von der Vring, Wolfgang Borchert u. a.

Nicht zuletzt Weltkriegslyrik widerlegt die verbreitete Vorstellung, erst der Umschwung nach 1945 hätte einen neuen Ton in die formal erstarrte Literaturszene gebracht. Denn spätestens seit Beginn der 1940er mehren sich Texte, die selbst bundesrepublikanischen Modernitätskriterien entsprechen und sich von heroischer, Hölderlin imitierender NS-Offizialkunst deutlich unterscheiden. Zwar schrieben auch seriösere Autoren der Erster-Weltkrieg-Generation wie F. G. Jünger, Britting, Bergengruen (*Der erste Patrouillenritt*, 1936) und Hans Leip (*Soldat*, 1942) noch weitgehend in den Traditionen erneuerter Klassik. Doch bereits Bruno Goetz und besonders Georg von der Vring erweiterten ihren Formenkanon darüber hinaus oder konterkarierten das Pathos lyrischer Helden- und Totenfeiern mit desillusionierenden veristischen Effekten.

Bereits 1935 publiziert Goetz in *Das heile Wort* einen Kriegszyklus, der zwar in der poetischen *Verklärung* eines geliebten Toten schließt. Aber was er zuvor präsentiert, ist an Nüchternheit kaum zu überbieten. Das im Kollektivtod endende Gedicht *Soldaten* belegt es stellvertretend:

Kamerad! Kamerad!
– Wer ruft? –
Fremd ist alles.
Frost ist um uns.
Wir sind hart.

Kamerad! Kamerad!
– Wer ruft? –
Fern ist alles.
Tod ist um uns.
Wir sind blind.

Kamerad! Kamerad!
– Wer ruft? –
Nah ist alles.
Schlaf ist um uns.
Wir sind frei.

Die gewonnene „Freiheit" findet sich also erst im Tod. Das ähnlich gestimmte Gedicht *Der Weg der Toten* zeigt Gefallene, noch im Jenseits im eisigen Sturmwind zitternd, angesichts eines Gottes, der „mit leeren offnen Augen" schläft. Ästhetisch schulebildend wirkten vor allem Soldatenlieder Georg von der Vrings, publiziert 1939 im Band *Dumpfe Trommel, schlag an!* Darin befinden sich balladen- oder volksliedhafte, oftmals völkerverbindende Verse vom gemeinsamen Leid an der Front, so etwa in *Das Grab im Graben:*

Er ruhte bei uns in der Grabenwand,
Lyonel Dodd aus Brighton.
Es war der Name ins Kreuz gebrannt:
Lyonel Dodd aus Brighton. [...]

Für den war der Schuß nicht abgesandt,
Hört ich später im Graben sagen.
Er kam ja von euch übers Niemandsland,
Lyonel Dodd aus Brighton.

Uns machte der Schuß miteinander bekannt
Im Wald Polygon, wo wir lagen,
Denn mich grüßte die Hand, und mein Herz hat gebrannt,
Lyonel Dodd aus Brighton.

Es werden bekannt, die im Sterben verwandt,
Und sie sagen es nicht, wenn sie klagen.
Ich begrub deine Hand, und dein Gruß, er entschwand,
Lyonel Dodd aus Brighton.

Noch schmuckloser wirkt ein Gedicht, das wie folgt beginnt:

Ich bin ein M. G.-Schütze
Vor Douaumont und Vaux:
Ich fresse meine Grütze
Und sterbe wie ein Floh.

Es endet übrigens mit der wenig optimistischen Verheißung:

Ob heute oder morgen
Ist noch nicht ausgemacht;
Ob morgen, übermorgen,
Bei Tage, oder Nacht.

Ein weiteres Lied *(Das Häuschen)* gilt der Latrine:

Am Kap da steht ein Häuschen
Zu täglichem Gebrauch,
Da wohnen keine Mäuschen
Und keine Ratten auch.

Das Häuschen, schief und putzig,
Von Splittern ganz durchsiebt,
Erlauf ich und benutz ich,
So oft es mir beliebt.

Auch hier fehlt ein Happy-End:

Die Hoffnung geht in Scherben.
Dreckerde fliegt und Schnee.
O sterben und verderben
Im windigen Privé!

Für kritische Autoren der jüngeren Generation, von Wolfgang Borchert bis Ernst Jandl, wurde ein solcher schnoddrig-unheroischer Zungenschlag zum Markenzeichen, idealtypisch in Borcherts *Brief aus Rußland:*

Man wird tierisch.
Das macht die eisenhaltige
Luft. Aber das faltige
Herz fühlt manchmal noch lyrisch.
Ein Stahlhelm im Morgensonnenschimmer.
En Buchfink singt und der Helm rostet.
Was wohl zu Hause ein Zimmer
mit Bett und warm Wasser kostet? [...]
Hast du noch ein Stück Brot?
Morgen nehmen wir den Wald.
Aber das Leben ist hier so tot.
Selbst die Sterne sind fremd und kalt.
Und die Häuser sind
so zufällig gebaut.
Nur manchmal siehst du ein Kind,
das hat wunderbare Haut.

Als er den Text 1943 in einem Hamburger Kabarett vortrug, rief ein Zuschauer, „Kleiner, du mußt mal an die Ostfront", worauf Borchert replizierte: „Bin ich schon gewesen." Auch offizielle Drohgesten mehrten sich, sobald Texte allzusehr vom Ideal der „Stählernen Romantik" abwichen und die Beschwörung kriegerischen Elends sich dem Defaitismus näherte. 1941 wurde Alexander Lernet-Holenia von der *Weltliteratur* gerüffelt, sein empathisches Lied eines Soldaten, der den eigenen Tod besingt (*Soldatenlieder* II), erinnere an den „Kitsch Heinrich Heine'scher Prägung".

Selbst Brittings Weltkriegs-Erinnerungsgedicht *Die freiwilligen Knaben* (1939) wurde als „aufreizende Entwürdigung der Toten von Langemarck" skandalisiert, was den Autor allerdings zu einer geharnischten Antwort an den Leiter des Kulturamts Wien veranlaßte. Das

Gedicht konfrontiert ahnungslose „bartlose“ Freiwillige, geführt von einem Altgedienten, der sich angesichts ihrer gerade einmal zehnwöchigen Ausbildung seine Gedanken macht. Nun stürmen Jung und Alt unterschiedslos in den Tod:

Und als sie dann sangen ihr großes Lied,
Durch die Rüben stolpernd,
Und fielen hin
Und sangen im Liegen weiter,
Sang der Landwehrmann mit.

Unterm fahlen, flandrischen Licht,
Als die Granaten rauschten,
Da war sonst kein Unterschied.

Das Lied hat man weithin gehört,
Hat viele heiß aufgestört,
Die warn um die Ruhe gebracht:
So sangen die Knaben.

„Kahlschlag“-Lyrik datiert man meist auf die Zeit nach dem Zweiten Weltkrieg, verkündet z. B. durch die „Gruppe 47“. Doch einschlägige Gedichte wie Günter Eichs *Truppenübungsplatz, Puy de Dôme* und selbst die spektakuläre *Latrine,* die Hölderlin auf Urin reimt, entstanden vermutlich bereits während Eichs Grundausbildung 1940. *Beim Telegrafenbau* folgte 1944/45. Die neue Nüchternheit klang so:

Über dem stinkenden Graben
voll blutigem Kot und Urin,

umschwirrt von funkelnden Fliegen,
hocke ich in den Knien.

Im Fieber schallen im Ohre
mir Verse von Hölderlin.
Im Spiegelbild der Latrine
Die weißesten Wolken ziehn.

Stefan Georges Diktum: „Der alte Gott der Schlachten ist nicht mehr", das die antiquierte Schwert-Metaphorik etlicher Barden von 1914 auch ästhetisch begrub, forderte Konsequenzen. Gottfried Benn zog sie vielleicht am rigorosesten in dem 1938 geschriebenen, 1943 als Privatdruck verbreiteten *General*. Dieses metrisch bewußt ungefüge Prosagedicht reduziert den modernen Krieg auf ein möglichst effektives Logistikunternehmen:

Meine Herren –: Stichwort: Reginald!
Spannungsstufe III –, Sofortmassnahmen –!
Zwanzig Uhr Verladung der beschleunigten Divisionen! [...]
Spähtrupps –, mechanisierte Abteilungen [...]
die letzten zweihundert Meter
für die Infanterie!

Vernichtung! Ein Rausch die Gräben!
wenn Sie wollen, vorher doppelte Rumration.
Hinweis auf die Feldpolizei.
Gefangene –, Sie verstehn! Auf keinen Fall schriftlichen Befehl darüber!
Der Materialwert der Angrenzerländer
ist Reichsmark 10.000 für den Morgen,
in der Avenue de l'Opéra und den Docks von Bizerta wesentlich höher,

demnach Bomber nie zum Luftkampf
alle Last auf Produktionszentren! [...]
Meine Herren –, Sieg! Pylone, wenn Sie heimkehren
und ein ewiges Feuer den Toten!
Halsorden! Beinamen wie: „Löwe von –",
Nachrufe mit Stabreimen wie: „in Frieden und Front –"
Kranzschleifen bei Todesfall – – Lorbeer –, Mythen –!

Ich danke Ihnen, meine Herren! [...]
Und wer mich sucht,
im Gegensatz zum Weltkrieg
bei Kampfwagenangriff
im vordersten Tank! –

Was öffentlich zugängliche Kritik am Kriege betraf, ging keiner weiter als Hans Leip, den wohl seine Verfasserschaft der populären *Lili Marleen* weithin schützte. 1943 erschien sein Trauergedicht *Der Schutt,* das die geballte Erschütterung des Autors über Hamburgs Vernichtung durch Bomber artikuliert:

Und als ich über die Brücke kam,
Schutt, nichts als Schutt,
als ich über die tote Brücke kam,
da stand mein Vater und drohte mir,
als wollte er sagen: das dank ich dir!
Und suchte und suchte, was er nicht fand,
und hob gegen mich die alte Hand,
der ich im Wege stand.

In diesem Ton der Anklage, die sich ans lyrische Ich und nicht, wie damals eher zu erwarten, an die RAF-Piloten richtete, geht es weiter. Die weinende Mutter starrt ihren Sohn an, der verkohlte Bruder lacht ihn aus. Er begegnet seinen schwarzgekleideten Schwestern. Und auf dem „toten Schulhof", „da stand mein alter Lehrer so grau / und wußte das Gute und Böse genau / und wies mit dem Finger nach hier und dort / in der Menschheit Irrsinn und Brand und Mord / und fand kein Wort". Nur noch ein Restfünkchen Hoffnung glimmt zu guter Letzt über der „toten Stadt". Dieser Text stellte provozierend die Sinnfrage. Einen Schritt weiter begann der Widerstand. Auch der wurde als Ausnahme von Poeten offen formuliert.

Widerstand in Versen • Friedrich Georg Jünger, Reinhold Schneider, Gottfried Benn u. a.

Am 30. November 1934 notierte Thomas Mann in seinem Tagebuch: „Las in klassizistischen Gedichten eines F. G. Jünger [...], erschienen im ‚Widerstandsverlag' (!) Berlin, darin ein Stück ‚Der Mohn', von fabelhafter Aggressivität gegen die Machthaber, das ich, als die Meinen vom Theater zurückgekehrt waren, ihnen beim Abendessen zu allgemeinem Erstaunen vorlas." Die Verblüffung war verständlich über diesen literarischen Husarenritt, der in Exilkreisen sogar das Gerücht aufkommen ließ, sein Verfasser sei, der Verhaftung zuvorkommend, „nach Schweden geflohen". Das stimmte nicht. Erst diese Meldung des Pariser *Neuen Tage-Buchs* alarmierte die Gestapo und bescherte Friedrich Georg Jünger deren Besuch.

Zuvor war der Autor rund anderthalb Jahre unbehelligt geblieben, vor allem wohl wegen geschickter Tarnung. Denn nicht nur der Titel seiner Elegie wirkte unspektakulär und ließ konventionelle

Blumenverse erwarten. Das gleiche galt für den Titel des Sammelbands, der schlicht *Gedichte* hieß. Erst auf Seite 60 stieß der Leser auf *Mohn,* versteckt zwischen der poetischen Reminiszenz an Jüngers Heimatlandschaft samt historischer Erinnerung an Widukind und einer gängigen Hymne *An den Wein.*

Jüngers Text verbindet einen wehmütigen Rückblick auf bessere Tage mit einer äußerst polemischen zeitgenössischen Lageskizze. In ihr spielte der Autor mit bemerkenswertem Freimut auf die Machtergreifung im Januar 1933 und den sich anschließenden Meinungsterror an, den „Röhm-Putsch“ sowie das Exil bedeutender Geister:

Schärfer als Feuer und Stahl kränkt uns das Niedere doch.
Wirft es zur Herrschaft sich auf, befiehlt es, so fliehen die Musen. [...]
Oft schon herrschten Tribunen, es floh in die lieblose Fremde
Finster Coriolan, fort ging der edlere Mann.
Prahlend blieb der Schwätzer zurück, umjauchzt von der Menge.
Histrionengeschmeiß spreizt sich auf hohem Kothurn.

Der Vorwurf des Histrionentums, d. h. politischer Schauspielerei, ist ein gängiges Deutungsmuster konservativer Kritik, wie das der Illegitimität demagogischer Herrschaft im Stile der Volkstribunen. Coriolan war der Sage nach ein römischer Feldherr, der, von den Plebejern verbannt, mit Heeresmacht heimkehrte und die Strafaktion erst auf Fürsprache seiner Mutter abbrach. Ein weiterer Jüngerscher Tadel galt innenpolitischen Verfolgungen:

Lauter als der Cherusker, der Romas stolze Legionen
Weihte der Nacht und dem Tod, stimmen den Siegruf sie an.
Habt ihr feindliche Heere geschlagen, die Fürsten gefangen,

Risset ihr Ketten entzwei, die euch der Sieger gestückt?
Nein, sie bejubeln den Sieg, der über Brüder erfochten.

Zudem beklagt der Autor in bewegenden Distichen die aufgeputschte Atmosphäre im Land. Sie dulde kein Abseitsstehen, sondern nur blinde Zustimmung in „ruhmloser Trunkenheit". Entsprechende Vorwürfe fallen wie Hammerschläge: „Nimmer duld ich Gelassene. Schweigsame ähneln Verrätern, / Immer triefe die Stirn, rinne vom Beifall der Schweiß." Oder: „Selbstlob flicht die gewaltigsten Kränze. Die ältesten Eichen / Stehen entlaubt schon und kahl, jeglicher Lorbeer ward Kranz." Die größte Provokation jedoch bestand in folgenden abfälligen Versen, formuliert in einem medialen Umfeld, das in Hitler den größten Rhetor aller Zeiten feierte, gefolgt von Goebbels und Göring:

Widrig ist mir der Redner Geschlecht. Kalekutische Hähne
Höre ich kollern am Markt, höre ich scharren am Platz.
Gaukler treiben mit Worten ihr Wesen, Lügner sie deuteln,
Retter, sie retten den Trug, Ärzte, sie scheuen den Tod.
Wollt ihr betrügen das Volk, so schmeichelt ihm schamlos und lobt es,
Dient ihm mit Worten zuerst, eh ihr es redend beherrscht.

F. G. Jünger war ein Lyriker von Rang und ein mutiger dazu. Wohl von keinem Poeten dieser Zeit gibt es so zahlreiche öffentliche Bekundungen des Nonkonformismus bzw. der Gefolgschaftsverweigerung gegenüber den „Mandarinen" aller Zeiten. „Keinem dienstbar" zu sein, heißt die Devise seines 1937 erschienenen *Abschiedslieds:*

Ruhm nicht bringt es, eure Schlachten
Mitzuschlagen.

Eure Siege sind verächtlich
Wie die Niederlagen.

Vom Widerstand zeugt auch *Der Assassine* (1940), ein Lobpreis todesmutiger Attentäter, vor denen sich die Fürsten aller Zeiten vergeblich zu schützen suchen. War Jüngers Courage singulär? Bei allen besonderen Verdiensten nicht gänzlich. Auch Werner Bergengruen engagierte sich mit dem 1937 (in Österreich publizierten) Gedichtband *Der ewige Kaiser*. Er erschien allerdings anonym und brachte als Folge des „Anschlusses" seinen nun enttarnten Verfasser in erhebliche Bedrängnis. Ein Leitgedicht darin, *Das Dauernde,* begann mit den Versen:

Erblosen Todes sterben die Tyrannen.
Tribunen zeugen nicht.
Und die der Tausende Gehör gewannen,
gewannen sich Gericht.

Auch Bergengruens Tribunen-Kritik bestritt Hitler die Legitimität und kombinierte dies mit zeittypischer Polemik in bezug auf die Ehelosigkeit des „Führers". Darüber hinaus hatte der baltische Autor schon kurz nach Hitlers Regierungsantritt diesen im Schüttelreim *Auf Schicklgruber* verspottet, den sein Dichter-Nachbar Horst Lange später wie folgt rekonstruierte:

Ober-Horn-Ochs Deiner Rinder-Masse,
Ober-Abgott Deiner Minder-Rasse!
Taugst fü(h)rwahr zum Strohbrand-Schürer fein,
Führer, sprich: wo ist Dein Führer-Schein?

Auch zahlreiche Sonette Reinhold Schneiders waren unschwer auf Hitler zu beziehen, so z. B. das 1939 publizierte mit dem Titel *Der Antichrist*:

Er wird sich kleiden in des Herrn Gestalt,
Und Seine heilige Sprache wird er sprechen
Und Seines Richteramtes sich erfrechen
Und übers Volk erlangen die Gewalt.

Und Priester werden, wenn sein Ruf erschallt,
Zu seinen Füßen ihr Gerät zerbrechen,
Die Künstler und die Weisen mit ihm zechen,
Um den sein Lob aus Künstlermunde hallt.

Und niemand ahnt, daß Satan aus ihm spricht
Und seines Tempels Wunderbau zum Preis
Die Seelen fordert, die er eingefangen;

Erst wenn er aufwärts fahren will ins Licht,
Wird ihn der Blitzstrahl aus dem höchsten Kreis
Ins Dunkel schleudern, wo er ausgegangen.

Ein weiteres Sonett, *Der Getriebene* (1944), komplettierte die Schelte:

Er kommt auf heißen Rädern hergeflogen,
Vom Wahn gepeinigt und vom Wahn gefeit,
Indes ihn aufgeregtes Volk umschreit,
Aus dem er gierig seine Kraft gesogen.

1944 erschien im Band *Herbstfeuer* Ricarda Huchs Text *Mein Herz, mein Löwe, hält seine Beute fest,* ein bekennendes Haßgedicht gegen alles Böse, das ihr in den bislang knapp zwölf Jahren widerfahren war. Es kulminiert in den Versen:

Und hätte Gott selbst so viel Huld,
Zu waschen die blutrote Schuld,
Bis der Schandfleck verblaßte –
Mein Herz wird hassen, was es haßte.

Nicht weniger grimmig fiel Benns auf den 20. April 1941 (Hitlers Geburtstag) datiertes Wutgedicht *Monolog* aus. Der Autor tarnte den bei sich aufbewahrten brisanten Text sicherheitshalber als angebliche Übersetzung eines unbekannten Engländers. Doch ließ er ihn 1943 immerhin in seinem – auf 100 Exemplare geschätzten – Privatdruck *Zweiundzwanzig Gedichte* setzen, den er engen Vertrauten zusandte. Der Ton war drastisch:

Den Darm mit Rotz genährt, das Hirn mit Lügen, –
erwählte Völker Narren eines Clown's,
in Späße, Sternelesen, Vogelzug
den eigenen Unrat deutend! Sklaven –,
aus kalten Ländern und aus glühenden,
immer mehr Sklaven, ungezieferschwere,
hungernde, peitschenüberschwungene Haufen:
dann schwillt das Eigene an, der eigene Flaum,
der grindige, zum Barte des Propheten!

Keine dichterische Offenbarung, aber eine des Mutes erlebten am 10. November 1934 in Marbach Teilnehmer der dortigen Schiller-Jubiläumsfeier. Damals betrat Oberleutnant Hans Burrer programmwidrig die Rednertribüne und rezitierte zwei seiner Gedichte mit den Titeln *An den Genius Schiller's* und *An Deutschland.* Sie beschworen Blitze auf ein Land, das „der nazistische Wahnsinn“ beherrsche. Für das „heilige deutsche Vaterland der Freiheit“ sei nun mit Pauken, Trommeln und Fahnen der „Tag des Todes“ angebrochen. Burrer wurde sofort verhaftet und in Stuttgart vor ein Sondergericht gestellt.

Glimpflicher erging es Ernst Jandl, als er im Februar 1944 im Rahmen der Feier eines Lehrgangs für Reserveoffiziersanwärter sein wahrlich aufmüpfiges Gedicht vortrug:

Kotverkrustet, ausgemergelt,
wankt in wundenmüdem Tritt
graues Heer durch graue Strassen
und ich wanke mit ……

Lippen, schmerzensmüd zerbissen,
Haar zerrauft und stur der Blick,
lumpeneingehüllt, zerrissen –
stumm wanke ich mit ……

Weiter geht es. Endlos, ewig
pulst der gleiche dumpfe Schritt
durch die Menschen aller Zeiten.
Doch ich – geh nicht ewig mit.

Was nun geschah, berichtete der Dichter im Rückblick selbst, und es erstaunt nicht weniger. Es erhoben sich danach „die Offiziere wortlos und verließen, gefolgt von den Feldwebeln und Unteroffizieren, den Raum. Damit war die Feier beendet, und keiner der im Festsaal Zurückgebliebenen machte mir einen Vorwurf.“

Pragmatische Texte

Die unterschätze Fülle • Essays, Tage- und Reisebücher

Ergänzen wir die exemplarische Sichtung der belletristischen Grundgattungen durch einen Blick auf Essays, Tage- und Reisebücher, Besprechungen und Mischformen von Fachprosa. (Die Literaturwissenschaft hat dafür den Terminus „pragmatische Texte bzw. Textsorten" eingeführt.) Eine Auswahl der hier Genannten hat angesichts der – momentan kaum überschaubaren – Fülle an Essays etwas eklektisch Ungerechtes, da zweifellos auch Wichtiges unerwähnt bleiben muß. Starten wir gleichwohl exemplarisch mit der von Oskar Loerke und Peter Suhrkamp edierten zweibändigen Anthologie *Deutscher Geist*. Sie erschien im Frühjahr 1940 in 50 000 Exemplaren und erlebte 1942 zusätzlich eine Feldpostausgabe. Als umfangreiches *Lesebuch aus zwei Jahrhunderten* bewahrte es die respektable Kulturtradition. Ihre Herausgeber konzipierten es schließlich als Denkmal, „sichtbar für die übrige Welt, zur Erinnerung, Anregung und Stärkung für die gegenwärtigen Deutschen".

Auch Erstpublikationen niveauvoller Essays finden sich zuhauf, darunter zahllose Literaturberichte bzw. Würdigungen von Autoren und Werken, die sich zuweilen zu kleinen Essays mit besonderen Schwerpunkten weiteten. Gedruckt wurden sie z. B. in Organen wie *Das innere Reich, Corona, Die Neue Rundschau, Hochland, Kölnische Zeitung, Deutsche Rundschau* und *Frankfurter Zeitung,* und sie stammten etwa von Hermann Hesse, Hermann Stresau, Peter Suhrkamp, Karl Korn, Hans Paeschke, Rudolf Kayser und nicht zuletzt Otto Flake, der zudem Mitte 1944 eine umfangreiche Nietzsche-Studie beendete:

Rückblick auf eine Philosophie. Sie war zunächst für die Schublade verfaßt und erschien erst 1946.

In der *Neuen Rundschau* kamen im zweiten Halbjahr 1933 bzw. ersten Halbjahr 1934 sogar noch Hermann Broch *(Das Böse im Wertsystem der Kunst)* oder Jakob Wassermann *(Humanität und Problem des Glaubens)* zu Wort. Innere Emigranten äußerten sich erhellend über Georg Trakl zu dessen 50. Todestag (Emil Barth, 1937), über *Humoristische Personifikation im „Don Quixote"* (Max Kommerell, 1938) oder über *Friedrich Rückert* (Oskar Loerke, 1939) und zu Bachs 250. Geburtstag (Loerke: *Das unsichtbare Reich*, 1935). Theodor Haecker diagnostizierte den Niedergang der immer blutrünstigeren Sprache durch „plebejische Gefühlstumulte" (*Das Chaos der Zeit*, 1933).

Ebenfalls aus christlicher Warte beschäftigte sich Karl Muth im Sammelband *Schöpfer und Magier* (1935) eingehend und anregend mit Klopstock, Goethe, Stefan George und der Verflachung des deutschen Sprachgeists. Rudolf Alexander Schröder würdigte 1935 *Das deutsche Kirchenlied*, Reinhold Schneider 1941 *Ignatius von Loyola*. Seine pantragische, seit Mitte der 1930er zunehmend christlich geprägte Geschichtsphilosophie äußerte sich zudem in Werken wie *Das Inselreich* (1936), *Kaiser Lothars Krone. Leben und Herrschaft Lothars von Supplinburg* (1937) und besonders *Macht und Gnade. Gestalten, Bilder und Werte in der Geschichte* (1940). Nicht von Belletristik, sondern einem hochgelobten nationalsozialistischen Machwerk handelt 1934 in der von Karl Muth herausgegebenen Zeitschrift *Hochland* die couragierte Auseinandersetzung des Benediktinerpaters Daniel Feuling mit Rosenbergs *Mythus des 20. Jahrhunderts (Um ein vielgelesenes Buch)*. Sie sei des Mutes wegen erwähnt.

Den kann man – wie immer man zu seinen irrationalen lebensphilosophischen Ansätzen steht – gewiß auch Hermann Graf Keyserling zugestehen, den in Deutschland bald ein Redeverbot ereilte.

Seine internationale Vernetzung wie seine Verwandtschaft mit den Bismarcks ermöglichten dennoch sporadische Veröffentlichungen wie *Das Buch vom persönlichen Leben* (1936, Neuausgabe Paris 1938) oder *Betrachtungen der Stille und Besinnlichkeit* (1941). Keyserling hatte Anstoß erregt als Pionier europäischen Einigungsstrebens, dem nationalstaatliches Denken wenig galt. Darüber hinaus forderte er eine Synthese von westlichem mit asiatischem Denken. Sein Buch von 1936 polemisierte einleitend gegen (sowjetisch-amerikanischen) „Insektismus“ respektive Neigungen zum „Termitenstaat“, was genügend Anspielungspotential auf deutsche Verhältnisse bot.

Auf Ernst Jüngers bedeutsame Essays kann hier nur gleichsam im Telegrammstil verwiesen werden. *Blätter und Steine* (1934) enthalten bissige regimekritische Aphorismen wie: „Die schlechte Rasse wird daran erkannt, daß sie sich durch den Vergleich mit anderen zu erhöhen, andere durch den Vergleich mit sich selbst zu erniedrigen sucht.“ *Das abenteuerliche Herz. Zweite Fassung* (1938) erweist sich als Fundgrube subversiven Schreibens unter den Bedingungen der Zensur und präsentiert mit *Der verlorene Posten* eine skizzenhafte Philosophie des Widerstands. *Der Friede* schließlich, 1943 beendet, kursierte 1944 in heimlichen Abschriften oppositioneller Militärs, bevor der Traktat 1948 publiziert werden konnte.

Eine Blüte erlebte fraglos das Tagebuch, von dem Ernst Jünger in den *Strahlungen* (1949) formulierte, es sei „im totalen Staat das letzte mögliche Gespräch“. Dieser – aus vier Teilen komponierte – Diarienband gilt Kennern als Musterbeispiel einer die Lage reflektierenden Bestandsaufnahme eines Unangepaßten. Bereits *Gärten und Straßen,* der 1942 erschienene erste Band, markiert den Perspektivenwechsel von der Warte des kampflustigen Kriegers zu der eines für das kollektive Leid der europäischen Tragödie empfänglichen Beobachters. Für die Umorientierung von Mars zu den Musen sendet der Text deutliche Signale. Widerständiges verbirgt sich in Hinweisen zur Entstehung der *Marmorklippen* oder subtilen Spitzen gegen die Regierung. Jüngers verdeckte Schreibweise belegt stellvertretend die Notiz vom 29. März 1940, die auf den 73. Psalm anspielt, in dem den hochmütigen Prahlern und Frevlern ein schreckliches Ende prophezeit wird. Ihre Streichung machte Goebbels später zur Bedingung einer Neuauflage.

Für Gerhard Nebels eigene Tagebücher (*Bei den nördlichen Hesperiden,* 1948; *Auf ausonischer Erde,* 1949; *Unter Partisanen und Kreuzfahrern,* 1950) war Jüngers Werk beispielgebend. Sie konnten während des „Dritten Reichs" natürlich nicht publiziert werden. Desgleichen Emil Barths *Lemuria* (1947) oder Ernst Wiecherts KZ-Bericht *Der Totenwald,* dessen Manuskript ähnlich wie Fritz Reck-Maleczewens *Tagebuch eines Verzweifelten* zum Schutz vergraben wurde. Weitere bemerkenswerte Aufzeichnungen Innerer Emigranten sind Ruth Andreas-Friedrichs *Der Schattenmann* (1947), Theodor Haeckers *Tag- und Nachtbücher* (1947), Jochen Kleppers *Unter dem Schatten deiner Flügel* (1956), Horst Langes *Tagebücher aus dem Zweiten Weltkrieg* (1979) oder Arnold Weiß-Rüthels *Nacht und Nebel. Aufzeichnungen aus fünf Jahren Schutzhaft* (1946). Nicht zu vergessen die Diarien von Oskar Loerke, Felix Hartlaub, Hermann Stresau und Viktor Klemperer. Als Versuch letztmöglicher Kommunikation in der Schlußphase der *Neuen Rundschau* sei auch auf Peter Suhrkamps 1943 erschienenes, dort publiziertes *Tagebuch des Zuschauers* verwiesen, dem etliche Folgen unter dem Titel *Der Zuschauer* vorausgingen.

Die Vorstellung, im „Dritten Reich" habe eine geistige (Selbst-)Einkerkerung geherrscht, ist verfehlt, zumal eine stark rezipierte Reiseliteratur den Blick ins Weite öffnete. Zwar beschränkten Devisenknappheit bzw. -verordnungen die früher üppigeren Möglichkeiten. Doch gab es für prominente literarische Globetrotter Ausnahmen, und „Kraft-durch-Freude"-Aktionen taten ein Übriges. Jedenfalls herrscht an zumindest flott geschriebenen Reisebüchern oder -Feuilletons kein Mangel in jener Zeit, zumal ein Verlag wie Atlantis solche Publikationen nachhaltig förderte.

Man schrieb über Frankreich (Irene Mertens: *Eine Deutsche erlebt Paris,* 1938), Italien (Walter Bauer: *Wanderer im Süden,* 1940; Stefan Andres: *Römischer Brief I – III,* 1941), Spanien (Peter Bamm und Bruno E. Werner), Norwegen (Ernst Jünger: *Myrdun,* 1943) und natürlich Griechenland. 1940 erschien Elisabeth von Glasenapps *Griechische Reise* mit engagiert christlichen wie ausgleichend feministischen Pointen, 1942 Erhart Kästners *Griechenland,* dessen stürmisch-sachkundige Liebeserklärung an Hellas vielleicht einige Zeitgeist-Devotionen kompensiert. Ähnliches gilt für Franz Spundas *Griechenland. Fahrten zu den alten Göttern* (1938): Das Buch des deutschmährischen Autors läßt realistische Reisebeschreibungen und kulturhistorische Betrachtungen in die packende Schilderung okkulter und ekstatischer Erfahrungen übergehen.

Andere berichteten aus Afrika (Norbert Jacques: *Afrikanisches Tagebuch,* 1936), Asien (Ilse Langner: *China-Tagebuch; Japan-Tagebuch,* 1939) oder vom Nordkap (Egon Vietta: *Empfindsame Reise nach Lappland,* 1937). Selbst Spitzbergens Winterdunkelheit wurde von Christiane Ritter heroisch ertragen und in einem 1938 erschienenen Report faszinierend veranschaulicht: *Eine Frau erlebt die Polarnacht.* Des weiteren genannt seien zwei facettenreiche Amerika-Einblicke: Alfons Paquets *Amerika unter dem Regenbogen* (1938) und Siegfried von Vegesacks *Unter fremden Sternen. Eine Reise nach Südamerika* (1938), die im Folgenden stellvertretend erläutert wird:

Anderthalb Jahre erkundete Vegesack Südamerika von Brasilien und Uruguay bis Paraguay, Argentinien und Chile. Er schilderte die ungeheuren Weiten dieses Halbkontinents, dessen Naturwunder, Mentalitäten, Speisen und Getränke, spektakuläre Treffen mit Menschen, Tieren und Sonderlingen aller Art. Er schwärmte über pittoreske Naturschönheiten, exotische Bäume und litt unter abenteuerlich-strapaziösen Reisebedingungen in Zügen, Schiffen, klapprigen Hupas oder Caminâos, auf Mulas und Pferden. Seine Impressionen sind im umfassenden Sinne Annäherungen an eine uns in vielerlei Hinsicht fremde Welt.

Dazu gehört der übermächtige Eindruck des Urwalds mit dessen undurchdringlich üppiger Vegetation sowie allerlei Gefahren. Der Autor bekennt sich zur gelegentlichen Abkehr von westlicher Rationalität. Doch fehlen auch staatspolitische und ökonomische Erwägungen nicht. Frei von Rassedünkel erzählt er liebevoll von Begegnungen mit Schwarzen oder prangert Tendenzen des Völkermords an den paraguayischen Guarani an. Daneben galt seine Sorge dem Überleben des Deutschtums in Südamerika. Er beschreibt den Balanceakt zwischen unfruchtbarer nationaler Abschottung und zukunftsweisender Integration ins Gastgeberland unter Bewahrung von Traditionen, wobei er dringend dazu rät, die Landessprache zu erlernen. Bestimmend war dabei sein Vergleich der alten und der neuen Heimat mit der Mutter und der Gattin. Auch die Liebe zu der Letztgenannten lösche ja die Mutterliebe nicht aus; „im menschlichen Herzen ist Raum für beide!“

Vom Tod in Allegorie, Prophetie und Bericht •
Dolf Sternberger, F. G. Jünger und Hans Erich Nossack

Eine subtile Auseinandersetzung mit der zeitgenössischen Lage bot 1935 Dolf Sternbergers kulturhistorische Skizze *Hohe See und Schiffbruch. Verwandlungen einer Allegorie,* wobei die Metapher vom Staatsschiff stets mitzudenken war. In diesem Sprachbild im Wandel der Zeiten entschlüsselte der Verfasser, worauf jene (gerade offiziell proklamierte) lebenssteigernde Risikoerhöhung hinauslief:

> *Denn wo immer heute die Idee des „gefährlichen Lebens" aufgebracht und verkündet wird, wo immer die Sicherungen des menschlichen Daseins, woran Jahrtausende gearbeitet haben, verkleinert, ja verhöhnt werden, wo immer man das Leben im Hause [...], das Glück der Einzelnen wie der Massen herabsetzt, die Möglichkeit der endlichen Ruhe und Heimat verwirft und Wagnis, Kampf, Unsicherheit der Existenz preist – da ist auch das Bild von stürmischer See und Havarie im Spiele.*

Die Deutlichkeit der Warnung ergibt sich erst aus dem hier isolierten Zitat, das zuvor durch sachkundige Auslegungen von Gemälden, Gedichten und philosophischen Thesen fast versteckt ist. Erst am Ende seines geistigen Tour d'Horizon kehrt Sternberger zu ihr zurück. Nietzsches momentan so geschätztes tragisches Scheitern, das „Glück zu verachten scheint", enthülle in Wahrheit nur Trostbilder, in denen reale Konflikte aufgefangen und „wirkliche Gefahren beschworen werden". Vielleicht sei der Umkehrschluß erlaubt, „daß dieser wirklichen Gefahren gerade derjenige ansichtig wird, der auf dem festen Lande mit allem Einsatz des Verstandes an seinem ‚Schneckenhause' baut?"

Sternberger liebte solche Verhüllungen, wie eine weitere doppelbödige – am 25. Dezember 1941 in der *Frankfurter Zeitung* erschienene –

Abhandlung zeigt: *Figuren der Fabel.* Darin sammelte der Autor mit philologischer Akribie zunächst Auslegungsvarianten zu bekannten Fabeln und destillierte daraus zeitgemäße „Lektionen". Wenn Fabeln etwas für die Praxis lehrten, heißt es, so gewiß „nicht das Gute oder Edle, sondern die Weltklugheit, die rechte Einschätzung einer Situation, eines Machtverhältnisses." Für Unterlegene empfehle sich daher ein geschickt-pragmatisches, sogar notgeboren opportunistisches Verhalten: „[…] sei ein Fuchs, wenn du mit dem Löwen zu Tische sitzest, sei ein Fuchs und kein Esel! Manch einer wird diese Moral zwar für unmoralisch erklären, aber sie ist immerhin ihre zweieinhalb Jahrtausend alt."

Insbesondere die Fabel vom Wolf und vom Lamm, deren schaurige Aktualisierung sich gerade in Form einer verschärften Kampagne gegen die Juden vollzog, widerlegte nach Sternberger jede Naivität darüber, daß Rechtsfragen für Mächtige mehr seien als Dekoration. Daß der Wolf also „ganz schamlos das Argument wechselt, wenn ihm das vorige aus der Hand geschlagen wird". So wenig gelte ihm Wahrheit bzw. eine „Aussage überhaupt". Gleichwohl verzichte die Macht auf diesen Schein von Rechtlichkeit nicht. Gewalt trete ja „gerade nicht in ihrer zwar schauderhaften, aber immerhin offenkundigen Nacktheit hervor", sondern kleide sich „in den Mantel des Rechts":

> *Sie erhebt ja gerade den Anspruch, nicht die Gewalt, sondern das Recht zu sein. Als ob sie wüßte, daß sie allein und ohne solchen Schein nicht bestehen könne; in all seiner Verderbtheit macht dieser Fabelwolf noch eine Reverenz vor dem Recht, indem er es mißbraucht. Das ist es aber, was den Wolf in der Praxis – „solche Wölfe findet man an allen Stätten" – erst so recht abscheulich macht und so gefährlich obendrein, denn es wird immer Esel genug geben […], die auf seine Rechtsgründe hereinfallen.*

Goebbels' Kommentar zu diesem Artikel lautete unter Anspielung auf jüngste Rückschläge im Rußland-Feldzug und den Kriegseintritt der USA: „Die Herren in der Eschenheimer Gasse wittern wohl Morgenluft?" Es bedurfte daher besonderer Intervention im Propagandaministerium, um Sternberger, der durch seine „nichtarische" Frau zusätzlich gefährdet war, die umgehende Frontversetzung zu ersparen.

Friedrich Georg Jüngers Stellung war seiner früheren nationalistischen Agitation wegen gefestigter, obwohl auch seine kritische Haltung zum Regime Beachtung fand. Seine Essays dieser Zeit schrieb er jedoch meist als Betrachtungen jenseits des Tages. Ein Hauptthema war Fortschrittsskepsis. Denn gegen Ende der 1930er Jahre wich seine frühere vitalistisch-aggressive antibürgerliche Technik-Bejahung der kulturkritischen Sorge. Er begriff die moderne Technik zwar weiterhin als zu tragendes Schicksal, aber zugleich als Menetekel.

Aus seinem 1939 verfaßten Großessay *Illusionen der Technik* erschien 1940 ein Teildruck unter dem Titel *Die tote Zeit* in *Corona,* der aus der Schweiz heraus betriebenen, aber in München verlegten Zeitschrift des Hofmannsthal-Kreises. Darin konstatiert er, daß die Teilnahme des geistigen Menschen am Maschinenwesen sich von Anfang an zu Recht mit einer „Vorahnung des Unheimlichen" verbunden habe. Denn Technik sei repressiv und ihre Perfektion kein wünschbares Ziel. Bereits die gleichförmige Zeitmessung verwandle menschliche Lebenszeit in „tote Zeit". „Die Maschine ist kein glückspendender Gott, und das Zeitalter der Technik endet in keinem friedlichen und liebenswürdigen Idyll", heißt es prophetisch. Ihre Macht müsse „zu allen Zeiten teuer bezahlt werden" durch „Stumpfsinn des Arbeits- und Erwerbslebens" und „Verödung des geistigen Lebens". Man lasse daher besser alle Zukunftsillusionen über ihre Segnungen fahren, insbesondere die eines „ruhigen Glücks". Denn was Technik entfeßle, sei keineswegs gebändigt und offenbare erst in seinem Endstadium die uns damit aufgebürdete ganze Last:

> *Gewaltige elementare Kräfte erfüllen bis zum Bersten die sinnreich erdachten Maschinen, die automatisch ihren gleichförmigen Arbeitsgang verrichten. Sie treiben sich in den Röhren, Kesseln, Rädern, Zuleitungen, Öfen umher, sie jagen durch den Kerker der Apparatur, die wie alle Gefängnisse von dem Eisen und Gitterwerk starrt, das die Gefangenen am Ausbruch verhindern soll. Wer aber hört nicht das Seufzen und Klagen dieser Gefangenen, ihr Rütteln und Toben, ihre sinnlose Wut, wenn er auf jene Fülle neuer und seltsamer Geräusche achtet, welche durch die Technik hervorgerufen werden.*

Auch Jüngers wachsendes Interesse am Mythos ist fortschrittsskeptisch grundiert. Sein 1942 erschienener Band *Griechische Götter. Apollon – Pan – Dionysos* wirft einleitend die Frage auf, „wie weit es eigentlich der prometheische Mensch" der Gegenwart in seiner alles überwölbenden Planungsrationalität „treiben wird". Im Essay repräsentiert Pan den ewigen Kreislauf der Natur und die vorzeitliche Wildnis, deren Mißachtung und Verheerung als Charakteristikum der Moderne nicht folgenlos bleibe. Vielmehr breite sich zunehmend „Dürre" aus, die in dem Maße zum Menschen „zurückkehren muß", wie dieser mit Pans Land Raubbau treibe.

Hier äußerte sich also eine frühe „Öko-Klage", wie Armin Mohler später in anderem Zusammenhang ironisch formulieren wird. Im übrigen gelingt – nach Jünger – Dionysos die Überwindung apollinischer Formsetzung nicht mehr als schlichte Rückkehr in Pans Reich, sondern allenfalls im festlichen Rausch. Der Essay *Die Titanen* (1944) wiederum bestätigt die Einschätzung des Prometheus als eines Wesens, das aus Menschen- und Freiheitsliebe den Erdbewohnen das Feuer brachte und sie zugleich als „Arbeiter" in

Katastrophen führt. Müssen sie nun doch den Gesetzen des Maschinenwesens gehorchen:

Dem Drange nach Erkenntnis der Natur ist, weil er auf Herrschaft geht und auf Unterwerfung sinnt, zugleich ein Zerstörendes eigen. [...] Es ist ein vulkanischer Mechanismus, der hier in Bewegung kommt, sich über die Erde ausdehnt und ihr seine Spuren eingräbt. Er hat etwas Unersättliches, alles Verschlingendes und ist von einer reißenden, explosiven Kraft. [...] Das rationale Denken, das diesen Mechanismus ersann, [...] ähnelt dem Kronos darin, daß er seine eigenen Kinder verschlingt.

Wer dächte bei solchen Beschwörungen im zeitlichen Kontext nicht an die durch chemische Gifte oder immer gewaltigere Explosivstoffe ermöglichten Vernichtungsorgien der Weltkriege. Ihre Hamburger Variante wurde in einem der eindrucksvollsten Texte der Epoche beschrieben. Er stammt von Hans Erich Nossack und trägt den lapidaren Titel *Der Untergang*. Bevor seine besonderen Qualitäten skizziert werden, ein kleiner Exkurs über eine der überflüssigsten – da nie mit der erforderlichen Offenheit und dem nötigen Komplexitätsbewußtsein geführten – Feuilleton-Kontroversen Ende der 1990er Jahre, angeregt vom Autor und Germanisten W. G. Sebald:

Dieser konstatierte – zweifelllos zu Recht – eine Lücke in der bundesrepublikanischen Gedächtniskultur bezüglich der (kriegsrechtlich ungedeckten) Flächenbombardements deutscher Städte im Zweiten Weltkrieg. Er behauptete zunächst fälschlicherweise, daß sich deutscherseits kaum nennenswerte Schilderungen davon fänden. Man habe, von Wirtschaftswundererfolgen bestärkt, die Terrorangriffe schlicht verdrängt, weil man nicht an dieses demütigende Erlebnis habe erinnert werden wollen. Letzteres ist im entscheidenden Punkt ungenau. Denn das, was inzwischen in der Tat erinnerungspolitisch von der Tagesordnung genommen wurde – sieht man von einer Pioniertat wie Jörg Friedrichs *Der Brand. Deutschland im Bombenkrieg* (2002) ab –, hat man nicht freiwillig aus dem Gedächtnis eliminiert. Es geschah vielmehr durch massiven direkten wie indirekten Druck. Zunächst seitens der Alliierten, dann durch die nachgeborenen Herrscher über den bundesrepublikanischen Diskurs, deren inkriminierende Reaktionen jeden ausgrenzten, der eine andere Gedächtniskultur pflegte. Exemplarisch gilt dies für Dresden.

Plausibler ist, was Sebald unter Stilgesichtspunkten moniert respektive zum Lobe Nossacks geschrieben hat. Denn dessen 1948 gedruckter Bericht über Hamburgs Zerstörung im Rahmen der am 24. Juli 1943 begonnenen Operation „Gomorrha" ist ein Dokument hohen Rangs und ein Denkmal zugleich. Ein durch Zufall Überlebender – das Ehepaar Nossack war gerade zur Erholung in ein 15 Kilometer entferntes Dorf gefahren und verlor deshalb nur ihre Wohnung und fast alle Habe – fühlte die Verpflichtung zur stellvertretenden Rechenschaft. Er verfaßte daher im November 1943 eine erinnernde Reflexion, um nach eigenen Angaben vom Gesamtschicksal nicht „überwältigt zu werden": „Ich habe das Gefühl, daß mir der Mund für alle Zeiten verschlossen bleiben würde, wenn ich nicht dies zuvor erledigte."

Solcher Emotionalität zum Trotz rühmten Interpreten am *Untergang* die nüchterne Beobachtung und die durch Befragungen erhärtete Zeugenschaft, die in der unterkühlten Sprache eines journalistischen oder gar polizeilichen Rapports Gestalt annahm. Die solcherart erstellte Soziologie des Verhaltens einer Bevölkerung unter Schock gehört zweifellos zu den Stärken des Texts. Literarisch fixiert wurde ein Ausnahmezustand, der weder durch Rebellion noch Feindeshaß gekennzeichnet war, sondern durch eine Art Staatsferne, die für Phrasen keinen Raum mehr bot. Darüber hinaus durch Sprachlosigkeit und Apathie:

In der Nacht schon und am frühen Morgen waren die ersten Flüchtlinge eingetroffen. Barfuß manche und im Hemd, so wie sie aus dem Bett auf die Straße gerannt waren. Sie brachten eine unheimliche Stille mit sich. Niemand wagte sie zu fragen, wenn sie stumm am Wegrand saßen; ja, nur ihnen Hilfe anzubieten, schien eine allzu laute Handlung. Dann kamen die Lastautos an. Die Leute hockten fremd darin. Wohin fahren wir? Warum halten wir? Laßt uns noch etwas schlafen! Ihre Hände umklammerten Bündel unverständlicher Habseligkeiten wie ein letztes Gewicht, das sie am Boden festhielt.

Nüchtern werden Details von Tod und Vernichtung mitgeteilt, Verluste bilanziert und Fragen gestellt von einem Erzähler, der selbst aus der Zeit und allem Sinn gefallen scheint und sich des Befremdenden und vielleicht Inkommensurablen seiner schriftstellerischen Rekonstruktionsversuche bewußt ist. Literarisierende oder mythisierende Deutungen des Geschehens gibt es gleichwohl, wenn z. B. an die *Odyssee* gedacht wird, an das Volkslied *Maikäfer, flieg,* die Sintflut oder den „Gang in die Unterwelt“:

Aber nun war nicht mehr die Zeit, wo man mit so kleinlichen Unterschieden rechnete wie dem zwischen Freund und Feind. Und plötzlich war alles in das milchige Licht der Unterwelt getaucht. Ein Scheinwerfer hinter mir suchte flach über dem Erdboden. Ich wandte mich erschrocken um, und da sah ich, daß selbst die Natur im Haß gegen sich selbst aufgestanden war. Zwei stammlose Kiefern hatten den friedlichen Bann ihres Daseins durchbrochen und sich in schwarze Wölfe verwandelt, die gierig nach der blutenden Mondsichel sprangen, die vor ihnen aufging.

Die konstatierte Sachlichkeit bedarf zudem der Ergänzung, daß der Text im Kern nicht zuletzt Selbstklärung ist und Distanzierungen enthält, die glücklicherweise nur ansatzweise Empathieverluste verraten.

Beachtung verdient auch die sorgsame Erzähldramaturgie, die mit der Ruhe vor dem Sturm einsetzt und, nur scheinbar offen, mit einem lakonischen Trümmer-Report endet. Kündet dieser schließlich symbolisch zugleich von blutiger Neugeburt.

Fast schon mit offenem Visier • Rudolf Pechel und Gerhard Nebel

Kein belletristischer Autor, aber einer, der die in den 1920er Jahren modische literarische Montagetechnik bestens beherrschte, war der Herausgeber der *Deutschen Rundschau,* Rudolf Pechel. Ein ungewöhnlich mutiger Mann, dessen 1948 publizierte Auswahl aus Texten der Jahre 1932–1942 *(Zwischen den Zeilen)* jedes Pauschalurteil über das Versagen deutscher Publizisten unterm Hakenkreuz als ignorantes oder politisch motiviertes Klischee erweist. Die Fülle der warnenden Diagnosen, Prophetien und harschen Urteile über Diktatorenallüren, mangelnde Zivilcourage, Konjunkturritter und Judenhetze – exemplarisch sein Statement zur Ritualmord-Nummer des *Stürmers* vom Juni 1934 oder sein impliziter Protest gegen die Einführung der Zwangsvornamen Sarah und Israel – frappiert immer aufs neue, wenn man bedenkt, unter welcher konkreten Bedrohung der Autor stand.

Dabei war er, im Kreis von Franz von Papen und Edgar Julius Jung beheimatet, gewiß kein Freund der Weimarer Republik und ihres kulturellen Linkstrends gewesen. Er begrüßte 1933 den nationalen Umschwung, weil er die Moskauer Revolutionsdrohung ernst nahm und ihn die als despektierlich empfundene Behandlung der Weltkriegsteilnehmer durch gewisse Republikaner und Revolutionäre empörte. Aber es gab nie einen Pechel, der Despotie rechtfertigte, Untertanengeist oder die unritterliche Praxis, Minderheiten zu drangsalieren.

Und im „Dritten Reich“ wurde dieser Nationalkonservative umgehend zum Verteidiger von Freiheit und Rechtsstaat, zu einer Kassandra der Diktatur, wobei er ein aufklärerisches Mittel zur Perfektion entwickelte: das Zitat, das durch Analogiebildung entlarvte.

Scharfzüngig geißelte er zugleich die Gegenwart, indem er sich von Erasmus bis Swift, von Görres bis Geibel, von Kant bis Laotse, Marc Aurel und Rivarol fremder Federn bediente. Er verglich historische Konstellationen und nutzte dabei immer wieder das Medium der Buchbesprechung, exemplarisch 1937, als er unter dem Titel *Sibirien* Iwan Solonewitschs *Die Verlorenen* rezensierte: die Leidenschronik eines geflohenen Gulag-Häftlings.

Von Anfang an klärte Pechel dabei die Lektürevoraussetzung durch Hinweis auf den epochenübergreifenden Charakter von Unterdrückung. Denn bei ähnlich gearteten geschichtlichen Vorgängen wiederholten sich „auch die politischen Begleitumstände in merkwürdiger Übereinstimmung von Peisistratos über Napoleon zu Stalin. Nur die Methoden verfeinern und verschärfen sich mit dem Fortschritt der Technik.“ Danach sprang er sofort in die Schilderung sowjetischer Terrormaßnahmen, die grundsätzlich jeden hätten treffen können, auch die „durch das Parteibuch Legitimierten“:

> *Die Folge einer Gesinnung, nach der schlechthin jeder als verdächtig erscheint, ist ein bis ins letzte durchgebildetes Spitzelsystem, das zur Verlumpung des ganzen Volkes führt. Die Bespitzelung dringt bis in die letzten Poren des Volksorganismus, jedes private Leben ist aufgehoben. […] Der Freund wird gegen den Freund, das Kind gegen die Eltern gehetzt. […] Die Eingekerkerten haben vor den in „Freiheit“ Befindlichen die Gewißheit ihres Loses voraus, […] da fällt jeder ideologische Zierat fort […]. Hier ist nicht mehr die Rede von „Heroismus“, „Begeisterung“, „Mystik“, „Volksseele“ und wie die gängigen Schlagworte alle heißen.*

Pechel referiert hier scheinbar ausschließlich dem Buch entnommene Fakten, Urteile und Formulierungen, aber er stärkt durch kleine Begriffsveränderungen – so wird etwa der „Genosse“ zum „Volksgenossen“ – die aktuellen Bezüge im Sinne eines subversiven Fazits, das sogar Praktiken der Inneren Emigration erwähnt:

> *Auf der einen Seite steht also die Partei mit ihrem Terrorapparat und das Lumpengesindel, auf der anderen Seite – das Volk. Das Volk, das ja immerhin den einen Vorzug hat, zahlenmäßig sehr viel größer zu sein als die Partei, hat sich, da aktiver Widerstand nicht möglich ist, Methoden der Anpassung, d. h. der Tarnung und des Ausweichens, geschaffen und bewahrt hierin seinen Widerstandswillen.*

Das polemische Verfahren, „Sowjetunion“ zu schreiben und „NS-Deutschland“ zu meinen, half der Absicherung. Aber es war natürlich auch für die Herrschenden durchschaubar, wie ein von der Gestapo in Auftrag gegebenes Gutachten des Reichsinnenministeriums belegt. Dieses attestierte dem Verfasser als schlimmem „Heimtücker“ eine juristisch kaum belangbare „geniale Photomontage“, die einen Zugriff zunächst verhinderte. Doch war er nun angezählt, und man setzte Agenten auf ihn an, zumal Pechel die Konfrontation noch steigerte. 1941 erschien *Bei Dr. Leete*, eine Erinnerung an Bellamys *Looking Backward* (1888) als Anlaß, sich die verhängnisvolle Wirkung von Utopien bewußt zu machen. Ein Bellamy unserer Tage, schrieb Pechel, zöge aktuell Bilanz, um die blutigen Folgen einer politischen Träumerei zu registrieren. „Unter der falschen Losung einer neuen Weltordnung“ seien Verbrecher zur Herrschaft gelangt mit Terror als einziger politischer Weisheit. Es herrschten „Grausamkeiten fürchterlichster Art“, wie „die Aufhebung der menschlichen Grundrechte“. Denn den „Herrschenden fehlt jedes Gefühl für göttliches und menschliches Recht" sowie göttliche Gebote:

Einzig Verbrechernaturen und Wahnsinnige oder die hoffnungslos Dummen und die feige Masse der Mitläufer, denen es gleich ist, auf welch stinkendem Feuer ihr Süppchen kocht [...], sind die Handlanger von Despoten, alle anderen führen ein dumpfes Sklavenleben. Der Mißbrauch aller großen Begriffe, die Lüge schlechthin als einziges Verkehrsinstrument, die Entehrung der Wissenschaft, die Schändung der Sprache, die systematische Züchtung der Charakterlosigkeit, die Entrechtung aller, die nicht zur regierenden Partei gehören, die Zerstörung der Familie [...] sind das Ergebnis dieses grauenvollen Experimentes mit Menschen als Vivisektionstieren [...]. Die völlige Abschnürung eines ganzen Volkes von der gesitteten Welt, die tägliche Lüge von Presse und Rundfunk, die systematische Primitivierung und Verdummung eines ganzen einst guten und hochstehenden Volkes [...] gehören zum Bild der neuen Utopie.

Aber auch in deren Reich breche einst „die Wirklichkeit" gemäß einem harten geschichtlichen Gesetz, „daß jedes Volk für sein Regime, auch wenn es durch unmenschliche Leiden und unvorstellbaren Terror zu seiner Duldung gezwungen wurde, zu büßen hat." Das war deutlich, und der Autor setzte dem ganzen dadurch die Krone auf, daß er seine Leser buchstäblich bis zum letzten Wort darüber im unklaren ließ, welche aktuelle Tyrannis denn gemeint sei: „Ein Bellamy mit Sinn und Gefühl für die Realität", schrieb er, „würde seinen Julian West nicht im Boston des Jahres 2000 erwachen lassen, sondern 1941 – in Sowjetrußland."

Der hochironische Gedankenstrich als wohl provokativstes Satzzeichen jener Epoche, war ein Fehdehandschuh. Die nächste Herausforderung dieses Formats mündete im April 1942 in seine Verhaftung. Anlaß war Pechels Artikel *Nachrichten-Politik*, worin er Goebbels'

Ausführungen über das „weitsichtige" Verschweigen von Tatsachen, bis diese keinen Schaden mehr anrichten könnten, mit der Nachrichtenpolitik im Ersten Weltkrieg verglich. Über diese habe Landrat von Kardorff im November 1918 voller Bitterkeit geurteilt, was Pechel ausgiebig zitiert:

Kein Vorwurf ist schwer genug, den man den leitenden Instanzen machen muß, daß sie uns die Wahrheit so lange haben vorenthalten können, [...] daß man uns, ich möchte sagen, in einen Optimismus hineingehetzt hat und daß man uns plötzlich gesagt hat: ja, nun steht ihr am Bankrott eures Vaterlandes! Aber sind wir alle denn nicht mitschuldig? Wollten wir denn die Wahrheit hören? [...] wir haben den Kopf in den Sand gesteckt, weil wir die Gefahren nicht sehen wollten, von denen wir umgeben waren.

Daß der Autor anschließend Goebbels' Medienpolitik rabulistisch als Fortschritt pries, ließ sich nun wirklich nicht mehr mißverstehen, zumal der Text auch noch umgehend von der BBC-Gegenpropaganda ausgeschlachtet wurde. Pechels Zeitschrift wurde sofort verboten, er selbst bis zu seiner Befreiung 1945 in die Konzentrationslager Sachsenhausen und Ravensbrück verbracht.

Glimpflicher kam Gerhard Nebel davon, der in einem der aufregendsten im „Dritten Reich" gedruckten Texte ebenfalls gegen den Stachel löckte. Sein Aufsatz erschien im Oktober 1941 in der *Neuen Rundschau* unter dem Titel *Auf dem Fliegerhorst,* erregte Goebbels persönlich und wurde die schlimmste Attacke genannt, die „überhaupt gegen die Partei geschrieben und erschienen ist". Man drohte mit KZ wie Verbot der Zeitschrift. Vor dem Zugriff der SS schützte Nebel nur seine Zugehörigkeit zur Wehrmacht. Es blieb bei einer Hausdurchsuchung und der Meldung bei der Pariser Dienststelle.

Auch Stabsoffiziere der dortigen Luftflotte zeigten sich erbost, und Sanktionen setzten umgehend ein, als sich Nebel, wie in Ernst Jüngers Tagebuch vom 2. Februar 1942 geschildert, bei einer feuchtfröhlichen Silvesterfeier auch noch lästerlich über Hitler als „Oberförster" ausließ. Zunächst wurde seine Beförderung zum Gefreiten sistiert, dann versetzte man ihn (bis September) von seinem Dolmetscherposten in Paris zur Baukompanie auf die Kanalinsel Alderney. Dort möge man ihm, fern vom Innendienst, „mit Schippe und Hacke" Raison beibringen, was bei Nebels Anarchistennatur allerdings nur bedingt gelang.

Worin bestand die Provokation seiner vordergründig zunächst einmal sprachkritischen Impression? Sie beginnt mit einer als despektierlich empfundenen Kränkung jener Waffengattung, die sich im Gleichklang mit der NS-Propaganda als menschliche bzw. soldatische Auslese schlechthin verstand. Nebel stellte fest, daß der allgemein übliche Sprachgebrauch, Flugzeuge mit Raubvögeln zu vergleichen, in die Irre führe. Flugzeuge ähnelten nämlich keineswegs Vögeln. „Die steife Art des Fluges" erinnere vielmehr an „afrikanische Heuschrecken", die „Bösartigkeit in Gebaren und Ton" an Wespen, „das monotone und doch aggressive Geräusch der Motoren" an fliegende Insekten, nicht an „Laute, welche von den höheren Tieren hervorgebracht werden". Auch fehle „die Befiederung, der beste Einfall der Natur, das Unangenehme zu verdecken".

Zudem unterstellt der Verfasser explizit eine amtliche Verschleierung jener eigentlich minderwertigen Existenzform. Es sei „geradezu verdächtig" und in „Zeiten des Sprachniederganges" umso „suspekter", je umfassender den falschen Vergleichen akklamiert werde. Es handle sich um „Masken", mit denen „die wahren Verhältnisse verdeckt werden sollen". Es folgt ein sarkastischer Generalangriff auf die gegenwärtige Gesellschaft, deren Dehumanisierung gern in Kauf genommen werde. Schon länger, heißt es, dränge sich die Vermutung auf, „daß der Mensch sein altes Wesen ablegen“ und sich an Insekten ausrichten wolle. Durch ihre Instinktsicherheit seien diese „besser für den Lebenskampf versehen als der *mit Freiheit und Verstand* begabte“, folglich aber auch Irrtümern ausgelieferte Mensch, „der sich immer mehr als eine Sackgasse der Natur bekunde; die Zukunft des Lebens auf dieser Erde gehöre den Kerfen“. „Man könnte fast meinen, daß der Mensch jetzt auf dem Wege ist, aus solchen Erkenntnissen die praktischen Konklusionen zu ziehen.“

Nur müsse er dies „unter *Vergewaltigung seines Wesens und seiner Geschichte*“ tun, wenn er die Kerfe, ihre „Staaten“, „ihren Automatismus oder ihre Panzerung“ nachahme. Doch:

> *[…] wo es sich um das Äußere, um Leistung, organisierte Masse, um Produktion und Zerstörung handelt, da ist das Kerbtier durch seinen unermüdlichen Fleiß, seine mechanisierte Todesverachtung, seine alles Einzelwesen aufhebende Staatlichkeit, durch seine massenhafte Vermehrung und durch die unbeirrbare Sicherheit seines Tuns allen lebenden Wesen überlegen.*

Ein starker subversiver Tobak, der fast schon Klartext über ein totalitäres System enthielt! Blieb nur noch die Anwendung auf den gegenwärtigen Krieg und die von ihm geformte Gesellschaft: „Mit dem Vorbild des Kerbtieres hängt jenes eigentümlich kalte und leere Verhältnis zum Tode zusammen“, auch zu Essen und Trinken als „göttlichen Gnadengeschenken“. An deren Stelle trete heute die „bloße Stoffaufnahme“ eines „tierischen Hinunterschlingens“ per „Massenabfütterungen“ in „Lagern und Horsten“. Auch der Schlaf verliere seine „metaphysische, auf Geborgenheit, Heilung und mantische Traumtiefen bezogene Bedeutung“.

Die mechanische Todesverachtung biete keinen Übergang mehr in „ein Jenseitiges und Göttliches", sondern nur mehr „Eintritt in das Nichts". Der „das Insekt nachahmende Mensch" „vernimmt den Tod nicht als Appell zum Aufbruch, sondern als letzte und endgültige Bestätigung" seiner diesseitigen (Volks-)Gemeinschaft. „Man kennt die todesverachtende Angriffslust der Krieger unter den höheren Insekten". Deren unerbittlich kalten „Vollzug eines Dienstes" habe den südafrikanischen Termitenforscher Marais zu einer Theorie geführt, wonach der Staat allein und „nicht die einzelnen Wesen, die sich zum Staat vereinigen", eine „Seele" hätte. Und so müsse „man in der Todesverachtung seiner Krieger die Unbekümmertheit des Werkzeuges sehen, das über seine Verwendung, seinen Einsatz und *seine Vernichtung nicht selbst zu entscheiden hat* und zu entscheiden begehrt."

Solche Textauszüge (mit den von mir durch Sperrung hervorgehobenen deutlichen Formulierungen) belegen stellvertretend für andere, wie frontal diese geistige Attacke geführt war. Natürlich wird Nebels Diagnose nicht dem einzelnen Flieger gerecht. Wie wenig sich dieser auf ameisenhafte Funktionalität reduzieren ließ, illustriert etwa Gerd Gaisers Roman *Die sterbende Jagd* (1953). Doch erfaßt diese Kritik eine Signatur jener Zeit in deren mörderischem Mechanismus, dessen Exekution natürlich die alliierte Seite gleichermaßen berührt.*

Nach 1945 äußerte sich Nebel zu seinem bravourösen Text. Auf Jüngers Vorbild anspielend und ein wenig kokett, warf er sich vor, „den einzigen geistigen Vorteil, den eine Tyrannis bietet, indem sie nämlich zur Verfeinerung des Stiles anhält, nicht wahrgenommen" zu haben. Hätte er die „Schule der Hitlerherrschaft mit Erfolg absolviert", „wären meine Sätze den Augen sowohl der Polizei wie der Luftwaffenoffiziere undurchdringlich gewesen, so schnell auch jeder Freund der

* Vgl. die Ausführungen zu Nossacks *Untergang*, S. 214 – 217.

Freiheit ihre Intention begriffen hätte." Natürlich bot diese Selbstkritik, die mit der unzulänglichen Chiffrierung hadert, nur die halbe Wahrheit. Denn damals wie heute wäre eine Gesellschaft noch ärmer, in der nicht wenigstens einzelne zuweilen ihre Vorsicht über Bord werfen und Tabugrenzen überschreiten.

III.
Zwischen Humor und Satire
Impressionen, Reflexionen, humoristisches Erzählen

Der „Erwählte“ ist wohl wirklich ein etwas verspieltes Ding [. . .] und wenn er nutzlos ist, so ist er doch wenigstens nicht schädlich. Ich denke immer, etwas höhere, freie Heiterkeit kann unsere verdüsterte und verkrampfte Welt wohl brauchen.

Thomas Mann (1951)

„Der letzte, weiteste und höchste geistige Raum des Humanen", schrieb Theodor Haecker, „ist der Humor." Unter heutigen Germanisten ist Humor jedoch vielfach in Verruf geraten. Nicht nur, weil etliche Texte, die man darunter faßt, in der Tat zum bloß Seichten tendieren, zur krachledernen Witzelei oder zum quietistischen Weglächeln echter Probleme. Zudem fragt sich gerade für das „Dritte Reich", ob dessen unfreie Rahmenbedingungen überhaupt ernstzunehmende humoristische Dichtung erlauben: abseits von verstimmender Dutzendware zeitgeistkompatibler Ablenkung oder der Flucht in unverbindliche Nischen des Allgemein-Menschlichen, die jenseits der Conditio humana für Mißstände keine bestimmte Person oder Gruppe benennt.

Ja, es gibt diese vermißten oder bezweifelten Werke. Aber ihre literarhistorische Würdigung setzt voraus, daß man nicht jede Äußerung der Entscheidungsfrage unterwirft, ob durch sie (letzten Endes) das Regime ideell verschont oder aber unterminiert werde. Es gibt sie, wo man zugesteht, daß auch in der Diktatur Bereiche existieren, die sich zeitgenössischer Politisierung ebenso entziehen wie der retrospektiven Moralisierung. Und es gibt sie, selbst gemäß heutigen, politisch verengten Beurteilungsprämissen, wo wir entdecken, welche satirischen Funken sich gelegentlich aus scheinbar nur allgemeinmenschlichen Betrachtungen schlagen und selbst mit tagesbezogener Bedeutung ausstatten ließen.

Daß die Kulturfunktionäre im „Dritten Reich" der Gesellschafts- und Politsatire enge Grenzen setzten und etwa Kabarettisten an ganz kurzer Leine führten, wurde oben angedeutet. Weniger geläufig ist der Umstand, daß und wie einzelne Autoren massive Zensurabsichten immer mal wieder unterliefen. Auf solchen Beispielen komischer Schriftstellerei liegt unser Schwerpunkt, beschränkt auf epische und feuilletonistisch betrachtende Genres. Sie sollen die andernorts erörterten lyrischen, dramatischen bzw. im engeren Sinn kabarettistischen Exempel ergänzen. Quantitativ überschätzen darf man die unverkennbar politischen Beiträge allerdings nicht, wobei die schärfsten Angriffe, wie etwa in Hartlaubs Satire,* erst für eine Publikation nach dem Ende des Regimes vorgesehen waren.

Öfter gelang es nonkonformistischen Schriftstellern über Ausdrucksformen des Humors, dem ebenso uniformen wie militanten Zeitgeist Paroli zu bieten. Diese Akzentverlagerung seit den Tagen der Weimarer Republik ist kaum übersehbar, sosehr sich die Abgrenzung von Humor und Satire in zahlreichen Einzelfällen auch als unscharf erweist. Schließlich beschäftigen beide sich, mal milde, mal streng, mit menschlichen oder gesellschaftlichen Mißständen. Dabei zielt Satire vornehmlich auf den Sozialtyp statt den einzelnen, was gerade in einer totalitären Ära übel vermerkt wird. Ihr geht es im Kern um Änderung eines falschen Systems, um grundsätzliche Reform oder Revolution, während Humor meist vom zuweilen resignativen Bewußtsein getragen wird, so sei nun einmal der Lauf der Welt. Im Grunde seien wir – gemäß Erich Kästners *Entwicklung der Menschheit* – seit Jahrtausenden die „alten Affen" geblieben.

Humor setzt also von seiner Grundintention her vornehmlich auf individuelle Einsicht. Er erfreut sich an positiven, tröstlichen Ausnahmen von den Übeln dieser Welt und feiert mit Vorliebe humane Außenseiter, Sonderlinge oder skurrile Einzelgänger. Man hat ihn vielschichtig und letztlich nie absolut unterscheidbar definiert. Auch zahlreiche zeitgenössische Vertreter dieser Weltsicht haben sich daran beteiligt und gemäß ihrer Eigenpoetik unterschiedliche Akzente gesetzt. Ehm Welk etwa betonte (im *Jahrbuch der*

---

* Vgl. S. 103–108.

Wilhelm-Raabe-Stiftung) seinen „Hang zum heiteren Philosophieren über Leben, Handeln und Sterben", „das Lächelnkönnen ohne Spott", und fuhr fort:

Möglich, daß diese Mischung nötig ist, dazu aber ein gerüttelt Maß bitterer Erfahrungen und Enttäuschungen, soll der unfreiwillige Humor des alltäglichen und des festtäglichen Lebens der Großen und der Kleinen, der Würdevollen und der Unbeträchtlichen eine dichterische Verwertung und Klärung finden. Nach einer mühevollen Wanderung durch die lockende und noch in ihrer Häßlichkeit funkelnde Welt muß der Mensch wohl mit Narben an seinem Leibe und an seiner Stelle still für sich auf einem abseitigen Fleck Erde stehen können [...] im Herzen neben der zornigen Empörung über die Ungerechtigkeit der Zeit die heitere Gelassenheit, die aus der Bejahung des Lebens in seiner Gesamtheit und Dauer und aus dem unverrückbaren Glauben an den Fortschritt quillt.

Weniger gemütvoll klingt Erich Kästners Begriffsbestimmung in sechs Versen:

Der Humor.
Aus der großdeutschen Kunstlehre

Der Humor ist der Regenschirm der Weisen
und insofern unsoldatisch.
Daß wir ihn trotzdem öffentlich preisen,
scheint problematisch.
In praxi ist's gleichgültig, was wir meinen.

Denn wir haben ja keinen.

Anläßlich der Silvester-Feier 1937 schrieb Peter Bamm in *Der i-Punkt:*

> *Die europäische Menschheit lebt in einer Epoche großer Geschichte. Das heißt, es ist ungemütlich geworden auf diesem alten Kontinent. Am Horizont zucken die Blitze, Erdbeben lassen den Boden unter uns erzittern, die Götter haben den Olymp in Nebel gehüllt, und wir wissen nicht, was über uns beschlossen ist. Aber die […] seltsame und verrückte Heiterkeit in der Nacht des heiligen Silvester ist ein Fest der Tapferkeit des menschlichen Herzens. Ein Gebirge von Leiden hinter sich, ein Gebirge von Sorgen vor sich, hebt der Mensch das Glas zum Himmel und lacht. Es ist das Lachen eines tapferen Herzens, das in den Hallen, an deren Wänden schon die Flammen hochzüngeln, die Feste zu Ende feiert. Mag die Narrheit ihre Bocksprünge machen. Narren allein sind würdig, der Weisheit die Schleppe zu tragen.*

Sigismund von Radecki wiederum konfrontierte 1938 in *Die Welt in der Tasche* das spezifisch humoristische Lebensgefühl mit dem des (von Molière gezeichneten) Heuchlers:

> *Heuchelei ist innerer Zwiespalt, der sich als äußere Einheit gibt; Humor dagegen innere Einheit, die sich als äußeren Zwiespalt gibt. Humor ist umgekehrte, ist gute Heuchelei. Tartüffe ist humorlos – sonst wäre er ein Falstaff. Das Bezaubernde der Falstaff-Gestalt besteht gerade darin, daß hier aus einem Heuchler fortwährend ein Humorist wird, was einen tour de force der humoristischen Kraft bedeutet! Der ertappte Falstaff rettet sich in eine Flut prachtvollster Witze, er rettet sich in den Geist; der ertappte Tartüffe entwischt in eine noch tiefere Heuchelei der Demut, […] das Lachen für die Zuschauer im Parkett aufsparend. Anderseits gibt es auch eine Heuchelei des Humors, die hinter einer vorgeschobenen, schmunzelnden Einheit dennoch einen Zwiespalt verbirgt … der flache Humor.*

Ob flach oder pointiert, ob versöhnlich, beißend oder schwarz: Zu den Grundtatsachen dieser Zeit gehört ein durch Buchkäufe, Theater-, Film- oder Kabarettbesuche verbürgtes außergewöhnliches Publikumsinteresse an komischen Äußerungen. Und sofern diese nicht in ihrer häßlichsten Form als billiger Spott einer Herrschaftsclique über weithin Ohnmächtige auftraten, zeitigte gerade Humor etliche positive Wirkungen:

- Er dient besonders in politischen Streßzeiten einer legitimen, von zermürbenden Tagesparolen unberührten Entspannung. Lebensfreude mindert Angst.
- Humor ist (selbst ohne konkrete Gegenwartsbezüge und -anspielungen) von Natur aus ideologiefeindlich und verweigert sich einem totalitären Weltbild. Wo man über etwas lacht oder schmunzeln kann, relativieren sich absolute Wertsetzungen, werden Pathos und Fanatismus zersetzt.
- Da Humor sich mit Menschlichem und Allzumenschlichem beschäftigt, bleiben implizite gesellschaftskritische Einsichten nie ganz aus, wie dezent auch immer formuliert.
- Das ganze steigert sich über den humoristischen Ansatz hinaus, wenn gerade solche kritischen Effekte mitbedacht oder bewußt als Satire gesucht werden.

Gegen solche subversive Wirkung haben sich Regierungen und politische Klassen überall dort, wo Alternativlosigkeit proklamiert wird, stets gewehrt. Auch gegenwärtig geschieht dies durch massive (Zensur-)Maßnahmen vor allem im öffentlich-rechtlichen bzw. im „zivilgesellschaftlichen" Raum, sofern jemand gegen vermeintlich unverletzbare „zivilreligiöse" Dogmen verstößt. Das bekommen selbst grundsätzlich angepaßte staatsnahe Spaßmacher als Warnungen zu spüren, weshalb ein Schauspielerprotest wie „Allesdichtmachen“ als Novum in die Fernsehgeschichte einging.

Im „Dritten Reich“ vollzog sich die Disziplinierung der Künstler natürlich ungleich drastischer und folgenreicher. Kostet es heute in der Regel nur den Ruf, darüber hinaus lukrative Jobs, Publikationschancen oder geschäftliche Aufträge, sanktionierten die Goebbels, Rosenberg, Bouhler & Co. mit Mitteln, die unter Umständen Leib und Leben gefährdeten. Man denke an diverse Kabarett-Schließungen samt der Einweisung Unbotsamer ins KZ. Gleichwohl reizte dieses riskante Spiel eine Minderheit der Schriftsteller von Format stets aufs neue.

Rote Linien und deren Überschreitung

An Signalen, es mit Humor und Satire nicht zu weit zu treiben, fehlte es, Goebbels' Schriftleitergesetz ergänzend, gewiß nicht. So äußerte sich der Propagandaminister etwa anläßlich des Ausschlusses von Werner Finck und vier weiteren Mitgliedern aus der Reichskulturkammer im *Völkischen Beobachter* vom 4. Februar 1939 unter dem vielsagenden Titel *Haben wir eigentlich noch Humor?* Er sehe sich gezwungen, drohte er, „in der Frage des sogenannten politischen Witzes, der alles andere, nur nicht witzig ist, eine Reihe von Maßnahmen zu treffen“, um die voranschreitende „Entartung und Disziplinlosigkeit“ zu unterbinden. Eine „Zeitkrankheit“ sei zu beseitigen „in dem Augenblick, in dem sie anfängt, eine öffentliche Gefahr darzustellen“. Er beobachte „die alte, früher meist von Juden geübte Methode, Dinge des öffentlichen Lebens anzugreifen, zu karikieren, lächerlich zu machen und zu verhöhnen und damit in der öffentlichen Achtung herunterzusetzen.“

Tolerierbar sei jedoch lediglich „jene Art von Humor, wie sie seit ewigen Zeiten in den breiten Massen des Volkes gepflegt wurde, ein

Humor, der gutmütig, anständig und sauber ist und, wenn nötig, auch derb und zugreifend sein kann." „Heilige" nationalsozialistische „Reservate" dürften jedoch nicht satirisch unterhöhlt, Amtsverwalter der Partei vom „parasitären Geschmeiß" nicht „zum Gegenstand billigen Spottes und frechster Verhöhnung" gemacht werden. Das deutsche Volk habe durchaus Humor, „aber es handelt nach einem klaren, dem preußischen Kommiß entlehnten Grundsatz, nach dem immer nur der das Recht hat, zu spotten, zu meckern oder auch mal zu schimpfen, der mitmarschiert". Die „Herren Witzemacher", denen ein solcher Volksbezug ermangle, mögen sich „freiwillig zum Westwallbau" melden.

Der gleiche Goebbels jedoch ahndete bewußt nicht jeden Verstoß gegen die „Korrektheit". Ihm war die Ventilfunktion solchen Lachens durchaus geläufig. Und selbst im Krieg gehörten gewisse Lästereien zum Standard der Truppenbetreuung in der Etappe, was Entertainern von Finck über Reimann bis Ferdl Weiß so manche Beschäftigung bzw. Betätigungsnische bot. Der *Völkische Beobachter* veranstaltete sogar ein Preisausschreiben, bei dem Landser „heitere Erlebnisse aus den Feldzügen" einschicken sollten. Auch hatte Goebbels offenbar ein Faible für Heinrich Spoerls (rheinische) Komik. Und ab 1941 gestattete er sogar dem liberalen Anglistikprofessor Herbert Schöffler, in seinem publizistischen Prestigeorgan *Das Reich* mehrteilige Ausführungen zum Thema *Der Witz der deutschen Stämme* zu veröffentlichen.

Die Artikel boten niveauvolle Unterhaltung im Kleid der Wissenschaft, und ganz selten erlaubte Schöfflers regionaltypische Witzeschau sogar kleine aktuelle Nadelstiche. So hieß es etwa: „Man soll eigentlich keine politischen Geschichten weitergeben, weil man nie weiß, was dabei heraus- und wo man hineinkommt." Oder er ließ Leser schmunzeln über das Erlebnis in einer Kölner Buchhandlung, wo 1936 jemand Wackenroders *Herzensergießungen eines kunstliebenden*

Klosterbruders (Erstausgabe 1797) habe bestellen wollen. Dort habe man sie jedoch nicht gefunden und dem verdutzten Kunden nach drei Wochen vergeblichen Nachfragens mit „verlegenheitsvoller Frechheit" geantwortet: „Der Herr (der Herr!!) ist Emigrant und wird nicht mehr ausjeliefert."

Diese Episode bzw. die generelle Kennzeichnung des kölschen Witzes als „unliterarisch" und vergleichsweise flach hatte unliebsame Folgen. Denn die Karnevalsstadt, allen voran ihr Gauleiter, bewies keineswegs Humor. Eine Provinzkampagne kostete Schöffler seinen Kölner Lehrstuhl, worauf nun allerdings sogar das Propagandaministerium intervenierte, so daß der Professor ein neues Ordinariat in Göttingen erhielt. Die hier fallweise demonstrierte Toleranz sollte jedoch keineswegs simplifizierende Vorstellungen fördern, wie sie bereits der Titel von Gudrun Pausewangs (jenseits ihrer knappen Stoffsammlung wenig erhellender) Studie *Erlaubter Humor im Nationalsozialismus* (2007) nahelegt. Denn klar abgegrenzt war hier nichts, und Fallstricke lagen genügend herum.

Erlaubt war das im Folgenden gemusterte Schrifttum zwar letztlich. Sonst wäre man eingeschritten. Denn unmißverständlich herausfordernden Widerspruch in zentralen Fragen ihrer Ideologie duldet keine Diktatur. Dennoch stimmt die Gleichung nicht ganz, alles, was nicht verboten wurde, könne nur harm- oder bedeutungslos gewesen sein. Und auch wenn gewiß vieles, was unangepaßten Schriftstellern am Herzen lag, ungesagt blieb, führt es weiter, immerhin das zu würdigen, was ihre Texte gleichwohl an verdeckter komischer Konterbande transportierten.

Und generell signalisierte jedes publizistische Augenzwinkern aufgeschlossenen Lesern, daß es noch Betrachtungsweisen jenseits der offiziellen gab, noch Alternatives zur propagierten Weltanschauung. Daß ein (prominenter) Autor zumindest in diesem oder jenem Punkt von der vorgegebenen Norm abwich bzw. abweichen konnte. All dies bestätigte dem Leser – zumindest kurzfristig – die Berechtigung, auch das eigene Anderssein bzw. -denken ausleben zu dürfen. Ohne solche Ermunterungen hätte sich jener schreckliche, die NS-Misere komplettierende Mechanismus verfestigt, von dem der spätere Exilant Hermann Broch in seinem Roman *Die Verzauberung* schrieb: „Der Mensch, der allein ist, verliert die Wahrheit". Insofern wirkte auch, was den Eindruck des ausschließlich Unpolitischen erweckte. Und wir haben keinen Anlaß, darüber hochmütig die Nase zu rümpfen.

Was gerade komische Äußerungen erschwerte, waren keineswegs klar definierte rote Linien dessen, was noch als genehm betrachtet werden durfte und was nicht. Einmal blieben Sanktionen aus, um unnötige Aufmerksamkeit zu vermeiden. Dann wieder schnappten Textschnüffler zu, und die Konsequenzen waren bitter. Exemplarisch gilt dies für spritzige Zeitbetrachtungen, die im September 1936 unter dem Titel *Fremdwörterbuch* im *Querschnitt* erschienen und postwendend das Ende dieser Zeitschrift herbeiführten. Es ging um folgende Keckheiten:

ABSURD:	*wenn einer auf bessere Zeiten hofft.*
ADHÄSION:	*die Kunst, in jeder Kneipe der Letzte zu sein.*
BREVIER:	*das Scheckbuch.*
CHARAKTER:	*ein Hindernis in der Karriere.*
CORSETT:	*die Stütze der Hausfrau.*
DEBATTE:	*der Anfang einer Schlägerei.*
DIPLOMATIE:	*keep-smiling mit dem Dolch im Gewande.*
EROTIK:	*ein beliebtes Gesellschaftsspiel zu zweien.*
EXPANSIONSKURVE:	*der wissenschaftliche Ausdruck für „Schmerbauch".*
FEUILLETON:	*das, was in der Zeitung noch gelesen wird.*

FINANZEN:	*ein Kreuzworträtsel für den Staat.*
GAGE:	*Aberglaube bei Schauspielern.*
GENIE:	*einer, dem was einfällt.*
HOKUSPOKUS:	*siehe Politik.*
IDEALE:	*Spielzeug für große Kinder.*
JOURNALISMUS:	*Seiltanz zwischen den Zeilen.*
KAPITAL:	*ein mythologischer Ausdruck für eine schöne Sache.*
LITERATUR:	*der Nachweis der Existenz, aber auch der Unzulänglichkeit des menschlichen Geistes.*
MAKULATUR:	*die öffentliche Meinung von gestern.*
NONSENS:	*das, was jederzeit möglich ist.*
NERVOSITÄT:	*die Rache der Natur an der Zivilisation.*
OPTIMIST:	*ein Unheilbarer.*
PHILOSOPHIE:	*das Vermögen, die Welt anders zu sehen, als sie wirklich ist.*
POLITIK:	*moderner Ausdruck für schwarze Magie.*
REKORD:	*der Fortschritt ins Nichts.*
RESIGNATION:	*Leidenschaft a. D.*
STATISTIK:	*ein Mädchen für alles.*
TALENT:	*das, womit man Geld verdient.*
THEORIE:	*die falsche Meinung des andern.*
UNIVERSITÄT:	*Exerzierplatz für künftige höhere Staatsbeamte.*
UTOPIEN:	*„olle Kamellen" von übermorgen.*
VULKAN:	*ein Tanzplatz in kritischen Zeiten.*
WATERCLOSET:	*das achte Weltwunder.*
X:	*ein Buchstabe, der manchen für ein U vorgemacht wird.*
ZIVILISATION:	*der Beweis, daß ein Stück Seife wichtiger ist, als die Vernunft.*

Hier war man offenbar zu weit gegangen, selbst wo die schärfsten politischen Pointen hinter Kalauern zu den Stichworten „Adhäsion", „Corsett" oder „Expansionskurve" verborgen schienen. *Das schwarze Korps*, jenes in den Händen der SS befindliche und wohl am meisten gefürchtete Denunziationsblatt des Regimes, reagierte sofort, und Goebbels zog nach, indem er bereits im Oktober das Verbot verkündete. Die SS-Schergen störte besonders die angeblich nicht mehr zeitgemäße „Geistreichelei". Beim Stichwort „Erotik" etwa wandle *Der Querschnitt* auf Tucholskys Pfaden. Dann ging's ins Zentrum der Provokation:

> *Es kommt einem Angriff auf unsere Berufsehre gleich, den ‚Journalismus' als einen „Seiltanz zwischen den Zeilen" zu bezeichnen. Es ist dies eine Verunglimpfung der deutschen politischen Schriftleiter, deren Spitze noch etwas zugefeilt wird durch die Randbemerkung, daß nur noch das Feuilleton in den Zeitungen gelesen wird.*

„Touché", könnte man sagen, und zu weit gegangen! Andererseits passierte eine Komödie wie Hömbergs *Kirschen für Rom* anstandslos die Zensur, was nicht von vorneherein zu erwarten war, und das war kein Einzelfall. Insofern bestimmte häufig das Prinzip von trial and error die tägliche Praxis. Couragierte Autoren und Verleger sahen sich in einen gefährlichen Wettkampf mit einer polykratisch gehandhabten, durch Rivalität zuweilen uneinigen Zensur verstrickt. Wo sie bestanden, winkte erheblicher Prestigegewinn bei dem nach Freiheit dürstenden Teil des Publikums. Doch wo sich die Staatsautorität herausgefordert sah, drohte zumindest ein erheblicher wirtschaftlicher Verlust. So bewegte sich selbst das sogenannte heitere Genre stets in einem delikaten Spannungsfeld, das sich zu studieren lohnt.

Des weiteren ist zu beachten: Ein Autor mochte aus dieser Erfahrung heraus Gegenwartsbezüge meiden. Wo immer er jedoch diesen

Kokon verließ, unterlag er einem Gesetz des Gebens und Nehmens. Denn man gewährte ihm nennenswerte literarische Freiräume meist nur, wenn er kritische Impulse – z. B. durch historische Verlagerung – vernebelte oder anderweitig Zustimmung und Gemeinsamkeit simulierte, die eine partielle Abweichung vom vorgegebenen Generalkurs wiedergutmachten. Diesem Zwiespalt entging kaum einer unbefleckt, und wir Nachgeborenen stehen nun vor der heiklen Diagnose, ob solche Konzessionen an die Macht nicht auch ansonsten achtenswerte kulturelle Leistungen entwerten.

Demonstriert sei dies am nichtliterarischen Fall Erich Ohser alias „e. o. plauen". Ohsers humoristische *Vater-und-Sohn*-Zeichnungen, die so gar nichts von militanten Erziehungsidealen wissen, schenken seit nunmehr neun Jahrzehnten Abermillionen Kindern und Erwachsenen ein kurzes Betrachtungsglück und sind aus unseren Schulbüchern kaum wegzudenken. Doch erkauft waren sie durch Konzessionen. Denn Ohser, der in der Endphase Weimars für den *Vorwärts* Antinazistisches gezeichnet hatte, schwenkte 1933, vom Berufsverbot bedroht, zur Gegenseite um und produzierte für KdF, entwarf Hitler-Wahlplakate und zeichnete antibritische Karikaturen. Üblicherweise führen solche Verstrickungen heute zur Verbannung selbst „unschuldiger" Werke. Bei ihm jedoch urteilte die Nachwelt ausnahmsweise gnädig, wozu wohl auch sein regimebedingtes frühes Ende beitrug. (Ohser, den 1944 ein Prozeß vor dem Volksgerichtshof erwartete, erhängte sich.)

Andere, wie etwa Hans Reimann, haben temporäre Anpassungen sogar für ihr gesamtes Schaffen mit der Entfernung aus dem literarhistorischen Kanon gebüßt. Abonniert auf Komik jeglicher Art, erwies sich dieser sprach- wie parodiebegabte König der Rezensionsbranche, Schnell- und Vielschreiber nämlich zuweilen als allzu dienstbares Talent. In der Weimarer Republik hatte er eine schneidende Parodie über den fanatischen Antisemiten Artur Dinter verfaßt (*Die Dinte wider das Blut*). Daß sein (bereits vertraglich mit dem Stegemann Verlag vereinbartes) Satireprojekt *Mein Krampf* nicht erschien, lag nur an massiven Gewaltdrohungen aus NS-Kreisen. Doch nach Hitlers Machtergreifung suchte Reimann den Anschluß.

Er publizierte in der *Brennessel*, schrieb (mit Bruno Wellenkamp) die KdF-Revue *Freut euch des Lebens!* und fand schließlich in der Armeebetreuung seine Nische: *Lachendes Feldgrau* (1943). Eine tatsächliche Konversion zum Nationalsozialismus war das nie, eher ein von Berufsnöten motiviertes Durchwursteln, meist mit Unpolitischem. Als Tribut an seine Brotherren steht allerdings 1944 der Artikel *Jüdischer Witz unter der Lupe* zu Buche, eine Entgleisung, die er in einer Situation persönlicher Gefährdung offenbar zur Absicherung verfaßte. (Sein Memoirenband *Mein blaues Wunder* schildert den Kontext.)

Eine drastische, freilich historisch verpackte Warnung, mit solcher Andienerei nicht zu weit zu gehen, sandte F. G. Jünger 1938 über die *Neue Rundschau* an die Kollegen. In seinem Essay *Martial* geißelte er die „honigsüßen Schmeicheleien", mit denen der Dichter den Tyrannen Domitian übergoß:

> *Diese Servilität und dieses unzerstörbare Selbstbehagen rauben den Epigrammen manches an Wirkung. Sie haben nichts Entschiedenes, sie stellen sich im ganzen als ein Kompromiß dar […]. Er [d. i. Martial] hatte nicht die Kraft, die der unversöhnliche Haß und die Verachtung fordern, und nicht die Geduld, um sie mit seinem besten Blute und mit Geist und Leben zu erfüllen. […] Der Kaiser, der Senat, die Männer von Einfluß, jeder, der schaden kann, bleibt von ihm verschont. Er beschränkt seinen Witz auf eine Zone, in der man den Witz dulden kann, weil er hier nicht nur unschädlich, sondern belebend und ergötzlich ist. […] Neigungen für die republikanische Vergangenheit besitzt er nicht. Und so greift seine Satire auch nicht an die Wurzeln des Ganzen; sie*

entspringt nicht dem Schmerze und jener radikalen Bitterkeit, die alles als im Kerne verfault und verrottet ansieht. [...] Und so ist sein Werk ein Beitrag zu jener Romanisierung des Imperiums, dessen Voraussetzung die Vernichtung der römischen Polis ist.

Anleitung zur Lektüre nonkonformistischer Literatur im „Dritten Reich" • Der Fall Heinrich Spoerl

Einer, der auf der Klaviatur von Ambivalenzen besser spielte, war der Rheinländer Heinrich Spoerl, ein Autor, dessen Erfolgsrezept darin bestand, sich manches herauszunehmen, ohne (existenzgefährlich) anzuecken. Er provozierte das Regime nicht per Frontalangriff, weil er die Grenzen des im „Dritten Reich" Sagbaren genau kannte, um sie dennoch immer wieder einmal auszudehnen. Mehr, als die meisten seiner nichtnationalsozialistischen Kollegen in Deutschland wagten, und mehr, als sich heutige Verächter seines (scheinbar unverbindlichen) Humors eingestehen.

Warb er doch in seinen Roman-, Film oder Feuilleton-Texten durchgängig für den mündigen, selbstbewußten, unverbogenen Bürger, der vor Behörden oder Amtsautoritäten nicht kuscht und Meinungsfreiheit lebt. Insofern scheint mir der herablassende Tenor selbst scheinbar aufgeschlossener Germanisten unangebracht, die Spoerl nur als Verfasser verharmlosender Humoresken zur Kenntnis nehmen. Zwar erkämpfte er sich seine darstellerischen Freiräume, indem er sich komischer Einkleidungen bediente oder Handlungen bewußt in frühere Epochen verlegte. Aber auf Kritik kam es ihm immer an. Und vor allem darauf gründete sich seine Beliebtheit beim Publikum.

Spoerl gelang der Balanceakt, dem Regime gegenüber gleichzeitig Nähe und Distanz zu bewahren. Persönliche Kontakte zu

NS-Funktionären und Veröffentlichungen etwa im *Angriff* nahm er in Kauf. Machten sie ihn doch weniger angreifbar und verliehen seinem Spott zuweilen sogar etwas Halboffiziöses, womit man vorläufig im Gespräch blieb. Gemäß seiner manchen paradox vorkommenden Publikationsstrategie prangerte er einerseits Mißstände an, andererseits unterstellte er – gewiß nicht blauäugig und in nur scheinbarer Kumpanei –, daß diese ja gar nicht im Sinne der wirklich Führenden seien und von ihnen genauso mißbilligt würden.

Das war nicht ohne Risiko und Delikatesse. Denn auch die Zeitschrift *Der Querschnitt* etwa operierte bis kurz vor ihrem Ende mit der Argumentationsfigur, der Kulturpolitik eine Liberalität zu unterstellen, die diese nicht besaß. Demgemäß widmete sich dort Michael Frey im Juli 1936 in einem Leitartikel dem *Lachen über Deutschland*. Engländer, schrieb er, mokierten sich über die vermeintliche deutsche Humorlosigkeit, z. B. über die Art, „wie die Nazis die Hand zum Gruß erheben und ihre Reden halten. Und dann ihr furchtbar ernster Eifer in bezug auf den Nationalsozialismus, politische und Rassen-Theorien, Flaggen, Paraden, Uniformen und anderes".

Dabei gelte das nicht für die politischen Spitzen. Das bewiesen zwei „ausgezeichnete Bücher von Hanfstaengl mit den Karikaturen des Auslandes über Adolf Hitler, die vom Reichskanzler selbst gutgeheißen wurden und in Deutschland viel verkauft werden", neben anderen Beispielen aus der Führungsetage, wonach sich wahre Größe durchaus selbst relativiere. Nur die Bürokraten zögen nicht mit – wie überall auf der Welt: „Je kleiner der Mann, desto größer seine Wichtigtuerei." Die von Nervosität charakterisierte Anfangszeit nach dem Systemwechsel, als man jeden Witz unterdrückte, sei jedoch vorbei, und nach dem „gegenwärtigen Stand wird Deutschland im Jahre 1940 sicherlich eine große Schau unaufhaltsamen Gelächters sein." Mit dieser Prognose lag Frey krachend daneben. Denn, wie erwähnt, dauerte es nur noch ganze drei Monate, bis man dem *Querschnitt* sein Lebenslicht ausblies.

Bei Spoerl jedoch ging die Rechnung auf, und er verbreitete die Botschaft, daß seine Kritik quasi mit augenzwinkerndem Einverständnis erfolge. Exemplarisch geschah dies im Feuilletonband *Man kann ruhig darüber sprechen. Heitere Geschichten und Plaudereien.* Und die folgende Interpretation versteht sich als stellvertretende Anleitung, subversive Texte im „Dritten Reich" zu lesen. Der Band erschien Ende 1937, und nach einem Vierteljahr waren bereits 20 000 Exemplare verkauft, so daß ein Jahr später 140 000 gedruckt wurden. (Ein mir vorliegender Reklametext aus dem „Dritten Reich" nennt als Auflage gar 810 000). Zudem erschienen Hunderte durchweg positiver Anzeigen und Besprechungen.

Was imponierte an diesem Text, so daß er selbst in England und Frankreich rezensiert wurde, ja sogar eine US-Schulbuchausgabe erlebte? Zunächst einmal brillante Formulierungen, einfallsreiche Sprachspiele („Sie aber blühte hoffnungslos Mauer"), originelle Schlüsse und Kurzschlüsse respektive kleinere Frechheiten der folgenden Art:

Frauen sind merkwürdig. Sie wollen alle einen Don Juan zum Manne – aber einen für sich allein.

Tanzen entbindet von der Verpflichtung, geistreich zu sein. Der gute Tänzer hat nicht nötig, zu reden; der schlechte hat keine Möglichkeit. Daß keine peinliche Stille entsteht, dafür sorgt die Musik.

Für Geld kann man alles haben, Dinge und Menschen. Nur die Preise sind verschieden. Das einzige, was man nicht kaufen kann, ist Überzeugung.

Thematisch geht es um tägliche Vorkommnisse, Freuden oder Ärger, Liebe, Reisen, Schlaf, Schul- und Studienerinnerungen, Geld, Telefon, Kultur und Unterhaltung (z. B. *Hilfe – Musik!*) oder die Geschmackserwartung gewinnorientierter Filmproduzenten. Doch über allem schwebt programmatisch die Aussage des Buchtitels, die im ersten Kapitel *Die Angst vor dem Witz* variiert wird. Geht es doch insbesondere um deren Abbau. Daß dieser Schlüsseltext in der Nachkriegsausgabe gestrichen wurde, ist angesichts der nun herrschenden politischen Vor- und Rücksichten zwar verständlich. Aber wer nur den überarbeiteten Band seit 1949 kennt, bringt sich um den Genuß, das reizvolle Spiel eines Autors zu beobachten, der Sprechtabus in den Jahren 1933 – 1945 immer wieder austestete.

Für jene wie für andere gestrichene Passagen gilt nämlich, daß sie zwar auch Spoerl als Kind seiner Zeit charakterisieren. Doch enthalten sie gewiß keine regimefreundlichen Aussagen, deren er sich im nachhinein hätte schämen müssen, weil sie – jenseits eines aus dem Lot geratenen heutigen Verständnisses – tatsächlich „Menschenverachtendes“ enthielten. Der fragliche Auftakt beginnt zwar mit einer Feststellung, in der der heutige, vom politisch-korrekten Zeitgeist verbildete Leser umgehend Antisemitismus wittern und das Buch zuklappen könnten: „Der Witz ist keine jüdische Erfindung, auch kein Instrument des Satans. Sondern göttlicher Funke, menschlicher Geist gegen tierischen Ernst.“ Aber so einfach dürfen wir es uns nicht machen beim Versuch, die Spreu zeitbedingter Wertungen auszusondern, ohne den Weizen zeitkritischer Aperçus mitzuentsorgen.

Schließlich richtet sich der Satzsinn zunächst einmal gegen ein verbreitetes Vorurteil, wie es z. B. Goebbels im oben erwähnten Zensur-Artikel bekräftigt. Spoerl widerspricht diesem Klischee von der Komik als Produkt „jüdisch-zersetzenden Geistes“, woraus natürlich keineswegs gefolgert werden darf, daß er es teilt. Indem er die Spottlust rehabilitiert, fallen implizit sogar Teile der Vorwürfe gegenüber denen, die man als Inkarnation dieser Art lästernder Subversion ausmachte und ausgrenzte. Stattdessen zielt der dominierende Textsinn auf das Abstreifen eines inneren wie äußeren Maulkorbs, was meine Hervorhebungen im Folgenden verdeutlichen mögen:

> *Witz ist Würze und Waffe. Auch heroische Zeiten können ihn nicht entbehren, und Shakespeare wußte, warum er das fünffüßige Pathos seiner Helden durch den Witz des Narren auflockerte.*
> *Witz hat allerdings eine unsoldatische Eigenschaft: er läßt sich nicht kommandieren. Witz muß von selber wachsen.*
> *Ebensowenig läßt er sich verbieten. Ein unterdrückter Witz explodiert, und wenn man ihn als Unkraut jätet, sprießt er in verborgenen Ritzen um so heftiger und wird giftig.*
> *Warum soll man auch? Angst vor dem Witz haben nur zwei Sorten von Menschen: Die einen, weil sie ihn nicht verstehen und nicht wissen, ob und wann man lachen muß. [G.S.: Eine kleine, die Ernsthaftigkeit des Anliegens scheinbar relativierende Ablenkung!] Die anderen, weil sie sich grundsätzlich – zu Recht oder Unrecht – getroffen fühlen. Da aber niemand zu diesen beiden Sorten gehören will, so gibt es in Wahrheit gar keine Angst vor dem Witz.*

Letzteres erweist sich als pseudologische Finte angesichts einer gegenteiligen Zensurpraxis. Ihr folgt ein virtuoser Appell unter ironischem Bezug auf diverse Schlagworte und Phobien des neuen Regierungskurses:

> *Witze sind zollfrei und kosten keine Devisen. Aber das ist kein Grund, unsere Witze aus dem Ausland zu beziehen. Ich halte dafür, daß wir sie selber machen. Auch die politischen. Die erst recht. Ich bin für Autarkie auf dem Gebiete des Witzlebens.*

Als Schluß- und Höhepunkt – verzögert durch die auf dem Kopf stehende Antwort – exemplifiziert der Autor das ganze an einem Witz, den sich gewiß kein der NS-Skepsis verdächtigtes Publikationsorgan zu drucken gewagt hätte:

Allerdings fingen siebenundsechzig Prozent aller Witze mit der berühmten Frage an: „Kennen Sie den Unterschied zwischen." Da ist eine Schwierigkeit: Wir kennen keine Unterschiede mehr.
Oder kennen Sie vielleicht den Unterschied zwischen einem Veteranen und einem „alten Kämpfer"?
(Die Veteranen werden immer weniger.)

Um Meinungsfreiheit geht es durchgehend in diesem Buch, gänzlich unverblümt im Kapitel *Darf man denken?*, wo es konfessorisch-herausfordernd heißt:

Denken habe ich mir nicht abgewöhnt. Ich halte es weder für Sünde, noch für unsittlich oder vaterlandslos. Wir sind das Volk der Dichter und Denker und müssen uns entsprechend benehmen. Denken führt zu Wissenschaft und Technik, und damit haben wir unsere Weltgeltung erkämpft.

Dergleichen Bekenntnis wiederholt sich später: „Es ist mein gutes Recht, mir bei allem etwas zu denken. Zoll- und *zensurfrei*." Ein weiteres Signal setzt die Erwähnung von Schillers berühmten Zitat aus *Don Carlos*, bei dem es zum Ärger von Goebbels im Zuschauerraum frenetischen Beifall gab. Er platziert die Szene allerdings in seine Schulzeit als eine von mehreren Episoden eines trotzig-rebellischen Klassenkameraden. Doch daß er gerade dieses hochpolitische Theaterstück wählte, war gewiß kein Zufall:

Er trug sie [d. i. seine ewig geflickte Hose] auch bei festlichen Anlässen, zu Kaisers Geburtstag, und sogar im Theater zu Don Carlos, wo wir andern mit frischgebügelten und drausgewachsenen Konfirmationsanzügen erschienen. Aber während wir unsere faulen Witze machten und Programmblätter im Schaukelflug ins Parkett hinabschickten, saß er mit glühenden Backen und bekam nasse Augen, als Marquis Posa vom König Gedankenfreiheit verlangte. Und ging still nach Hause. Mit der Sicherheitsnadel im Hosenboden, die zur Feier des Tages gegen eine neue, blanke vertauscht war.

Subtiler verfährt der Autor unter dem Goethe parodierenden Titel *Warte nur, balde –*, wo zunächst anderes im Mittelpunkt steht, fern von jeder Politik:

Im Warten beweist man die Eignung zum Ehemann. Darum machen die jungen Damen so gern Gebrauch von dieser Prüfung. Solange man wartet, darf man alles: ein muffiges Gesicht ziehen, von einem Bein aufs andere treten, alle zwanzig Sekunden auf die Uhr sehen. Man darf auch innerlich ein Ultimatum stellen: noch zehn Minuten, dann wird gegangen! Nach zehn Minuten stellt man das letzte Ultimatum: noch fünf Minuten, dann ist Schluß. Und nach fünf Minuten das allerallerletzte; es ist wie ein Zirkus, der die letzte und allerletzte und immer noch eine neue Abschiedsvorstellung gibt. Mit diesen Ultimata vertreibt man sich die Zeit, sammelt Zorn und präpariert einen Auftritt. Aber wenn sie dann endlich kommt, die Ersehnte, süß und unschuldig wie eine Madonna, dann ist alles vergessen und schwimmt in Milch und Honig. Und wenn sie anstandshalber fragt: Du hast wohl etwas warten müssen? Dann sagt man lieb und galant, um ihr die Beschämung zu ersparen: O nein, ich bin eben erst gekommen. Darauf sie: So! Das ist ja reizend! Wenn ich nun rechtzeitig gekommen wäre, dann hätte ich also eine geschlagene halbe Stunde auf dich warten müssen. Du, das mache ich nicht noch einmal mit!

Doch auch dieses höchst private Erlebnis leitet über zu Spoerls Schlußpointe, die das Warten-Müssen und die Chance, sich darüber zu beschweren, als Machtfrage erörtert:

Es gibt auch Leute von Charakter. Wenn sie warten müssen, speichert sich ihre Wut, sie schwelen innerlich, bis sie auf einmal explodieren, dann springen sie auf, rennen die Lakaien über den Haufen, reißen mit frevler Hand die saffiangepolsterte Tür auf und stehen vor dem Schreibtisch oder Thron des Großmächtigen. Dem dann nichts anderes übrigbleibt, als sich über den Beherzten zu freuen oder ihn zu engagieren. O ja, das gibt es. Ich habe es mit eigenen Augen gesehen. Im Film zum Beispiel.

Das gleiche Dilemma zwischen der Empörung und der Chance, sie unmittelbar zu adressieren, illustriert *Man soll es nicht tun:*

Man nehme kein Blatt vor den Mund. Ausdrücke wie „kaum zu glauben" oder „unerhört" sind viel zu schwächlich und außerdem verbraucht. Man schreibt in Fortissimo. Die deutsche Sprache ist ja so reich. Demnächst soll zu diesem Zweck ein alphabetisches Wörterbuch erscheinen, von „Armleuchter" bis „Zulukaffer". Noch vornehmer sind klassische Zitate, besonders diejenigen mit Pünktchen.

Wenn man sich diesen Brief vom Leib geschrieben hat, mit den nötigen Unterstreichungen, verdoppelten Ausrufungszeichen und sonstigen Verzierungen – dann ist einem wohler. Man trinkt einen Kognak und geht an die Arbeit.

Ist das nicht ein vorzügliches Rezept?

Hallo – da hätte ich beinahe eine Kleinigkeit vergessen. Der Brief darf natürlich nicht herausgehen. Unsere kluge Sekretärin muß den Mut haben, die Absendung zu vergessen.

In Bezug auf staatliche Instanzen empfiehlt der Autor gar eine „Reichsnörgelstelle". Denn die Leute müßten ihren Kummer ja jemandem mitteilen:

Irgendwo und irgendwie müssen sie ihn abreagieren. Sonst sitzt er ihnen quer, erzeugt Komplexe und sonstige Fremdworte und schadet der Gesundheit.
Im alten Staat war es die Zeitung, in der sich alles austobte, Kritik und Beschwerde, Nörgelei und Klatsch, Wegweisung und Besserwisserei. Aber die Flucht in die Öffentlichkeit ist ein weiter Umweg. Warum sollen hunderttausend Unberufene lesen, was bestenfalls ein paar Berufene angeht? Die Öffentlichkeit ist kein Schuttabladeplatz.
Soll die Nörgelei sich verstecken? Sie sollte vielleicht. Aber sie tut es nicht. Sie macht sich auf den Bierbänken breit, gibt pikant-verbotenen Flüsterstoff, ein Fressen für Denunzianten, oder sucht sich gewaltsamen Ausweg ins Freie, zischt über die Grenze und verdichtet sich in der Emigrantenpresse zu Schauerballaden.
Mit fällt ein Spruch ein, den man häufig auf Speisekarten liest: Bist du zufrieden, so sage es andern, bist du es nicht, so sage es mir. Hierin steckt einige Weisheit. Wie wäre es, wenn man es ebenso machte und eine legitime Stelle schüfe, an der jeder Staatsbürger seine Beschwerden, Nörgeleien und sonstigen Schmerzen ungestraft abladen kann? Also so eine Art sagen wir mal scherzhaft – Reichsnörgelstelle. [...]
Außerdem ist es noch lange nicht heraus, ob nicht auch einmal etwas Vernünftiges bei ihr eingehen würde.
Wie zum Beispiel dieser Vorschlag hier."

Der Satz von der „Emigrantenpresse" mit ihren „Schauerballaden" klingt aus heutiger Sicht anstößig, doch auch er lohnt einen zweiten Blick. Zunächst einmal gab es tatsächlich – so heikel es sein mag, dies anzusprechen – im Exil etliche „Schauerballaden", allen voran von

Heinrich Mann in die Welt geschickt.* Sie irrten nicht über den bösen Kern der Diktatur, aber es gab zahlreiche falsche oder vorschnelle Behauptungen, die tragischerweise auch seriöse Diagnosen in Verruf brachten. Sodann sollten wir bei jedem Text die Grundatmosphäre beachten. Die heute verbreitete bloße Fahndung nach anrüchigen „Stellen" führt auf Abwege, selbst wenn sich einzelne „Unkorrektheiten" finden. Meist sind wir nämlich dem damaligen Zeitgeist schon zu sehr entrückt, um fair und verständnisvoll zu urteilen. Schließlich kennzeichnet es gerade Spoerls Strategie, scheinbar aus der Nazi-Position zu argumentieren – in diesem Fall mit dem Ratschlag, dem Exil keine polemischen Vorlagen zu liefern –, um sein gewünschtes Ziel zu fördern. Ähnliches gilt von folgendem Text:

> *Über das Wetter sprechen ist nicht originell. Aber bequem und praktisch. Bequem: Man stürzt sich nicht in geistige Unkosten […]. Praktisch: Das Wetter ist weder weltanschaulich fundiert noch politisch gefärbt, noch rassebiologisch bedingt, noch hat es mit Völkerbund oder Luftschutz oder gar mit Butter zu tun. Es ist unverfänglich und unverbindlich, man kann ruhig darüber sprechen. Ohne „jüdische Rundschau". (Wissen Sie, was das ist: Wenn man vorher einen besorgten Blick rechts und links hinter sich tut.) […] Wetter ist der einzige Gegenstand, über den nicht gelogen wird. Hier gibt es keine Greuelmärchen.*

Ein großes Aufgebot an propagandistischen Parolen mündet hier in die Grundaussage, daß man sich bei Unterhaltungen über das Wetter nicht politisch den Mund verbrennen könne (was damals bekanntlich noch galt). Darüber hinaus sei nicht bestritten, daß der Band auch – insgesamt wenige – Formulierungen enthält, die uns heute befremden. Dazu gehören Spoerls Einstellung zum Jazz als „Niggermusik",

---

* Vgl. Verf.: *Autoren über Hitler* (1993), S. 800 ff.

wobei wir allerdings wissen sollten, was seinerzeit – wie unten gezeigt auch im Lager der heute „Unantastbaren“ – gängiger Sprachgebrauch war. Viel wichtiger, als retrospektiv Ideologiefreiheit zu erwarten, wäre es, zu bedenken, was Spoerl noch 1936 dem Regime und dessen Unertanen ins Stammbuch schrieb, während er manche ihrer Urteile repetierte:

> *Mißlungene oder irrwegige Kunst ist nicht Kitsch. Vielleicht schlimmer: Kulturbolschewismus, Schweinerei. [...]*
> *Ist Karl May Kitsch? Die hohe Auflage spräche dafür, die Dauer des Erfolges dagegen. Was ist an ihm auszusetzen? Daß er lügt, ist das Beste an ihm. Damit rückt er in die Reihe der Märchenerzähler.*
> *Ist Jazzmusik Kitsch? Keineswegs, denn sie will nicht Kunst sein, sondern kunstfertiges Geräusch zur Ausübung von Tänzen. Kitsch ist das nicht. Aber schön ist es auch nicht. Das monotone Gewinsel des Saxophons macht mich trübselig.*
> *Welch verruchter Wahnsinn treibt uns dazu, unsere Tanzrhythmen von den Negern auszuleihen? Bei Niggerrhythmen flüstern unsere Söhne und Töchter ihre ersten Liebesworte und finden sich zum Bund fürs Leben. Mit Niggerrhythmen lassen wir uns die Sorgen zerstreuen; Niggerrhythmen verschönen unsere Feste. Nehmen unsere Bildhauer sich etwa Negerfetische zum Vorwurf? Wo es geschah, kreuzigt man heute Kunst und Künstler. Aber die Niggermusik hat den Umbruch überdauert, sie hat sich eingefressen, und niemand findet den Mut und die Kraft, sie totzuschlagen.*

„Kulturbolschewismus“, „Schweinerei“, „verruchter Wahnsinn“, „Niggerrhythmen“, „totschlagen“ – was für bösartige Vokabeln, eindrucksvolle Belege für Klemperers „Lingua Tertii Imperii“? Fehlt nur noch eine ausdrückliche Aufforderung an die NS-Behörden, es ähnlich wie mit der „entarteten Kunst“ durch Verbote zu regeln. Doch gerade auf dem Gipfel engstirniger Polemik wird plötzlich ein neuer Ton angestimmt, und die Tendenz des Artikels kippt in ihr völliges Gegenteil. Auch die nun gewählten Worte, mit denen Spoerl naserümpfende Pharisäer oder rohe ästhetische Besserwisser bedenkt, lassen an Deutlichkeit nichts zu wünschen übrig:

Kunst ist für Kunstbedürftige, Kitsch für Kitschbedürftige. Mag jeder haben, was ihm gefällt. Es geht keinen nichts an. Jeder muß wissen, womit er glücklich wird. Die Freuden der Erde sind ohnehin spärlich genug. Man mag innerlich die Nase rümpfen, man mag leise beten: Herrgott, ich danke dir, daß ich nicht bin wie diese da. Aber das Maul soll man halten. Jemanden seine liebgewordenen Besitztümer vermiesen, ist eine Roheit.

Bestenfalls kann man seinen Mitmenschen sanft warnen, wenn er etwas erwerben will, das ihm auf die Dauer nicht gefallen kann. Es hat aber keinen Sinn, herbe Kunst dem aufzudrängen, der auf Kitsch eingestellt ist. Sie wird ihm weder schmecken noch bekommen.

In diesem Kontext reduzieren sich Spoerls Phobien gegenüber einer bestimmten Musik letztlich zur Privatsache, die zeitgleich übrigens auch Adorno mißfiel, der Ende April 1933 in der *Europäische Revue* pikanterweise im Einklang mit der neuen Kulturpolitik den *Abschied vom Jazz* feierte. Vielmehr dominiert die am Schluß vertretene Auffassung, man könne über Geschmack letztlich nicht streiten. Und wir Heutige, die wir nun fast schon einem bedingungslosen Zustimmungszwang zu dem damals Verfemten unterliegen, wären schon weiter, wenn wir uns auch diesem nicht fügten und in ästhetischen Fragen souverän blieben.

Weiter zu Passagen, in denen Spoerl sich gegen offizielle Nötigungen wehrt. In *Der gute Ton am Telephon* etwa spottet er über allzu puristische Deutschtümler:

Zunächst bitte ich wegen des Fremdwortes um Sammelverzeihung (Generalpardon). „Fernsprecher" erinnert an Amt und an Rechnung; das Wort klingt rauh und rasselt. "Telephon" schmilzt auf der Zunge, duftet nach Konditorei und Ausflug.

In *Ferien vom Du* macht er Front gegen Massenmenschen:

„Ferien vom Ich" soll man machen? Ich bin, wie immer, anderer Ansicht. Wenn wir ehrlich sein wollen: wir haben ohnehin viel zu wenig Ich. Wir sind Zeitgenosse, Berufsgenosse, Familienvater, Nachbar, Mitglied und was weiß ich. Wir stehen in tausenderlei Diensten und Bindungen, wir tun nicht, was wir möchten, sondern was wir sollen und dürfen und müssen. Unser kleines, armes Ich ist umdrängt und eingeklemmt von vielen anderen Ichs und kann nicht mehr japsen. Nicht Ferien v o m Ich tun uns not, sondern Ferien z u m Ich.

Im Hinblick auf das Verhältnis von Geist zu Macht plädiert Spoerl für eine sinnvolle Balance, indem er einerseits einen Liberalen feiert, andererseits in Anspielung auf Hindenburg ausführt:

Es soll große Männer gegeben haben, die Zeit ihres Lebens kein anderes Buch kannten als Bibel und Felddienstordnung. Was besagt das? Nicht deshalb sind sie große Männer geworden, sondern trotzdem. Die Verachtung des Buches ist kein unfehlbarer Weg zur Größe.
Der Herzog von Devonshire, ein führender englischer Liberaler um die Jahrhundertwende, soll nicht einmal gewußt haben, wo sich in seinem Schloß der Eingang zur Bibliothek befand. Er war auch ohne Bücher genügend liberal. Außerdem war es auch schon etwas, daß er eine Bibliothek besaß, die er von einem Sekretär up to date halten ließ. Er bekam und bezahlte Bücherrechnungen und trug dazu bei, daß Bücher geschrieben und gedruckt werden konnten, die die andern lasen.

Am Ende des Beitrags reibt der Autor sich noch an einem militanten Propagandaslogan und bricht eine Lanze für das stille Buch, abseits von marktschreierischer politischer Tendenzliteratur:

Das Buch ist ein Schwert des Geistes. Es soll kämpfen, meinethalben auch mit Kanonen schießen; in einer lauten Zeit werden leise Bücher überhört. Aber es soll nicht mit Platzpatronen knallen. Noch weniger mit Giftgas die Luft verpesten. Auch Tränengas halte ich für unwürdig.
Viele Bücher kämpfen nicht, sondern tun nur so, sie ziehen die breite Heerstraße hinterdrein, mit Trommeln und Trompeten, gegen das, was längst besiegt und erledigt ist. Die haben es gut, da kann nicht viel passieren.
Dann schon lieber jene sanften Bücher für die sanften Leute, die ihre Ruhe haben wollen, überall und auch beim Lesen. Auch diese Bücher haben ihre Berechtigung, wenn sie einen ehrlichen Bedarf mit ehrlichen Mitteln befriedigen. Das sind die Bücher, die man überall liest, in der Straßenbahn, neben der Schreibmaschine, am Radio, insonderheit aber nach des Tages Last und Müh abends im Bett zum Einschlafen. Gute Nacht!"

Eine raffinierte Verpackung von Kritik an literarischer Schönfärberei enthält auch folgende Traumszene, inklusive der am Schluß vorgetäuschten Ahnungslosigkeit, wie das Geträumte denn auszulegen sei:

Vor kurzem mußte ich alles himmelblau anstreichen, ich weiß nicht, warum. Aber ich hatte keine Farbe und mußte trotzdem. Und sollte mit allen Mitteln irdischer Macht gezwungen werden und konnte nicht. Es war quälend und gefährlich, und ich war froh, daß es nur geträumt war. Die Deutung des Traumes habe ich nicht gefunden, obgleich ich in mehreren Traumbüchern nachgesehen habe. Der Traum ist offenbar eine Novität.

Um es abzuschließen: Die angeführten Beispiele sind zu zahlreich, um in dem Band, wie es der Untertitel nahelegt, lediglich *Heitere Geschichten und Plaudereien* zu sehen. Vielmehr handelt es sich um systematische Ermunterungen im Sinne des Obertitels *Man kann ruhig darüber sprechen*. Hier hat ein Autor durchgängig Schillers Postulat „Sire, geben Sie Gedankenfreiheit!“ in zeitgemäßen Humor übersetzt.

Von feuilletonistischer Leichtigkeit • Peter Bamm, Sigismund von Radecki und Hans Reimann

Zu den heutigen literarischen Verlusten gehört, von winzigen Reservaten abgesehen, die früher ausgiebig gepflegte Kunstform der heiter-besinnlichen feuilletonistischen Betrachtung. In den 1930ern zumindest stand sie noch in voller Blüte, und zwei ihrer Meister mögen stellvertretend zu Wort kommen. Zunächst Peter Bamm, der nach dem Studium der Medizin und Sinologie und der Teilnahme am Ersten Weltkrieg als Schiffsarzt verschiedene Weltreisen unternahm. Seine literarischen Interessen realisierte er als Feuilletonist für die *Deutsche Allgemeine Zeitung* und die *Deutsche Zukunft*. Befreundet war er mit Paul Fechter, Bruno E. Werner und W. E. Süßkind. Seit 1940 diente er als Stabsarzt im Heer.

Bamms Impressionen und Reflexionen zur Zeit, gesammelt in Bänden wie *Die kleine Weltlaterne* (1935), *Der i-Punkt* (1937) oder *Der Hahnenschwanz* (1939), kennzeichnet ein liberaler Grundzug, der sich wohltuend von der zeitgenössischen Befehlsmentalität abhebt. Seine Betrachtungen sind durchzogen vom Bewußtsein menschlicher Fehlbarkeit, gelinden Zweifeln an allzu betonter Tugend und Moral und zuweilen auch einem gewissen spielerischen Unernst. An fast allem findet Bamm eine zweite Seite, die bisherigen, scheinbar allgemeingültigen Urteilen widerspricht oder dazu anregt, auch einmal gegenläufige „Wahrheiten" zu bedenken. Er rehabilitiert das Laster, die Schwächen, die Faul- oder Narrheit, indem er schelmisch dartut, was sie alles an Segen für die Menschheit gebracht hätten oder hätten bringen können. An Flauberts „Helden" in *Bouvard und Pécuchet* preist er die „kleinen und großen Verrücktheiten", durch die „zwei außerordentlich langweilige und bedeutungslose Kanzlisten" zu den „großen Clowns des enzyklopädischen Zeitalters" aufstiegen, sobald sie ihren „Grillen" folgten. Seine humoristische Relativierung gängiger sittlicher Urteile mündet auch mal in der Parteinahme für Diebe, die zwar Strafe verdienten, aber gleichwohl ihre „Verdienste" besäßen. Begründet wird das Ganze mit skurrilen Beispielen oder dem Vergleich mit den Neidern, denen gegenüber die Diebe bei weitem vorzuziehen seien:

> *Der Dieb ist naiv. Er will etwas haben, was ihm nicht gehört, und so geht er hin und holt es sich, nicht achtend der Schranken, die ein weises Gebot seinem kindlichen Tun gesetzt hat. Der Dieb ist geradeaus und zudem meist noch mutig. Auf der Bühne wird aus ihm leicht ein Held.*
> *Die Neider wollen auch haben, was ihnen nicht gehört. Aber sie sind entweder nicht naiv genug oder nicht mutig genug. Dafür sind sie gewitzt. Und wie die ausgekochten Winkeladvokaten gehen sie hin und machen eine neue Moral. So heißt's dann „Eigentum ist Diebstahl", und wenn der Dieb auf eine unmoralische Weise zu klauen versucht, so versucht der Neider auf eine moralische Weise zu klauen. Der Witz freilich ist, daß sein neues Eigentum dann wirklich geklaut ist und er zum Schluß wenigstens recht behält.*

Die Umwertung gipfelt im kauzigen Schluß: „Diese allzu graue Welt der Realität hat den Glanz einiger transzendentaler Dummheiten dringend nötig. Aber die Neigung zur Transzendenz zeigen bei uns vorläufig nur die Gauner." Mit deftigem Spott kommentiert Bamm eine Brautschule in Thüringen, in der junge Mädchen gemäß der Vorstellung ihrer Leiterin lernen sollen, „wie man einen Ehemann behandelt". Dies laufe doch schlicht darauf hinaus, „wie man einen Mann sauber, satt und zufrieden erhält." Nun gebe es jedoch nur „ein Wesen auf der Welt, von dem man wünschen muß, daß es sauber, satt und zufrieden sei, das ist der Säugling." Und es erscheine fraglich, „ob Nietzsche mit seinem berühmten Ausspruch über das Kind im Manne, das spielen will", just an den „Schnuller" gedacht habe.

Zusammen mit solchen eher zeitübergreifenden Betrachtungen enthält die *Kleine Weltlaterne* durchaus noch aktuell Satirisches. Der Autor lästert z. B. über die ideologische Verklärung des Landlebens. Dessen Vorzüge habe bereits Ovid gepriesenen, der allerdings bezeichnenderweise Großstädter und eifriger römischer Symposienbesucher gewesen sei. Gerade „saubere" Zivilisationsvertreter empfänden solche wenig authentischen Sehnsüchte, wo Kultur doch von Haus aus „schmutzig" sei:

> *Dreck gehört zur Kultur wie die Wasserspülung zur Zivilisation. Das entscheidende Element des Landlebens ist nicht das Radio in der guten Stube, sondern der Misthaufen vor dem Fenster. [...] Die edelste Form von Kulturschmutz ist der Kunstdreck, den wir nur deshalb als Dreck nicht wahrhaben wollen, weil wir ihn mit zivilisierter Verschämtheit Patina nennen. Selbst Mussolini irrt sich, wenn er glaubt, uns vorhalten zu können, daß Rom den Augustus hatte, als wir noch in unseren Wäldern Eber jagten. Augustus war der zivilisierteste Herrscher, den die Welt gesehen hat. Die Wurzeln der römischen Kultur aber stammen aus einer Zeit, da auch die Römer noch Eber jagten in den Wäldern des Apennin. Lesen und schreiben können die Bauern im Apennin heute noch nicht. Das heißt, die Zivilisation des Augustus hat sie noch nicht erreicht. Es kommt darauf an, auf was man stolz sein will.*

Auch publizistische Konjunkturritter bekommen ihr Fett ab: „Welch heilsamen Einfluß würde es auf die Leute ausüben, wenn sie sparsam mit den Worten umgehen müßten. Das Wort ‚Nation' wäre monatelang vergriffen." Gegenüber einem Fortschritt, den Leichen pflastern, plädiert der Autor für die Herstellung von Kinderspielzeug als „eigentlichem", wenigstens freudenspendendem „Sinn der Technik". Oder er optiert für die Athener Hochkultur anstelle des gegenwärtig so hochgehandelten Sparta. Mit einiger Schärfe kommentiert er die Schließung von einem Dutzend Nachtlokalen durch den neuen Berliner Polizeipräsidenten:

Man kann da nur wie Kaiser Augustus an einem entscheidenden Punkte seines Lebens sagen: „Applaudite amici!" Denn jeder tugendhafte Bürger wird von einem Gefühl hoher Befriedigung erfüllt, wenn er sieht, wie so das Laster an der Wurzel ausgerottet wird.
Freilich, für den Chronisten war dieses Ereignis ein schwerer Schlag. Nicht etwa, weil er zu wenig Tugend hatte und vielleicht ohne diese Lasterhöhlen nicht auskommen könnte. Nein vielmehr, weil er – der Venus Pandemos sei's geklagt – zu viel Tugend in einer bisher so lasterhaften Zeit gezeigt hat. Als der Chronist nämlich die Liste der geschlossenen Lokale überprüfte, stellte sich heraus, daß er kein einziges dieser Lokale kannte.

Dabei dürfe er sich rühmen, auf diesem Gebiet, etwa in Yokohama, ein „erstklassiger Fachmann" zu sein, womit er jedoch eine gerade höchst beschäftigte Obrigkeit nicht noch obendrein belasten wolle. „Freilich", ergänzt er schelmisch, „hier in Berlin war die Obrigkeit selbst einem so gewitzten Fachmann um Längen voraus", und niemals werde er nun „Gelegenheit haben, die unbekannten Laster dieser verruchten Plätze zu studieren. Ich werde das Böse nicht kennen, das ich zu lassen habe. Und wenn meine Seele gefährdet ist, so muß ich auch dafür noch die Verantwortung der Obrigkeit aufbürden." Nach dieser hochironischen Attacke folgt die peinliche Belehrung:

> *Für einen Menschen von Geschmack wäre es eine ganz unerträgliche Situation, darauf achten zu müssen, daß andere Tugend üben. Tatsächlich ist das ja auch das hauptsächlichste Merkmal des Puritaners, den man, um das Fremdwort zu vermeiden, den Säuberer nennen müßte. Säuberer können in der Welt so ziemlich alles erreichen. Denn, die Tugend selbst zu üben, kommt den Menschen hart an, und man findet für die Ausübung der Tugend in der Weltgeschichte nur wenige Beispiele. Die Menschen nennen die, so die Tugend selber übten, ganz allgemein Heilige und preisen sie sehr. Aber so unerreichbar ihnen dieses Ideal des Heiligen erscheint, so sind die Menschen doch auf eine so seltsam närrische Weise in die Tugend verliebt, daß man immer leicht eine Menge zusammenbringt, die sich energisch dafür einsetzt, daß irgend jemand anders tugendhaft sein solle.*

Was bisher als bloße Witzelei über Nachtlokale und verborgen Anrüchiges einherkommt, gewinnt – jenseits der nicht ungefährlichen Infragestellung einer Amtsautorität – als Pharisäer- und „Reiniger"-Schelte eine grundsätzliche Qualität, die sich auch mit dem revolutionären Impetus junger Parteimitglieder befaßt. Schließlich wolle die Obrigkeit doch wohl, „gerecht sein", was nur bei feststehenden Normen möglich sei, die jedoch ins Wanken geraten seien. Und scheinbar im Einklang mit dem Umsturz seit 1933 verspottet Bamm nun dessen vorgebliches Volksvotum als demokratische Verirrung:

> *Bei den Bemühungen um die Schaffung neuer Normen sehen wir nun mit großem Vergnügen die Jugend in der vordersten Kampffront. Und es hat etwas ungemein Beruhigendes im Hinblick auf die Gesundheit dieser Jugend, daß ihre Dummheiten von der gleichen bezaubernden Verve sind wie ihre Begeisterung, ihre Tapferkeit, ihre Opferfreudigkeit.*

Freilich, die Toleranz ist das Salz der Orthodoxie, das allein diesen wenn auch nahrhaften, so doch zähen Braten schmackhaft machen kann. Mit Aufmerksamkeit verfolgen wir die Entwicklung der neuen Norm. Seit mehr als tausend Jahren strahlen die großen Männer dieser Nation ihren Glanz über Europa. Die ehrwürdige Halle der europäischen Kultur zählt die Deutschen zu ihren größten Architekten. Es wäre verwunderlich, wenn nun beim Bau des eigenen Hauses gerade die jüngsten Maurergesellen allzuviel mitzubestimmen hätten.

Dergleichen Direktheit verliert sich mit dem zunehmenden Totalitätsanspruch des Regimes, und die Anspielungen werden subtiler, wie die folgende implizite Medien-Musterung aus dem Band *Der i-Punkt:*

Die Neger in Afrika nennen das Radio „Wolkenstimme". Sicherlich glauben sie ehrlich, daß, was der große Trichter flüstert, singt und redet, wirklich aus den Wolken kommt. Man sollte dieses Irrtums wegen nicht über die Neger lächeln. Viel angemessener ist es, sie zu bewundern wegen ihrer Begabung für Poesie. Höchstens könnte man sie bedauern wegen der Vorstellungen, die sie sich allmählich über die Wolken gebildet haben müssen. Aber schließlich der Himmel ist weit, und eine jede Wolke red't ja nicht.

Typischer für die Sammlungen seit *Der i-Punkt* sind humoristische Einlassungen. Allzumenschliches wird aufgespießt, und die kleinen Provokationen gelten eher Unpolitischem. So finden wir den „Chronisten", wie er sich selbst nennt, etwa an der Theke bei – legt man heutige feministische bzw. gendertheoretische Maßstäbe an – zweifellos „unkorrekten" Feststellungen. Er bekennt sich drastisch zur Verschiedenheit der Geschlechter, und seine Sicht, vom Skatspiel bis zum Kneipenbesuch, ist fraglos männlich geprägt:

Man muß wohl denen recht geben, die das Mitbringen von Frauen an die Theke für die Durchbrechung eines Prinzips halten. Da man Gesetze nicht brechen darf, andererseits aber durchaus etwas haben muß, was gebrochen werden kann, so führte man das Prinzip ein. Prinzipien sind diejenigen Gesetze, die gebrochen werden dürfen.
Die Theke also ist ein männliches Prinzip. Darum wirken Frauen an der Theke so kühn. Darum auch fühlen sie sich, gemäß der im Grunde ihres Wesens schlummernden Neigung zur Anarchie, daselbst so wohl. Denn der einzige wirkliche Prinzipienreiter von Format ist die Frau. Ich möchte – ha! – dasjenige Prinzip sehen, das nicht bei Gelegenheit von einem hübschen Mädchen über alle Zäune hinweg mit Gelächter in den Bach geritten wird. […]
Die Freiheit zu schweigen macht die Theke zu einem sicheren Hort jener echten Melancholie, die der Grundzug des männlichen Wesens ist und aus der in souveräner Gleichgültigkeit die Entschlüsse zu allen großen Taten entspringen. Man beobachte die nicht etwa von oberflächlichem Takt, sondern von wahrer Ehrfurcht getragene Haltung eines Wirtes oder Mixers gegenüber einem Gast, der schweigend an seiner Theke lehnt. […]
Die Freiheit zu reden macht die Theke zur Agora unseres Zeitalters. An der Theke darf man einen Mann nach einer Narbe fragen, die ihm quer übers Auge zieht. Dafür freilich muß man jeder Geschichte, die er über diese Narbe erzählt, unbedingten Glauben schenken. An der Theke darf man die wildesten Behauptungen aufstellen. Man findet Hörer. Freilich muß man sich auch sagen lassen, daß man ein blutiger Ignorant, ein Greenhorn und ein Esel sei. Und in derlei Feststellungen liegt niemals die mindeste beleidigende Absicht. Nur wenn man schon einen in der Krone hat, dann darf man sogar übelnehmen, aber dann muß man sich an Ort und Stelle schlagen. Der Wirt sagt dann: „Kinder, seid vernünftig!“ Das freilich heißt, den Steinen in der Oase predigen. Denn Kinder sind nun einmal unvernünftig.

Bereits dieses harmlose Beispiel ist insofern typisch, als soeben getroffene Aussagen nicht selten umgehend wieder relativiert werden. Denn Bamms favorisierte Denkfigur ist die Alternative oder das Motto „Leben und leben lassen". Er spricht Über die Unentbehrlichkeit der Faulheit, fordert *Respekt vor Albernheiten,* lobt die neuere US-Literatur, kontert zugleich deren Arroganz in bezug auf den „Old Dark Continent" oder äußert sich als Kosmopolit ohne Scheuklappen über räuberische Gentleman-Allüren der Entente. Die Grundaussage seiner Texte lautet: Nehmt das Leben und vor allem die vermeintlich unumstößlichen Dogmen nicht so ernst! Vieles ist ohnehin, wie es ist, und unser Einfluß darauf minimal.

In Zeiten der Herrschaft ideologischer Systeme wirkt dies als heilsame Zersetzung absoluter Autoritäts- oder Wahrheitsansprüche. Demgemäß amüsiert der Autor sich im Kapitel *Heldenwäsche* über eine Londoner Nelson-Ausstellung, die auch die Babykleidung des berühmten Admirals zeigt. Zwar sei die Habeas-Corpus-Akte für die Geschichte des britischen Weltreichs von größter Bedeutung. Aber ebenso wichtig sei Nelsons Amme, „jenes schlichte Mädchen aus irgendeinem Dorf in Sussex, von der man heute nicht einmal mehr den Namen weiß". Denn die „Amme war es, die die Zukunft des Empires in den Händen hielt, als sie am zartesten und am meisten gefährdet war. Man denke, wie aufregend das Leben ist. Wenn die Amme den kleinen Mann, dessen Element nachher das Wasser war, auch nur einmal zu heiß gebadet hätte, England hätte in seiner größten Schlacht keinen Admiral gehabt."

Auf ähnlich vertrackte Art wird Rockefeller anläßlich seines Todes mit Diogenes liiert, insofern beide zu vergleichbar tiefsinnigen lebensphilosophischen Äußerungen fähig gewesen seien. Der „Herr über alles Öl der Welt" habe schließlich einmal öffentlich bedauert, „nicht genug" davon zu haben, um im Alter „seine Gelenke damit zu schmieren". Der Müßiggang wiederum wird durch das Gleichnisbild der Seereise rehabilitiert:

> *Jedes Schiff ist eine Arche Noah, die von der Sintflut übriggeblieben ist. Der vollständige Wegfall alles dessen, was sonst das Leben der Menschen erfüllt, macht den Reisenden zu einem Robinson Crusoe seines eigenen Gemüts. […] Im Deckstuhl zu liegen, ist auch etwas ganz anderes, als etwa am Strand in der Sonne zu liegen. Denn während man zwei Stunden döst, hat man ein Stück von dem geleistet, was dem Vasco da Gama, und mit Recht, als Heldentat angerechnet wurde, und was jedermann sonst zugute geschrieben wird, man ist nämlich vorwärtsgekommen. Die ausgezeichnete Tatsache, daß das Schiff den Menschen seinem Ziele näher bringt, nimmt dem Nichtstun jeden unmoralischen Charakter.*

Und immer wieder bieten Bamms Feuilletons praktische Beispiele von Lebenskunst. Das gilt etwa für Ratschläge zum Umgang mit Informationsfluten wie zur Partnerwahl:

> *Es ist eine alte Regel, daß man einem Mädchen, welches man zu ehelichen gedenkt, eine Schüssel Tomatensoße oder, falls sie gerade in Rot geht, eine Schüssel Vanillesoße über das Kleid gießen soll. Mancher junge Mann ist auf diese Weise im letzten Augenblicke noch vor unabsehbarem Unglück gerettet worden. Eine der allerbesten und zuverlässigsten Methoden aber ist es, den Mitmann oder das Mitmädchen unter die kühle Glocke der Langeweile zu setzen.*

> *Glücklicherweise haben alle Briefe die Eigenschaft, daß es eines Tages für ihre Beantwortung zu spät ist. Mein alter Bataillonskommandeur drückte diesen Gedanken in der präzisen Weise eines Soldaten aus, indem er sagte: „Keine Sache ist so dringlich, als daß sie nicht durch längeres Liegenlassen noch dringlicher würde."*

In die Kategorie leidvoller Erfahrungen mit Mieterinnen, passionierten Steckenpferd-Reitern oder altersbedingten Eitelkeiten gehören die folgenden humoristischen Impressionen:

Der möblierte Herr ist der Mönch der Zivilisation. Vielleicht wohnt auch in seinem Inneren eine Seele, zart und prächtig wie ein Schmetterling. Aber außen ist er grau und bescheiden. Er ist ein Ahasver der Rankentapete, ein Wanderer zwischen vier Wänden. Er ist ein Don Quichote der Gemütlichkeit, er ist ein Abenteurer der Hoffnung, den die Jahre des kalten Kaffees und der sanften Bosheit gezähmt haben. [...] Es soll möblierte Zimmer geben, in denen man Orgien feiern kann. Aber die kennt man nur vom Hörensagen. Die Zimmer, die man bezahlen kann, haben niemals Orgien gesehen. Denn wenn die Götter vor die Tugend den Schweiß setzen, vor das Laster setzten sie die möblierte Wirtin, die ihr Haus rein hält für zweiundvierzig Mark inklusive.

Das Angeln als einen Sport zu bezeichnen, hieße ebensosehr dem Sport wie dem Angeln unrecht tun. Sport dient, wie allgemein bekannt ist, der Ertüchtigung von Körper und Charakter und wird ohne einen Lohn betrieben, wenn nicht den des Ruhmes. Angeln dient der Ertüchtigung der Seele, und seine Resultate kann man mit Salz und Lauch zum Abendbrot genießen. Angeln ist die einzige Art von Philosophie, von der man satt werden kann. Und es ist die einzige Art von Arbeit ohne alle Tätigkeit. Wie man sieht, ist eine dergestalt beschaffene Philosophie und eine dergestalt beschaffene Arbeit geeignet, das Ideal von achtzigtausend erwachsenen Männern zu sein. Nun, in der Tat, Angeln übt in Geduld und Hoffnung. Zwei Eigenschaften, von denen die eine die nützlichste, die andere die unentbehrlichste ist, das Leben zu ertragen.

Wenn bedeutendere Männer langsam in die Jahre kommen, pflegen sie Erinnerungen zu veröffentlichen. Früher überließ man dergleichen seinem Biographen. Aber gerade die, die nicht ganz sicher sind, daß sie einen haben werden, tun es heutzutage lieber selber.
Wenn man diese Erinnerungen liest, gewinnt man den Eindruck, daß ältere, bedeutendere Herren ein fabelhaftes Gedächtnis haben müssen. Bis in kleinste Einzelheiten erinnern sie sich an Dinge, die Jahrzehnte zurückliegen. [...]
Über den Wert eines fabelhaften Gedächtnisses läßt sich streiten. Da einem im Leben mehr Unbill als Bill zustößt, wird man sich mit Hilfe eines fabelhaften Gedächtnisses auch an mehr unangenehme Dinge erinnern als an angenehme. Auch fragt sich, ob es nicht besser ist, einen Mann, der einem hundert Mark schuldig geblieben ist, vollständig zu vergessen, als noch nach Jahrzehnten, statt einer Lücke im Gedächtnis, die man nicht spürt, eine Lücke im Portemonnaie zu haben, die schmerzt.

Bamm lehrt uns einen neuen Blick auf alltägliche Ärgernisse und Kuriosa, wobei es zusätzlich Vergnügen bereitet, dem Sprachartisten beim Jonglieren mit Worten zuzusehen:

Bei Rochefort an der bretonischen Küste steht der Leuchtturm von St. Pierre. Die Brandung des Ozeans rauscht um die Klippen zu seinen Füßen. Man könnte dieselbe um dieselben auch donnern lassen. In einer solchen Sache hat der Schriftsteller die vollkommenste Freiheit. Aber zu dem, was im folgenden gesagt werden soll, paßt das Rauschen besser als das Donnern, so daß der geneigte Leser hiermit gebeten sei, dem Rauschen zu lauschen.
Es ist ziemlich einsam da. Ein Leuchtturm ist wie ein großer Weiser. Er verbreitet Licht nach allen Seiten. Ein jeder kann seinen Kurs nach ihm richten. Aber wer der Weisheit zu nahe kommt, dessen Schiffchen zerschellt.

Will man Bamms „Weisheiten“ auf einen Punkt bringen, so enthalten sie Nonsens, mit Philosophischem gemischt. Darüber hinaus münden seine pointensicheren Urteile häufig in Reflexionen über Vorurteile oder Paradoxa:

Ein Menschenkenner zu sein, gilt allgemein als ein großes Glück. Das schon sollte einen mißtrauisch stimmen. Und in der Tat, je mehr Fortschritte man in dieser schwierigen Wissenschaft macht, um so mehr erkennt man, was für ein großes Glück es ist, die Menschen nicht zu kennen. Aber da man ein Vorurteil ja hat, bevor man ein Urteil hat, sind die Bemühungen, Methoden zur Erkenntnis der mitmenschlichen Seele zu finden, ungezählt.

Alle Weltbetrachtung enthält eine generelle Erkenntnisskepsis, die letztlich auf die Empfehlung hinausläuft, selbst auf einem Vulkan wenigstens sein Frühstücksei zu braten:

Auch Unsinn gewinnt durch die Distanz. So schickt man einen Gedanken in die Welt und weiß nicht, ob er verbrannt, zerknüllt, zerrissen oder tapeziert werden wird. Man könnte sich darüber Sorgen machen. Aber der Möglichkeiten sind so viele, daß die Sorgen keinen Sinn haben. Von dem unendlichen Netz der Zusammenhänge sehen wir nur wenige Fäden. Sofern einer nur einen einzigen Faden, dem er nachspürt, nicht verliert, ist er schon ein großer Philosoph. Wie die Spinnen eilen die Philosophen von einem Knoten zum anderen, aber mit all ihren Sorgen vermögen sie nicht einen einzigen Knoten zu lösen. Das Leben kümmert sich nicht um die Deutungen.

Und gelegentlich zeigt sein Humor etwas Schopenhauerisches, wonach sich Glück durch die Abwesenheit von Leid definiert:

Eine Briefmarke kaufen, heißt siebenmal nicht überfahren worden sein. Daran sollten wir denken, wenn wir mit unserem Lose nicht zufrieden sind. Einen Schnupfen zu haben, bedeutet an keinem Typhus, keiner Pest, keiner Cholera zu leiden. Was für eine angenehme Sache, so ein Schnupfen! Wovor er uns bewahrt! Ein gebrochenes Bein bedeutet mindestens, daß das andere noch ganz ist. Welcher Glücksfall!
Kurz und gut, zu leben heißt, nicht tot zu sein. Wem das nicht genug ist, dem ist nicht zu helfen.

Zu den Adepten der heiteren Muse gehört auch der in Riga geborene Sigismund von Radecki. Schulzeit in Petersburg, Studium in Dorpat, Bergbauexamen im sächsischen Freiberg, Bewässerungsfachmann in Turkestan, baltischer Landeswehr-Mann, Elektrotechniker bei Siemens, Forstaufseher in Usedom – so lauten Stationen der Vita dieses künstlerischen Multitalents. Er agierte als Schauspieler, Zeichner, Essayist, Übersetzer von Hilaire Belloc bis Gogol, Puschkin, Tschechow und Majakowski. Seine Freundschaften reichten vom bewunderten Spötter Karl Kraus bis zum katholischen Religionsphilosophen Theodor Haecker. Berichte von abenteuerlichen Reisen füllten zahllose seiner Feuilletons, auch in Betrachtungen zur Zeit oder in Reflexionen über Bücher musterte er seine Umwelt mit hintergründigem Humor.

Er war ein gebildeter, anspruchsvoller Plauderer und liebenswerter Vertreter der literarischen Komik von „eleganter Kaltschnäuzigkeit und subtiler Melancholie“, wie ihn ein Rezensent charakterisierte, ein „philosophierender Kiebitz des Lebens“, der uns immer tiefer „in die Sonderbarkeiten der Materie und des Geistes“ hineinführe. Er tat es in Sammelbänden wie *Nebenbei bemerkt* (1936), *Die Welt in der Tasche* (1938), *Alles Mögliche* (1939), *Wie kommt das zu dem?* (1942) oder *Rückblick auf meine Zukunft* (1943). Natürlich findet sich bei dem

Umfang der Produktion neben brillanten Einfällen, Pointen, Aperçus auch manches Durchschnittliche. Doch die Glanzstücke beglaubigen fraglos den Rang dieses Meisters der kleinen Form.

Radeckis Witz entspringt der mit neugierigem Blick und bestechender Formulierungskunst vorgertragenen Beobachtung. So schreibt er z. B. von Enten, in die, frühlingsbedingt, der „Liebesteufel" hineingefahren sei: „sie hüpfen wie die Bachstelzen von Ast zu Ast, sausen als geflügelte Flaschen über die höchsten Wipfel hin und ziehen einfallend schäumende Furchen in den Wasserspiegel". Anderorts veranschaulicht er uns eindrucksvoll asiatische Geduld:

> *Vor diesem Warten verkrümelt sich die Zeit – sie wird von der Meerschaumpfeife der Ewigkeit gelassen in blaue Rauchkringel aufgelöst ... in blauen Dunst. Aber da wir Menschen nun einmal in der Zeit leben, so ist dieses Warten im Grunde ein insektenhaftes Sichtotstellen. Aus Angst nimmt es das vorweg, vor dem es Angst hat: das Nirwana.*

Ähnlich bezaubernd liest sich die Vorstellung:

> *Wenn man so groß wäre, daß man sich bücken müßte, um dem Mond einen Kuß zu geben – dann, ja dann würde einem das Weltall wie eine einzige herrliche Uhr vorkommen, wie ein langsames Kreisen silberner Sonnenkugeln durch die Nacht. Die Zeit dieser Weltenuhr ist schöpferisch, denn sie schafft sich selber. Alle Wärme des Lebens strahlt von ihr aus, und es ist die Dauer alles Lebendigen – von unsern siebzig Jahren bis zum Jourfix der Eintagsfliege – auf ihr goldenes Pendel abgestimmt. Sie ist der treibende Herzschlag des Weltgebäudes.*

Oder:

Nachts, wenn die Stadt, die sich so stolz gegen die Finsternis elektrisiert hatte, dieser schließlich doch gähnend nachgibt, wenn ein Stockwerk nach dem andern dunkelgeknipst wird, wenn die Autokörperchen der Verkehrsadern mehr und mehr ins Gerinnen kommen und das ungeheure Verstummen uns Menschenmillionen endlich in den Schlaf hypnotisiert – dann wirfst auch du deine Kleider auf den Stuhl und sinkst in dein Bett. Aus einer See von Plagen läßt du dich von der weißen Klappe des Bettungeheuers verschlingen und räkelst dich vor wohliger Dankbarkeit in seinem Leibe. Endlich, wenn auch nur für den kurzen Übergang zum Nichtsein, bist du ganz du selbst, wie dich Gott erschaffen, und liegst da wie ein Kind, das das Leben vor sich, wie ein Toter, der das Leben hinter sich hat.

Radeckis „Photos in Prosa", wie er seine Impressionen zuweilen nannte, relativieren immer wieder gängige Wertungen und lehren uns neue Sehweisen. Vom *Urkauf* bis zum *Pump* z. B. wird manche konventionelle Wirtschaftsweisheit umdefiniert:

Bedenkt man die schrecklichen Gefahren, denen sich ein Dieb bei seinem Handwerk aussetzt, so leuchtet ein, daß Pumpen zweifellos die bequemere Art ist, sich fremdes Geld anzueignen. Die Wirtschaft dieser Welt beruht darauf, daß möglichst wenig Menschen stehlen, dagegen möglichst viele Kredit nehmen oder geben: und darum genießt der Pumpende, an der sozialen Notwendigkeit des Kredits schmarotzend, jene vollen bürgerlichen Ehren, deren der dumme Dieb verlustig geht. Der Dieb wartet, bis man wegschaut; der Pumpende schaut uns offen und blau ins Auge. Der Dieb nimmt mit eigener Hand; der Pumpende nimmt auch, aber mit der unsrigen. Also besteht die Kunst des Pumpens darin, diese fremde Hand in Bewegung zu setzen.

Auf der Palette seiner literarischen Schreibweisen und Gattungen verdienen nicht zuletzt historische Anekdoten Erwähnung, denen er

1938 mit *Die Rose und der Ziegelstein* sogar einen ganzen Sammelband widmete. Ein kurzes Exempel daraus:

> *„Wieviel Beine wird ein Schaf haben, wenn man den Schweif Bein nennt?" fragte Lincoln einmal seine Freunde.*
> *„Fünf", antworteten alle einstimmig.*
> *„Ihr irrt euch", sagte Lincoln, „denn wenn man einen Schweif ein Bein nennt, so wird noch immer kein Bein daraus."*

Zeitlebens erwärmte Radecki sich für dergleichen Textsorten. Eine 1936 publizierte Episode, *Der General Kikeriki,* galt der Charakterisierung eines kauzhaften Militärgenies:

> *Graf, Feldmarschall, Fürst und Generalissimus Suworoff war ein Clown, der in siebzig Schlachten gesiegt hatte, ein elektrischer Funke, der alle Sicherungen der Würde durchbrannte, ein Gockel, der in den ernstesten Versammlungen plötzlich zu krähen anfing, weil er sagte, daß das gut sei, um die Leute aufzuwekken. Er lebte von einer Grimasse zur anderen und haßte die Spiegel in den Tod. Stillstehen konnte er überhaupt nicht und auch nicht gehen, sondern stets nur hin und her laufen wie ein Wiesel – nie hat man ihn anders reiten sehen als im Galopp. Sein Verstand war so schnell, daß er die Gedankenkette schon dreimal durchlaufen hatte, bevor die anderen überhaupt drangingen – so blieb seiner Ungeduld nichts übrig, als ihnen eine lange Nase zu machen! Er steigerte jede geringste Handlung in begeistertem Aberwitz zum Symbol. Ihm war die dienstliche russische Formel „Ich kann's nicht wissen" so herzhaft verhaßt, daß er jedesmal das Zimmer mit Weihrauch ausräuchern ließ, wenn dieser Ausdruck gefallen war. Ebenso heftig haßte er die Worte „defensiv" und „Unterkunft". Unter diesem kochenden Temperament loderte stets die Flamme des wildesten Pathos. Aber er konnte auch stillhalten wie ein rocher de bronce. Der General NN. war ein großer Schwätzer. Darum erschien nach der Einnahme Warschaus*

folgender Tagesbefehl: Suworoff wird im vergoldeten Wagen des Generals NN. seinen Einzug in die Stadt halten. Der Eigentümer soll ihm gegenüber sitzen, rechts hinaussehen und schweigen, denn Suworoff wird in Nachdenken versunken sein.

Die kosmopolitische Gesinnung des Autors belegt das hohe Lob für Chaplins *Lichter der Großstadt,* desgleichen die Schilderung der beeindruckenden Begegnung mit einem seiner Würde bewußten Zigeuner in Zentralasien oder die Sammelrezension *Englische Lieblingsbücher* mit Sympathieadressen an James Boswell, Jonathan Swift oder Hilaire Belloc. Ein angepaßter Massenmensch war Radecki nie, und in etlichen Texten kommt dies, meist unverschleiert, zum Ausdruck:

Zwei linke Schuhe – ah, ich erkenne sie, das sind die Höflinge Rosenkrantz und Güldenstern aus Hamlet! Natürlich sind sie zwei, weil ja doch jeder einzelne keiner ist. Sie sind das kürzeste Symbol für die kompakte Majorität, für die Zahl Legion. Hier setzt sich die römische II zu einem endlosen Lattenzaun der vielzuvielen fort, wo jeder einzelne mit dem andern identisch ist und auswechselbar. „Ihr, Rosenkrantz und lieber Güldenstern!" sagte der König bei der Audienz. Dem einen spendet er den ersten Platz, dem andern das „Lieber". Und damit keiner gekränkt ist, fügt die Königin mit infernalischem Takt hinzu: „Ihr, Güldenstern und lieber Rosenkrantz!" – Wie bildet sich solch ein Paar? Einfach durch Anziehung, wie zwei Regentropfen auf der Fensterscheibe, die näherrücken und ineinanderfließen? Flucht aus dem Einzeldasein in die Gattung? […] Zwei linke Schuhe sind immer komisch.

Nein, man lasse sich durch die Zweizahl nicht täuschen: das ist gar kein Paar, das ist bloß der Keim zu einer Mänadenrotte, zu einem Straßenauflauf. […] – Geht mir, es gibt kein Paar! Es gibt eine tragisch zertrümmerte Eins. Es gibt eine komisch anhebende Kaninchenaddition. Und im übrigen lediglich die nackte Ziffer 2, von der einige behaupten, daß sie wie ein Schwan, und andere, daß sie wie eine Gans aussieht.

Radeckis vielleicht liebenswerteste Eigenschaft ist Selbstironie. Im *Konzentrierten Affen* äußert sie sich eher unspezifisch, da sie alle Menschen betrifft:

Jedes Tier ist ein Symbol. Ochs, Esel, Schaf und Kamel bilden das strahlende Viergestirn der Dummheit, in welchem der Ochs die dumpfe, der Esel die störrische, das Schaf die folgsame und das Kamel die hochtrabende Dummheit verkörpert. Das Schwein ist die Unsauberkeit selbst. Die Taube ist die Unschuld. Die Schlange ist die Sünde. Hund und Katze sind Mann und Weib, das sieht jeder. Die Giraffe ist die typische alte Jungfer. Das Pferd, das geknechtetste Tier, ist der Stolz: wie erhaben läßt so ein alter Droschkengaul, regentriefend an der Ecke, seine Unterlippe hängen! Und nur der Affe hat in diesem Register seine Sonderstellung, denn das fühlen wir gleich, daß mit dem Worte „Nachahmung" das Symbolische seines Wesens noch lange nicht umschrieben ist. Ja, wir ahnen mit Scham und Gelächter, daß die Schöpfung sich hier in einer genialen Satire auf den Menschen versucht hat!
Der Affe ist ein peinlicher Verwandter, den man nicht gerne herzeigt und doch nie los wird.

Doch Radecki bleibt nicht allgemein, sondern bezieht vieles konkret auf sich. So erleben wir ihn, getrieben vom Erwerbstaumel eines passionierten Bibliophilen, im erbitterten Ringen mit einem Antiquar, der gleichfalls Kenner ist, oder bei typischen Schriftstellereitelkeiten, die er charmant rechtfertigt:

Bedenkt man die ungeheuere Arbeit, die dazu gehört, ein Buch zu diktieren, abzuschreiben, anzubringen; bedenkt man, daß Wälder gefällt werden müssen, um Papier, und Felsen gesprengt, um Metall für Maschinen und Lettern zu liefern; bedenkt man dazu die mühevolle Tätigkeit des Setzens, Druckens, Einbindens, Verpackens, Versendens und Kalkulierens – so verliert der Anspruch, nun auch gelesen zu werden, wahrlich viel von dem Absurden, das er gewöhnlich an sich hat.

Gipfelpunkt humorvoller Selbstanalyse ist *Der Vorleser* (1939), die minutiöse Darlegung seiner Gefühle vor, während und nach einer Autorenlesung. Es beginnt mit der Normalität des Tages, die gegen sechs Uhr abends – um acht beginnt die Veranstaltung – einer starken Müdigkeit und dem Bedürfnis weicht, sich hinzulegen. Natürlich ist an Schlaf nicht zu denken. Stattdessen setzt Heißhunger ein, gefolgt vom Schrecken, daß ein gänzlich Gesättigter schlecht vorlesen könne. Eine Rum-Kur soll helfen, doch der schmeckt abscheulich, und der „erhoffte schwebende Zustand bleibt aus". Inzwischen ist es höchste Zeit zum Aufbruch. Fünf Minuten vor Beginn zeigen sich ein paar Leutchen vor dem Haus, die den Autor unangenehmerweise anstarren und zum beziehungslosen Auf- und Abgehen verleiten. Aufregung stellt sich ein wie beim Rennpferd vor dem Start, bis es endlich so weit ist:

Ich brenne noch schnell die Schiffe hinter mir ab, werfe meine Zigarette weg, öffne die Tür und trete in den Saal. Im selben Moment, wo mich alle die Augen anstarren, geht mit mir eine Molekularveränderung vor, ich gehe in einen mir neuen Aggregatzustand über. Äußerlich sieht mein Hingehen zum Katheder, mein Hinsetzen, mein Manuskript-aus-der-Tasche-Ziehen genau so aus, wie all mein sonstiges Gehaben, und doch ist ein wesentlicher Unterschied: denn ich spiele es vor. Es nicht zu tun, wäre äußerste Verlogenheit. Denn das Normale wäre, daß ich mich in einer so unnormalen Situation durchaus nicht normal benehmen müßte. Da mein normaler Habitus aber aus künstlerischen

Gründen hier dringend notwendig ist, so imitiere ich mich mit äußerster Kunst, schneuze mir zum Überfluß noch die Nase und beginne zu lesen.
Jetzt beginnt die Transsubstantiation. Wenn ich vorher auch Zahn-, Kopf- und Bauchschmerzen gehabt hätte, so würde ich sie doch jetzt nicht fühlen. Mein Leib ist parastatisch geworden und fügt sich willenlos dem mächtigen Diktat der Worte, auf die mein Auge gebannt starrt. Mich durchdringt die Wollust der Besessenheit. […] Ich habe kein Privatleben mehr, ich bin von einer unerhörten Schamlosigkeit, denn es gibt für mich nur das eine: diese Buchstaben und Worte da vor mir auszudrücken.
Nach dem letzten Wort klappe ich das Manuskript mit gespielter Gleichgültigkeit zu und verbeuge mich gemessen auf den Applaus hin. Er läßt mich kalt, und doch wäre ich todunglücklich, wenn er ausbliebe. Er hat *dazusein, ich würde mir im Notfalle selbst applaudieren. Die Freunde, die mich nach der Vorlesung begleiten, frage ich gierig aus, wobei die Fragen so gestellt sind, daß sie mich loben müssen. Der geringste, auch noch so berechtigte Tadel würde mich für eine halbe Stunde zum Todfeind des Urteilenden machen. Kurz nach der Vorlesung ist jeder Tadel unberechtigt, das hat der Trottel zu wissen! Es tut mir leid, von dem, was diese Stunde war, scheiden zu müssen, und darum bringe ich immer wieder Einzelheiten des Gelesenen zur Sprache. Wenn jemand über etwas anderes spricht, ärgert es mich im stillen. Das Grün der Bäume zwischen den Gaslaternen, die abendlichen Gassen und die stillen Menschen im Torweg kommen mir unendlich poetisch vor. Ungefähr um dreiviertel zehn bin ich dann wieder genau so wie alle anderen Menschen.*

Wenigstens ein Notsitz im humoristischen Pantheon dieser Jahre sei dem sächsischen Spötter Hans Reimann bereitet. Übergehen wir belanglose Dutzendware wie die Witzesammlung *Der Spaßvogel* (1940) zugunsten gelegentlicher qualitativer Ausreißer nach oben. In ihnen mustert er Dialekte oder verbreitet sich vergnüglich über „richtiges Deutsch". Als kleine Kulturgeschichte mit zahlreichen Zitaten aus der

„Schatzkammer unfreiwilligen Humors“ (Klappentext) sei zumindest *Das Buch vom Kitsch* (1936) genannt. Zwar löst Reimann darin die Fragen der Abgrenzung zur „wahren Kunst“ auch nicht, sondern wettert nur tüchtig und erheiternd dagegen. Insofern münden alle Invektiven letztlich in tolerante Resignation:

> *In welchen Bahnen hätte sich die Bekämpfung des Kitsches zu vollziehen? Wird am zweckmäßigsten gegen die Erzeuger oder gegen die Verbraucher vorgegangen? Soll man alle, die Kitsch fabrizieren oder der Fabrikation von Kitsch Vorschub leisten, in einer Innung zusammenfassen und nach entsprechender Läuterung zur Umkehr in ersprießlichere Berufe zwingen? Soll man Kitschfresser stäupen und öffentlich brandmarken?*
> *Wenn das so einfach wäre!*
> *Kitsch besitzt die vertrackte Eigenschaft, sich zu verflüchtigen, sobald man ihn zu packen sucht. Das Tückischste an ihm ist, daß er dünner werden kann als Wasser. Sei er noch so kompakt: erwischst du ihn beim Schlafittel, schrumpft er ein und schluckt seine eigenen Umrisse.*

Darüber hinaus finden sich in Reimanns Sammlung *Hast du Töne* (1942) immerhin pointiert formulierte Anekdoten, wie etwa *Der Stammbaum*:

> *In der Kirche von Doberan in Mecklenburg wurden noch 1909 allerhand erstaunliche Dinge gezeigt, darunter eine Flasche mit echter ägyptischer Finsternis. Der Küster, der die Fremden herumführte, legte besonderes Gewicht auf ein unscheinbares Knöchelchen und behauptete, es stamme von der Großmutter Adams.*
> *„Herr Küster“, belehrte ihn ein Zoologieprofessor, „es handelt sich hier, wie ohne weiteres ersichtlich, um einen Hirschknochen.“ Der Küster ließ sich nicht beirren: „Stimmt! Adams Großmutter war eine geborene Hirsch.“*

Zwei weitere derartige Texte zeugen vom Sarkasmus oder Zynismus des „alten Fritz“:

Auf sein Geheiß wurden verdeckte Gänge um die Nikolaikirche in Potsdam errichtet.
Die Stadtväter zeterten: durch den Bau verdunkele sich das Innere des Gotteshauses.
Friedrich gab ihnen Bescheid:
„Selig sind, die nicht sehen und dennoch glauben.“

Vor Friedrich dem Großen stand ein Kantor.
Und stotterte vor Aufregung.
„Stottert Er auch, wenn Er singt?“
„Neineinein, Majestätätät.“
„So singe Er, was Er zu sagen hat!“

Auch bei dem wesensverwandten Bernard Shaw hat Reimann sich häufig bedient:

Shaw war krank.
Der Arzt untersuchte ihn und maß die Temperatur: Fieber.
Nun der Puls.
„Geht langsam, merkwürdig langsam.“
„Warum auch nicht?“ meinte Shaw. „Ich habe Zeit.“

Oder:

Spiritismus war letzter Schrei der Mode.
Man wartete Shaw mit einer eingehenden Schilderung einer Séance auf.
Shaw griente in seinen Bart hinein.

„Sie zweifeln, Herr Shaw?"

„Ich zweifle", sagte Shaw.

„Aber ich schwöre Ihnen, der Tisch hat wahrhaftig gewackelt ..."

„Möglich. Der Klügere gibt nach."

Klassische Erzähltexte ◆ Von der *Feuerzangenbowle* bis zur *Kutscherin des Zaren*

Nun zu einigen markanten humoristischen und satirischen Beispielen aus dem epischen Bereich. Zur Sprache kommen Klassiker wie Geheimtips in großen und kleinen Formen. Auf der Skala des Sozialbezugs und der Aktualität findet sich etliches von unterschiedlicher Zeitbezogenheit, Tonlage und Finesse: derbe (auch mal das Geschmacklose streifende) Exempel von Volksdichtern wie Ehm Welk oder als Gegenpol eine zephirhafte, allem Tageshader entzogene Komik wie in Max Kommerells Erzählung *Der Lampenschirm aus den drei Taschentüchern* (1941), die sozusagen auf professoralen Stelzen daherkommt. Selbst sein Freund Rudolf Alexander Schröder konnte dem nichts abgewinnen und schrieb dem Dichter am 19. Oktober 1940:

Ich glaube, die Losung die uns mitgegeben ist, heißt nicht „heraus aus der Welt" sondern „hinein", immer tiefer bis auf den Danteschen Punkt, auf dem die tiefste Stufe der Hölle an die unterste Stufe des Läuterungsberges grenzt. – Ihr Buch ist, wenn ich's nicht völlig mißversteh, auf sehr dunklem Grund aufgebaut. [...] Aber ich meine, die p. p. Sphinx gibt sich nicht damit zufrieden, daß man sie mit Blumen (flosculis) zudeckt, auch nicht damit, daß man ihr kalmierende Pillen in den Rachen wirft. Ihre Fragen und ihr Maul fordern den Menschen selbst, und wer da wasserscheu ist und den Sprung ins Bodenlose vermeiden möchte, dem kann es gehen wie dem Falter, der lange Zeit um das begehrte gefährliche Licht herumgaukelt, um schließlich doch hineinzustürzen, auf die Gefahr hin, daß er nur das „Stirb“ aber nicht das „Werde“ erlebe.

Bei diesem harschen Urteil wäre allerdings zu berücksichtigen, daß Schröder, wenn auch zunächst verklausuliert, einen entschieden christlichen Standpunkt anmahnt und ihn gegen Kommerells „indischen“ abgrenzt: Nicht „Welt-Flucht“, sondern „Welt-Zucht“ sei „die abendländische Aufgabe“. Später nennt er die Einwände ausdrücklich seine „Christenlehre in nuce“. Doch ungeachtet dieser weltanschaulichen Gegensätze, markiert *Der Lampenschirm* gewiß eine Position, in der der Rückzug aus der Gegenwart besonders ausgeprägt und breite Wirkung kaum zu erwarten war. Das ist bei den nun folgenden Autoren erheblich anders.

Um mit Bestsellern anzufangen, gehörte Heinrich Spoerl mit hohen sechsstelligen Verkaufsziffern gewiß zu den prominentesten Vertretern dieser Textsorte. Bis in die 1960er Jahre hinein feierte er Massenerfolge auf dem Buchmarkt, der Bühne und durch zahlreiche Verfilmungen seiner Romane. Es begann 1933 mit der noch heute populären *Feuerzangenbowle,* einer epischen Schulkomödie aus der „guten alten Zeit“. Der Roman avancierte zum Kultbuch für viele, die sich noch rückschauend an Pennälerscherzen zu ergötzen vermögen, wobei etliche pädagogische Wendungen geradezu Sprichwortcharakter erlangten. So etwa die unfreiwillig kuriosen Erklärungen des Physiklehrers Bömmel nach dem Schema:

„Also, wat is en Dampfmaschin? Da stelle mer uns janz dumm. Und da sage mer so: En Dampfmaschin, dat is ene jroße schwarze Raum, der hat hinten un vorn e Loch. Dat eine Loch, dat is der Feuerung. Und dat andere Loch, dat krieje mer später.“

Oder die legendäre Anordnung: „Jeder nor einen wenzigen Schlock", gefallen im chaotisch endenden Chemieunterricht beim Thema „alkoholische Gärung", wo der Lehrer zur Anschauung traditionell ein Fläschchen Heidelbeerwein kredenzte. Und welchem Leser wäre Pfeiffers schnippische Antwort auf eine Lehrerfrage aus dem Gedächtnis entglitten?

„Sä heißen?"
„Pfeiffer, Johann."
„Mit einem oder zwei äff?"
„Mit drei, Herr Professor."
„??"
„Eins vor dem ei und zwei hinter dem ei."

Um die Verfasserschaft des Romans, der durch zwei Verfilmungen mit Heinz Rühmann (*Der Flegel,* 1934, und besonders *Die Feuerzangenbowle,* 1944) zusätzliche Popularität erlangte, ist später juristisch gerungen worden. Denn Hans Reimann reklamierte eine Koautorschaft, die ihm Spoerl lediglich für das erste Drehbuch zugestand. Das mag zutreffen, wie ein Gericht später befand, oder auch nicht. Unbestritten bleibt, daß Spoerl zumindest für seine künftigen Buch-, Dramen- und Filmerfolge keiner weiteren Schreibhilfe mehr bedurfte. Darunter 1936 die viel gelesenen Romane *Der Maulkorb* und *Wenn wir alle Engel wären* – die humoristisch beleuchtete Story vom fast erfolgten Seitensprung eines biederen Kanzlisten in der „Amüsierhölle" Köln.

Hinzu kam 1940 *Der Gasmann,* eine Story, in der unerwarteter Geldfluß einen kleinen Beamten als Berliner Playboy-Verschnitt auf kriminelle Pfade führt, was am Ende versöhnlich bereinigt wird. Eigentlich ist dieser so harmlos scheinende Text eine vollkommen „unmoralische" Geschichte, insofern vielfach Werte beschworen und gleichzeitig wieder spöttisch infrage gestellt werden. Darunter etwa die Lebensregel, Geld mache nicht glücklich. Aber Geld hat offenbar auch seine eigene Überzeugungskraft, wie ein keineswegs naiver Erzähler illustriert. Die Lockerheit, mit der die Metamorphose eines Biedermanns dargestellt wird, könnte provozieren, wenn man die ganze Handlung wirklich ernst nähme.

Dabei treibt Spoerl neben allem scheinbar nur heiteren Geplauder in seinen Texten häufig ein satirisches Spiel mit doppeltem Boden. Bereits in der *Feuerzangenbowle* finden sich z. B. Wertungen von damals Umstrittenem, wie einer Jazzkapelle oder Einsteins Genialität, die keineswegs negativ ausfallen. Und besondere Erwähnung verdient ein mit vielen Zeitbezügen ausgestatteter massenkritischer Dialog zum Mobbing von Außenseitern, besonders körperlich Schwachen, deren Intelligenz zusätzlich provoziert:

> *„Übrigens, der einzelne tut dir ja auch nichts. Aber immer da, wo sich Massen bilden, wo der Mensch zur Menge wird, regen sich tiefe Instinkte. Denk an Volksversammlungen, an Revolutionen, an Lynchjustiz. Abgesehen davon hat aber auch jeder einzelne das Bedürfnis, seine Bosheit irgendwo auszulassen oder wenigstens seine schlechte Laune. Viele halten sich einen Hund. Wie sich früher die Fürsten einen Hofnarren hielten. Nach dem Gesetz des geringsten Widerstandes nimmt man sich dazu einen möglichst Schwachen. Und du hast nun mal das Pech, in der Klasse der Schwächste zu sein."*
>
> *„Aber nicht mit dem Kopf, bitte sehr."*
>
> *„Um so schlimmer für dich. Das können sie schon gar nicht ertragen, daß ein Schwacher sich erdreistet, klug zu sein. Sie werden dem Schwachen immer beweisen, daß ihm seine Klugheit nichts nutzt. Aber nun kommt das Scheußliche, mein guter Junge: Wenn das Piesacken mal angefangen hat, dann wird es Mode. Dann tut es jeder mit, ohne zu wissen, wieso und warum. Das ist im öffentlichen Leben genauso wie im kleinen und privaten."*

Über die humoristisch-satirischen Leistungen des *Maulkorbs* wurde schon gesprochen.* Aber auch die übrigen vermeintlich anspruchslosen Unterhaltungsromane des Autors halten ein gewisses Niveau. Vor allem durch präzise Milieuzeichnungen; denn Spoerl erfindet keine Kunstfiguren im sozialen Nirgendwo. Vielmehr leben sie – auch wenn sie in der Vergangenheit angesiedelt werden – eigentlich stets in Verhältnissen, die den meisten Lesern vertraut sind. Und wo die Bücher in der Gegenwart spielen, häufen sich politische Anspielungen. Selbst im harmlosen Roman *Wenn wir alle Engel wären* läßt sich das von Feigheit und Wankelmut orientierte Kollektivverhalten studieren, sobald jemand wie der vom Dienst suspendierte Held scheinbar gegen die staatliche Ordnung verstoßen hat. Pikant ist auch die Stelle, in der er sich in Staatsmannspose wirft: „Die Kinder spricht er leutselig an, fragt sie nach Schwesterchen und Brüderchen, krault die Mädelchen unterm Kinn und die Buben in den Haaren und tut wie ein Landesvater, der sich unter sein Volk begibt."

Solche Tendenzen verschärfen sich noch im *Gasmann*. Darin droht etwa eine zahlungsunwillige Schlampe, deren Verführungsversuch nicht verschlug, dem Kassierer der Energierechnung mit ihrem Vetter „bei der Partei". Oder der „Held" bedauert seine ab 1933 inopportun gewordene SPD-Mitgliedschaft. Auch grummelt er während einer Polizei-Befragung: „Gott, wie soll es mir gehen? Er hat zwar irgendwo gelesen, das sei unarisch, aber das braucht er ja nicht zu wissen." Spoerls Mangel an Respekt vor Obrigkeiten äußert sich in Kommentaren wie: „Ironie ist keine geeignete Waffe gegen Kinder und Polizisten". An anderer Stelle scherzt der „Held", seine Angst meisternd, beim Besuch zweier Herren mit „militärisch geschnittenem Haar" und einer Erkennungsmarke unterm Rockaufschlag: „Meine Herren, wenn es so früh

---

* Vgl. S. 65 ff..

klingelt, dann weiß man ja, daß es nicht der Briefträger ist. Womit kann ich dienen?" Zwar hat der Beschuldigte – laut Erzähler – den „Geheimen Polizeikomplex" und glaubt „dummen Greuelmärchen", daß bei ihm Post oder Telefon von der Gestapo kontrolliert würden. Aber dieses Dementi weist gerade auf derartige Praktiken hin oder kennzeichnet zumindest geläufige Vorstellungen der Zeit.

Despektierlich klingt auch die sarkastische Einlassung des Advokaten, die Polizei als „Stück Staat" könne nichts Falsches tun. Denn „der Staat – hat immer recht." Ähnliches gilt für die Belehrung: „Was alle Menschen glauben, wird dadurch zur Wahrheit. [...] Was nur der einzelne glaubt, ist seine ganz private Wahrheit. Übrigens das einzige Gebiet, auf dem es noch Privatsachen gibt." Und in der Edition des von Spoerl verfaßten Drehbuchs zum Film *Das andere Ich* (1942) schwärmt die Zentralfigur bezeichnenderweise von einer Insel nach ihrem Gusto:

> *„Hier bin ich Herr. Hier habe ich keine Nachbarn, die mich begaffen oder sich über mich beschweren, keine Freunde, die was von mir wollen – hier gibt es keine Gesetze, keine Polizei, nicht einmal einen Schutzmann, der den Verkehr regelt; hier kann ich tun und lassen, was ich will."*

Zu den – die „Tausend Jahre" sogar spielend überdauernden – Klassikern gehören gewiß Erich Kästners *Drei Männer im Schnee* (1934). Etwas weniger spektakulär gilt dies ebenso für *Die gestohlene Miniatur* (1935) und *Der kleine Grenzverkehr* (1938). Die zeitgenössischen Verkaufszahlen wären sogar noch erheblich höher ausgefallen, hätte man die Bände nicht nur über die Schweiz beziehen können und wäre die Werbung im Inland nicht verboten gewesen, weil der Verfasser in Deutschland einem Schreibverbot unterlag. Gleichwohl amüsierten die Texte auch dort, insbesondere die Drei-Männer-Story vom armen

Schlucker im feudalen Alpenhotel und dem exzentrischen Millionär, den man verwechselt und entsprechend schlecht behandelt.

Sie hielt den Autor im Gespräch, wofür auch eine pseudonyme Theaterfassung sorgte. Veranschaulicht wurde die eingängige, durch eine lockere Sprache modisch vermittelte uralte Lehre, daß vor allem Kleider respektive das durch sie vermittelte Image „Leute machen". Die rückblickenden Urteile seit den späten 1960ern sind skeptischer. Ihr humorlos-ideologiekritischer Tenor bezweifelt die Berechtigung, einen Millionär ausnahmsweise als gütigen Menschenfreund zu zeichnen oder moniert den mangelnden Zeitbezug als Verzicht auf Systemkritik. Man tut gut daran, ihnen weniger Beachtung zu schenken als dem überwältigenden Leservotum.

Von gleicher Gesinnung zeugt die Abwertung von Kurt Kluges 1938 erschienenem Roman *Der Herr Kortüm,* einem 800-Seiten-Wälzer, der seinerzeit immerhin sechsstellige Verkaufsziffern erreichte. Er bietet die Geschichte eines im Geist von Jean Paul und Wilhelm Raabe gestalteten Sonderlings, den man wechselweise als Kauz, Eulenspiegel oder Don Quichote apostrophierte. In der – vornehmlich in den 1930ern spielenden – Handlung verschlägt es einen schrulligen, weltfremden Idealisten namens Friedrich Joachim Kortüm, ehemals hanseatischer Kapitän mit den Manieren eines Grandseigneurs und der romantischen Sehnsucht nach der „guten alten" (bürgerlichen) Zeit, in den Thüringer Wald. Er trifft dort zunächst keineswegs auf Gleichgesinnte, als er sich, abgeschnitten von der Welt, hoch auf der Paßhöhe in der Nähe von Besenroda den „Schottenhof" errichten läßt, ein Gasthaus, das wegen einer nicht mehr funktionsfähigen Straße kaum besucht wird. Gleichwohl definiert er diesen Ort als (seinen) Mittelpunkt der Welt, gelegen zwischen der Biskaya und Taschkent. Er bleibt eben Romantiker, der den Widerspruch zwischen Vorstellung und Wirklichkeit nicht aufhebt. Der folgende Monolog ist exemplarisch für ihn:

„Thüringer sind Sie also. Nein, nein, entschuldigten Sie sich nicht. Thüringen. Geschichtliches Land. Ah" – Herr Kortüm zeigte hinaus – „wie gerne es frische Luft holen möchte. Jaja. Geschichte macht asthmatisch. Da liegt's nun. Nett. Sehn Sie, das ist dieses Esperstedt. Porzellan. Und auf der anderen Seite drüben Besenroda. Papierstoff und etwas Quecksilber. Nachttöpfe auf der einen, Masken und Thermometer auf der anderen Seite. Jawohl. Und ich – hier oben."
Plötzlich schlug Herr Kortüm mit der Faust auf den Tisch: „Nachtgeschirre und Masken! Kommen Sie mal mehr hier rum. So. Jetzt sehn Sie da scharf rechts hin. Erkennen Sie diese Straße, Herr? Ja? Nein, Mann, Sie erkennen sie nicht! Stehn Sie auf!"
Herr Kortüm stand auch auf: „Das ist die Via alta. Auf dieser Straße ist von Süd zu Nord Herr Wolfram von Eschenbach geritten, hier an meinem Haus vorbei! Mit dem Parzifalmanuskript in der Rocktasche! Und von Nord zu Süd, wie? Da ritt ein paar Jahre danach Herr Wolfgang von Goethe, mit dem vierten Akt der Iphigenie vor sich auf dem Sattelknopf! Haben Sie mich verstanden? Versteht mich hier überhaupt noch jemand?! Ja?? Na, dann gucken Sie doch mal gelegentlich durch das Südfenster. Da links unter der alleinstehenden Tanne sehen Sie ein Holzdach. Und unter diesem Holzdach wurde der vierte Iphigenienakt geschrieben an einem einzigen Tag. Vielleicht dämmert allmählich in Ihnen, wo Sie sich bei mir befinden."

Kortüms Geschäftsidee besteht darin, andere „gejagte Menschen" bei ihm ausruhen zu lassen, damit sie ihr „Ameisentum" abstreifen und ihr Deutschtum als innere Nachfolge der Klassiker verstehen. Zudem startet er von seiner Höhe aus gemeinsam mit weiteren Originalen zahlreiche einfallsreiche Initiativen, die zwar die weithin vergessene Gegend nun touristisch stärker erschließen, aber seine stets prekären Finanzen kaum aufbessern. Alt geworden, verfaßt er sein Testament samt Nachruf am Grabe (mit einer Kurzfassung, falls es regnen sollte). Er fällt in eine tiefe Ohnmacht, worauf man bereits seinen

Sarg und Grabstein fertigt. Doch Kortüm erwacht wieder und verschwindet heimlich – Anlaß zu etlichen unbestätigten Gerüchten, die sein Weiterwirken in aller Welt verkünden. Schließlich wird er angeblich auf einem neuentdeckten Stern von einem Astronomen gesichtet.

Dieser Roman gefiel Freund wie Feind, wozu auch die nationalsozialistische *Bücherkunde* zählte, die den Text als „empfehlenswert" einstufte. Schließlich war Kluge (zunächst) kein Gegner des Regimes, sondern gehörte – auch als Bildhauer – eher zu jenen, deren traditionelle Kunstauffassung sie in Opposition zu Weimarer Modetrends brachte. Von der neuen Regierung erwartete er ästhetische Schützenhilfe, wobei er allerdings schon bald selbst mit fanatischen Funktionären zusammenstieß und auf spürbare Distanz zu politischen Tagesparolen und Grundtendenzen ging.

Insofern fanden sich unter den Rezensenten etliche NS-Gegner, die den Roman als wohltuende Abkehr von der gängigen systemkonformen Lesekost lasen. Er ermögliche ein „befreites Lachen", wie die Kritiker mehrheitlich konstatierten, das inzwischen in dieser Welt „selten geworden" sei, das Porträt eines Narren „mit all seiner Weisheit und Tollheit" (Friedrich Luft). Paul Fechter fügte dem in subversiver Ambivalenz noch hinzu: „Zu Raabe kommt ein Funken Lessing – und gerade den können wir nur zu gut gebrauchen" (*Deutsche Zukunft*, 11. Dezember 1938). Rudolf Pechel, dessen widerborstige Haltung im „Dritten Reich" verbürgt ist, ging noch einen Schritt weiter, indem er dem Romanhelden aufklärerische Qualitäten bzw. Absichten unterstellt. Denn „Kortüm ist aus eigenem Gesetz der Widersacher alles dessen, was unecht, verlogen, verkrampft ist" (*Deutsche Rundschau*, Januar 1939). Pechel entdeckte im Roman „irrationale Komik" und „Visionen von dämonischer Hintergründigkeit" und resümierte: „Der Genius des Deutschen bewahre uns die Kortüms und die Kortümbewegung."

Bei der Rehabilitation des Textes gegenüber heutiger germanistischer Mißachtung sollte man allerdings auch nicht zu weit gehen. Zwar gibt es im *Kortüm* tatsächlich Passagen, die sich als kritische Parallelisierungen zu aktuellen Vorgängen verstehen lassen: vom Straßenbauprojekt, das selbst der Verleger als Ironisierung des Reichsautobahnbaus verstand, bis zu Erlebnissen bei der Erforschung einer Gruft, in deren Verlauf Kortüm das Gebäude in Brand setzt, womit der Autor die zeitgenössische Ahnenforscherei persifliert haben könnte. Vor allem Kortüms mysteriöses Verschwinden am Schluß haben zeitgenössische Rezensionen aufmerksam registriert. Die *Basler Nachrichten* vom 11. März 1940 etwa sahen darin die „vieldeutigste Anspielung des ganzen Buches". Ein wenig doppeldeutig wirkt der Romantext hier in der Tat:

> *Noch wollten die Leute selbstverständlich nicht alles glauben, was da geredet wurde. Es war ja schlechterdings unmöglich! Wir leben doch in einem polizierten Staat; zu seinem Maskenfest war Herr Kortüm zweimal anwesend und zu seinem Begräbnis überhaupt nicht! Alles hat Grenzen!*

Dennoch liegt die eigentliche zeitgenössische Bedeutung des Texts auf anderer Ebene: im humorvollen Umdefinieren des „ewigen Deutschen" im Sinne von inneren Werten, Bildung und einem Schuß närrischer Versponnenheit statt machtberauschter Militanz. Insofern repräsentiert die Titelfigur als Inkarnation der deutschen Seele alles andere als den propagierten Zeitgeist. Sie siegt nicht, sondern scheitert, verheddert sich in einer Fülle von romantischen Ideen, aber bleibt stets Herr im Reich der Phantasien. Ein bürgerlicher Humanist im ehrenvollen Sinne des Wortes.

Nicht so erfolgreich, aber von ähnlichem Geist beseelt ist *Johannes Geisterseher* (1942), ein gut 300 Seiten umfassendes, teils groteskes, teils tragikomisches Märchen für heutige Erwachsene. Der Journalist, Maler und Theatermann Heinrich Goertz, der durchaus Widerstandsmeriten besaß, erweist sich darin als humorvoller Romancier. Im Mittelpunkt der Handlung steht Johannes, der aus der kalten Glitzerstadt Berlin auszog, um sich in ländlicher Abgeschiedenheit seelisch zu regenerieren. Er besitzt Witz und Courage, ist aber gleichwohl zu weich für diese Welt und in eine idealistische Sinnsuche verstrickt, die ihn zwangsläufig enttäuscht. Gleich zu Beginn charakterisiert der Erzähler ihn als Gegentyp zu einem „schmierigen Bankier", „Zahlenmensch und Geldverleiher". Sein Wesen neige vielmehr dem „Ewigen zu", wodurch er „der irrenden Menschheit" manch einen „rettenden Gedanken" hätte schenken können. Aber „beglückende Hoffnungskeime, Sonne, Wind und Gottes Feueratem suchend, sind verdorrt in ihm, er hatte blutenden Herzens einen nach dem andern auf dem Friedhof der unverwirklichten Möglichkeiten begraben müssen".

Stil und Atmosphäre des Texts ergeben sich als bizarre Mischung aus phantastischen Motiven und einer zuweilen lockeren Diktion, die auch Elemente romantischer Ironie aufgreift. Der Verfasser spielt dabei in einer nie ganz ernst genommenen schauerromantischen Szenerie mit manchen Klischees vom Großstädter wie vom Hinterwäldler. Ein Schloß mit kaum zu durchschauenden unterirdischen Gängen und Folterinstrumenten gehört ebenso zum epischen Arsenal wie ein Gasthaus quasi am Ende der Welt. Als weitere Versatzstücke zeigen sich ein dämonischer Graf mit „schwarzen Messen", ein überdimensionierter Bohème-Maler und ein finanziell klammer Graf, der die schöne, edle und sangeskundige Julia am Ende doch noch becirct und damit das Herz unseres traurigen „Helden" bricht.

Die Forschung über Hans Fallada hat sich, bezogen auf das „Dritte Reich", vor allem auf *Wer einmal aus dem Blechnapf frißt, Wolf unter Wölfen* und *Der eiserne Gustav* fokussiert. Man schätzt das sozialkritische Erzählpanorama dieser Werke höher als jene Romane, die man unter „Zeitflucht“ subsumiert und eher verschämt mit der Gefährdung des Autors durch die Zensur erklärt. Das gilt beispielsweise für *Altes Herz geht auf Reisen* (1936), worin ein in die Jahre gekommener Stubengelehrter aus Fürsorge zu seinem – in übler Gesellschaft befindlichen – Patenkind nach Mecklenburg zieht und sich im ländlichen Ambiente revitalisiert. Ebenso für *Kleiner Mann, Großer Mann – alles vertauscht oder Max Schreyvogels Last und Lust des Geldes* (1940). Darin kehrt das (eheliche) Glück erst zurück, nachdem eine Zwietracht säende Millionenerbschaft großteils wohlfahrtlichen Zwecken gestiftet wurde. Auch Märchen, Kinderbücher und Jugenderinnerungen, die Fallada in diesem Lebensabschnitt schrieb, zählen zu diesem Werkkomplex, den man häufig als künstlerische B-Produkte betrachtet.

Nicht ganz zu Unrecht, obwohl auch solche humoristischen Konfektionsprodukte immerhin einen typischen Fallada-Sound aus Milieukenntnis, Einfühlungsvermögen und zuweilen sanfter Ironie besitzen. Sie bieten Storys vom Scheitern, Stürzen und Wiederaufstehen kleiner Leute, in denen die Leser zwischen Lachen und Weinen eigene Schicksale erkannten und Verständnis spürten. Von der pauschalen Herabstufung dieses Werkbereichs wäre jedoch zumindest Falladas zweibändige Autobiographie auszunehmen: *Damals bei uns daheim* (1941) und *Heute bei uns zu Haus* (1943).

Eine genauere Musterung ergibt nämlich, daß der Autor zwar Leserwünschen nach Ablenkung aus der tristen Gegenwart Rechnung trug, mit liebevoll ausgemalten Schnurren oder kuriosen Vorkommnissen aus seinem Leben. Dazu gehören Jugendstreiche, Schulgeschichten, Ferienabenteuer, Panik während einer Bahnreise, schrullige Verwandte, Schabernack eines Friseurs, der Fallada Junior per Haarschnitt zur Karikatur stilisierte. Das Ganze gewürzt durch Mundartpassagen, vom

Berliner Hausmeister oder Kutscher über den Mecklenburger Bauern bis zur Großmutter in ihrer hannoveranischen Gespreiztheit. Aber es gibt in dieser Autobiographie noch eine zweite, sehr ernste Ebene, dergegenüber das Amüsement beim Lesen eher als aufmunternder Kontrast erscheint. Insofern fördert der Klappentext der rororo-Ausgabe fast ein Mißverständnis, wenn er behauptet, der „quälenden Gegenwart abgewandt", flüchte sich Fallada in die eigene Vergangenheit und präsentiere „ein Zeitbild aus der sorglosen Epoche vor dem Ersten Weltkrieg".

Denn sorglos ist diese Vorkriegsepoche keineswegs, sondern in ihren Standesregeln und -vorurteilen bzw. autoritären Zwängen zuweilen recht bedrückend, was der Autor selbst in komischen Szenen veranschaulicht. Zudem vollziehen sich viele Episoden und Streiche vor dem düsteren Erlebnishorizont eines Losers, der als Jugendlicher quasi einen Antipoden des von der Propaganda gefeierten Typs („zäh wie Leder, flink wie die Windhunde und hart wie Kruppstahl") darstellt. Im Zusammenprall mit einem durch die Gymnasialklasse oder einen Wandervogel-Trupp repräsentierten Kollektiv wird dies besonders deutlich. Viel Geschildertes offenbart also zugleich (gegenwartsbezogene) Zeitkritik, nicht nur nostalgische Reminiszenzen, wenngleich die humoristische Distanz des Erzählers einiges für das Publikum mildert und er am Ende des ersten Bandes sogar versichert, die frühere Pechsträhne werde durch eine spätere Glückssträhne abgelöst.

Von weiterem Interesse ist die Selbstanalyse des Autors, die im zweiten Band auch seine wie von Furien gehetzte, krankmachende Schreibpraxis einschließt. Die Erinnerungen rehabilitieren seinen empfindsamen Vater, dessen äußere Strenge und Selbstdisziplin stets einen weichen Kern ummanteln mußten. Man spürt das rührende Bemühen, im Erinnerungsprozeß literarisch etwas von dem gutzumachen, was das Kind unbedacht sündigte. Ähnliches gilt für das Jugendschicksal der Mutter und die gemütvoll verklärte Großmutter, deren grauenvolles Ende ein fast existentialistisches Schauern auslöst.

Eine Besonderheit dieser Aufzeichnungen liegt in wiederholt geäußerten Zweifeln am Gedächtnis ihres Verfassers, die jedem Memoirenschreiber gut anstünden. Das beginnt mit dem Vorspruch „Liebe Verwandtschaft!", in dem er um Verzeihung bittet für mögliche Stilisierungen seiner Vita, die andere gewiß anders in Erinnerung haben dürften. Fallada findet ein von ihm geschildertes, tiefberührendes Jugenderlebnis ganz ähnlich in seines Vaters Aufzeichnungen und fragt sich, ob da eine unbewußte Übertragung stattgefunden habe. Und im Prolog des zweiten Bands verabschiedet er sich gar von jeglichem Authentizitätsanspruch:

> *Wer aber meint, jetzt den Verfasser zu kennen, der irrt sich! Denn hier ist niemand auf „Ähnlichkeit" porträtiert – nicht einmal der Autor. Manche Gestalt ist aus zwei, manche aus fünf Menschen zusammengesetzt, denen ich einmal begegnete; manche ist auch völlig erfunden. Ganz zu schweigen von den erdachten „Pointen", die das Leben uns meist vorenthält, während sie doch der Leser vom Bücherschreiber erwartet.*

Diese Absicherung dürfte nun ihrerseits zu relativieren sein. Denn allen erzählerischen Ausmalungen zum Trotz kommt uns der Autor zuweilen recht nahe. Wo ihn jedoch ein Lebensabschnitt zu sehr berührt, läßt er ihn aus. So beginnt Band 2 erst 1929 und übergeht damit problematische Jahre Falladas: ein Schülerduell mit tödlichem Ausgang, die Morphium- und Alkoholsucht, Kriminalität und Gefängnisaufenthalte. Stattdessen handelt er vorwiegend vom Eigensinn der Kühe und Pferde, von schmerzhafter Bienenzucht oder einer launischen Köchin, von Autoliebe, Hunde- und Kindererziehung – alles in allem beste humoristische Kost. Wir erfahren, daß Falladas Rückzug in die Natur keiner zeitgenössischen literarischen Mode entsprang, sondern einer Selbsttherapie, die ihn von bestimmten großstädtischen Verlockungen zu einem auch körperlich fordernden alternativen Leben führte.

Stadtflucht war in manchen Schriftstellerkreisen ja modisch in jenen Tagen. Das galt für Hermann Stresau, den ideologische Differenzen gerade um seine Bibliothekarsstellung gebracht hatten, ebenso wie für Edlef Köppen, Autor des in der Weimarer Republik heißdiskutierten kriegskritischen Romans *Heeresbericht* (1930) und beim Rundfunk aus politischen Gründen gerade abgebaut. 1934 ließ er die Leser seines komisch illustrierten Bändchens *Vier Mauern und ein Dach* an der Errichtung seines Eigenheims in Wilhelmshorst teilhaben. Geschildert werden die üblichen – heiter und selbstironisch erläuterten – Probleme und Querelen beim Hausbau, die bis heute zahlreiche Betroffene nachempfinden können. Ein wenig darüber hinaus gehen seine bürokratischen Grabenkämpfe mit der Baupolizei, deren administrative Anmaßung ihre Kompetenz und Leistung deutlich überstieg.

Auch der Bestseller-Autor Ehm Welk tendierte damals zur ländlichen Szenerie. Er verstand sich sogar ausdrücklich als Regionalschriftsteller, und die Romane *Die Heiden von Kummerow* (1937) und *Die Gerechten von Kummerow* (1943) gelten als prototypische Beispiele. Der sie grundierende gesellschaftskritische Ton zielte natürlich nicht speziell auf die aktuellen Machthaber. Das hätte sich ein Autor, der nach seinem Zusammenstoß mit Goebbels gerade erst wieder im Besitz einer Schreiberlaubnis für „unpolitische" Bücher gelangt war, nicht leisten können. Aber wo das Thema Gerechtigkeit respektive soziale Ungerechtigkeit so dominiert, lag es am Publikum, sich die zu Beginn des 20. Jahrhunderts spielende Romanhandlung auch zeitgemäß auszudeuten. Solche Wunschleser, schrieb Welk am 18. Februar 1940 selbstkritisch seiner Frau, seien zwar „dünn gesät", doch immerhin „sind sie da, und für sie schreibt man."

Allerdings widersprach es keineswegs nationalsozialistischer Weltanschauung, das (jugendliche) Aufbegehren eines vorpommerschen Dorfs gegen die feudale, durch Besitz oder klerikale Macht fundierte Willkür mit Empathie zu schildern. Die Kummerower „Heiden" – eine Anspielung auf (auch vom Pfarrer nicht auszurottende) vorchristliche Bräuche, die in Kinderspielen überlebten – führen nämlich mit List und Bauernschläue einen täglichen Kleinkrieg gegen die Vertreter der Obrigkeit bzw. die Reichen, allen voran den bösen, geizigen und zudem der Zauberei verdächtigten Müller. Kummerow ist dabei als ambivalenter Erzählbiotop konzipiert, in dem echte Frömmigkeit, Bigotterie und Aberglaube ständig miteinander wetteifern. Zunächst einmal idyllisiert der Autor den Ort im Vorwort:

> *Ein alter, von Büchern gestützter Glaube will wissen, das irdische Paradies habe in Vorpommern gelegen [...]. Der Erzähler, auch ein Kummerower, hat beim Nachforschen zwar nicht die Wiege der Menschheit gefunden, aber, wie er glaubt, ein Stückchen vom Schaukelfuß dieser Wiege. [...] Die Berufenen mögen es nachprüfen. Darum widmet der Verfasser das Buch*
>
> *allen jungen Herzen.*

Doch im Verlauf der Handlung erweist sich, daß die Vorstellung vom Heimatparadies in praxi vor allem in sozialer Hinsicht nicht standhält. Dem Lachen über manchen Schabernack gegenüber mächtigen Erwachsenen ist vom Autor nämlich häufig eine Prise Schmerz beigemengt, angesichts von Verhältnissen, in denen die Großen mit den Kleinen oft verfuhren, wie sie wollten. Dies wird in bezug auf den herumgestoßenen Johannes Bärensprung, einen mit der Hauptfigur Martin befreundeten vaterlosen Armenhäusler, explizit formuliert:

> *Daß da einer, den das Leben schon bei der Geburt sozusagen auf die bescheidene Seite gelegt hatte, wie Johannes Bärensprung, versuchte, durch Listen und Mogeln nicht nur zu verhindern, daß zuviel Stücke aus seinem Fell geschnitten wurden, daß er sogar bestrebt war, mit Hilfe solcher Listen und Mogeleien möglichst viel Stücke aus der Haut der anderen zu schnippeln, wen will das verwundern?*

Zur Bewertung der Zustände eignet sich besonders die naive Kinderperspektive. In ihr, besonders aus dem Kontrast von Schein und Sein, motiviert sich die jugendliche Aufsässigkeit des zehnjährigen Martin Grambauer, dessen bibelfester Vater mit dem Pastor in Dauerfehde liegt, und die seines proletarischen Freundes Johannes. Wie in Ludwig Thomas *Lausbubengeschichten* entfalten Welks *Heiden* ein gerüttelt Maß an satirischem Potential, wenn sich z. B. das Brüchige christlicher Phrasen aus der Erwachsenenwelt erweist. Derartige Respektlosigkeiten wie spezifische, das Publikum einbindende Techniken dieses Volkserzählers erklären die beachtliche Resonanz seiner Werke. Zusammen erreichten die drei Romane – auch die fingierte Autobiographie *Die Lebensuhr des Gottlieb Grambauer* von 1938 läßt sich dem Zyklus zurechnen – bereits 1944 eine Million verkaufter Exemplare.

Am Ende des *Heiden*-Romans wird der alte, bei den Kindern beliebte Hirte Krischan nach Jahrzehnten treuer Dienste wegen fehlender Papiere ausgewiesen. Nur die Jugend protestiert und begleitet ihn mit Musik und Gesang bis zur Gemeindegrenze. Offenbar sind die vermeintlichen Heiden bessere Christen als die von Moral schwadronierenden, ihren Katechismus rezitierenden Alten. Der

Fortsetzungsroman bestätigt diese im Generationenkonflikt gewonnene Überzeugung, bis die jugendlichen Protestler sich den Gegebenheiten des Erwachsenwerdens fügen müssen. Johannes als ausgebildeter Bauernknecht, Martin als Gymnasiast, wofür er sogar sein trotz allem geliebtes Kindheitsparadies verlassen muß.

Regionalkolorit kennzeichnet ebenso Jochen Kleppers *Der Kahn der fröhlichen Leute* (1933), ein mit viel Sympathie für die Zunft der Oder-Schiffer verfaßter schlesischer Heimatroman. Hier werden, ungeachtet eines etwas aufgesetzten Happy-Ends, die schweren Existenzsorgen der von Armut und Arbeitslosigkeit betroffenen Menschen geschildert. Und die „Fröhlichkeit" besteht im Kern eher darin, daß auf einem morschen Kahn stellungslose Artisten und ein Pony immerhin noch ihr karges Auskommen finden – eine Solidarität unter vom Schicksal Gebeutelten, die allen Beschimpfungen trotzt. Bemerkenswert ist zudem, daß in dieser Männergesellschaft eine rotzfreche Göre (wie später Pippi Langstrumpf) noch vor ihrer „Einsegnung" wortgewaltig das Kommando führt und diejenige Initiative zeigt, die der Mannschaft kurzfristig wieder Hoffnung schenkt.

Nach Kärnten führen uns einschlägige Erzähltexte des dortigen Heimatdichters Josef Friedrich Perkonig, eines Autors des Langen-Müller-Verlags. Viele von ihnen sind humoristisch grundiert, besonders *Nikolaus Tschinderle, Räuberhauptmann* (1936). Der Roman erzählt die komische Geschichte eines Schneiders, der aus verschmähter Liebe bzw. dem daraus erwachsenen Bedürfnis nach höherem Sozialprestige in eine groteske Robin-Hood-Rolle schlüpft. Er avanciert so zum wenig erfolgreichen Anführer einer skurrilen Bergbande, die sich nach einem kurzen Räuberleben praktisch von selbst auflöst, nicht zuletzt, weil es ihr im Kern an krimineller Energie fehlt. So raubt sie z. B. einen reichen Krämer aus, um einen Großteil des Geldes dann einem armen Teufel zu spenden, oder sie zündet zur Strafe für die schlechte

Behandlung eines Hütejungen einen Bauernhof an, an dessen Löschung sie sich anschließend erfolgreich beteiligen. Der Ausgang ist denn auch untragisch, insofern dem „Helden" der erwünschte Galgentod versagt wird. Stattdessen erfolgt nur eine Scheinhinrichtung dieses „Narren" unter dem Gelächter der Bevölkerung. Dabei sind die Figuren bei aller spöttischen Charakterisierung nicht ohne Sympathie gezeichnet. Perkonig ist ein warmherziger Erzähler mit viel Verständnis für die Sehnsüchte kleiner Leute.

Eine Nuance härter und fraglos satirisch gerät die komische Entlarvung bei einem anderen Österreicher: Werner Riemerschmids Roman *Die Frösche von Sumpach* (1939) schildert soziale Turbulenzen in einem früher verschlafenen Provinzdorf oder -städtchen, das kurzfristig den Visionen kleinbürgerlichen Größenwahns erliegt. Die „neue" (an amerikanischen Wolkenkratzer-Dimensionen orientierte) „Zeit" beginnt mit dem Amtsantritt des Bürgermeisters Cäsar Mayer, den es mit Hilfe eines skrupellosen Geschäftemachers an die Macht gespült hat. Ihn charakterisiert nicht nur ein pompöser Vorname – sein ständig bellender, nervöser Mickerhund heißt zudem Nero –, sondern auch ein Tick mit Napoleon, für dessen Inkarnation er sich zeitweilig hält. Der Aktionismus politischer Schwadroneure versetzt Sumpach in einen Rauschzustand gigantischer Fortschrittspläne, die jedoch aus Geldmangel bald wie Seifenblasen platzen. Zudem entlarven sich die Hauptakteure hinsichtlich ihrer Würde und Sachkompetenz gegenseitig.

Als Fazit bewertet Riemerschmid dieses Treiben wechselweise als schandbare Daseinsverfehlung oder Ausdruck menschlich verständlicher Schwächen auf einem den „Selbstbetrug" fördernden „Stern des Wahns". „Mehr zu sein als man ist" gehöre schließlich „zur Sehnsucht des Menschen, zum unvermeidlichen Ehrgeiz, der mit dem Glauben an sich und mit jeglichem Wunsch beginnt?" Verwundere es daher, „wenn einer in der Talstadt vermeinte, mit ihm finge das goldene Zeitalter an?"

Lasset sie quaken, die Frösche von Sumpach, die kleinen, grünen Frösche! Was tut es, wenn dieser oder jener Dreikäsehoch sich aufbläht nach berühmtem Vorbild und zerspringt? Sterne gibt es, Bäume, tausenderlei Lebendes, Großes und Kleines. Der Regen schlägt Blasen auf Lachen und Weiher und Tümpel, die Blasen platzen und die Wolken verdampfen im Schein der Sonne.

Doch gerade diesen Ausweg der Natur in gemeinsamer Tätigkeit mit seiner Geliebten schlägt die jugendliche Sympathiefigur Georg Hirte, ein urwüchsiger Außenseiter und Landstreicher, nach kurzer Landidylle zumindest vorläufig aus. Auch er ein Getriebener der Jagd nach einer größeren und vermeintlich besseren Welt. Sein Urteil über das Talmihafte dieser Gesellschaft fällt schließlich zu vernichtend aus:

Er durchschaute sie alle, jung und alt, wußte, daß sie vom Grauen des Irrwahns lebten, von Dünkel und Schwindel und Plattheit. Er hielt es nicht aus in der Qual dieser Dorfenge, in dieser Folterstube. Alle ihre Sprüche und täglichen Gewohnheiten konnte er aufzählen wie das kleine Einmaleins. [...] Die ganze Welt der Talstadt war wie ein schlechter Öldruck, ein Gipsabguß nach größerem, besserem Vorbild. Sumpach war ein trübseliger Abklatsch der Welt. Da gab es böse und gutmütige und verschrobene Äffchen, Schatten von Menschen, Masken. Sie wandelten ausgefahrene Straßen, aber sie vermeinten Neuland zu erstürmen. Sie trotteten wie Schindmähren in der täglichen Tretmühle. [...] Lieber wollte er irgendwo in einem Straßengraben verhungern, als ein Sumpacher sein.

Hier spricht Bitterkeit eines Autors mit und vielleicht auch zeitkritisch formulierte jüngste Erfahrung. Denn auch die Umsetzung Sumpacher

Visionen hat ihren fatalen Preis. Die Machtkompensationen des wildgewordenen Spießers Cäsar, der in der Gemeinde opportunistische Mitläufer findet, haben Bösartiges, Despotisches, Militant-Aggressives freigesetzt und Opfer gefordert. Sumpachs ehemaliger, durch eine schlimme Intrige gestürzter Bürgermeister, der fast als einziger den „Babylonischen Turmbau“ im Dorf als „Narrheit“ durchschaute, verdämmert immerhin, zwangseingewiesen, seine Tage im Irrenhaus, was die Verhältnisse umkehrt. In der Entfaltung potentieller Schrecken gelingen Riemerschmid ohnehin beindruckende surrealistische Warnbilder, die zu den stärksten Romanpartien gehören.

Nach Schlesien führt uns August Scholtis' Roman *Baba und ihre Kinder* (1934). Die Handlung spielt in den Jahren vor und nach dem Ersten Weltkrieg im Dreiländereck zwischen Weichsel und Oder, das gerade die Industrialisierung erlebt, aber Ländliches noch nicht ganz abgelegt hat. Im ersten Teil geht es vornehmlich um Babas ältesten Sohn Matusch, der es als ehergeiziger Aufsteiger trotz seiner Verkrüppelung zum Bürovorsteher geschafft hat, bevor er durch einen Fabrikbrand sein Ende findet. Danach beherrscht Baba die Szene, Mutter von neunzehn Kindern verschiedener Väter, um die sie sich ähnlich sorgt wie um zehn täglich dreimal zu melkende Kühe.

Der Tageskampf erlaubt ihr offenbar nur einen laxen Umgang mit dem Eigentums-, Wahrheits- und nicht zuletzt Nationenbegriff. Je nach Opportunität laviert sie zwischen unterschiedlichen Dorfautoritäten, was der Autor mit liebevollem Humor kommentiert. Ihre Gläubigkeit teilt sie zwischen der Katholischen Kirche und Tschamutschka, dem „Gespenst der menschlichen Gefräßigkeit“, das wechselweise die „alte Erde“ und den zuweilen unfallträchtigen „Werkgeist“ verkörpert. Sein satirisches Potential entfaltet der Text in der Behandlung der Volkstumsfrage, die Baba höchst pragmatisch entscheidet und damit zum weiterweisenden Vorbild friedlichen Zusammenlebens wird.

Sie verträgt sich eben mit allen Seiten, favorisiert keine Staatssprache und redet eine Mischung aus Deutsch und Polnisch respektive Oberschlesisch und Wasserpolnisch samt Mährisch. Sie spreche mit ihren Kindern, beharrt sie in trotziger Replik auf entsprechende Vorhaltungen, lieber „jakschä träffy, wie sichs trifft". Der Förster, der nicht polnisch, und der neue Schulmeister, der nicht deutsch könne, „seien alle beide dumm. Gottlob könne sie noch „aläs baydäs drayjäs". Zur Bekräftigung der nationalstaatlichen Gemengelage, der kein Entweder-Oder gerecht werde, dient Scholtis eine satirische Szene, in der sich eine Völkerbundskommission 1920 mit der Sprachenfrage im Grenzgebiet beschäftigt. Die vergnüglich zu lesende Stelle beginnt mit der Befragung von Babas Sohn:

Robert Baschysta heißt du, so. Was hast du denn heute Schönes gefrühstückt?
Ych habä hoitä aynän Plazek schön gefrühstückt.
Der Schweizer dreht sich zu den andern Herren um, ob jemand wisse, was ein Plazek sei. Der deutsche Begleiter weiß es leider nicht, der polnische beeilt sich zu erklären, Plazek sei ein armseliger Mehlpuffer.
Ist Plazek also ein germanisches oder slawisches Wort ...? will der Schweizer wissen.
Ein polnisches natürlich ..., begegnet der Pole.
Puffer ... Plätzchen ... Plazek ..., verteidigt der Deutsche, bemerkt, daß Plazek eine mitteleuropäische Wortkombination und zum mindesten ostmärkisch sei.
Eine mitteleuropäische oder eine ostmärkische Sprache gibt es nicht ..., protestiert der Pole. Nur germanisch haben wir, oder slawisch.
Der Schweizer sinnt nach.
... Setz dich, Robert Baschista, sagt er schließlich und gibt ihm eine Nickelmünze.
Da der Schweizer einer slawischen Sprache nicht mächtig ist, stellt ein Dolmetscher die nötigen slawischen Fragen. Wie denn der Dorfpfarrer heißt ...?

Die Kinder wissen es nicht, einige antworten hartnäckig, der Dorfpfarrer hieße Hochwürden.
Der Schweizer setzt seine deutschen Fragen fort. Also, meine lieben Kinder, wer von euch spricht daheim mit Vater und Mutter deutsch ...?
Die Sieben stehen auf, auch der Robert Baschista.
Wie heißt du denn, mein Sohn?
Ych hayssä Alfryd Jastrzombäk.
Alfred Jastrzombek, sing uns mal ein deutsches Lied.

Mit Herz und mit Hand,
Mit der Büchse in der Hand
Fürs Vaterland.

... Setz dich, Alfred Jastrzombek.
Schulmeister wirft ein, daß das nicht stimme. Alfred Jastrzombek spräche mit Vater und Mutter polnisch. Hier ist ein Brief des Vaters aus Westdeutschland, wo er als Maurer arbeitet, bitte sehr, der Brief ist an die Frau gerichtet und in polnischer Sprache geschrieben.
... In wasserpolnischer, selbstverständlich ..., wendet der deutsche Begleiter ein. Diese Leute können ja gar nicht hochpolnisch.
Wasserpolnisch ist nicht wasserdeutsch ..., erwidert der Pole. Noch weniger als hochpolnisch können die Leute hochdeutsch. [...]
Schweigend hört die Kommission dem Streite zu. Robert Baschista steht in seiner Bank, der Schweizer wendet sich ihm zu. Na ..., Robert Baschista, da bist du ja wieder. Also, du sprichst mit Vater und Mutter auch deutsch?
Ych sprächä myt Vatär un Mutär auch doitsch.
Er hat ja gar keinen Vater, wendet der Schulmeister ein.
Abär aynä Mutär ..., trumpft Robert auf.
Die Mutter bereinigt meine Schulklassen, wir können sie gleich mal kommen lassen, das stimmt nicht, was der Junge sagt ..., redet eifrig der Schulmeister.

Der Schweizer blickt unschlüssig drein. Er legt dem Robert Baschista die Hand auf den Nacken und spricht: Robert …, mein guter Junge, nu sag mir mal folgendes. Wie ist das bei euch, wenn die Mutter den Plazek gebacken hat?
Wän dy Mutär dän Plazäk gebackän hat, wyrd är aufgägässän.
Die Herren sind vergnügt.
Robertel, ich wollte eigentlich wissen, was dir die Mutter sagt, wenn du den Plazek aufessen sollst?
Wän ych dän Plazäk aufässän soll, sagt myr dy Mutär nychts, ych ässä dän Plazäk un gäh wäg.
Auch diese Antwort war dem Schweizer nicht genug. Er war der festen Überzeugung, daß die Mutter dem Robertel dann und wann doch etwas sagt. Meine Mutter, zum Beispiel, gab mir einen Kuß dabei, streichelte meine Wangen und sagte etwas.
Robert war der Ansicht, daß seine Mutter das nicht täte, daß sie ihn weder küsse noch zärtlich seine Wangen streichle, damit er einen Plazek essen soll.
Denk mal ein wenig nach, Robertel.
Robert dachte nach. Er machte einen schiefen Kopf dabei wie eine Henne Hochwürdens, und lange wollte ihm nichts einfallen.
… Manchmal da …
Nu Robertel, siehtst du, jetzt kommts.
Manchmal da sagt dy Mutär …
Nu?
… Manchmal da sagt dy Mutär, Robärtlyk, sam mosch tän Plazäk und halt die Fresse.
Die Herren lachen laut. […] Robert Baschista darf sich setzen. Er hätte seine Sache gut gemacht.“

Nicht nur in eine andere Region, sondern ein anderes Land führt uns Stefan Andres’ Erzählung *Vom heiligen Pfäfflein Domenico* (1936). Sie handelt von einem italienischen Pater, der durch sein schelmisches

Verhalten und die Verbindung von spirituellen mit leiblichen Ansprüchen höheren Klerikern, die auf das Image der Kirche bedacht sind, ein Dorn im Auge ist. Die einfachen Leute jedoch lieben diesen – allerdings weniger schlagkräftigen – Vorläufer von Don Camillo, der in der Regel mit List und Schläue operiert, wenig Respekt für Kirchenobere zeigt und mit seinem Bischof in Dauerfehde lebt. Er ist arm, dabei freigiebig und irdischen Genüssen wie dem Weintrinken herzlich zugetan, ein beredter und volkstümlicher Repräsentant seiner Zunft, der, wo es seinen Zwecken dient, zwischen Glauben und Aberglauben nicht immer penibel unterscheidet.

Auch den frommen Betrug macht er sich zuweilen zunutze, sei es, daß er seine kargen Mittel durch den Verkauf angeblich heiliger Nüsse aufbessert, sei es, daß er einen Geizhals kuriert und geschundenen Eseln eine bessere Zukunft ermöglicht. Kurz, uns erwartet eine vergnügliche Lektüre, verbunden mit Werbung für undogmatische Lebensfreude. NS-Funktionären gefiel – ähnlich wie bei *El Greco* – die scheinbare antiklerikale Stoßrichtung. In Wirklichkeit galt Andres' Kirchenkritik hier ebenso wie im 1939 begonnenen Roman *Das Tier aus der Tiefe* vor allem einer römischen Kurie, die er seit dem Konkordat an der Spitze schlecht vertreten sah. Nur darf man diese humoristische Erzählung nicht mit Andres' bitterböser *Sintflut*-Satire, die schließlich explizit als sarkastisches Zeitpanorama konzipiert war, auf die gleiche Stufe stellen.

Domenicos Grundstimmung gleicht eher derjenigen zweier vergnüglich zu lesender Novellen baltischer Erzähler, die im Rußland der Vorkriegszeit spielen: In Werner Bergengruens *Der Teufel im Winterpalais* (1933) schleicht sich der Schneidermeister Awgust Iwanowitsch Biermann zu Fastnacht im Teufelskostüm ins Palais Nikolais I., um einmal dort zu tanzen. Da seine Eleganz sogar die Zarin beeindruckt, bittet Nikolai den Schneider zu sich, und der nun schnellstens Entlarvte wird in die Winternacht hinausgeworfen. In Petersburg zurück, gerät er in eine falsche Wohnung, wo zwei Zöglinge des Priesterseminars gerade die Totenwache bei einem üblen Wucherer halten. Sie wähnen sich vom Leibhaftigen verfolgt und flüchten zur Polizei, wo ein amtliches Protokoll angefertigt wird. Als der Zar davon erfährt, läßt er den Schneider samt Kostüm nochmals kommen, worauf sich die beiden Hasenfüße erneut durch den vermeintlichen Teufel erschrecken lassen. Der belustigte Zar belohnt schließlich alle großzügig wie im Märchen. Das Ganze ist mit Witz und Eleganz als literarischer Spaß erzählt.

Auch Herbert von Hoerners 1936 erschienener charmanter Bestseller *Die Kutscherin des Zaren*, der schnell eine Auflage von 90 000 erzielte, führt in die Vorkriegszeit, als die Balten noch russische Untertanen waren. In der Erzählung leistet ein couragierter weiblicher Wildfang durch Verkleidung und verwegene Kutschfahrt das, was die verbliebenen männlichen Bewohner des Gutshofs nicht vermochten. Auch der astrologisch versponnene Baron, der zudem unter der Fuchtel von Mutter und Sohn steht, ist im Gegensatz zur Tochter dem Ungestüm seiner rassigsten Pferde nicht gewachsen. Insofern bietet der Text eine kleine Emanzipationsstory, die allerdings mit der Widerspenstigen Zähmung endet, insofern die Liebe triumphiert. Das ganze wird durchweg heiter dargeboten als kleine Reminiszenz an eine gute alte Zeit. Zu ihr gehört letztlich auch der schlitzohrige Holzhändler Blum, ein von Finessen geprägter Geschäftsmann, der gleichwohl das Prinzip von Leben und Lebenlassen respektiert. In dieser kurzweiligen Story korrelieren Weltgeschichte und Kosmos mit dem Alltag. Und der Spuk vermeintlicher Schattenpferde löst sich im Sinne eines unaufdringlichen Magischen Realismus auf.

Zu den humorvollen Erzähltexten gehören desgleichen zeitgenössische Kinderbücher, deren Bestand hier jedoch lediglich gestreift wird: z. B. Kästners *Das fliegende Klassenzimmer* (1933), Bergengruens 1938 erstmals komplett erschienener *Zwieselchen*-Band mit Kindheitsabenteuern sowie Falladas *Hoppelpoppel – wo bist du?* (1936) bzw. *Geschichten aus der Murkelei* (1938). Manches ist als Märchen, manches als lehrhafte Fabel angelegt. Exemplarisch erwähnt sei Falladas *Märchen vom Stadtschreiber, der aufs Land flog* (1935), geschrieben von einem „ehrerbietigen Schüler E. T. A. Hoffmanns“. Es handelt vom kleinen (Liebes-)Glück, das gegen finstere Zaubermächte verteidigt werden muß. Man sollte hierin, wie vereinzelt geschehen, nicht auf Biegen und Brechen kritische Gegenwartsbezüge ausmachen. Es gibt andere Texte, wo dies fraglos plausibler ist.

Satirisches • Vom *Spitzpudeldachs* bis zum *Tier aus der Tiefe*

Das gilt etwa für Siegfried von Vegesacks *Der Spitzpudeldachs,* 1936 publizierte *Tiergeschichten aus dem Bayrischen Wald,* die zahlreiche aktuelle Anspielungen enthalten. Da opponiert z. B. die Hasenmutter gegen eine Staatsraison, wonach sie immer neue Kinder in die Welt setzen soll, die dann doch nur Raubtieren zum Opfer fielen. Auch ist – laut Papa Langlöffel – der so verlästerte Hase der eigentliche Held. Denn „wer laufen will, muß gute Beine haben, gute Lungen und ein starkes, tapferes Herz“. Der kluge Fuchs warnt seinen Nachwuchs vor übertriebenem Risiko: „Wirst du wieder tapfer sein und dumm – oder klug und ein wenig vorsichtig? Denk daran: du hast nur einen Kopf, nur ein Herz, nur ein kurzes Leben.“ Oder es lehrt der Igelvater, Waffen seien nichts für Kinder und ausschließlich zur Verteidigung da.

Wolf Reißzahn wiederum errichtete sein Schreckensregiment, nachdem er den Fuchs als vorherigen Gewaltherrscher kurzerhand gefressen hat. Jetzt bedient er sich bei seinem blutigen Maulwerk blumiger Gemeinschaftsphrasen in der Art von Orwells *Farm der Tiere*. Offene Gegner hat er kaum, da alle nur ihre kurzfristigen eigenen Interessen im Auge haben, und die Eichhörnchen als Medienvertreter ihr Mäntelchen nach dem Wind hängen. Zwar verkörpert Wolf Reißzahn auf den ersten Blick die sowjetische Bedrohung, doch andere Despoten sind keineswegs ausgeschlossen. Der titelgebende Spitzpudeldachs ist übrigens ein weitgehend verachteter Mischling, dem nach einem bedrückten Erdenleben erst durch Gottes Intervention wegen einer großmütigen Friedenstat ein bescheidenes Plätzchen im Himmel gewährt wird. Das scheinbar harmlose Kinderbuch belegt also Vegesacks Talent zur getarnten Subversion.

Kein Kinderbuch, aber ein Meisterstück politischer Camouflage stellt Vegesacks Satire *Hundeschau* dar, enthalten im 1939 erschienenen Geschichtenband *Das Kritzelbuch*. Der antirassistische Text spricht für sich selbst, so daß ich mich hier mit einer kommentarlosen Zitierung des Schlußteils begnügen darf:

> *[...] In der Ausstellung erhält jeder Hund seinen Pflock, seine Nummer und ein Ausweispapier mit Geburtsdatum, Rassebezeichnung und Glaubensbekenntnis. Die ganz vornehmen haben auch einen Stammbaum. Lappa hat leider keinen. Ihre Geburt ist dunkel. Ursprung und Geschichte ihrer Familie sind noch nicht ergründet. Ihre Schönheit ist noch vom Reiz des Geheimnisvollen umschleiert (man munkelt von sehr, sehr vornehmer Abstammung, einer illegitimen Verbindung fürstlichen Geblütes).*
>
> *An jedem Pflock heult ein Hund. Lappa ist klug und heult nicht. Sie ordnet diskret ihre Frisur. Herren vom Vorstand und vom Preisrichteramt mit flatternden weißen und blauen Bändchen rennen aufgeregt hin und her. Schon werden die ersten Hunde zur Richtstätte, einem seilumspannten Rasenplatz, abgeführt. Klopfenden Herzens, wie ein Schüler vor dem Examen, betrachte ich die ausgestellten Preise: ein Aluminiumtintenfaß mit sinnreich angebrachtem*

Aluminiumhirschgeweih als Federhalter, ein bronziertes Eichhörnchen, das mit sehr erstauntem Gesicht einen Leuchter hält, einen blau und weiß karierten Puls- und Seelenwärmer und zwei Adler aus weißem Gips. Besonders das bronzierte Eichhörnchen läßt mir keine Ruhe. Brennender Ehrgeiz packt mich. Aber auch das Aluminiumtintenfaß mit dem Hirschgeweih lockt verführerisch. Da wird Lappas Nummer aufgerufen, ich löse sie vom Pflock und betrete mit etwa zehn Herren und ebensoviel Schäferhündinnen den Richtplatz. Wir ordnen uns nach den Nummern in einer Reihe und umschreiten in feierlicher Runde den Preisrichter, der streng in der Mitte steht und Befehle austeilt: „Ausschreiten! … Schneller! … Trab! … Schritt! … Halt!"

Und wir hüpfen, tänzeln und schreiten immer in der Runde, einer hinter dem andern. Dann wird jeder einzeln vorgerufen. Lappa muß ihre Zähne zeigen. Man fragt nach ihrem Stammbaum. Ich versuche, den Herrn über ihre dunkle, aber mutmaßlich sehr vornehme Herkunft aufzuklären, aber der Herr scheint wenig Sinn für Romantik zu haben.

Wir kehren etwas bedrückt zu unserem Pflock zurück.

Und wirklich: Lappa hat keinen Preis bekommen. Weder das Aluminiumtintenfaß mit dem Hirschgeweih, noch das bronzierte Eichhörnchen.

„Sie hat keinen Stammbaum", erklärte man mir, „und überhaupt: sie ist zu zart, zu schlank, – die Muskeln und Knochen sind nicht stark und robust genug!"

Da haben wir es: Muskeln und Knochen – die allein entscheiden! Brutale Kraft – nur darauf kommt es an!

Und der seelenvolle Blick deiner klugen, dunklen Augen, die hinreißende Schönheit und Grazie deiner zarten Glieder, deines schlanken, geschmeidigen Wuchses, das alles ist ihnen gleichgültig.

Ganz wie bei den Menschen: der Boxer, der die meisten Nasenbeine zertrümmert, wird gefeiert. Die brutale Muskel wird angebetet. Geist und Seele sind nichts.

Komm, Lappa, wir fahren nach Hause.

Das bronzierte Eichhörnchen ist nicht für uns.

Otto Brües' satirischer Roman *Der schlaue Herr Vaz* (1937) verdient vornehmlich seines delikaten Themas und des Zeitpunkts seiner Veröffentlichung wegen Interesse. 1900 in Südspanien spielend, behandelt er den dortigen Vaterlandskult als obskure Mischung aus Ehrgeiz, spektakulärer Berauschung, Provinzintrigen und Geschäftemacherei. Daß Spanien, als der Roman erschien, durch den Einsatz der Legion Condor gerade spektakulär im Brennpunkt der deutschen Öffentlichkeit stand, verlieh dem Text etwas Aktuelles, auch wenn dies bei Beginn der Arbeiten am Roman wohl kaum beabsichtigt war.

Im Mittelpunkt der Handlung steht der Gastwirt Nuňez Vaz, der alles im Leben berechnen will und dabei grandios scheitert. Vom Vater, dem Landgerichtsobersekretär, verstoßen, weil er die schöne Helena aus dem Hafenviertel erkor, läßt er sich zunächst auf anrüchige Geschäfte ein, bis ihm die Sache zu heiß wird. Er verläßt den übelbeleumundeten „Silbernen Tümmler" zugunsten eines ehrbareren Hauses am Platz der Freiheit. Sein künftiges Ziel, sich der Schulden zu entledigen, verschmilzt mit dem Wunsch, seine soziale Deklassierung rückgängig zu machen. Als erfolgreiches Mittel propagiert er den Don Enrique-Kult, der im Bau eines gesamtnationalen Denkmals gipfelt. Für sein Anliegen gewinnt er den im afrikanischen Kolonialkrieg gegen die Berber sieglosen, aber ehrgeizigen General da Galliosch und etliche Mitglieder des monarchischen wie republikanischen Lagers, die er intrigant gegeneinander ausspielt. Das wirkliche Ethos des mittelalterlichen Königs wird im Zuge dieses Traditionsmanagements mißbraucht. Doch wer dies und andere Peinlichkeiten aufdecken will (z. B. die Flucht des skrupulösen Bildhauers oder den Austausch der dadurch unfertigten Heinrich-Statue durch die eines römischen Konsuls), wird durch Druck oder Geld zum Schweigen gebracht.

Herr Vaz allerdings ist wohlhabend geworden und rückt durch die Aktivitäten in die erste Reihe der Gesellschaft auf. Honoratioren grüßen ihn huldvoll. Sein nun „Zum König Enrique“ benanntes Café wird bestens besucht. Nur seine Lebensrechnung geriet ins Minus, weil er dadurch seine Familie zerstörte. Seine Frau folgt dem Bildhauer ins Exil, nachdem der sensible Sohn, der den nationalen Rummel ernstnahm, als Freiwilliger in Afrika fiel. Seine Tochter tingelt als Tänzerin und Mätresse durch die Welt. Ein Blick in den Spiegel verdüstert Vaz' Lebensbilanz, und er will sich erschießen. Doch paßt ein tragisches Ende nicht zu diesem Typ. So überlebt er, da die Pistole nicht geladen war, wie zuvor eine Katze, die bei der Denkmalseinweihung von der hohen Statue fiel und sich hinkend auf allen Vieren davonmacht. Schließlich heiratet er seine Magd, die ihn künftig unter ihren Pantoffel stellt. Ein Kreislauf, wenn man in Aufstiegskategorien denkt.

Am Schluß zieht einer aus dem Denkmalskomitee allerdings beschämt andere Konsequenzen: Galiosch entsagt seiner Generalswürde und beteiligt sich als knapp sechzigjähriger einfacher Soldat am Krieg, der bislang nur seinen Ehrgeiz befriedigte. Ein fraglos aufgesetztes Ende, womit der Autor und Feuilletonchef der *Kölnischen Zeitung,* der dem Zeitgeist auch sonst zuweilen Tribut zollte, den potentiellen Skandalwert seiner Komik milderte. So beschränkte sich die Kritik lediglich auf falschen Patriotismus, der Nation mit Profit verwechsle. Auch beleuchtet die ironische Grundatmosphäre des Romans keine Freund-Feind-Gesellschaft, wie sie sich im aktuellen Spanien blutig austobte. Brües' Monarchisten und Republikaner begraben ihre Differenzen ab und an, da ihr Verhältnis eher durch menschliche Schwächen gekennzeichnet ist. Gleichwohl zeigt sich am Beispiel von Vaz' Sohn Brües' Botschaft, ein tatsächlich ernstgenommener patriotischer Rausch könne tödlich enden.

Eine Spur aufmüpfiger war Ernst Penzoldts literarisches Unikum *Die Powenzbande,* ein erstmals 1930 erschienenes typisches Produkt

Weimarer Freizügigkeit. Erwähnenswert im Rahmen der NS-Epoche ist das Werk lediglich, weil es 1939 eine – reizvoll illustrierte – Neuausgabe erlebte. Und das war keineswegs erwartbar. Schließlich schildert der anarchistisch gefärbte Roman den Aufstieg einer kinderreichen Proletariersippe namens Powenz, die mit großem Selbstbewußtsein und tollen Streichen diesseits und jenseits der Legalität die bürgerliche Moral der Kleinstadt Nössel an der Maar erschüttert. Der Roman präsentiert sich mit Fußnoten und Traktateinschüben als Parodie einer gelehrten Abhandlung zur Powenz-Forschung und Versuch „gemeinverständlich dargestellter Zoologie". Die Haltung des Verfassers zum lebensfrohen Clan der Säufer, Hurer, Faulenzer und Abzocker, der keine Weltanschauung jenseits der privaten kennt und so aus allen wechselnden politischen Verläufen und Ideen ihren Honig saugt, ist dabei eher verständnisvoll als ablehnend:

> *Wenn Herr Doktor Gottlieb Gilpin in seinem Antipowenz die Behauptung aufstellt, daß es der „Wille zur Zersetzung" sei, der alle Handlungen der von mir in diesem Buche mit unerbittlicher Treue geschilderten Familie bestimme, so muß ich dem mit allem Nachdruck widersprechen. Ich will nicht leugnen, daß viele Taten der Powenz recht ungehörig und ärgerlich, ja zum Teil nahezu verbrecherisch und sündhaft waren. Aber ich muß doch einem Worte unseres Baltus beipflichten, daß die Existenz eben nichts, daß das geliebte Leben aber alles bedeute.*

Besonders provokativ waren Passagen, die einerseits das grauenvolle Sterben im Ersten Weltkrieg eindringlich beschrieben und es andererseits im Sinne der Powenze ungerührt als „grandiose Gaudi" und profitable Chance zur Ausbeutung falscher Patriotismusgefühle zeigten. Insofern lag eigentlich nahe, daß in der Neuauflage zumindest diese Kapitel substantielle Veränderungen erführen. Doch gerade dies geschah nicht, und es zeugt von völliger Verkennung, wenn ein Zeitgeist-Germanist wie Wulf Segebrecht (*FAZ*, 13. Juni 1992) das Gegenteil unterstellt. Penzoldt, meinte er, habe durch das Befolgen von Suhrkamps Streichempfehlungen seinen Anspruch verspielt, einen „Roman des Widerstandes" vorgelegt zu haben.

Das aber hat er keineswegs, als er in der Neuauflage diverse sexuell voyeuristische, homoerotische bzw. im Sinne der Zeit als „Rassenschande" zu klassifizierende Passagen preisgab zugunsten der Möglichkeit, seine Grundaussage zu bewahren. Eher zerstört die Trouvaille einer solchen noch 1939 möglichen Publikation gewisse Wissenschaftsklischees, die eine durch und durch konformistisch gezeichnete Literaturszenerie im „Dritten Reich" behaupten.

Das Kabarett ist eine eigens zu erforschende Textwelt und kann hier nur gestreift werden, wo es durch Buchveröffentlichungen explizit als Belletristik in Erscheinung trat. Das gilt etwa für Werner Fincks *Das Kautschbrevier* (1938) oder Karl Valentins im gleichen Jahr erschienene, gut verkaufte Sammlung *Brillantfeuerwerk*, die neben dem titelgebenden Theaterstück und weiteren Sketchen Kurzprosa enthielt. Diese Texte belegen auch ohne Vermittlung durch die Bühne jene verquere, teils chaplineske, teils hinterfotzige, gänzlich absurde Komik des Münchner Originals. Dazu gehört eine Überbetonung des (scheinbar) Unwesentlichen, das verbohrte Insistieren auf paranoische Annahmen, die von Sprachformeln abgeleitete Pseudologik, eine floskelhaft verhunzte Wissenschafts- wie Amtssprache und schrullige Egozentrik.

Im *Brief an einen Theaterdirektor, geschrieben 1934* etwa kaprizieren sich weite Teile des Premierenkommentars auf den Umstand, daß der Herr Oberbürgermeister ebenso unter den Gästen gewesen sei wie „ein alter Schulkamerad von meiner Wenigkeit", der sich über die zwei Freikarten mehr als über das Schauspiel selber gefreut habe. Das Stück, heißt es weiter, „war gut – guter hätte es nicht sein sollen, sonst wäre es zu gut gewesen. Das einzige, was ich auszusetzen habe, war am Schluß der plötzliche Schuß. Obwohl das ganze Publikum ahnte (ich selbstverständlich auch), daß jetzt der Hauptmann hinausgeht, um Selbstmord zu verüben, erschrak es doch furchtbar". Dann folgen Valentins immer abstrusere Verbesserungsvorschläge: Künftig möge vor dem Pistolenschuß ein Herr vor die Rampe treten und in einer kurzen Ansprache „das verehrliche Publikum" vorwarnen.

Oder könnte man den Schuß nicht weglassen und der Hauptmann soll sich mit Veronal vergiften? Daß Sie im Erfrischungsraum nur Flaschenbier verabreichen, ist ein widerlicher Gedanke für einen Münchner, aber wahrscheinlich nicht zu umgehen, da das Anzapfen der Fässer während der Vorstellung zu viel Radau machen würde.

Sonst sei alles – außer einer zu modernen Krawatte – „herrlich gewesen, besonders das neue Theatermobilar, die kostbaren Teppiche im Zuschauerraum; schade, wenn dieser wunderbare Bodenbelag durch das Publikum abgenützt wird. Ich würde an Ihrer Stelle niemand hineinlassen." Das war klassischer Valentin, der sich sein Leben lang tagespolitischer Kritik eher entzog. Man hüte sich daher vor der Tendenz, seine humoristischen Beiträge aus der Zeit des „Dritten Reichs" interpretatorisch zu überfrachten. Krampfhafte Aufwertungsversuche gemäß einem heutigen Widerstandsstandard legen falsche Kriterien an den Text an und schaden dem Autor dadurch mehr, als sie nützen. Bei *Karl Valentins Olympia-Besuch 1936* jedoch schlägt die Humoreske tatsächlich ins Satirische um, wie im folgenden belegt:

„Hier sitz ich alleine und spähe umher
und lausche hinauf und hernieder",

so heißt es in dem alten Lied: „An der Weser".

So ähnlich erging es mir, als ich allein im Olympia-Stadion saß. – Wie kam es, fragte ich mich selbst, daß ich zur Olympiade zu spät kam?? – Ich blieb mir die Antwort nicht schuldig, Ihr Leichtsinn ist daran schuld! erscholl es von meinen Lippen. (Ihr bedeutet ich selbst.) Denn aus Eigentrotz sage ich selbst zu mir nicht ‚Du', sondern ‚Sie', weil man da vor sich selber vielmehr Respekt hat, als mit der Duzerei. – Nur e i n e n *Tag zu spät und dennoch zu spät! – O, Herr, bewahre mich bei der nächsten Olympiade 1940 vor solchen Etwaigitäten. – Trotzdem ich mich setzte, war es doch entsetzlich, als ich allein dasaß, in einer Hand die verfallene Eintrittskarte, die andere Hand in meiner eigenen Hosentasche. – Um mich herum saß nirgends niemand – das große Schweigen ringsumher war still und lautlos. – Meine einzige Unterhaltung war das „Warten". Zuerst wartete ich langsam, dann immer schneller und schneller, kein Anfang der Olympischen Spiele ließ sich erblicken, – da endlich von mir ein schriller Blick und meine Augen starrten hinunter zu dem Eingang bei der Kampffläche. – Ich sahte einen kleinen Jemand, der Jemand scheinte mich zu suchen, was diesem auf den ersten Blick gelang. Unsere Pupillen kreuzten sich in der Mitte unserer Entfernung. Ich saß, – sie kam – nur sie allein, die kleine Lisl Karlstadt, klärte mich darüber auf, daß* g e s t e r n *der* l e t z t e *olympische Tag gewesen ist. – Ist das schade, schrie ich teilnahmserregt in den blauen Äther hinaus – ich schnellte langsam von meinem Sitz empor, flux verließen wir die Stätte des großen „Gewesenseins". Freudezerknittert traten wir per Verkehrsmittel die Heimfahrt an in die Stammkneipe am Kurfürstendamm. – Wir Sachsen haben in Berlin einen eigenen Stammtisch, dort kommen täglich alle Münchener zusammen und da wird erzählt, von diesem und jenem, von jenem weniger, dafür öfter von diesem. Ich konnte leider heute zu meinem Bedauern nichts von den Olympischen Spielen erzählen, da ich ja nichts gesehen hatte, – und alle lauschten umsonst.*

Natürlich hätte ein vergleichbarer Text zu Dutzenden anderer Großereignisse geschrieben werden können. Doch daß er sich ausgerechnet auf Olympia 1936 bezog, war ein kleiner satirischer Affront. Schließlich hatte dieses sportliche Highlight über Monate die Gemüter beschäftigt und national wie international die Zeitungsspalten beherrscht. Im Zentrum der Aufmerksamkeit stand ein hochpolitisches deutsches Prestigeobjekt. Daher wirkte das Zu-spät-Kommen wie die implizite Abwertung durch einen grantelnden Außenseiter, der sich von dergleichen Schaueffekten bzw. von den propagandistischen Jubelfluten („Stätte des großen ‚Gewesenseins'") unbeeinflußt zeigt: „O, Herr, bewahre mich bei der nächsten Olympiade 1940 vor solchen Etwaigitäten." Der scheinbare Trottel steht für das Votum des kleinen Mannes, der die Bedeutung gemäß seinen eigenen Interessen und Hierarchien ganz anders gewichtet. Sein persönliches Fazit reduziert daher das Mißgeschick auf eine verfallene Eintrittskarte, das lästige, sinnlose Warten und den Umstand, daß er durch seine Verspätung eine Pointe für die Stammtischunterhaltung eingebüßt hat.

Um auch das Genre der Realsatire abzudecken, sei stellvertretend eine redaktionelle Bosheit vermerkt, die sich die *Frankfurter Zeitung* am 28. Juli 1935 unter dem Titel *Stilblüten über die Zitrone* erlaubte. Sie druckte nämlich längere Passagen eines unfreiwillig komischen NS-Nahrungspuristen ab, versehen mit einer adäquaten ironischen Einleitung:

> *Die „Fränkische Tageszeitung" nimmt in ihrer Rubrik „Rasse – Erbe – Gesundheit" mit einem Aufsatz von der Zitrone, wie uns scheint, etwas voreilig Abschied. Der lange Artikel trägt den Titel „Abschied von einer langjährigen Geliebten – sie kann gehen und braucht nicht wiederzukehren". Die Stilblüten, zu denen sich der Verfasser in seinem Bestreben, dem Thema neue Seiten*

abzugewinnen, hinreißen läßt, sind so überraschender Natur, daß wir sie dem Garten der Vergessenheit entreißen möchten."

Dem folgten jene den nationalistischen Eiferer verhöhnenden Textzitate, die den Zensurinstanzen übel aufstießen und der *Frankfurter Zeitung* eine ernste Rüge einbrachten. Denn natürlich wollten auch Völkische nicht mit allen aus ihrer Gesinnung erwachsenden Verstiegenheiten identifiziert werden:

Wir Deutschen denken heute anders als in den Jahren unseres Liebesverhältnisses mit dir. Wir haben uns auf uns selbst besonnen. Wir haben die Bedeutung von „Blut und Boden" kennen gelernt und wissen heute, daß unser Volk den Lebenskampf der Völker untereinander nur dann bestehen kann, wenn es sein Vermögen nicht mit ausländischen Geliebten durchbringt und wenn es seine Art so erhält, wie sie ihm der Schöpfer verliehen hat. Die Art, ihr Charakter und ihre Leistungen, ist gebunden an die Beschaffenheit des Blutes. Und das Blut wiederum ist gebunden an den Boden. Nur die Erzeugnisse deutscher Erdscholle schaffen deutsches Blut. Nur durch sie werden jene feinsten Schwingungen auf das Blut und damit auf Körper und Seele übertragen, welche bestimmend für unsere deutsche Art sind, die eben auf der ganzen Welt einzigartig ist, weil es nur einen einzigen deutschen Boden auf der Erde gibt! Leb wohl, Zitrone! Wir brauchen dich nicht! Unser deutscher Rhabarber wird dich voll und ganz ersetzen. Er ist so unscheinbar, daß wir ihn vor lauter Fremdheitsdusel übersehen und verachtet haben. In allen unseren Gauen können wir ihn das ganze Jahr hindurch in Massen haben. Wir haben ihn fast kostenlos, seine Herbheit wird unsre Salate und Gemüseplatten säuern. Leicht gesüßt ist er uns eine köstliche Erfrischung und zugleich ein Blutreinigungs- und Heilmittel echter deutscher Art. Am deutschen Rhabarber wollen wir gutmachen, was wir an der ausländischen Zitrone gesündigt haben!

Darum raus mit dir, undankbare Südländerin, aus unseren deutschen Gauen und Häusern! Wir wollen dich geiles Geschöpf nicht mehr sehen! Verschwinde und kehre niemals wieder!

Weitere Widerstandsformen praktizierte z.B. die Zeitschrift *Hochland*. Sie reagierte auf antikatholische NS-Kampagnen auch durch den Wiederabdruck älterer Satiren, von deren sofortiger Übertragung auf den momentanen Kirchenkampf man bei ihrer spezifischen Leserschaft fraglos ausgehen konnte. Das galt etwa für Joseph Görres' *Neujahrspredigt des verneinenden Geistes bei der 5599sten Jubelfeier des Sündenfalls* (1934), in der Satan seinen Anhängern auf dem Brocken berichtet, wie erfolgreich er die nach dem „hochmütigen, boshaften Judengott" errichtete Ordnung unterminiert habe. Zwar stoße dies weiterhin auf Widerspruch. Doch um sich gegenseitig zu trösten und zu stützen, habe er die Mitglieder seiner Gemeinde hier im Harzgebirge versammelt.

Höchst aktuell wirkte 1935 im *Hochland* auch Jonathan Swifts Polemik von 1708: *Ruhige Darlegung der Gründe, warum die Abschaffung des Christentums in England beim heutigen Stand der Dinge einige Unbequemlichkeiten mit sich bringen und vielleicht nicht die vielen guten Wirkungen haben möchte, welche damit beabsichtigt sind* (1935). Ihr Übersetzer, Sigismund von Radecki, betonte zudem in der Einleitung: „Es hieße den Leser unterschätzen, wollte man ihm noch den besonderen Rat geben, diese Schrift ernst zu nehmen – denn nichts ist ernster als dieser Scherz. [...] Möge jeder lachen und jeder sich getroffen fühlen."

Beim Thema Satire darf ein Werk nicht fehlen, obwohl es erst nach dem Krieg publiziert wurde: Stefan Andres' voluminöser *Sintflut*-Roman, dessen ursprüngliche Fassung über 2000 Seiten betrug. Doch aus der geplanten Tetralogie wurde durch Streichung eine Trilogie, aus der für unseren Kontext nur die beiden ersten – 1949 bzw. 1951 erschienenen – Bände in Frage kommen. Das ambitionierte, von hohen Erwartungen getragene Opus bot eine üppig veranschaulichte Typologie totalitärer Herrschaft, zusätzlich gedeutet durch mythische Analogien, besonders aus der Geschichte von Noah und dem Großen Wasser. Auch enthält es zahlreiche verschlüsselte Anspielungen in Sachen Aufstieg und Fall der NS-Diktatur, Analysen zur Rolle des deutschen Bürgertums, zur Widerstandsproblematik und zur prekären Situation der Inneren Emigration, die im Bild der Arche gefaßt wird.

Aus theologisch-philosophischer Warte wird der Mißbrauch technischer Rationalität und die – dem Autor zu kompromißbereite – Stellung der Kirche kritisiert, die zudem den emotionalen Rahmen schafft, innerhalb dessen ganz andere, nämlich politische Religionsstifter wirken konnten. Daneben erweist sich dieses „epische Massiv" (Michael Braun) als Produkt eines genuinen wie zunehmend barokken Erzählers, der sich des Umfangs wegen schon mal selbstironisch fragte, ob aus der „Sint-" vielleicht sogar eine „Tintflut" werde, zumal er auch noch diverse Zusatzhandlungen erfand. Dazu gehören eigens erdachte Noah-Legenden oder ein Vorspiel im Atrium, in dem der „Urheber" seine Romanfiguren ihr Einverständnis signieren läßt, in seiner Handlung vorzukommen. Manche widersprechen, manche akzeptieren nur unter bestimmten Bedingungen, die überdies ihr episches Profil verdeutlichen. Am hartnäckigsten zeigt sich die negative Hauptfigur, die die Massenideologie der „Norm" und „Normierung" den Menschen in Città morta implantieren soll:

> *Professor Moosthaler hatte es schon fast vergessen, daß er in einer früheren Romanwelt ein norwegischer Kriminalschriftsteller namens Mjösdal gewesen war und als solcher ein Faible für Whisky und junge Männer hatte. Als Theologe hatte er sich nicht sonderlich geändert, sogar die vom Whisky violett*

angehauchte Mjösdalsche Nase war ihm geblieben. Seine Absicht, als katholischer Dogmatiker in diesen Roman einzusteigen, begründete er mit zwei Sätzen: „Wissen Sie – die Macht und Würde des Priesters" (sein Baß bröselte aus allen tieferen Körperregionen) – „und überhaupt: ich bin für Hierarchie und Ordnung!" Der Urheber gab ihm zu bedenken, daß er – „verzeihen Sie sehr, Professor" – als katholischer Theologe leicht Anstoß erregen könnte. Darauf er: „Wie bitte? – Och, die Kirche ist so stabil – und ihr Renommee einfach unverwüstlich, da wimmelt's ja nur so von Kraftmenschen! Ja, nennen wir's so. Ich muß Bewegungsfreiheit haben, Herr Urheber, einen gewissen Einfluß, verstehen Sie!"
Der Urheber merkte, diese Gestalt war fertig, sie drängte in die Handlung. So lud er denn eines Tages, als auch Moosthalers Mitspieler so weit waren, alle zur letzten, zur Generalkonferenz ein, damit sie, jede Person einzeln, den Kontrakt unterzeichneten.

Der Chefideologe solcher Lehre, der die Ideen Moosthalers prägt, indem er sie als neuer Politmessias in Prophezeiungen unter die Leute bringt, wird wie folgt charakterisiert:

Und es erschien Leo Olch, im abgetragenen schwarzen Anzug der Bekenner, mit dem Gummistehkragen der Verächter, mit dem vom Rasieren blutenden Adamsapfel der Ungeschickten, mit der rötlich verschnupften Nase der prinzipiell Beleidigten, mit den abgenagten Fingernägeln der Verdränger. […] Er brachte seine Dithyramben so bewußt, leise und zögernd vor, daß der Urheber ihn bat, er möge sich vor ihm natürlich geben, welche Bemerkung Olch mit Keifen beantwortete: er, der Confessor Olch habe mit diesem seinem von Zarathustra überlieferten Tonfall bereits einige tausend Menschen zu Genormten gemacht. Oder wolle ihm etwa der Urheber diese Zahl anfechten, vermindern? Da der Urheber nur sanft den Kopf schüttelte und das Gespräch auf den Kontrakt lenkte, brachte Olch „seine unumstößlichen letzten Bedingungen" vor:

1. Freundschaft mit einer sehr reichen Person, die unter Umständen auch weiblichen Geschlechts sein dürfte, zwecks finanzieller Fundierung seiner umwälzenden Ideen; 2. übernormale Fähigkeiten für seine Person wie Telepathie, Prophetie, Suggestionsvermögen; 3. als ausführendes Organ seiner Ideen die Bereitstellung eines Übermenschen, d. h. eines Mannes, der mit übernormalen Willenskräften ausgerüstet sei – „denn", so begründete der Confessor Olch diesen Punkt, „ich bin eine rein geistige Kraft und darf mithin nur indirekt wirken."

Auf diese Weise werden ein gutes Dutzend Hauptpersonen gemustert, darunter zum Beispiel ein Vertreter der Aufklärung unter dem Druck einer konkreten epochalen Herausforderung:

Melk-Berry, der Arzt und Buddhist, der viele Sprachen beherrschte und so gerne Bach spielte, stand schmal und linkisch vor dem Urheber. Er behauptete von sich, Ungar zu sein, doch sprach er unverkennbar wienerisch. Er behauptete auch, er sei Atheist, und er war der Meinung, der Begriff Gott sei so ausgemacht hohl und unsinnig, daß man ihn nicht, ohne sich selbst zu entwerten und als dumm zu entlarven, gebrauchen dürfe. [...] Hier nun begann der Urheber mit dem gescheiten Arzt über die Fundamente von dessen Humanismus zu sprechen. [...] Dieses Gespräch dauerte fünfundfünfzig Seiten, bis endlich der Urheber es zerriß und kopfschüttelnd meinte: „Melk-Berry, lauter Papier – auch von meiner Seite! Auf diese Weise lock' ich Sie nicht aus der puren Natur heraus. Ich muß es Ihnen glauben – sehen Sie, sogar hier muß ich glauben! –, daß es Ihnen mit Ihrem von Hygiene und Ratio fundierten Humanismus ernst ist. Sehen wir zu, ob dieser Humanismus den Fluten standhält. Das wäre die Probe für seine Fundamente. ‚Edel sei der Mensch, hilfreich und gut' – schön, aber nicht, daß Sie dann eines Tages sagen: ‚solange es geht ...'"
„Ober gengan S', Herr Urheber, ich denk, ka Mensch kann sagen, wie lang das geht!"

Bereits diese wenigen Kostproben verdeutlichen den Satirecharakter des Werkes. Besonders gilt das für den zwischen Herbst 1939 und Frühjahr 1942 verfaßten ersten Band, *Das Tier aus der Tiefe*. Später wird der Ton nüchterner, ernster, bitterer. Aber auch Band 1 läßt keine ungetrübte Heiterkeit aufkommen. Denn das Groteske an Moosthalers Aufstieg, die naiv-aggressiven Verstiegenheiten seiner Mitstreiter wie der immer machtloser werdenden Gegner – darunter der verfolgte Armenpriester Don Evaristo – schärfen zunehmend das Bewußtsein für das, was solche Demagogen und ihr Anhang anrichten.

Auch in der Realität charakterisiert die ersten Schritte künftiger Despoten ja häufig etwas Linkisch-Skurriles. Lächerliche Details, von denen Erfolg oder Mißerfolg einer Bewegung abhängen. In Città morta ist es der Umstand, daß Moosthaler just zu dem Termin erscheint, der in Olchs Prophezeiung vom Bergsturz und Erscheinen des „Normers" konkret beschrieben war. Daher sieht sich Moosthaler schnellstens gezwungen, die ihm fehlende Sonnenbrille zu besorgen, um alle vorhergesagten Voraussetzungen zu erfüllen. Er wird dabei sogar beobachtet, kann aber eine peinliche Aufdeckung verhindern.

Zur Parodie eines Wunders gerät die Feuerprobe einer philanthropischen Gönnerin, die sich unter Olchs suggestivem Einfluß dazu bringen läßt, einen heißen Toaster anzufassen. Natürlich verbrennt sie sich und beginnt nun zu zweifeln. Karikierend wirken auch Namen wie Geyer, Zeisig, Olch und Moosthaler, welch letzterer zudem vom Habitus des korpulenten Trinkers her in schreiendem Gegensatz zu seinem asketischen Verkünder steht. Als scharfe Textsatire erweisen sich Moosthalers zehn demagogische Gebote, in denen er seine Politreligion in Nietzsches Geist entwickelt. Denn gerade darin liegt eine zentrale Aussage des Romans, die wie Eric Voegelin den zeitgenössischen Totalitarismus als Spielart einer politischen Religion erklärt:

Moosthaler, der „Normer", ist mehr als eine bloße Analogie zu einem bestimmten deutschen oder ausländischen Diktator; vielmehr strebte der Urheber, indem er diesen Typ schuf, den politischen Großinquisitor als solchen an! Und damit wurde der Versuch gemacht, über eine bestimmte historische und vom flackernden Licht der Meinungen und Leidenschaften noch auf hundert Jahre umwaberte Gestalt hinauszugelangen in jenen Raum, wo ausschließlich durch die Mittel der Ästhetik eine Gestalt geschaffen wurde, die der Leser, welche politische Meinung er auch habe, aus größter Nähe betrachten kann. Er kann zwar einwenden, diese Gestalt sei eine Erfindung, aber daraus kann er nicht folgern, sie sei im historischen Raum eine Unmöglichkeit. Denn es könnte leicht geschehen, daß gerade jener Zug, den er heute noch am Normer für phantastisch und ganz und gar romanhaft hält, morgen von einem neuen Machtphantasten realisiert wird. […] Das Experiment der Genormten steht, wiewohl einige Labors in die Luft flogen, erst in den Anfängen, das müssen wir wissen. […] Die Epoche der politischen Theologen hat eben erst begonnen.

Mit der gewählten Konzeption grenzt sich der Autor von zwei Darstellungsformen ab, die er bei diesem Stoff für Sackgassen hält: dem historischen Roman und der Reportage als „Skylla und Charybdis für jedes epische Werk, das sein Thema aus der Zeit nahm und nicht vermochte, es über die Zeit in den unwandelbaren Raum der Bilder zu erheben". Hinsichtlich der politischen Reportage schauderte ihn bei der Vorstellung, „in dem blutwarmen Innern jener Verbrecher wühlen zu müssen, die soeben erst von der Bühne wirklichen Lebens heruntergestoßen" wurden. Beim historischen Roman scheute er die „Totenerweckung" von Personen aus der Vergangenheit als „literarische Nekromantie", die erstens kaum möglich sei, zweitens nur auf die Züchtigung von Leichnamen hinauslaufe, wo er doch um des Künftigen willen lieber auf gegenwärtige Menschen wirken wolle.

Die mythische Einkleidung (am deutschen, aber universell bezogenen Modell) stieß in der Nachkriegsrezeption, die zunehmend veristische Kahlschlagkriterien anlegte, auf manches Befremden. So kam es, daß man dieser – zwar ein wenig zu üppigen, aber insgesamt imponierenden – erzählerischen Leistung nie gerecht wurde und als peinlicher Gipfelpunkt den Text etwa in *Kindlers Literatur-Lexikon* ignorierte. Ganz im Gegensatz zu Thomas Manns *Dr. Faustus,* der etwa zeitgleich geschrieben bzw. publiziert wurde. Zwar äußerten sich auch hier manche Bedenken gegen die Konzentration auf den Mythos statt auf die Verbrechenstatbestände. Auch ist der Teufelspakt ja nun kaum eine subtile Stilisierung der Deutschland-Problematik, und die Kombination der Vergangenheit mit Manns artistischem Steckenpferd, der Zwölftonmusik, liegt eigentlich ein wenig abseits. Dennoch standen Rang und Bedeutung dieser von Elogen bekränzten Publikation nie in Frage, was nicht zuletzt mit der unterschiedlichen moralpolitischen Gewichtung beider Autoren im Kontext der Zeit zusammenhing. Wenn zwei das gleiche tun, ist dies nun mal auch unter literaturpolitischen Gesichtspunkten selten das gleiche.

Kaum verständlich erscheint wiederum, daß Andres sich offensichtlich einredete, ein solches Werk könne, in welch selbstverleugnender Beschneidung auch immer, im „Dritten Reich“ gedruckt werden. Gab er doch aus Positano am 25. Februar 1942 Max von Brück, dem Feuilletonchef der *Frankfurter Zeitung,* einen kleinen Eindruck von seinem neuesten Werk. Er schrieb von einer „geistigen oder eher noch ungeistigen Sintflut in unseren Tagen“, die „alle Werte umkehrt und alles richtungslos“ mache:

Die Handlung selbst ist ungemein temperamentvoll, sodaß sie auch zu einem Vorabdruck infrage kommen könnte, allerdings arbeite ich an diesem Werk voraussichtlich noch mindestens ein Jahr, und eine Veröffentlichung bedarf auch ohnedies noch mancherlei Überlegungen.

Nun neigte Andres ja, zuweilen auch in der Öffentlichkeit, etwa in feuchtfröhlicher Runde, immer wieder einmal zu Risiken und Unvorsichtigkeiten. Aber sich vorzustellen, ein Coup wie seinerzeit mit dem *Großinquisitor* lasse sich mit einem solchen literarischen Frontalangriff wiederholen, unterschätzt gewiß die Wachsamkeit der Zensur. Demgegenüber gab sich Felix Hartlaub bei seiner bitterbösen Satire auf das Führerhauptquartier solchen Illusionen niemals hin und tarnte sein heimlich verfaßtes Manuskript als Arbeitsnotizen auf Wehrmachtsdienstpapier.

Heiterer Trost und schwarzer Humor •
Vom *Dankbaren Patienten* bis zu *Ich fahre in die Hölle*

Eine humoristische Lebenshaltung bot stets Ansätze zum Trost. Dies gilt z. B. für Ernst Penzoldts 1937 publizierten Band mit Erlebnissen eines langsam genesenden Kranken: *Der dankbare Patient.* Leiden und deren Heilung bilden über den Medizinbereich hinaus von jeher ein Grundthema menschlicher Bewährung. Und Penzoldt meistert diese Aufgabe in einer Kombination von Heiterkeit und Tiefsinn. Sein Schriftstellerkollege Emil Barth betonte in seiner Rezension zusätzlich eine Besonderheit des Werks: Denn dieser Patient verhalte sich mit seiner Krankheit „äußerst diskret". Nur die „überindividuelle Kurve eines idealen Patiententums" werde aufgezeichnet. Penzoldt, aus einem Arzthause stammend und im Kriege vier Jahre Sanitäter, schöpfe aus einer Erfahrung, die „dem Patienten nun als Reife und Weisheit" zugute komme. Einige (selbstironische) Belegstellen bestätigen dies:

Warum hat man dem Erfinder des Bettes noch kein Standbild gesetzt? Die alten Spartaner in allen Ehren, aber es geht doch nichts über ein gutes Bett. Ich möchte nicht der Verweichlichung das Wort reden, aber wer keine Beziehung zu einem guten Bette hat, ist gewiß auch kein guter Mensch. Als mir einmal ein Engländer versicherte, in Deutschland gäbe es die besten Betten der Welt, war ich nicht wenig stolz, obwohl ich eigentlich nichts dafür konnte.

Oder:

Mein Krankheitsbild gleicht nicht einem Bewegungskrieg, mit mehrtägigem heißem Ringen um die Entscheidung, wie es bei der Grippe der Fall ist oder bei einer Lungenentzündung. Es gilt vielmehr, zur Vermeidung unnötigen Blutvergießens den inneren Feind langsam auszuhungern, ehe es ihm gelingt, dem Staatskörper die Zufuhr abzuschneiden. Denn er hat sich nach Raubritterart an einer ernährungswichtigen Handelsstraße auf die Lauer gelegt, wobei die Gefahr besteht, daß er die Einfuhr der Lebensmittel sperren und die Ausfuhr der chemischen Abfallprodukte drosseln könnte. Wenn ihm dies gelänge, würde wohl nichts anderes übrigbleiben, als mit blanker Waffe in blutigem Angriff das Felsennest zu nehmen und dem Erdboden gleichzumachen. Es wäre ein Kampf auf Leben und Tod mit ungewissem Ausgang. Der Arzt, der treue Bundesgenosse des bedrohten Patienten, rät davon ab. Er ist dafür, es mit einer Art Belagerungszustand unter strengen polizeilichen Verordnungen zu versuchen.

Der Humor dieses Textes rührt nicht aus der Absenz von schwerem Leid, Tragik, Gefahr oder Tod. Insbesondere Kriegserlebnisse lassen den Autor wie seine Zentralfigur nicht los. Erinnerungen an Lazaretterlebnisse im Ersten Weltkrieg oder Ratschläge zum Umgang mit Schwerkranken melden sich. Einsichten als Begleiter von Sterbenden kommen hinzu:

Warum muß ich, ein Genesender, so viel an meine vier Kriegsjahre denken und den täglichen Umgang mit dem Tod?
Ich denke an jene Nachtwache, da endlich alle Verwundeten zu schlafen schienen [...]. Plötzlich hörte ich ein schlurfendes Geräusch hinter mir und schaute um. Da stand im Hemd ein riesenhafter Engländer mit schwerem Kopfschuß, mit seinem turbanähnlichen Verband [...]. Vorhin noch lag er röchelnd, ein Sterbender, wie ich glaubte. Nun aber tat er, als wäre nichts gewesen, und lächelte mich verlegen-gutmütig an, wie es Betrunkene tun. Sterbende gleichen zuweilen Berauschten. Ich versuchte, ihn gütlich zu Bett zu bringen. Er war völlig ahnungslos über seine Verwundung, er fühlte keine Schmerzen. Er war nur aufgestanden, um ein Bedürfnis zu verrichten, und ehe ich ihn hindern konnte, trat er ins Freie und stellte sich an einen Baum. Ich ließ ihn gewähren. Es war eine klare Nacht, und er hob seinen Blick zu den Sternen. Dann kehrte er brav in sein Bett zurück. Ich sehe ihn noch vor mir, wie er mich anschaute mit dem einen Auge und langsam mitleidig den Kopf schüttelte, als hielte er mich für nicht ganz bei Troste. Er starb gegen Morgen.

Nicht weniger eindrucksvoll die stille Passion eines Knaben:

Ob man einem Kranken, wenn er danach fragt, sagen soll, daß er verloren sei, darüber ist viel gehandelt worden. [...]. Es ist eine heidnische Frage.
Ein Schwerverletzter erkundigte sich nach dem Zustande eines Kameraden, der gleichzeitig mit ihm verwundet worden war, und antwortete auf die Mitteilung, daß es leider schlimm mit jenem stehe: „Ach, der arme Kerl!" Er selbst starb bald nach diesen Worten, vor dem andern, dem seine letzten freundlichen Gedanken galten, völlig ahnungslos.
Ein junger Engländer, der sterbend zu uns gebracht wurde, bat um eine Zigarette, tat einen tiefen behaglichen Zug daraus und hauchte mit dem Rauch sein Leben aus. Er starb so, daß man glauben mochte, es gäbe kein beglückenderes Gefühl in der Welt als den Tod.

Ein Junge erinnerte sich nach einer schweren Diphtherie – es hatte kaum Hoffnung bestanden, daß er sie überlebe –, als es ihm ein bißchen besser ging, daß zu Hause in einer Schublade eine Tüte liege, in der noch zwei rosa Bonbons sein müßten, was sich auch bestätigte. Ein tröstliches Gleichnis, wie mir scheint, wenn die Erinnerung an zwei Bonbons vor den Schatten des Todes nicht zu verblassen vermochte.

Von anderer Art sind die Erlebnisse eines Mitpatienten, dessen Duldungsfähigkeit den Autor beeindruckte:

Er war ein rührender Patient, der mit Anmut krank zu sein verstand. Wenn seine Schmerzen sehr heftig wurden, wollte er am liebsten allein gelassen sein. Dabei hatte er noch nicht den Rückhalt, den große Leute angesichts der Schmerzen und der Bitternis des Todes in ihrer Frömmigkeit, in ihrer Philosophie oder in ihrer Selbstachtung finden. Er hatte nichts als seine Unschuld.
[…]
Die frühe Leidenserfahrung schien indes seine Daseinslust nur zu steigern […]. Selbst dem Rollstuhl, darin er einen bejammernswerten, krüppelhaften Anblick bot, wußte er noch gute Seiten abzugewinnen […]. Sein sehnlichster Wunsch seit langem ist es, Rennfahrer zu werden. […]
Dieser von Natur zarte und anmutige Junge wurde kürzlich operiert. Allein als er aus dem Rauschzustande der Narkose zu erwachen begann, gebrauchte er zur allgemeinen Verwunderung sehr häßliche Worte, nannte die guten Schwestern „Rindviecher“ und schlug um sich wie ein randalierender Saufbruder. Er wußte später nichts mehr von seiner unziemlichen Aufführung, schien aber keinerlei Reue zu empfinden, als man ihm davon berichtete, sondern lächelte stillvergnügt in sich hinein. Es sah fast so aus, als freue er sich, daß er sich ungestraft, und ohne daß es ihm jemand verübeln durfte, einmal tüchtig hatte ausschimpfen können, als gehöre diese heilsame Entladung zur seelischen Hygiene des Menschen. Grollverhaltung ist unbekömmlich.

Die Schwestern rühmten seine heitere Ruhe vor der Operation. Er spielte auf seinem Bettisch mit einer kleinen Eisenbahn, bis er geholt wurde. [...] Nun soll ein Tierversuch gemacht werden, um die Gattung der Krankheitserreger zu ermitteln. Es ist dem Jungen gar nicht recht, daß seinetwegen ein Tier, vielleicht sogar ein Meerschweinchen geopfert werden soll. Und er äußert den Wunsch, die Tiere besuchen zu dürfen. Ich habe ihm, dem Vorschlag eines jungen Arztes folgend, versprochen, nachdrücklich dafür einzutreten, daß dem unbekannten kleinen Soldaten der Heilkunst, dem Meerschweinchen, endlich das längst verdiente Denkmal gesetzt werde als schuldiger Dank der leidenden Menschheit. Ich stelle es mir als Brunnen vor im Garten der Klinik.

Der Band endet mit der Entlassung des Erzählers. Er reflektiert über das, was während dieser Ferien von der „Normalität" mit ihm geschehen ist, und nimmt förmlich „Abschied" von seiner Krankheit, die man ja zugleich als eine Art „Inkarnation liebloser Gedanken" betrachten könne. Zumindest müsse der Mensch zu ihr stehen „wie zu einer Schuld". Daß man körperliche Schwächen habe, bereite schließlich Schmerz und Wonne zugleich:

Wenn wir als Buben von Achilles hörten, so verdroß es uns, daß er unverwundbar war. Es schien uns keine sehr große Kunst zu sein, mit dem Bewußtsein der Unverletzbarkeit Heldentaten zu begehen, und es versöhnte uns, daß er wenigstens eine empfindliche Stelle hatte. Selbst die Unsterblichen waren verwundbar und kannten den körperlichen Schmerz. Wie klein müßte der Gott von seinen Geschöpfen denken, der sie nicht des Leidens für würdig hielte und der hohen Ehre des Todes! Er gab uns die Größe der Empfindung und damit große Wonne und großen Schmerz zugleich. Er kennt zwischen beiden keinen Unterschied. Auch wir haben Tränen für beide.

Der richtige, seelisch bewältigte Umgang mit Krankheit und sogar Tod vermag zu trösten. Werner Bergengruen hätte dieser These zugestimmt. Denn für diesen Meister der baltischen Phantastik und des schwarzen Humors besaß auch Freund Hein sein „Gelächter" und etwas, was menschlich verbindet. Die acht Geschichten seines 1939 erschienenen Sammelbands *Der Tod von Reval* sprechen davon. Allen voran die Auftakt-Erzählung über Herzog Karl Eugen von Croy, einen kriegerischen Raufbold, legendären Säufer und Schuldenmacher, dessen ausschweifendes Leben den Rigaern noch zweihundert Jahre danach in Gestalt der im Dom zu besichtigenden Mumie vor Augen stand. Denn sein schnapsgetränkter Körper war immer noch nicht verwest: „Ein Wunder hatte sich begeben, Wasser des Lebens hatte des Todes zerstörende Kraft zunichte gemacht, hier lag reliquiengleich ein Schutzheiliger aller Trinker."

Auch in der zweiten Geschichte geht es um einen mumifizierten Menschen. Denn die an Bord verstorbene Kapitänin wird bis zu ihrer Landbestattung in einem Branntweinfaß hübsch konserviert, wobei die Mannschaft, nachdem die Alkoholvorräte versiegt sind, selbst diese Reserve nicht verschont. In einer weiteren Story gerät ein Landstreicher, der in aller Unschuld seinen Rausch neben einer aufgebahrten Toten ausschläft, in Leichenschänderverdacht. Oder eine Herberge für Scheintote mutiert zur Absteige für Liebesleute. Eine ungetreue Gattin fällt in ein Eisloch, und ihr Kadaver mästet zugunsten des Ehemanns Aale. Ein Grabmonument samt Gedächtniskult fördert neue erotische Beziehungen, Verwicklungen wie Begräbnisse. Der einbalsamierte Kopf eines um seinen Nachruhm besorgten zweitklassigen Dichters landet in der Schlucht, weil sein Behältnis mit dem für Honigtöpfe vertauscht wurde. Und den epischen Reigen beschließt die schrill gekleidete „Totenvorreitersche", eine geistig verwirrte Offizierswitwe, die allen Rigaer Begräbnissen voranschreitet, um den jeweils Verstorbenen diejenige Ehre zu bezeigen, die sie ihrem Mann verweigert sah.

Das bloße Inhaltsreferat dieser Erzählungen, die ihre Stoffe anscheinend einem Kuriositätenkabinett entnommen haben, könnte auf falsche Spuren führen. Denn ihre Schilderung erschöpft sich nicht in makabrer Witzelei. Hinter allem stecken vielmehr ein Trostkonzept und eine freundliche Belehrung, wie sich aus dem Vor- und Nachwort ergibt. Durch diesen epischen Rahmen erfahren wir Intention und Motivation des Verfassers aus dem Mund eines Ich-Erzählers, den wir in diesem Fall bedenkenlos mit dem Autor identifizieren können. Er vermittelt sie auf ganz persönliche Weise, als ob er uns in dunkler baltischer Nacht an einem Gelage unter vertrauten Zechkumpanen teilnehmen ließe. Nachdem er zuvor in Bescheidenheitsattitüde die Authentizität der Geschichten beglaubigte – er habe lediglich aufgeschrieben, was ihm am Stammtisch zugetragen worden sei –, beginnt seine Erzählung von Reval als „Stadt der Toten“ mit einer Leseranrede:

> *Mein Lieber, setze dich zu mir. Die Flasche steht auf dem Tisch. Es ist Herbst, es ist Dämmerzeit, draußen schreien die Krähen, draußen schreien die Winde. Hörst du nicht die armen Seelen im Fegfeuer stöhnen?*
> *Ich möchte dir ein paar Geschichten erzählen: Geschichten aus einer alten Stadt hoch droben im Norden, hoch droben im Osten, einer Stadt am Meer. Aber es sind nicht Geschichten von dieser Stadt: es sind Geschichten von ihren Toten.*

Bergengruens Erzählstrategie wird deutlicher, wenn wir bedenken, daß er vielen seiner Texte im „Dritten Reich“, vom *Großtyrannen* über *Am Himmel wie auf Erden* bis zu etlichen Widerstandsgedichten, eine spezifische Botschaft unterlegte: „Fürchtet euch nicht!“ Im

Bewußtsein, wie zerstörerisch Angst und Panik die Sozialbeziehungen gefährden, schrieb er gegen solche Gefühle an, die sich, je näher wir dem Kriegsausbruch kamen, umso bedrohlicher in den Gemütern festsetzten. Seine erzählerischen Mittel dagegen therapierten mal subtil, mal derb gemäß dem seit Jahrhunderten praktizierten Geselligkeitsmotto des „carpe diem" respektive „ergo bibamus". Und tüchtig gezecht wird bei Bergengruen fast in jeder Geschichte.

Sanft nähert sich der Autor der Befindlichkeit seiner Leser, wenn er ihnen die Scheu vor dem Thema zu nehmen sucht. Er zeigt ihnen die Toten und deren Ort als Gemeinsames in der Tradition einer Stadt, die einbindet, Identität schafft und mit Jahrhunderten aussöhnt. Nicht zuletzt die Regionalisierung bzw. Lokalisierung der Toten trägt dazu bei. „Alle alten Städte sind Nekropolen" und damit den flüchtigen jungen Menschenansiedlungen überlegen. Denn hier habe sich Geschichte vollzogen, hätten sich Jahrhunderte durch Vorbilder in der Abfolge von Geschlechtern („berühmte Kriegsleute, Seehelden und Weltumsegler") gegliedert. Auch der Totentanz trenne nicht, sondern lasse Menschen bewußter leben. Insofern sei Reval „keine Stadt der Schwermut, und es sind auch nicht Geschichten der Schwermut, die ich dir erzählen will. Jeder Tod hat sein Gelächter. Und es ist keine Unehrerbietung, wenn wir uns auch unsern Scherz mit ihm machen; denn er will uns ja vertraut werden".

„Jeder Tod hat sein Gelächter": Indem Bergengruen dies ausspricht, schildert er einerseits einen ganz persönlichen Tod nach dem Muster von Ferdinand Raimunds sympathischem *Hobellied*. Andererseits wirbt er um ein Verständnis, das durch die Groteske gleichermaßen scherzhaft schockiert wie emotional distanziert. Dem menschlichen Fatum gerecht zu werden fordere Haltung, Stil und nicht zuletzt grimmigen Humor:

Heute treten die Menschen an die Gräber, in Trauer, in Beschämung oder in Gehorsam gegen ein Herkommen; und vielleicht manche in Furcht. Wir aber wollen uns nicht vor dem Tode fürchten, sondern getrost nach seiner Vertraulichkeit trachten.

Vor diesem Hintergrund gilt es jene acht Geschichten neu zu betrachten, die zunächst vor allem als Ansammlung von Absonderlichkeiten erschienen sein mögen, die auf Schockeffekte spekulierte. Dabei zielen viele von ihnen vielmehr auf eine Art höherer Gerechtigkeit oder auf die Revision allzu eitler menschlicher Hoffnungen, die der Tod kompensiert. Herzog Croy, der den Revaler Gläubigern so viel schuldig blieb, zahlt als Touristenattraktion seinen Nachfahren etliches vom Geliehenen zurück. Kaddri, die heimlich Tönnos Aale plünderte, sorgt als Leiche und Aalfutter dafür, daß nun sein Fang sich drastisch vermehrt. Ein Familiengrab stiftet neue Verbindungen, und der Kreislauf der Liebe verbietet eine zu exzessive Trauer. Die alkoholfeindliche Kapitänin wird in einem Schnapsfaß konserviert, aus dem die Mannschaft dennoch den nun fürchterlich bitteren Fusel konsumiert, während ihr Mann in Folge der Abstinenz verfällt. Ein vermeintlich leichenschändender Clochard trauert am unbefangensten und ehrlichsten. Ein eitler Schreiberling ließ seinen Kopf vom Rumpf trennen, zur Aufbewahrung für alle Zeiten. Nun liegt er in der Schlucht und wird im Lauf der Zeit „allerlei Pflanzen Kraft zu ihrem Wachstum geben, wie das ja in der natürlichen Ordnung der Welt bestimmt und auch unseren Köpfen einmal zugesonnen ist". Fast könnte man von einer literarisch gestifteten grotesken Harmonie sprechen, im Sinne des *Abschied* genannten Ausklangs zu diesem Geschichtenbuch. Ihn wiederum kennzeichnet – neben aller Aufmunterung – zugleich das Bewußtsein, daß selbst des begnadeten Autors epische Medizin von begrenzter Wirkung sein dürfte:

Der Tod ist ein großer Trost. Er macht, daß niemand sich zu fürchten braucht. Wir werden einmal unseren Tod sterben, ein jeder in seiner Art und zu seiner Stunde; darum darf unser Herz nicht schwer sein. Wer in Reval war, der wird den Tod nicht mehr fürchten mögen. Und wir wollen den Tod liebhaben, gleichwie wir die Stadt liebhaben.

Und nun magst du mir einwenden, es habe alles, was ich zu Anfang von der Revaler Nachbarschaft des Lebens und des Todes sagte, seine Richtigkeit nicht, sondern es behaupte seinen Platz nur in den Dämmergespinsten eines Herzens, das ja allen wunderlichen Grillen sich offenhalte.

Vielleicht hast du recht. Allein ich will ja lieber an solche Dämmergespinste glauben als an Gesetzesbücher und Tabellen, an Berechnungen und Proklamationen. Ich bin ein Narr, und du, der du mir hast zuhören und mit mir trinken mögen, du wirst meiner Narrheit einiges zugute halten, obzwar, fürchte ich, nicht übermäßig viel. Hierin verfahre, wie es dir gefällt; ich will nicht trachten, dich zu überreden. Mir aber wirst du erlauben, bei dem Meinigen zu bleiben, selbst wenn ich keine andere Rechtfertigung haben sollte als diese, daß durch manche Jahrhunderte hin eine Reihe meiner Vorfahren in Revaler Kirchen und auf Revaler Friedhöfen die Ruhe erlangt hat; vielleicht kann keine bündigere Rechtfertigung gedacht werden.

Schwarzer Humor erweist sich hier als Spielart einer Ars moriendi. Auch Peter Bamm, der – als Arzt – in zwei Weltkriegen das Sterben am Fließband studieren konnte, neigte in der Anekdote *Schicklicher Abgang* zu solcher Lebenssicht. Auch weil die Stelle so eklatant dem aktuellen „Corona“-Treiben als Gipfelpunkt eines panisch-dekadenten Zeitgeists widerspricht, sei sie in diesem Kontext zitiert:

Solon von Athen, einer der sieben Weltweisen, hat die tiefsinnige und nachdenkliche Bemerkung gemacht, daß niemand vor seinem Tode glücklich zu preisen sei. Wer sich über den Lauf der Welt keine Illusionen macht, wird ihm beistimmen. Aber wie wenig Menschen gibt es, die selbst nach ihrem Tode glücklich zu preisen sind. Die Ursache dafür liegt hauptsächlich darin, daß die wenigsten Menschen es verstehen, sich im richtigen Augenblick einen würdigen Abgang zu verschaffen. Viele geben das Rennen zu früh auf, die meisten freilich zu spät. Gleichwohl hat uns die Geschichte einige treffliche Beispiele, wie man zu sterben hat, aufbewahrt. Die Kunst zu leben ist nicht gerade einfach. Die Kunst zu sterben ist ungleich schwieriger.

Die Gräfin M., die Gattin eines kaiserlichen Botschafters in den achtziger Jahren des vorigen Jahrhunderts, stammte aus einem schottischen Adelsgeschlecht. Sie hatte den Grafen M., einen Grandseigneur alten Stiles, erst im Alter von fünfundfünfzig Jahren geheiratet. Jeden Morgen, wenn sie von ihrem Ausritt zurückkam, besuchte sie den Grafen in seinem Arbeitszimmer in der Botschaft, wo sie einige liebenswürdige Minuten mit ihm verplauderte. Eines Morgens, als sie, ihm gegenübersitzend, eine kleine Geschichte erzählte, wurde ihr schwindlig. Ohne im geringsten ihren Tonfall zu ändern, unterbrach sie sich und sagte: „Excuse me George! I am dying …“

Dann sank sie in ihren Sessel und war tot.

Auch Sigismund von Radecki schätzte schwarzen Humor. Mit den *Betrunkenen* (1939) präsentierte Radecki eine makabre Geschichte über die Verbrüderung verurteilter Mörder mit ihrem Henker, wobei sich die Gemeinsamkeit in der sozialen Ausgrenzung zeigt. Die turbulente Exekution scheitert schließlich aus formalen Gründen und mündet für die Verbrecher im Zuchthaus, während der Scharfrichter seinen Posten verliert. Dafür jedoch, lautet die Pointe, erlangte er „eine gewisse Berühmtheit, kam wieder unter Leute, und hat gegenwärtig eine leidlich gehende Vertretung für Rasierklingen“. Ein gewisser Unernst scheint diese Begebenheit zu grundieren. Doch versichert der Erzähler bereits im ersten Satz: „Diese Geschichte ist wahr, und sie passierte vor wenigen Jahren in einem osteuropäischen Staat.“

In *Die Rose und der Ziegelstein* (1938) gipfelt schwarzer Humor in einer lakonischen Pointe:

> *Kürze ist die Seele aller Meldungen. Aber vielleicht ging jener Journalist doch zu weit, als er einen Unglücksfall, wie folgt, seiner Zeitung meldete: „John Dixon entzündete ein Streichholz, um nachzusehen, ob noch Benzin in seinem Tank sei. Benzin war vorhanden. Alter 56 Jahre."*

Heinrich Spoerls entsprechenden Neigungen zeigen sich in seiner Phantasiegeschichte *Ich fahre in die Hölle* (1937). Sie beginnt mit einem komischen Parforceritt durch die Geschichte, wonach z. B. Cäsar sich gräme, daß er in Kleopatras Armen versäumt habe, „Abessinien für die römische Kultur zu erobern", und ein von Englands Diplomatie und dem Völkerbund in die Hölle manövrierter Napoleon dort „pazifistische Schriften verteilen" müsse. Satan wird als alter Mann beschrieben, der eigentlich seine Ruhe haben wolle und nur als Reklametrick der himmlischen Konkurrenz dämonisiert worden sei. Außerdem sei er seit der Erfindung der Giftgase aus der Mode gekommen. Die Menschen hätten „keinen Respekt mehr" vor seinem Betrieb:

> *[...] sie machen sich ihre Teufeleien selber und benutzen mich höchstens noch zum Fluchen. Ich habe nur Existenzberechtigung, solange die Leute an mich glauben und Angst vor mir haben. Unter uns gesagt, und bitte nicht darüber sprechen: Ich bin keine Realität, ich bin nur ein Phantasieerzeugnis: Mich schuf der Mensch nach seinem Ebenbilde.*

Groteskes und Absurdes • „Seltsame Geschichten“ von Kurt Kusenberg

In einer totalitären Welt, deren immer schrecklichere Realität von der Macht täglich zur Notwendigkeit verharmlost wird, wächst das Bedürfnis, eine nur scheinbare „Normalität“ nicht mehr als solche zu akzeptieren. Dies förderte literarische Bewältigungsformen wie die Groteske, die Tragik und Komik, Traum und Schock verbindet oder das Grauen im großen Lachen aufzulösen sucht. Anderen drängt sich ein Gefühl des Surrealen oder gänzlich Absurden auf, das sich manchmal zur existentialistischen Weltschau verdichtet. Das gilt etwa für Kurt Kusenbergs beste Geschichten aus seinen 1940 bzw. 1942 erschienenen Bänden *La Botella* und *Der blaue Traum*.

Hierin erweist er sich als ein Meister (kafkaesker) Verwirrung, indem er seine erzählten Welten wechselweise absurd zeichnet oder das Absurde des Daseins darin enthüllt. Er läßt dabei Personen in Gemälden verschwinden oder aus ihnen heraustreten, fingiert pazifistische Happy-Ends, in denen der Nonsens triumphiert *(Jedes dritte Streichholz, Das Grabmal)*. Ein alter Kapitän bastelt Schiffe in Schnapsflaschen und befindet sich plötzlich selbst darin. Ein begrenztes Gebäude faßt, gegen jede Vernunft, gleichermaßen eine Kirche und ein Gasthaus. Ein zu pädagogischen Anschauungszwecken mitgebrachter Bär läßt eine Schulstunde entgleisen. Eine Pistolenkugel verselbständigt sich und rast um den Erdball. Oder es führt der Umstand, daß ein sonst heiterer Autor zum ersten Mal in seinem Leben „eine ernste Geschichte“ schreibt, dazu, seine Hörer in kollektiven Schlummer zu versenken, so daß niemand schließlich mehr deren Inhalt kennt.

Es gibt in diesem Frühwerk (noch) reine Märchenszenerien. Doch für die originellsten Texte gilt, daß uns der Verfasser, laut Friedrich Luft, ausgehend von alltäglicher Realität, durch „einen poetischen

Kunstgriff" „ohne jede Warnung" ins „Surreale" hineinreißt, eine Gegensätzlichkeit, die „humoristisch" wirke. In einigen Fällen spielt Kusenberg regelrecht mit dem Leser, den er nach Lust und Laune informiert oder zum Schein am Produktionsprozeß teilhaben läßt. *Der Türke* etwa handelt vom ausgiebig reflektierten Wunsch, eine gleichnamige Geschichte zu schreiben, von der verweigerten Mithilfe einer plötzlich erscheinenden virtuellen Erzählfigur und vom Scheitern des Ganzen – offenbar eine Fortschreibung romantischer Ironie. Wie in Tiecks *Gestiefeltem Kater* verselbständigt sich ein Akteur, dringt sogar in ein Theaterstück ein und verbessert es *(Wo liegt die Wahrheit?)*.

Im übrigen bestätigt der Erzähler seine Sinnlosigkeitsdiagnose in etlichen Variationen. Im *Märchen im Kreis* signalisiert bereits der Titel das Trügerische des Fortschritts einer zirkulären Handlung. In *Die Pastetenbäcker* treibt ein diese Berufsgruppe hassender Mörder sein Unwesen, wird am Ende jedoch gerade von ihr lustvoll gejagt. In *Die Rohre* endet ein Reformprojekt – der Einbau einer Wasserleitung im Rathaus – im völligen Fiasko, da die Handwerker einen von keinem mehr kontrollierbaren Innovationsschub in Gang setzen:

> *Gleichviel: was nicht zu durchschauen war, machte sich um so bemerkbarer. Kreuz und quer drangen die Rohre in die Stuben, bogen sich wellenförmig, wo es galt, einen Weg zu verlängern, und glitten haarscharf selbst an höheren Beamten vorbei, wenn ein Ziel rasch erreicht werden sollte. Der Arbeitsstuhl eines unbedeutenden Schreibers aus dem Katasteramt wurde zur Sehenswürdigkeit; er war von einer Rohrspirale umringelt, in die sich der Beamte allmorgendlich hineinzwängen mußte.*
>
> *Auch in den Gängen machte manche Veränderung von sich reden. Die Steuerbehörde wurde durch ein Flechtwerk aus stämmigen Rohren derart gegen jeden Zugang abgeriegelt, daß der Bau einer Holztreppe, die von außen her das Rathaus erklomm und an ein Fenster führte, nicht zu umgehen war. Daß die*

Rohre, zu Palisaden vereint, die Gänge der Länge nach teilten, erwies sich als vorteilhaft; links und rechts von ihnen strömten die Bürger, nunmehr in geordneter Bewegung, friedlich dahin, und das gegenseitige Ausweichen hatte aufgehört, ein Gegenstand des Streites und der Herausforderung zu sein. In anderen Gängen wiederum legten die Rohre sich quer, als käme es ihnen darauf an, Hürden zu bilden. Da sich nicht alle Bürger körperlicher Tüchtigkeit erfreuten, kam es dahin, daß sowohl das Standesamt wie die Verwaltung des Armenhauses einen merklichen Rückgang an Besuchern zu verzeichnen hatten und mit den Geschehnissen des Tages nicht mehr Schritt hielten. Die Eingabe eines städtischen Sportvereins, ebendiese Gänge als Übungsplatz für Hürdenläufe benutzen zu dürfen, wurde mit Fug und Recht abgelehnt, weil das Ansinnen die Würde des Hauses verletzte.

So standen die Dinge, als am Dienstag vor Pfingsten die Anlage in Betrieb gesetzt wurde. Der Teufel muß dabei seine Hand im Spiel gehabt haben, denn allen Berechnungen zum Trotz geschah auch nicht das geringste nach Wunsch. Rohre, denen Wasser entströmen sollte, spien Briefe aus, und wo man hoffen durfte, Briefe in Empfang zu nehmen, zischte heißer Dampf. […] Jener kleine Beamte aus dem Katasteramt, der sich von einer Spirale kühlen Wassers umgeben glaubte und dem Sommer genießerisch entgegensah, erlitt eine siedendheiße Umarmung und konnte erst im letzten Augenblick aus seiner schlimmen Lage befreit werden. Hätte man das städtische Wasserwerk rechtzeitig benachrichtigt, so wäre vielleicht das Ärgste verhütet worden. Da aber niemand auf den Einfall geriet, verrichtete das Wasser sein trauriges Werk, und zwar so gründlich, daß das Rathaus fortan nur noch als Lagerschuppen benutzt werden konnte.

Ordnung muß sein illustriert den verwaltungsmäßigen Heiß- und Leerlauf eines ganzen Volkes, dem man unter Androhung der Todesstrafe das tägliche Ausfüllen von Fragebögen aufoktroyiert, die selbst von höchster Stelle lediglich abgeheftet werden. Daß man in der strengen

Bücherkunde die satirische Pointe durchaus registriert hatte, verrät eine Besprechung vom März 1941. Dort rang sich der Rezensent – wie war man doch tolerant! – immerhin dazu durch, den Verfasser seine Stichelei nicht durch eine offizielle Rüge entgelten zu lassen. Er empfahl stattdessen, das ganze einmal mit einem „herzlichen Lachen" zu quittieren. Kusenberg ermutigte das eher in seiner Spottlust. Und im Kabinett einer von ihm ersonnenen Monarchie *(Die Königin hat geklingelt)* herrschen daher karikierte Zustände wie zuweilen in realen Herrschaften:

> *Alle, die am Hofe dienten, fürchteten die Königin. [...] Es sei nicht bestritten, daß sie ihr Land gut regierte. Die Staatskasse konnte sich sehen lassen, und sonntags brodelte selbst im Topf des Ärmsten ein Huhn. Aber ihre hohen und niederen Diener hatten es nicht leicht. Strahlte ihnen heute die Sonne der Gnade, so gingen morgen Donnerschläge auf sie herab, gleichviel, ob sie ihren Pflichten nachgekommen waren oder nicht. Die Königin wußte recht gut, daß man diejenigen aufs beste beherrscht, die man aufs ärgste beunruhigt.*
> *Sie hatte zwei Minister, einen, der für Ordnung und Recht zu sorgen hatte, und einen, dem der Krieg anvertraut war. Kriege waren zwar nicht an der Tagesordnung, aber wenn sie gute Aussichten auf Erfolg boten, wurden sie wacker ausgefochten. Der Kriegsminister, ein hübscher Mann, wußte der Herrscherin besser zu gefallen als der Friedensminister. Er brachte ihr Blumen mit, klirrte mit den Sporen und ließ durchblicken, daß sie eine Frau sei, die zwar keinem unverständigen Jüngling, wohl aber einem erfahrenen Manne gefallen könne.*
> *Wie ungeschickt benahm sich hingegen der Friedensminister! Davon abgesehen, daß er nicht mit den Sporen klirrte, weil er keine trug, erledigte er seine Regierungsgeschäfte bei der hohen Frau so nüchtern, als handele es sich um Geschäfte und um nichts anderes.*

Bei aller Monstrosität mancher Parabeln des Absurden charakterisiert Kusenbergs „seltsamen Geschichten" in der Regel kein Eindruck des Düsteren. Denn offensichtlich amüsierte sich der Autor bei seiner Musterung dieser Welt und wollte daher den Leser zum Mitschmunzeln einladen. Dies scheint ein kategorialer Unterschied zu Kafkas Phantasmagorien zu sein. Doch ganz stimmt dies nicht. Schließlich hat auch der Autor jener dämonisch wirkenden Szenarien im *Prozeß* oder im *Schloß* beim Vorlesen herzlich gelacht und dabei seine Zuhörer mitgerissen. Auch teilt sich in einigen Kusenberg-Stories bei aller distanzierenden Ironie dem Leser zuweilen etwas mit, was diesen weiterbeschäftigt haben dürfte.

Das gilt etwa für die Geschichte *Der Zerstörer*, die 1942, also schon vor dem Hintergrund der Zuspitzung der deutschen Verhältnisse, publiziert wurde. Hierin legt ein einschlägig tätiger Angeklagter durch schonungslose Selbstanalyse vor Gericht die Destruktionstriebe menschlicher Spezies offen, mit sichtlichem Nachahmungseffekt beim Publikum des Prozesses. Und *Das Geheimfach* enthält als Quintessenz einer Art Schatzsuche die Botschaft des Verstorbenen, daß vor allem Angst überwunden werden müsse, weil sie „uns blind macht":

> *Angst ist der Fluch, der uns treibt, wo wir gemächlich gehen, der uns zurückhält, wo wir kräftig ausschreiten möchten, Angst, lautere Angst verkümmert unser einziges Leben. Während ich dies erkannte, fiel alle Angst von mir ab, und ich befand mich fortan im Paradies, glaub es mir. Wenn es eines Beweises bedarf, um Dich zu überzeugen, so will ich Dir sagen, daß der Löwe niemals friedlich mit dem Lamme geweidet, sondern es seit je aufgefressen hat. Der Chronist freilich, ein Lamm mit Lämmerangst, hat sich durch seine Blindheit zur zaghaften Lüge verleiten lassen. Seitdem ich in den Apfel [der Erkenntnis] biß, kenne ich Angst nicht mehr. Weil ich gern gelebt habe, sterbe ich gern.*
>
> *Dein Vetter Martin.*

IV.
Stile, Trends und Genres

Feindbilder: „Entarteter" Expressionismus und „seelenlose" Neue Sachlichkeit

Die Weimarer Republik wird vor allem durch zwei Literaturstile dominiert: den auslaufenden Expressionismus und die Neue Sachlichkeit. Zudem zeigen sich letzte naturalistische Ausläufer neben Zeugnissen traditioneller Formkunst oder Tendenzen, die ländliche Heimaten feiern. Um 1930 schließlich formiert sich eine Reihe von Autoren gemäß den Gestaltungsprinzipien des Heroischen oder des Magischen Realismus – zwei Belletristik-Trends, die im „Dritten Reich" an Bedeutung gewinnen, letzterer eher im oppositionellen Lager, der zuerst genannte stärker zum Regierungskurs neigend. Auf dieser Basis werden seit dem 30. Januar 1933 die ästhetischen Karten durch massive Regierungseingriffe neu gemischt.

Zunächst trifft es den Expressionismus, konkret: Autoren und darstellende Künstler wie Georg Kaiser, Hans Henny Jahnn, Ernst Barlach, Rudolf Schlichter oder Gottfried Benn, die Zug um Zug aus dem offiziellen Kulturleben verbannt werden, obwohl sie anfangs durch (Lippen-)Bekenntnisse zum neuen Staat versuchen, dieses berufliche Schicksal abzuwenden. Lancierte Theaterskandale (etwa gegen Kaisers *Der Silbersee*), Pressekampagnen gegen Benn, Schlichter, Barlach oder Aufführungsverbote (Jahnns *Armut, Reichtum, Mensch und Tier*) sorgen für ihren medialen Exorzismus. Weitere Exponenten dieser Stilrichtung wie Kasimir Edschmid sind längst zu anderen Themen oder Gestaltungsformen umgeschwenkt.

Als unidealistisch verpönt wird die Neue Sachlichkeit, die vielfach als bloßer Tagesjournalismus oder „krasser Naturalismus" ästhetisch abgewertet wird. Die Emigration zahlreicher ihrer Repräsentanten wie Tucholskys, Mehrings, Brechts, Kestens, des „rasenden Reporters" Kisch, Anna Seghers' oder Irmgard Keuns, die mit Verzögerung ins holländische Exil geht, schwächt ohnehin deren Bedeutung für die Öffentlichkeit. An in Deutschland verbliebenen Prominenten der Neuen Sachlichkeit statuiert man Exempel. Erich Kästner erhält 1934 Publikationsverbot. Hans Fallada zwingt man zur Textänderung im Sinne der neuen Ideologie. Selbst wenn er zuweilen, wie in *Der eiserne Gustav,* nach Goebbels' Diktat schreibt, bleibt er eine Reizfigur, und Angriffe wie Intrigen gegen ihn hören bis zum Ende des „Dritten Reichs" nicht auf.

Andere der Neuen Sachlichkeit zugerechnete Autoren wie Bernhard Kellermann und Erik Reger verabschiedeten sich aus prekären Stoffen oder von entsprechenden Darstellungstendenzen: Kellermann mit einem exotistischen Ausflug (*Jang-tsze-kiang,* 1934) und Reger zugunsten einer exzessiven Rhein-Ideologie (*Schiffer im Strom,* 1933) bzw. forcierter Historisierung (*Napoleon und der Schmelztiegel,* 1935).

Wer profitiert von dieser kulturpolitischen Frontstellung des Regimes? In erster Linie NS-konformes Schrifttum, von der nationalistischen bzw. demokratieskeptischen Kriegs- bis zur Bauern- oder Heimatliteratur. Darüber hinaus – zumindest anfangs – traditionsbewahrende, formgebundene, auf überzeitlichen Anspruch und einen hohen Begriff von „Dichtertum" zielende Belletristik, die sich schon in der Endphase Weimars im heftigen, nicht nur ideellen Konkurrenzkampf mit denen befand, die sie abfällig bloß „Schriftsteller" oder Reporter nannten, tagespolitisch Engagierte, die jeder (Großstadt-) Mode nachliefen. Deren Marktchancen werden nun begrenzt, zumindest wo sie dem NS-feindlichen Gesinnungsspektrum angehören.

Schlagwortartig verkürzt, besteht die kulturelle Umwälzung seit 1933 darin, eine pazifistische, republikanische, kosmopolitische, moderne, jüdische sowie kommunistische Schriftstellerelite auszuschalten und durch nationalistische, demokratieskeptische, kriegsbejahende oder „Blut und Boden" feiernde Literaten abzulösen – mit schwerwiegenden ästhetischen Konsequenzen. Das trifft gewiß zu, sofern man diesen Befund nicht völlig übertreibt. Denn nach gängiger Lehrmeinung erlebte Deutschland nun eine desaströse literarische Verödung, die noch dadurch gesteigert wurde, daß ein nennenswerter Widerstand der Ritter des Geistes unterblieb und man sich, von wenigen Ausnahmen abgesehen, in konformistischer literarischer Prostitution, zeitflüchtiger Historienmalerei, kalligraphischer Erstarrung, klassizistischer Verzuckerung oder politikferner Naturversenkung erging. Dem Mangel an Zivilcourage habe ein Defizit an Kreativität bzw. formaler Experimentierfreude entsprochen, was die Texte dieser Zeit meist langweilig, mittelmäßig oder antiquiert erscheinen lasse – Folge einer gewaltsam stornierten Moderne in der Literatur.

Wer sich mit solchen (meist nicht einmal mehr als polemisch erkannten) germanistischen Simplifikationen begnügt, mag einiges über Zensur, „Verrat der Intellektuellen", Eskapismus, Tendenz- oder Propagandaliteratur erfassen. Eine adäquate Vorstellung von der weit differenzierteren Belletristik-Szene im „Dritten Reich" erhält er nicht. Und er erfährt Literaturgeschichte weniger als Qualitätsschau der Epoche denn als moralistisch skandalisierende Negativauslese. Dagegen hilft nur eine erneute literarhistorische Musterung.

Differenzierungen

1. Diskrepanz zwischen Propagiertem und Gelesenem

Grundsätzlich tun wir gut daran, uns mehr an Texte und tatsächliche Leser zu halten als an propagandistische Vorgaben und Absichtserklärungen. Denn die stimmten nur selten überein. So wurde z. B. das offiziell propagierte Schrifttum zwar durch besondere Förderung

(Buchgeschenke durch Partei und Verwaltung, Stipendien, Preise, gezielte Empfehlungen) oftmals in beachtliche Höhen gepusht, aber außerhalb der damit erreichten Sympathisanten deutlich weniger nachgefragt oder gar gelesen. Im Frühjahr 1934 klagte ein Vertreter des Langen-Müller Verlags seinem Geschäftsführer Gustav Pezold, drei Viertel der Berliner Sortimenter boykottierten praktisch den kulturellen Regierungskurs. Kaum einer bestelle ‚national wertvolle' Bücher. Stattdessen beherrsche die Schaufenster der Buchhändler z. B. der neueste Fallada.

Den Trend bestätigte Max Frisch 1935 in der *Neuen Zürcher Zeitung* aufgrund eines intensiven Buchhändlergesprächs. NS- und Schollenliteratur dominiere nur die Fassade; kaum einer lese sie. Vergleichbares berichtete der Insider Hermann Stresau im Tagebuch am 28. August 1937 aus der Spandauer Bibliothek: Die „massenhaft eingestellte NS-Literatur" finde kaum Zuspruch. Wir dürfen somit von der offiziellen Kulturagenda und diversen Anordnungen der Kontrollorgane nicht automatisch auf eine entsprechende Publikations- und Vertriebspraxis schließen, zumindest auf keine Umsetzung eins zu eins. Dem standen schlicht kommerzielle Interessen von Verlagen und Buchhändlern entgegen, die auf ihr Publikum Rücksicht nehmen mußten, wo sie nicht ohnehin kulturell anders orientiert waren. SA-Marschierer stellten schließlich nicht zwingend die Masse der Bücherkäufer.

Auch wollten oder konnten wichtige Autoren gar nicht anders schreiben. Man mied heikle Themen, machte auch mal offiziell Männchen. Aber wo es sich um ernsthafte Schriftsteller und nicht nur Lohnschreiber handelte, triumphierte bei einer nicht unerheblichen Minderheit letztlich doch literarische Substanz. Erich Kästner etwa, selbst wenn er im Drehbuch des UFA-Prestigefilms *Münchhausen* jede Zeile unter Aufsicht formulierte, blieb ein unverkennbarer Kästner. Ähnliches gilt, wie im Vorwort dargelegt, für Fallada, der weiterhin milieudichte Gesellschaftsromane verfaßte. Und von anderen Autoren wie Reinhold Schneider, Gerhard Nebel oder den Brüdern Jünger gilt glücklicherweise, daß mit der Bedrückung zugleich ihre Zivilcourage wuchs. Wer ein freiheitliches Herz hatte, mochte sich kleine Opportunismen leisten. Aber als seelisches Gegengewicht verschafften sich etliche durch (verdeckte) Spitzen von Zeit zu Zeit Luft.

2. *Grundsatzkontroversen*

Indem wir vor allem die Nazi-Repression ins Auge fassen und das mehrheitliche Nachgeben beklagen, unterscheiden wir meist nicht genügend, daß sich zwei Grundsatzkontroversen überlagern: eine ästhetische, den Schreibstil betreffende, und eine weltanschauliche, die vielfach schnell dem Pragmatismus der Macht folgte. Bereits die späte Weimarer Republik kennzeichnen zwei exemplarische öffentliche Konflikte: der Streit zwischen Gottfried Benn und Egon Erwin Kisch über die Politisierung von Kunst und die Auseinandersetzung im Vorstand der Preußischen Akademie für Dichtkunst, die mit dem Auszug von Autoren endete, die sich gegen Kulturdirektiven der Metropole Berlin und zugunsten stärkerer Regionalisierung aussprachen. Der zunehmenden Polarisierung der Zeit entsprechend, mündeten beide Konflikte umgehend in eine hochpolitische Frontstellung. Aber sie besaßen auch ihren ernst zu nehmenden ästhetischen Anteil.

Grundsätzlich positionierten sich form- und traditionsbewußte Autoren aus dem wertkonservativen wie christlichen Spektrum (Bergengruen, Schneider, Schröder, Binding, Carossa, Ricarda Huch, Wiechert etc.) gegen Schriftsteller, die im weitesten Sinne als formsprengend, alltagsbezogen oder tagespolitisch engagiert erscheinen. Wuchs doch allenthalben um 1930 das Bewußtsein für die (auch ästhetisch) gefährliche Nähe zur alltäglichen journalistischen respektive parteipropagandistischen Tätigkeit. Und wie just in dem Moment, als die Fotografie entscheidende Fortschritte machte, der Naturalismus oder verwandte Darstellungsweisen in der Malerei an Attraktivität verloren, so galt dies jetzt für die literarische Aktualitätsdarstellung, als nicht wenige Autoren binnen kürzester Frist zu Leitartiklern, Lautsprechern oder Agitpropsängern geworden waren.

Irgendwie entsprach der neusachliche Zeitstil allein, obwohl er durch Autoren wie Feuchtwanger, Fallada, Thiess, Brecht, Kästner, Reger, Keun, Kesten, Fleißer oder Remarque wahrlich bestens repräsentiert wurde, auf Dauer nicht mehr den Innovationsansprüchen. Spätestens die zahlreichen Mit- und Nachläufer vom Ullstein-Konzern bis zur *Linkskurve* provozierten eine Fronde gegen eine von der Alltagswelt bestimmte Oberflächenrealität, die wohl auch ohne politische Anstöße von außen erfolgt wäre. Man suchte wieder Anbindung an Überzeitlich-Gültiges, an nicht zugleich Entschleiertes, an eine – wenn auch oft agnostische – Transzendenz. Von solchem poetischen Selbstverständnis her wären auch einige der ab 1933 geschriebenen Texte zu bewerten, unabhängig von der politischen Einordnung in ein rechtes oder linkes Lager.

Fallada etwa wurde von den Inneren Emigranten Bergengruen, Andres oder Wiechert ebenso abgelehnt wie von Vesper, Bloem oder Grimm. Max Herrmann-Neiße provozierte bereits 1929 einen Literaturstreit, in dem er sich gegen die „literarischen Lieferanten politischer Propagandamaterialien“ und „schnellfertigen Gebrauchspoeten“ aussprach. Ludwig Marcuse formulierte 1931: „Kunst ist so Waffe, wie der Regenschirm Waffe ist: man kann ihn auch zum Schlagen benutzen: nur ist er dann kein Regenschirm mehr.“ Alfred Kerr sah im Rückblick 1934 in vielen linksgerichteten Zeitstücken nur noch eine „Landplage“ oder „fades politisches Massenfabrikat“. „Diese Mißgeburten“ hätten das Drama „geschädigt" und keineswegs der Politik genützt. Und Joseph Roth publizierte 1930 einen Essay mit dem sprechenden Titel *Schluß mit der Neuen Sachlichkeit.*

Die meisten dieser Autoren standen im weitesten Sinne gegen eine „linke" Ästhetik, doch „rechte Politisierung" behagte ihnen noch weniger. Betrachteten sie doch Kunst vor allem als Gegengewicht zur Zeit, als „Notwehr – gegen das Leben", wie Kasack schrieb: „Dichtung entsteht aus der *Überhöhung* der Wirklichkeit." Statt Alltagssprache, Modejargon oder gar „dirty speech" favorisierten sie eine gehobene Stilebene und literarische Konventionen. Anstelle unbedingter Aktualität und Originalität betonten sie das Kontinuierliche, ewig Gültige im Kampf zwischen Gut und Böse (Elisabeth Langgässer: „Denn die Gegenwart, sie ist gar nichts gegen den Ozean und den Abgrund der verflossenen zehntausend Jahre"). Mehr als machtpolitische, wirtschaftliche, soziale oder militärische Strukturen, deren Änderung man erstrebte, galt ihnen der einzelne als Hoffnungsträger. Dichtung lebte danach nicht im Reich der Politik, sondern im Übersinnlichen, wo man gültige Sinnbilder schaffen, Ewiges statt aktuell Nutzbares bieten wollte.

Ein weiterer Aspekt kam ins Spiel: der uralte Streit um die schriftstellerische Verantwortung für das Dargestellte, zugespitzt in der Frage, ob nur das „Interessante" oder das ethisch wie ästhetisch „Wertvolle" seine Berechtigung habe. Die einen verdächtigten die anderen, in der Ausmalung abstoßender Details bloß aufmerksamkeitsheischende Sensationsmache oder gar Pornographie jeglicher Couleur zu betreiben. Die anderen ließen nur Schilderungen gelten, die schreckliche Zustände entsprechend schockhaft vermittelten, und bezichtigten ihre Opponenten einer *Gartenlauben*-Gesinnung. Das waren Extrempositionen. In der Praxis vermischten sich meist die jeweiligen Ansichten, Motive und Intentionen.

Über solche Prinzipien wurde übrigens schon vor Jahrhunderten gestritten. Einem Goethe war Kleist nicht geheuer, einem Schiller nicht Friedrich Schlegel, dessen *Lucinde* als unsittlich attackiert wurde. Ähnlich galten Hauptmanns *Weber* in bestimmten Kreisen als „Rinnsteinkunst". Jede etablierte Literaturrichtung bezichtigte die neue zu Recht oder Unrecht eines leichtfertigen Spiels mit dem Abgründigen, Häßlichen bzw. sozial Schädlichen als dem bloß „Interessanten". Und die Angegriffenen konterten mit der Gegenfrage: Wo leben wir denn, wenn wir alles ignorieren, was unseren prüden Etikettevorstellungen widerspricht? Ist denn die Welt nicht viel chaotischer als in drei wohlgeformte, inhaltlich wohltemperierte Akte paßt? Gibt es nicht dieses tägliche Quälen, Töten und Ausbeuten, den Wortbruch und die Mitleidlosigkeit, die sadomasochistischen Pathologien oder ökonomischen Verheerungen? Soll deren Schilderung unterbleiben, weil das zarte Gemüter verletzt?

Andererseits kennt natürlich jeder von uns etliche Beispiele, die den Verdacht nähren, daß es gar nicht um Wirklichkeitswiedergabe, sondern puren Kommerz gehe. Zwar ist der Kampf gegen enttabuisierende Trends aus vielfältigen Gründen nicht zu gewinnen, solange man an der Freiheit der Kunst festhält, aber er ist keineswegs ganz ohne Berechtigung. Der letzte, der ihn im deutschsprachigen Raum mit nennenswerter Resonanz führte, war der bedeutende Philologe Emil Staiger im Dezember 1966. Die polemische Debatte ist als (zweiter) Zürcher Literaturstreit in die Geschichte eingegangen, als vorläufig letzte Chance, manches Problematische einer inzwischen unbefragten (Kommerz-)Konjunktur des Häßlichen zu reflektieren.

Sie wurde insofern vertan, als man Staiger umgehend eine latent faschistische Kunstauffassung und entsprechende Verbotsabsichten unterstellte. Von „Standgericht" oder „Scheiterhaufen für Bücher" als Tendenz seiner Ausführungen war zu lesen, von erneuter Verfemung der „entarteten Kunst", von „Faschismen im Anzug" oder Schlagworten aus der „Küche des neuen Goebbels". Nun gehört das Anbräunen von Gegnern des progressiven Mainstreams ja bekanntlich zu den Lieblingsspielchen des deutschsprachigen Feuilletons mit gelinder Beteiligung „wissenschaftlicher" Zuträger. Gleichwohl befremdet die angemaßte Verfolgtenpose, mit der – von Max Frisch über Peter Handke bis Ludwig Marcuse oder Hans-Heinz Holz – eine Phalanx aus Schriftgewaltigen zur Staiger-Schelte aufbrach. Mußte eigentlich doch allen klar sein, daß der Gelehrte solche Forderungen nicht in einer Diktatur, sondern in einer offenen Gesellschaft gestellt und von daher auch nicht auf Zensur, sondern auf freiwillige Geschmacksänderung der Leser abgezielt hatte, zumal die Machtverhältnisse im Literaturbetrieb nun wirklich nichts anderes erlaubten.

Wer also von Schriftstellerseite quasi den kulturpolitischen Notstand ausrief – nach dem Motto: „Sind wir schon wieder so weit?" –, zeigte eine beträchtliche Larmoyanz. Das war knapp 40 Jahre zuvor anders. Denn damals lief die ästhetische auf eine (gewaltsame) politische Polarisierung hinaus. Vielleicht gehörte sie auch zu den Faktoren, die erklären, warum sich 1933 keine stärkere richtungsübergreifende Solidarität zeigte. Gleichwohl geht es nicht an, eine im linken Verständnis fortschrittsfeindliche Autorengruppe schlicht als Förderin oder Wegbereiterin der NS-Kultur einzustufen, selbst wo man sie von staatlicher Seite aus unbehelligt ließ oder sie eine Zeitlang sogar von dem Umschwung profitierte. Sonst hafteten im Umkehrschluß sämtliche Sozialismus-Utopisten moralisch für die Unterdrückung und die Massenmorde des leninistisch-stalinistischen Terrors.

Wie ethisch problematisch das Modernitätskriterium ist, erläuterte bereits das Vorwort. Setzen wir die Prüfung hier unter spezifisch ästhetischen Aspekten fort, wobei es jedoch kaum möglich ist, Inhalte von Ideologie bzw. Gesinnung gänzlich zu trennen. Und wenn Ketelsen etwa Céline gegen den angeblich unzulänglichen Britting ausspielte – selbst die schlechteste Übersetzung der *Voyage au bout de la nuit* blase diesen „aus den Regesten der Literatur" –, bleibt anzumerken, daß jene geschätzte Modernität doch sehr eng mit weniger geschätzten Denk- und Empfindungsweisen zusammenhängt. Die moderne formsprengende Respektlosigkeit zertrümmert nämlich in aller Regel gleichzeitig Werte und humanistische Konventionen. Anders gesagt: Die offenbar als „modern" erwartete Brutalität der Formensprache ist fast immer Folge einer brutalen Weltsicht. Auf dem Buchumschlag von Michel Houellebecqs *Elementarteilchen* steht: „Seien Sie gemein, dann sind Sie wahr!" Zu fragen wäre, ob in diesem Sinne eine *Iphigenie auf Tauris* der Moderne überhaupt noch Chancen hätte, ästhetisch respektiert zu werden.

Die Stilentwicklung ernst zu nehmender Autoren im „Dritten Reich" wurde also nicht erst durch die Zensurdrohung verursacht. Vielmehr kam eine Gegenströmung zu den Haupttrends der Moderne, zu Expressionismus, Dadaismus oder Neuer Sachlichkeit, bereits in der Endphase Weimars zum Tragen und lag auch im rein literarischen Interesse. Eine stärkere Rückkehr zur Form läßt sich sogar international nachweisen, auch eine zunehmende Abwendung vom Kult des Häßlichen und der ästhetischen Dissonanz. Die erfolgreichsten literarischen Provokationen waren ausgereizt. Man näherte sich formal einer Grenze, wo fast nur noch direkte politische Aktion weitere Steigerungen versprach – z. B. Polithappenings wie durch Arnolt

Bronnens weiße Mäuse bei der Uraufführung von *Im Westen nichts Neues* oder Schriftstellerbegleitung bei Kampfdemonstrationen und Straßentheater roter Agitprop-Gruppen. Unverkennbar lebt die Moderne von der Substanz früherer Kunstrichtungen, genauer: davon, diese mittels Tabu- und Regelbruch abzubauen. Aber solche Effekte erschöpfen sich schnell, gemäß Brechts Ausspruch im Drama *Im Dickicht der Städte:* „Das Chaos ist aufgebraucht. Es war die beste Zeit."

Um die Relativität solcher Norm zu erfassen, genügt der Hinweis, welche expressionistischen Dramen denn heute noch gespielt werden. Georg Kaiser übrigens wechselte von seinen ekstatischen *Gas*-Dramen schon bald zur griechischen Klassik. Und auch die bewußte Kaltschnäuzigkeit großstädtischer Reportagen, die sensationsgetragenen oder marktschreierischen Aktualisierungen von Kisch bis Piscator stießen irgendwann auf Rezeptionshemmungen. Es waren also nicht nur die Diktatur oder deren Vorzeichen, die einen (vermeintlich) blühenden Zeitstil gebrochen haben, sondern Gegenkräfte, die zum Teil aus den eigenen Reihen kamen, sogar im Exil. Denn wo wäre das ständig angemahnte Chaotisch-Provokative bei Thomas Manns *Lotte in Weimar,* Brochs *Der Tod des Vergil* oder Heinrich Manns *Henri IV?* Und hat nicht Brechts *Galilei* bereits eine ganz andere Dramenstruktur als etwa *Mann ist Mann?*

Es gab in allen Literaturgeschichten nicht nur „Sturm- und Drang"-Epochen, sondern auch Gegenphasen, die stets mehr waren als bloße Restauration. Auch die Tendenz, es einmal wieder mit leiseren Tönen zu versuchen, ist nicht von vornherein zu tadeln. Gerade wo im politischen Umfeld die Sprache zunehmend propagandistisch vergröbernd benutzt wurde, versteht sich das erneute Interesse an Subtilitäten, Andeutungen, Ahnungen, Offenheiten und Leerstellen, die noch Raum ließen, etwas zwischen den Zeilen zu lesen, zumindest als ernst zu nehmendes Korrektiv.

Wer sich dies verdeutlicht, wird einen klassischen Trend in der Literatur jener Jahre nicht bloß als Flucht vor dem Tage begreifen, sondern für manche Traditionalisten eine zeitadäquate Berechtigung sehen. Werke wie Hauptmanns *Atriden-Tetralogie,* die ja bestenfalls im Äußerlichen und im Stofflichen „klassisch" bzw. „klassizistische Formkunst" sind, verdienen entsprechend gewürdigt zu werden, dazu vieles, was Stefan Andres *(Das Trockendock, Wir sind Utopia),* Friedrich Georg Jünger, Georg Britting oder Reinhold Schneider schufen. Gerade Inneren Emigranten setzten in ihren Werken die klassische bzw. christlich-abendländische (Form-)Tradition gegen spezifische (politische) Modernismen, zu denen sie – wie etwa Bergengruen *(Der ewige Kaiser)* oder Klepper *(Der Vater)* – auch den Nationalsozialismus rechneten. In bewußter Formstrenge sahen sie ein Gegengewicht zur chaotischen Zeit. Das gilt etwa für Sonettdichter wie Albrecht Haushofer und Rudolf Hagelstange. Auch Bergengruens Vorliebe für die Novelle paßt zu dieser Neigung. Programmatisch formulierte dies unter dem Schock der NS-Machtergreifung H. H. Stuckenschmidt in der *Neuen Rundschau* vom Mai 1933. Der Artikel trägt den sprechenden Titel *Erhaltung der Qualität:*

> *Verweilen in den Räumen ästhetischer Kategorien hat immer in Zeiten des Kriegs und der Revolution auf die hochstrebenden Menschen einen unvergleichlich wohltätigen, bildenden und veredelnden Einfluß ausgeübt, dessen kulturförderndes Gegengewicht man aus der Geschichte der Menschheit nicht missen möchte. [...] Zweifellos gibt es kein anderes Mittel, die verpflichtende Kraft und den realen Wert der künstlerischen Formen zu erhärten, als die Praxis eines verantwortungsvollen Konservativismus. Denn überall, wo höchste Qualität sich bewährt hat (bewährt nicht nur für eine Gruppe Eingeweihter,*

sondern für eine wirkliche Gemeinschaft), gewinnt sie gegen alle geistfeindlichen Mächte eine wesenseigene aggressive Kraft. [...] Man hat mit einem Anschein von Berechtigung denen Frivolität vorgeworfen, die in Zeiten so ungeheurer Menschheitsentscheidungen in die Welt der Form flüchteten. Und dennoch enthüllt sich diese Flucht dem gründlicheren Blick als ein kühner Feldzug für den Geist, als eine Haltung von höchster Heldenhaftigkeit.

Von dieser Basis her war Ernst Wiechert eine heute kaum noch vorstellbare lebensbeeinflussende Wirkung beschieden. Desgleichen Hermann Hesse, der zwar Zensureingriffe erdulden mußte, aber wenigstens noch über die *Neue Rundschau* seinen deutschen Lesern verbunden blieb. Daß damals ganz andere zeitgenössische Leserbedürfnisse herrschten und z. B. der Stellenwert eines Autors wie Hans Carossa viel höher war, erhellt 1935 ein Urteil Max Frischs, der später immerhin als Großschriftsteller anerkannt wurde:

Sehr treffend meinte dann mein Buchhändler, das wahrhaft Erlösende müßte irgendwie von unserer Wirklichkeit ausgehen und uns erheben, indem es sie überwindet – ja, wie dieses Kriegstagebuch von Carossa, das ich eben in der Hand hielt und jedermann schenken möchte: da ist diese menschliche Größe, die sich in einer flammenden und blutenden Welt, wo alles aus den Fugen fällt, zum Glauben an den Sinn durchringt; da ist diese weite Kraft, daß einer neben dem Einschlag der Geschosse noch die blühende Blume sieht; da ist die erlösende Geduld, die nicht ins Fuchteln und nicht ins Verzweifeln stürzt, sondern das gottgesetzte Schicksal still und männlich-demütig erfüllt; da ist ein dichterischer Kristall, wie er nur werden konnte unter dem ungeheuren Druck eines Weltschicksals, und ein reifer Geist, der uns Vorbild sei in tiefverwandter Zeit – ein Dichter, der wahrhaftig ein Arzt ist.

Wo der germanistische Fokus sich vor allem auf Zensur, Kampagnen gegen Weimarer Trendautoren oder Vertreibungsverluste (z. B. Lion Feuchtwanger, Hermann Kesten, Irmgard Keun) konzentriert, auf Schreibverbote für Benn, Barlach, Kästner oder Schlichter, könnte sich der Eindruck verfestigen, daß ganze Schreibstile bürokratisch beerdigt worden seien. Das ist nicht der Fall. Die zunächst befehdete Neue Sachlichkeit überlebte nämlich, auch wo man Fallada zu zähmen suchte und andere Protagonisten sich umstellten. Otto Flake (*Die Töchter Noras,* 1934), Erich Nossack, Felix Hartlaub, der Kabarettlyriker Wolfgang Borchert, Paul Gurk (*Tresoreinbruch,* 1935) oder Anton Schnack (*Die Flaschenpost,* 1936) bewahrten durchaus bestimmte Stilelemente. Das gilt auch für Wolfgang Weyrauch (*Strudel und Quell,* 1938, *Eine Inselgeschichte,* 1939). Die von ihm edierte Anthologie *1940. Junge deutsche Prosa* enthält mit *Das Auferlegte* einen beispielhaften Text dieses Autors, schildert er doch eine Beziehungsgeschichte mit einer Kühle, die an Ed Hoppers Gemälde erinnert.

Erich Kästners pseudonym verfaßte Theaterstücke verzichten keineswegs auf seinen schnoddrigen Großstadtton. Spoerls durch Ironie charakterisierte Schreibweise steht in bester Tradition der Neuen Sachlichkeit. Frank Thiess' *Tsushima* bedient sich gewisser Dokumentartechniken. Ebenso ein Spitzenautor jener seit den 1920ern in Mode gekommenen Tatsachenromane, der Österreicher Rudolf Brunngraber, dessen Bestseller *Radium* oder *Zucker aus Cuba* bezeichnenderweise bei Rowohlt herauskamen.

Nicht einmal der Expressionismus wurde gänzlich aus dem Literaturkanon ausgefiltert, obwohl Hitlers Phobien hier die stärksten administrativen Angriffe bewirkten. W. E. Schäfers Drama *Schwarzmann und die Magd* erhielt z. B. beste Kritiken. Bei Richard Billinger verfuhr man inkonsequent. Die *Bücherkunde* urteilte zwar streng („Wie Falladas Menschen die soziale Umwelt erdulden, erdulden Billingers Menschen die Umwelt ihrer Triebe und Wiecherts Menschen die Umwelt ihrer Gefühle"), und seine Homosexualität brachte ihm einen Gefängnisaufenthalt ein. Andererseits war er viel gespielt und erhielt Preise. Ausdrückliche Zustimmung durch den NS-Literaturpapst Hellmuth Langenbucher erfuhr sogar Paul Gurks 1934 erschienener bedeutender Großstadtroman *Berlin,* dem folgendes Motto vorangestellt war:

> *Ich bin Berlin, die große Stadt, aller Laster und Lüste voll! In mir geht der Betrug als Schoßhund am blauen Band, die Lüge als verehrte Kokotte mit dem geschminkten Kuß! Der Mord trägt den Orden der Heroen, und die selige Rücksichtslosigkeit besitzt das Erdreich! Und doch sind alle Bücher in mir voll von der Rücksicht!*
> *Ich weiß aber auch, daß du das brauchst, Land, um dich rein und seelenhaft zu fühlen.*
> *Ich bin Berlin –*
> *und habe alle Landschaft in mir!*
> *Meine Türme sind Berge, meine rauchenden Schlote Schroffen, meine Häusersaat ist ein Roggenfeld voll eitler Spreu und nährender Gedanken – und mehr als du!*
> *An den Feldwegen und an ihren Rainen blühen die wilden Blüten der Anbietung, des Rausches, und die versunken läutenden blauen Glocken des einsamen Dichters!*

Auch Anton Betzners *Basalt* (1942) verbindet naturalistisch-neusachliche mit einer zuweilen expressionistisch-archaisierenden Sprache. 1935 legte August Scholtis mit *Jas, der Flieger* einen formsprengend-anarchistischen Großstadtroman vor. Darin wehrt sich der Autor vehement gegen realitätsfremdes Landlob. In einem Text, der zwischen Expressionismus und Neue Sachlichkeit hin- und herpendelt, polemisiert er über einen „Glatzkopf", der ein „Bauernepos in Arbeit" hat:

Gestatten Sie, daß ich mal schimpfe auf Sie […]! Hat Ihr Vater Sie nicht Technik studieren lassen […] Mein Vater ließ mich Schornsteinfeger werden, und ich hätte allen Grund, zu dichten, aber ich denk' nicht daran. Was brauchen Sie Kain und Abel zu bedichten, bedichten Sie Brücken, Hochbahn, U-Bahn, oder die Klugheit Ihres Vaters. […] Ich rate Ihnen gut, Herr, lassen Sie die Bauern aus dem Spiel! Für Bauern bin ich Fachmann! Dichten Sie über Dinge, die Sie was angehen. Dichten Sie über Berlin, wie es weint und lacht. Ich denke, Ihr Urgroßvater war Berliner? […] Wäre Ihr Vater mein Vater, längst hätte ich ihm eine kühne Brücke geliefert, von Kain bis zum Abel, vom Altertum bis in die Neuzeit, gratis und franko, und über unsere Jauchegrube, kühn und farbig wie ein himmlischer Regenbogen! Denn mein Vater braucht Fortschritt, braucht Technik und kein Epos, er braucht eine Badewanne und dann vielleicht erst ein Gedicht.

Aber dichten Sie haargenau so, wie Sie Brücken bauen lernten, und alles wird gut werden auf Erden! Und wenn Ihnen das Bauerndasein so sehr behagt, dann ziehen Sie doch aufs Land, reißen Sie sich aus Ihrer schiefgewickelten Begeisterung heraus, hier ist die Adresse meines Vaters in Huhlberg. […] Werden Sie Ackerknecht bei meiner Tante Therese, inzwischen fahre ich in Berlin Ubahn. Wandern Sie hinaus nach Huhlberg, und machen Sie Ihre Begeisterung für das Bauerndasein endlich wahr, fressen Sie Pellkartoffeln, dazu gestockte Milch, das ist gesund für Gesunde! Beten Sie mit den Bauern (Sie schreiben ja so emsig davon), essen, trinken und schlafen Sie mit ihnen, und arbeiten Sie das, was die Bauern arbeiten, und dann dichten Sie darüber.

1940 steigert sich Scholtis' Kritik noch:

Eine Zeitlang verbreiteten einige falsche Schriftgelehrte und giftgrüne Propheten, einige blasse, neidische Antiliteraten die antiberlinische These. Sie empfahlen nicht etwa sich selber, sondern anderen Leuten die Flucht aufs Land. Denn auf dem Asphalt wüchse doch kein Kaktus. Das waren alberne Schreibtischtheorien aus jener Richtung, wo die Stadtbahn gen Potsdam rasselt.

6. Moderne Tendenzen im Nationalsozialismus

Scholtis' Artikel erschien im *Reich* und sang einen Hymnus auf Berlins technisch „vollendete äußere und innere Sachlichkeit" als „Zukunftsmagie". Solche Stichworte verblüffen nur diejenigen, die das „Dritte Reich" immer noch auf Agrarnostalgie reduzieren. Doch dieser Beitrag, der Berlin „als europäisches Zentrum des kommenden technischen Jahrtausends" begrüßte, war längst keine mutige Tat mehr, sondern entsprach der gewandelten Ideologie, wonach sich Vertreter des Regimes vor allem in jenen Triumphtagen nach dem Frankreich-Feldzug eher modernistisch äußerten.

Ohnehin repräsentierte „Blubo" niemals den Generaltrend im „Dritten Reich". Wie Sebastian Graeb-Könnecker überzeugend nachwies, distanzierte man sich seitens hoher Kulturfunktionäre schon bald von einer agrarromantischen und kulturpessimistischen Literaturkonzeption zugunsten einer erwünschten „autochthonen Modernität", die Stadt und Land, technischen Fortschritt und Tradition versöhnen sollte. Man forderte sogar Autoren ausdrücklich auf, die Großstadt stärker ins Visier zu nehmen. Überzeugte Nationalsozialisten schrieben Industrie- oder Technikromane als Bestseller. Darunter Schenzingers *Anilin* (1937), *Metall* (1939) oder Anton Zischkas *Wissenschaft bricht Monopole* (1936), die bald höhere Aufmerksamkeit fanden als Sippengeschichten von Berg- oder

Marschbauern. Nicht zu vergessen Hans Dominiks erfolgreiche Zukunftsromane.

Schließlich finden sich bei klassischen NS-Autoren sogar expressionistische Stilmittel. In Richard Euringers *Deutscher Passion* etwa oder bei Hanns Johst, der seinem „geliebten Führer“ mit *Schlageter* 1933 eine dramatische Geburtstagspremiere präsentierte. Auch Richard Billinger löste sich nur zögerlich von expressionistischen Stilmitteln, desgleichen die NS-Überläufer Hanns Heinz Ewers und Arnolt Bronnen. Darüber hinaus orientierten sich nationalsozialistische Kunst- und Gebrauchsformen jenseits aller Epigonalität und moderaten Dosierung an so manchen Innovationen seit den zwanziger Jahren. Stellvertretend seien Namen wie Eberhard Wolfgang Möller *(Das Frankenburger Würfelspiel)* Hans Rehbergs Preußenzyklus und Leni Riefenstahls Filmwerk genannt.

7. Stil- als Machtfragen

Schlagworte wie „Expressionismus“ oder „Neue Sachlichkeit“ waren wichtige Kulturkampfvokabeln. Doch wenn man die dominierenden Weimarer Literaturstile angriff, ging es im Kern selten um genuin Ästhetisches, sondern mehr um Ausschaltung dessen, was unter der schwammigen Bezeichnung „Kulturbolschewismus“ subsumiert wurde. Man ächtete also mit dem Expressionismus vornehmlich den mit ihm verbundenen Aufruf zu Revolution, Pazifismus, Kommunismus oder Demokratie. Denn diese Art *Menschheitsdämmerung* richtete sich ja gegen die nationalen Eliten der Schützengraben-Generation. Dabei ging es stets weniger um Formen oder Stilfragen als um Sachverhalte, Themen, unerwünschte politische Aussagen respektive Gesinnungen. Mit einem Wort um Macht.

Man übersieht dies gerne, weil wir die Bedingungen der Bildenden Kunst eins zu eins auf die Belletristik übertragen. Denn für angeblich vorbildliche deutsche oder zu vernichtende „entartete" Kunst interessierte sich der „Maler" Hitler ganz persönlich und entschied rigoros die entsprechenden Diskussionen. Barlach gehörte zu den prominentesten Leidtragenden. Denn letztlich beendete 1937 das Machtwort des „Führers" den Richtungsstreit zu Lasten des Expressionismus. An der Neuen Sachlichkeit störten NS-Zensoren insbesondere breite Verfallsschilderungen der Großstadt, die man zu Sympathiebekundungen für deren Perversionen simplifizierte. Als sittliche Dekadenz beklagte man die ausgiebige Beschäftigung mit Alkoholismus, Drogen, Verelendung, Kriminalität, Prostitution und freier Sexualität (nach dem Röhm-Putsch traf das Verdikt besonders die Homosexualität) – Erscheinungen, die vielfach mit antisemitischem Unterton bekrittelt wurden.

Wo sich Autoren dem Vorwurf sensationslüsterner Milieuschilderungen oder der Elendsmalerei aussetzten, trat die Zensur auf den Plan, ungeachtet des Umstands, daß man dabei zuweilen auch NS-Sympathisanten oder gar Parteigenossen traf. Die Verfahren gegen Benn, Ewers, Bronnen, Schlichter etc. wurden im Kern mit „literarischen Schweinigeleien" begründet. Denn autoritäre Systeme tabuisieren häufig sexuelle Abweichung oder Promiskuität. (Moderne Demokratien verfahren meist klüger und nutzen dergleichen als liberale Fassade bzw. Freiheitssurrogate.)

Auch üppig geschilderte Kriminalität sieht man in Diktaturen nur ungern, wo man lieber den Anschein erweckt, das Verbrechen im Griff zu haben. (Demokratien lassen die Dinge laufen und begnügen sich allenfalls mit geschönten Statistiken.) So wurde etwa Paul Gurks *Tresoreinbruch* nur deshalb verboten, weil dieses Romanporträt eines Berliner Bankräuber-Brüderpaars, den realen Ereignissen folgend, die langandauernde Erfolglosigkeit der Polizei nicht verschwieg. Ohnehin war das Krimigenre im „Dritten Reich“ nicht gern gesehen und unterstand als Massenschrifttum besonderer Überwachung.

8. „Laxe“ Zensur?

Wer die schriftstellerische Bewegungsfreiheit im „Dritten Reich“ richtig einschätzen will, muß Ambivalenzen und (Schein-)Paradoxien einbeziehen. Dazu gehört einerseits, daß selbst prominente Autoren nie vor Zensureingriffen sicher sein konnten. Für Regimekritiker drohten zudem Verbote und Einweisungen ins KZ. Andererseits eröffneten sich Spielräume für verdeckte Kritik, die sich manche Nachkriegsgermanisten in ihrer Verständnislosigkeit für die Rahmenbedingungen nie richtig erklären konnten. Ihr unspezifisches Totalitarismusmodell einer allesregelnden Kontrollinstanz verleitete sie gar zu Zirkelschlüssen. Wenn etwa oppositionelle Werke von Wiechert, Bergengruen oder Jünger in hohen Auflagen erscheinen konnten, deuteten sie dies als Bestätigung für deren Harmlosigkeit oder gar Nähe zur NS-Ideologie.

Wer so argumentiert, setzt einen umfassend verwirklichten Lenkungs- und Unterdrückungsimpuls voraus und verkennt die tatsächliche Praxis, meist alles zu dulden, was der NS-Programmatik oder den Vorlieben einzelner Mächtiger nicht direkt widersprach. Insbesondere das Fehlen einer generellen Vorauszensur für Belletristik belegt aber, daß die NS-Kulturpolitik in weiten Bereichen viel weniger totalitär war als die aller kommunistischen Länder, in denen das Verlagswesen durch Verstaatlichung gänzlich gleichgeschaltet war. Im „Dritten Reich“ boten sich risikofreudigen Autoren und Verlegern so manche Nischen, um humane Flagge zu zeigen, zumal die Leistung bzw. Kapazität des Unterdrückungsapparats meist überschätzt wird. So wurde etwa ein fundamental hitlerkritisches Buch wie *Entlarvte Geschichte* des späteren Exilanten Werner Hegemann erst elf Monate nach Erscheinen verboten.

Auch Hans Henny Jahnn kam trotz einiger Hausdurchsuchungen relativ glimpflich davon. Immerhin behielt der (von kurzen Hamburg-Aufenthalten abgesehen) nach Dänemark Verzogene seine Publikationserlaubnis, was fast dazu geführt hätte, daß sein *Fluß ohne Ufer* bereits im „Dritten Reich" erschienen wäre. Die ersten beiden Teile der Trilogie (*Das Holzschiff* und *Die Niederschrift des Gustav Anias Horn*) waren Ende 1944 im Leipziger Payne-Verlag mit einer Auflage von 6000 Exemplaren bereits gedruckt, bis auf den ersten Bogen, an dem Jahnn noch Änderungen vornehmen wollte. Eine Vorausveröffentlichung des *Holzschiffs,* das 1936 beendet und in Kürschners Literaturkalender bereits 1937 als erschienen gemeldet war, lag durchaus im Bereich des Möglichen. Sie scheiterte jedoch an Bedenken von Suhrkamp und Goverts, die sich ähnlich wie französische, Schweizer oder dänische Verlage nicht zu einer Drucklegung durchringen konnten. Das Propagandaministerium, das ab 1940 sogar die Devisen für eine Vorauszahlung bewilligte, stand einer Publikation dieses antitotalitären Romans jedenfalls nicht im Wege.

Beschränkte darstellerische Freiheitsspielräume ergaben sich dadurch, daß Zensurorgane ihre eigenen Propagandavorgaben nicht immer konsequent umsetzten. Wir wissen von Quasi-Kooperationen zwischen Überwachern und Überwachten, getragen von Sympathien, die administrativ eigentlich nicht vorgesehen waren. Insofern sollte man sich beim Erscheinen mancher kritischen Publikation nicht immer nur tumbe Parteileute vorstellen, unfähig, verdeckte Attacken oder Doppeldeutigkeiten zu entschlüsseln. Das widerlegen einzelne Gutachten selbst der Reichsstelle Rosenberg, deren Sichtung nichtkonformer Werke nach ideologischen Gesichtspunkten dank ihrer Trennung von künstlerischem und staatspolitischem Wert mir zuweilen substantieller erscheinen will als diverse Analysen im heutigen Feuilleton.

Man gewöhne sich an den Gedanken, daß Zensoren des „Dritten Reichs" zuweilen bewußt ein Auge zudrückten, teils weil sie unnötige Aufmerksamkeit vermeiden wollten, teils weil sie wohl mit einigen oppositionellen Auffassungen übereingestimmt haben. Als Paradebeispiel lassen sich Kleppers Referenten der Reichsschrifttumskammer, A. R. Meyer und Dr. Koch, anführen. Auch hatten Verlagsleiter wie Peter Suhrkamp und Ernst Rowohlt gute persönliche Verbindungen zu einzelnen Zensoren. Andere besaßen, nicht selten aus Tagen des Ersten Weltkriegs, gute Kontakte zu (subversiv untergetauchten) Wehrmachtskontrolleuren.

Vergegenwärtigen wir uns darüber hinaus, daß sich in einem Kulturapparat mit Hunderten von Mitarbeitern – allein das Amt Rosenberg verfügte 1943 über 309 Planstellen – neben ideologischen Fanatikern und machtlüsternen Denunzianten gewiß auch Mitarbeiter mit einem konstruktiveren Verhältnis zur Literatur befanden. Wie zu allen Zeiten saßen wohl auch hier einige Germanisten der bloßen Berufschance wegen im Amt, stimmten also nur teilweise mit dessen Leitlinien überein. Auch „Idealisten", die an künftige Erziehungserfolge in ihrem Sinne glaubten, dürften dabeigewesen sein, überzeugt, daß der personelle Aderlaß durch die Exilanten schon groß genug sei und man mit den verbliebenen Schriftstellern künftig pfleglicher umgehen müsse.

Solche Auffassungen äußerten auch NS-Sympathisanten wie Hans Grimm, ja selbst der höchste Funktionär der Reichsschrifttumskammer, Hans Friedrich Blunck, der sich – was ihm dann allerdings seinen Posten kostete – sogar für den Verbleib „anständiger" Juden in der Kammer aussprach. Auch „arische" Problemfälle seien möglichst großzügig zu regeln, denn, wie Blunck am 6. Dezember 1933 an Grimm schrieb: „Die Ablehnung bedeutet Zwang zur Auswanderung oder aber wirtschaftliche und moralische Verfehmung." Das gleichwohl harte Einschreiten gegen einzelne und die zunehmende Unerbittlichkeit in der Judenfrage verdeckten solche „liberalen" Überzeugungen.

Literaturwissenschaftliche Ignoranz herrscht, wo man die Tatsache skandalisiert, daß Texte von Regimegegnern wie Andres, Bergengruen, Vring, Britting, Hesse und Ricarda Huch etwa im *Völkischen Beobachter,* im *Reich* und in der *Krakauer Zeitung* erschienen oder dort auch einmal positiv besprochen wurden. Zunächst einmal sollte nicht der Publikationsort, sondern der Wortlaut das historische Urteil bestimmen, besonders angesichts des Umstands, daß sich die NS-Blätter bald immer weniger von nichtstaatlichen unterschieden. Schließlich besaß die NSDAP gegen Ende des Regimes einen 82,5-prozentigen Marktanteil aller Zeitungen. Zudem lag die Verbreitung vieler Zeitschriften-Texte in der Hand selbständig handelnder Agenturen. Auch besaßen gerade die Chefredakteure von Parteiorganen viel größere Bewegungsfreiheit. Und warum sollten Autoren nicht auch einmal zu „Ungeretteten" predigen?

Noch abwegiger ist es, Bücher allein deshalb zu diskreditieren, weil sie, wie etwa Jüngers *Gärten und Straßen* oder Andres' *Wir sind Utopia,* in hohen Auflagen in der Wehrmachtsbücherei erschienen, wo doch deren Personal etliche weltanschaulich abweichende „U-Boote" barg. Von solcher falschen Prämisse aus vergriff sich ein Enthüllungskünstler wie Helmut Peitsch im Jahrbuch *Exilforschung* 1994 an Wolfgang Hoffmann-Zampis' *Erzählung aus den Türkenkriegen* und kam dabei zu einer exegetischen Umwertung, die an diffamierender Rabulistik ihresgleichen sucht. Aus einer engagierten Schlüsselerzählung gegen den gänzlichen Verlust sittlicher Grundsätze im Krieg wurde so ein „propagandistischer Beitrag zur Brutalisierung" des Lesers. Auch manche positiven oder teilpositiven Herrscherfiguren in historischen Romanen irritieren Interpreten, denen ein Sensorium für die Spezifika des Schreibens im „Dritten Reich" fehlt.

Wechselweise positiv oder negativ wirkte sich wiederum die polykratische Struktur aus, die auch im Kulturbereich herrschte. So ließen sich etwa die Gauleiter von Wien (Baldur von Schirach) und Niederschlesien (Karl Hanke), die, abweichend von Goebbels' restriktiveren Anordungen, Gerhart Hauptmann Festwochen bescherten, oder der mächtige – z. B. Gründgens protegierende – Ministerpräsident Göring in ihrem Bestreben nach überregionaler Geltung von zentralen Kontrollinstanzen wenig hineinreden. Darüber hinaus bestand zwischen Rosenberg und Goebbels eine heftige Rivalität bzw. persönliche Abneigung, was für einzelne Schriftsteller je nachdem Chancen bot oder die Gefahr erhöhte.

Denn wo Goebbels sich zuweilen als Schützer der Musen gerierte und ohnehin für die rein technischen Qualitäten von Autoren wie Kästner oder Fallada ein Faible besaß, sorgten Rosenberg und sein Amt dafür, daß dies Hitler umgehend auf entsprechend tendenziöse Weise bekannt wurde. So erklären sich ärgerliche Kommentare im Tagebuch des Propagandaministers wie der vom 3. Februar 1938 („Unsere Schrifttumsabteilung spricht sich in einem Gutachten scharf gegen Fallada aus. Ich hatte von der Seite auch nichts anderes erwartet") oder das endgültige Schreibverbot für Erich Kästner, der als „Berthold Bürger" mit Goebbels' stillschweigendem Einverständnis 1942 sogar das Drehbuch zum prestigeträchtigen *Münchhausen*-Film geschrieben hatte.

All diese Faktoren zusammen erlaubten durchaus gewisse Formexperimente – Chancen, die besonders der schriftstellerische Nachwuchs ergriff. Angesichts des Exodus von zahlreichen etablierten Autoren eröffneten sich ihm natürlich ganz neue Publikationsmöglichkeiten. Das galt auch für etliche Vertreter der „Kahlschlag"-Generation nach 1945 wie Andersch, Eich, Brenner, Huchel, Rinser, Kuby, Koeppen, Schnurre, Richter, Bobrowski, Nossack, Lampe, Winkler, Borchert, Kreuder, Schnabel, Frisch, Kusenberg, Lange, Langgässer, Hartlaub, Kaschnitz, Weyrauch, Barth, Scholtis, Moy, Schirmbeck, Doderer, Anton Schnack und Hermann Lenz. Viele von ihnen debütierten im „Dritten Reich", um in der Nachkriegszeit gemäß den „gehobenen" Standards für antifaschistische Leitfiguren ihr literarisches Vorleben schlicht zu vergessen.

Im „Dritten Reich" jedenfalls brachten sie fraglos neuen Wind in die Literaturentwicklung. Antizipierend war eine neue Ästhetik ja bereits um 1930 von Autoren im Umkreis der Dresdener Zeitschrift *Die Kolonne* vertreten worden, die ihre literarischen Vorstellungen verstärkt im „Dritten Reich" umsetzten, ohne daß sie eine besondere Affinität zu diesem gehabt hätten. Sie blieben über 1933 hinaus in diversen Fortsetzungsprojekten etwa rund um Victor Otto Stomps' Verlag „Die Rabenpresse" aktiv. Auch was die grundsätzliche poetologische Ausrichtung betrifft, beschränkte sich der Nachwuchs nicht einfach auf Anleihen bei früheren Epochen. Vielmehr besaß selbst die Rückkehr zu gemäßigteren Formen meist etwas Kalkuliertes und zugleich Erneuerndes.

Insofern trifft Hans Dieter Schäfers Einschätzung dieses Literaturkomplexes als „Klassischer Moderne" die Ambivalenz dieser Dichtung in einem wesentlichen Punkt. Jedenfalls erschöpft sich der Stil keineswegs im Restaurativen. Vielmehr stammt so manche Innovation, die der Nachkriegszeit zugeschrieben wird, bereits aus den Jahren von 1933–45. Darunter fallen etwa synthetische Romantopographien wie in Jüngers *Marmorklippen* oder die Auflösung strenger Gattungen in dessen *Abenteuerlichem Herzen,* was vielen zum Vorbild wurde. Und Fred von Hoerschelmanns kurze Erzähltexte atmen bereits den Short-Story-Geist der Nachkriegszeit.

Paul Gurks *Tuzub 37* nutzte das populäre Science-Fiction-Genre für eine 1935 erschienene frühe ökologische Warnutopie von Orwellscher Düsternis. Der Zukunftsroman ohne wirkliche (sympathietragende) Protagonisten handelt von der Selbstzerstörung einer fortschrittsfanatischen Menschheit, die sich die Erde in zerstörerischer Weise untertan gemacht hat. Man ruiniert sie technokratisch und planifiziert sie durch „Hoch- und Höherhäuser", zahllose elektrische Leitungssysteme sowie eine Nutzpflanzen-Monokultur. Dort produziert man Nahrung, solange die „Maschinenmenschen" ihrer als Mangelwesen noch bedürfen, was die Führung der „Grauen Menschheit" ihnen ebenso austreiben will, wie sie den Schlaf auf zwei Stunden begrenzt. Hinter Stacheldraht in einem „Schaugefängnis" vegetieren die „letzten lebenden Wesen", die man als genauso rückständig ansieht wie das widerständige Meer und den Himalaya („Quadrat 37"). Gigantische „Maschinenmaschinen" sollen ihn besiegen durch ein babylonisches Projekt (TUrm ZU B 37), das mit der Katastrophe für alles Leben endet.

Als Gegenmächte wirken Naturphänomene wie Meer, Berge, Quelle oder Luft in ihrem Existenzkampf mit den Maschinen. Sollen sie doch wie die Menschen in perverser Zweckrationalität gleichgerichtet bzw. beschliffen werden. Das Meer wird ausgetrocknet, das Gebirge eingeebnet, Tiere werden vernichtet, wie auch der letzte Philosoph und Dichter, der an blutvolles Leben und Farbe erinnert.

Bücher werden verbrannt, um nur die Gegenwart als bedeutsam erscheinen zu lassen. Es geht um die Zerstörung jeglicher Individualität durch ziffernmäßig erfaßbare Uniformierung. Konsequenterweise besteht die Spitze der „Grauen Menschheit" aus Organen, die als „Hirn", „Auge", „linke" oder „rechte Hand" bezeichnet werden.

Die Reduktion der Gesellschaft auf ihre Brauchbarkeit hin gipfelt in der Vernichtung von Funktionsträgern, die untauglich oder veraltet sind. Ansonsten werden in Massenveranstaltungen, durch Lautsprecher verhundertfacht, in einer unpersönlichen Buchstaben-, Militär- oder Bürokratensprache Ziffern heruntergerasselt oder technische Innovationen wie der Mähdrescher kultisch durch Sprechchöre gefeiert. Eine eindringliche Prophetie totaler Verdinglichung, die der Autor mit Mitteln vollzieht, die fraglos avantgardistisch anmuten.

„Modern" wirken auch bestimmte literarische Techniken z.B. in Günter Eichs Hörspielen und vor allem in dessen Lyrik. Von Max Kommerells Gedicht *Der Tod eines Buckligen* dürften wenige vermuten, daß es bereits 1944 publiziert wurde. Ernst Schnabel wiederum konzipiert mit *Schiffe und Sterne* (1943) eine relativ menschenarme seemännische Autobiographie in lockeren Skizzen und Impressionen, die durch mythische Kapiteltitel wie „Ikaros", „Persephone" oder „Helios" strukturiert werden. W.E. Schäfer schuf mit *Der Leutnant Vary* ein als Gerichtsverhandlung präsentiertes Dokumentardrama. Thiess' *Tsushima* enthält Sachbuchelemente. Friedo Lampe oder Eugen Gottlob Winkler standen mit manchen (filmtechnischen) Mitteln in der Tradition von Joyce oder Dos Passos. Scholtis' Roman *Jas, der Flieger* arbeitet mit einer Assoziationstechnik aus Traum, Monolog und Dialog. Er enthält temporeiche, teilweise stakkatoartige oder surrealistische Passagen zur Veranschaulichung der Inflations- bzw. Deflationsjahre. Usw. usf.

Solche Experimentierfreude mündete im Fall von Kurt Kusenbergs Sammelbänden *La botella* (1940) und *Der blaue Traum* (1942) sogar europaweit in eine epische Avantgardisten-Rolle. Bekanntlich dominierte nach dem Zweiten Weltkrieg das Absurde den Philosophie- und Belletristiktrend. In Deutschland machte etwa Wolfgang Hildesheimers Erzählband *Lieblose Legenden* (1952) bei Kritikern Furore. Kusenberg war dem mit seinen „seltsamen Geschichten" ein gutes Jahrzehnt voraus.* „Seinen Ruf", schrieb der Lexikograph Franz Lennartz, „begründeten ‚magische Miniaturen', d. h. kleine Prosageschichten, die von Verzauberungen und Verwandlungen handeln und humorvoll aus dem Bereich des Wirklichen in eine un- und überwirkliche Landschaft der Träume, Wünsche, Vorstellungen, Spiele und Märchen entführen" – mit Poe, Bret Harte, Baudelaire, Hebel und ein wenig auch Andersen als Lehrmeister. „Präzision jenseits des Romantisch-Gemütvollen oder Symbolischen ist ein Charakteristikum seiner ganz aus dem Daseinsgefühl der Moderne lebenden Sprachgebilde." Und „niemals spürt der Dichter in seinen ‚ungemein wirklichen' fröhlichen Geschichten, wie er behauptete, einem ‚Sinn' nach, zumal sich in ihm ein solcher ‚nirgends zeigt in der Welt'."

Den Autor charakterisieren beide Komponenten: die des manchmal grimmigen Gelächters eines genau und kühl-distanzierten Beobachters wie die des spielerisch Leichten, Traum- und Märchenhaften. Letzteres besonders, insofern sich Kusenberg in der Frühphase seines Schaffens seines Stils noch nicht ganz sicher ist. Er kombiniert nämlich in den Anthologien der 1940er Jahre völlig ausgereifte, originelle Prosastücke mit phantastisch-romantischen, ein wenig zeitgemäß verfremdeten Märchen, die er später verworfen

* Vgl. S. 333–337.

und aus einer Werkausgabe verbannt hat. Andererseits enthalten schon die frühen Bände einige seiner besten Geschichten, in denen das Grundgefühl des Absurden – ähnlich wie bei Ionescos *Nashörnern* oder Becketts *Warten auf Godot* – ins Parabelhaft-Satirische übergreift.

10. Magischer Realismus

Innerhalb solcher Experimente reift der Magische Realismus zum charakteristischen Epochenstil der 1930er und 40er Jahre. Ihn kennzeichnet eine Seh- und Darstellungsweise, in der sich detailliert und sachlich gezeichnete Erscheinungen der Wirklichkeit als Chiffren oder Symbole eines geheimen Zusammenhangs oder verborgenen Sinns erweisen und Alltägliches ins Magische oder Metaphysische umschlägt. Literaturwissenschaftlich wurde dieser Stil (meist im Zusammenhang mit Lyrikern wie Lehmann, Loerke, Langgässer oder Kasack) zwar erwähnt, aber in seiner Breitenwirkung nicht erkannt. Dabei stand, fokussiert im *Kolonne*-Kreis und angeregt von Meistern wie Franz Kafka, Ernst Jünger und Alfred Kubin ebenso wie durch den (Poetischen) Spätrealismus Ende des 19. Jahrhunderts, wohl eine Hundertschaft von Autoren der Zeit in seinem Bann. Und, hier lediglich beschränkt auf Romane und Erzählungen, fällt es leicht, eine stattliche Reihe entsprechender Titel aufzuzählen:

Friedo Lampe: *Am Rande der Nacht, Septembergewitter;* Hans Georg Brenner: *Fahrt über den See, Nachtwachen;* Paul Gurk: *Berlin;* Josef Mühlberger: *Die Knaben und der Fluß;* Paul Wiegler: *Das Haus an der Moldau;* Joachim Maass: *Borbe, Ein Testament;* Wolfgang Koeppen: *Die Mauer schwankt;* Ernst Penzoldt: *Idolino;* Hans Carossa: *Geheimnisse des reifen Lebens;* Günter Eich: *Katharina;* Elisabeth Langgässer: *Der*

Gang durch das Ried; Ilse Molzahn: *Der schwarze Storch;* Erik Reger: *Heimweh nach der Hölle;* Friedrich Bischoff: *Der Wassermann;* Emil Barth: *Das Lorbeerufer;* Marie Luise Kaschnitz: *Elissa;* Horst Lange: *Schwarze Weide, Ulanenpatrouille;* Hermann Lenz: *Das stille Haus;* Ernst Jünger: *Auf den Marmorklippen;* Alexander Lernet-Holenia: *Mars im Widder;* Herbert von Hoerner: *Der graue Reiter;* Marianne Langewiesche: *Die Allerheiligen-Bucht;* Ernst Schnabel: *Nachtwind, Schiffe und Sterne;* Wolfgang Weyrauch: *Das Liebespaar;* Rudolf Krämer-Badoni: *Jacobs Jahr;* Carl Rudolf Bertsch: *Das Gerücht* usw.

Wichtige Sammelbände seien stellvertretend hinzugefügt: allen voran die Zweitfassung von Ernst Jüngers *Das abenteuerliche Herz* (1938), sodann Johannes Moy: *Das Kugelspiel* (1940, besonders *Ein Gedenkblatt*), Ernst Kreuder: *Das Haus mit den drei Bäumen* (1944, nur teilweise), Horst Lange: *Die Leuchtkugeln* (1944), Georg Britting: *Das treue Eheweib* (1933), Wolfgang Weyrauch: *Ein Band für die Nacht* (1939) und Heinrich Schirmbeck: *Die Fechtbrüder* (1944).

Ergänzt wird diese lückenhafte Aufzählung durch Titel, die erst in der Nachkriegszeit veröffentlicht wurden: so etwa Kasacks *Die Stadt hinter dem Strom,* Langgässers *Das unauslöschliche Siegel,* Saikos *Auf dem Floß,* Hartlaubs Satire *Im Dickicht des Südostens,* Ernst Barlachs *Der gestohlene Mond* oder Hans Henny Jahnns *Fluß ohne Ufer.*

Das 1936 beendete *Holzschiff,* erster Teil der faszinierenden Romantrilogie Jahnns, verschränkt Zeitenthoben-Mythisches mit Gegenwartsbezügen. Ein Mensch verschwindet spurlos, unterdrückte Leidenschaften werden gewaltsam entfesselt. Die ganze Atmosphäre ist von Untertanenzwang, geheimer Mission und gleichsam polizeistaatlicher Überwachung gekennzeichnet, zu der auch ein zentraler Abhör- und Türschließ- bzw. -öffnungsmechanismus gehört. Auch Kasacks *Stadt hinter dem Strom* ist atmosphärisch den Kriegsjahren verhaftet, in denen sich die Idee einer Totenstadt dem

Autor geradezu aufdrängte. Ebenso Nossacks *Untergang,* wodurch der faktengesättigte Katastrophenbericht aus dem bombardierten Hamburg eine mythisch-existentialistische Dimension erhält.

Es geht dabei weniger um Geheimnisvolles um seiner selbst willen. Keine phantastisch-märchenhafte oder schauerromantische Welt wird vor uns ausgebreitet. Auch wo Träume eine wichtige Rolle spielen, sind sie häufig tiefer fundiert. Die Autoren als Vertreter einer Spätzeit blicken bereits auf naturalistische oder neusachliche Vorgänger zurück, auch wo sie sich von ihnen absetzen. Doch geschieht dies nicht aus einer fundamentalistischen Gegenposition, sondern einer Haltung, die an neuen Mischungsverhältnissen interessiert ist. So hieß es bereits im vielzitierten Vorspruch der *Kolonne:*

> *Niemand will einer literarischen Mode das Wort reden, die sich mitten in der Stadt ländlich gebärdet und nicht genug von einer Rückkehr zum Geheimnis sprechen kann. Überhaupt ist es an der Zeit, jene Art von Kritik und Literatur aufzugeben, die [...] nie fähig ist, die eigene Stellung festzulegen, ohne eine zweite abzulehnen. [...] Wer nur einmal in der Zeitlupe sich entfaltende Blumen sehen durfte, wird hinfort unterlassen, Wunder und Sachlichkeit deutlich gegeneinander abzugrenzen.*

Verworfen wird nüchterner Funktionalismus, darüber hinaus – wie von Kafka – expressionistischer Überschwang. Stattdessen neigen die meisten Texte zum Mythos, zur „stofflichen Entzeitlichung“, „typologischen Erzählweise“ bzw. „topographischen Verfremdung“ (H. D. Schäfer). Solche „Allgemeinheit und Impräzision“ des Rahmens geht Hand in Hand mit Detailrealismus. Dabei dominiert der Eindruck des Bedrängenden, Unheimlichen und Morbiden (teils in Kontrast zu idyllischen Rückzugsräumen). Und die von Zweifel geprägten Zentralfiguren in einer kaum zu durchschauenden Welt unterscheiden sich deutlich von denjenigen willensbestimmter NS-Heroen oder ihrer Aufgabe bewußter Exilhelden der Kampfliteratur.

Das schließt aktuelle Anspielungen keineswegs aus, wie etwa in Katarina Botskys am 17. Dezember 1933 im *Simplicissimus* erschienenem *Dezembertraum.* Der Text kündet vom erwachenden Optimismus in einer in Winterstarre verfallenen Szenerie. Doch die Begleitumstände dementieren diese Aufbruchsstimmung. Als ironische Pointe tanzen ausgerechnet Matrosen eines gelandeten Kriegsschiffs um eine Esche, die als germanischer Weltenbaum imaginiert werden könnte. Sie entwurzelt sich dabei, vom Sturm getragen. Und das ganze mündet in den sarkastischen Schlußsatz: „Die Hoffnung ging wieder durch das Land!"

Wenn dieser Epochenstil bzw. seine Ausgestaltung als Literaturleistung im „Dritten Reich" bislang unterschätzt wurde, liegt dies vor allem an zwei Gründen. Zum Bereich des ersten gehören kleinliche philologische Abgrenzungsbedenken, die es verhindern, daß man sich auf wichtige Merkmale beschränkt: besonders die Grundüberzeugung von einer zweiten Realität hinter der aktuellen Gegenstandswelt sowie einem höheren, wenn auch meist verhüllten Gesetz oder Sinn. Magischen Realisten geht es selten um Heilung einer gestörten Welt. Vielmehr zeigen sie Dekadentes und Korrumpiertes, d. h. verheerte Ordnungen. Selbst Jüngers frühe Programmschrift *Sizilischer Brief an den Mann im Mond* (1930) setzt zwar „zögernd" auf einen Sinn, der „in das große Werk einzuschießen beginnt, an dem wir alle schaffen", aber sein „stereoskopischer Blick" stößt an die Grenze zum Nichts.

Auch weitere Prosastücke in *Das abenteuerliche Herz,* wie *Der Oberförster, Der schwarze Ritter* oder *Violette Endivien,* verstärken diesen Eindruck. Wie in Kafkas *Prozeß* oder *Schloß* haben wir eine labyrinthische, ambivalente, doppelbödige und ominöse Welt vor uns, die keine harmonisierende Lösung zuläßt. Stattdessen herrscht letztlich der lähmende Eindruck eines über allem lastenden bedrohlichen Zusammenhangs, der die Figuren – bei Horst Lange etwa – einfängt wie in einem Netz. Auch Ernst Wiecherts faszinierende wie irritierende Gestaltung eines Kriegserlebnisses in *La ferme morte* (1934) löst das Rätsel einer bedrückenden Sinneswahrnehmung im Stellungskampf nicht auf. Wo alle einen menschlichen Jammerlaut gehört haben wollten, finden sich nur verweste Leichen. „Keine Spur von seufzendem Leben, von Erklärung, von Wirklichkeit. Nichts."

Die zweite Ursache mangelnder germanistischer Anerkennung hängt mit falschen Erwartungen zusammen und der Unfähigkeit, die Besonderheit dieses Zeitstils zu erfassen. Bereits Schonauer interpretierte das Typologische der Szenerie ausschließlich als Flucht bzw. Ausweichen vor einer präzisen Gegenwartsbetrachtung. Ein konstitutives Element dieser Stilrichtung wird somit lediglich als Folge des Zwangs zur verdeckten Schreibweise mißverstanden, nicht aber, was sie vor allem war, als bewußte poetische Entscheidung für die überzeitlich-existentielle Weltsicht. (Von dieser Befangenheit gilt es Hans Dieter Schäfer explizit auszunehmen, dessen intime Textkenntnis ihn vor solcher ausschließlich politischen Perspektive schützt, der zufolge Werke im „Dritten Reich" vor allem als defizitäre, von den Richtlinien des Regimes bestimmte Literatur wahrgenommen werden.)

Es bedarf nämlich für viele Texte, zumal sie auch international stilistisch nicht isoliert sind, gewiß keiner Entschuldigung der Art, das Regime habe nun einmal nur getarnte Opposition zugelassen. Denn Geno Hartlaub (*Die Entführung,* 1941), Ilse Molzahn (*Der schwarze Storch,* 1936), Egon Vietta (*Barcarole,* 1934) oder andere hätten wohl auch ohne Zensurdrohung um keinen Deut anders geschrieben. Mit Recht, weil gerade die gewählten Anspielungstechniken so viele reizvolle Subtilitäten gestatten. Manche bewußte Dunkelheit birgt nämlich zugleich ein Mehr an künstlerischer Substanz. Auch wollten viele ja gerade von der agitatorischen Zeitprosa wegkommen, weil ihnen die Selbstgewißheit von Propagandisten fehlte. Magischer Realismus versteht sich nicht zuletzt darin als genuin literarische Antwort auf die zunehmende Totalitarisierung.

Literarische Landlust, „Blubo" und ihr Gegenteil • Rudolf Henz, Anton Betzner, Ilse Molzahn u. a.

Verzichtet man auf pauschale Verzeichnungen, wird also aus einer vermeintlich eintönigen Kulturwüste eine diversifizierte Literaturlandschaft. Bleibt noch die Frage nach demjenigen Genre, das für etliche Bescheidwisser neben Tendenzprodukten zur Indoktrinierung der HJ und Jungmädelschaft zum Markenzeichen der Literatur zwischen 1933 und 1945 geworden ist: der Blut- und Boden-Dichtung. Sie gab es natürlich ebenso wie diverse heroische Jagdfliegergeschichten, den *Hitlerjungen Quex* oder Harlans *Jud Süß*. Und natürlich wurde der Markt mit solchen Produkten überschwemmt. Nur handelt es sich in kulturell zählenden Kreisen ähnlich wie beim Thingspiel um eine relativ kurzfristige Konjunktur. Denn die Fülle linientreuer bauernseliger Ramschware diskreditierte das Genre schlechthin.

Literaturfunktionären des Regimes entging das keineswegs, wie etliche parteioffizielle Rüffel für zu simple oder süßliche Exempel belegen. Darüber hinaus registrierten sie etliche spöttische Breitseiten gegen solche Konjunkturschreiberei. Horst Lange etwa ironisierte am 1. März 1934 in der Zeitschrift *Der weiße Rabe* den schnellen Umschwung von ästhetischen Tendenzen, wodurch man die „orphische Tiefe" jeder „wahren Dichtung" der Lächerlichkeit preisgebe zugunsten von „Propagandisten einer öden, geheimnislosen Sachlichkeit", der Reportage und soziologischen Nützlichkeitserwartung:

Heute sind auch die Großstadt-Zeitungen voll mit Saat- und Erntegedichten; man könnte glauben, daß ihre Verlagshäuser auf dem platten Lande stünden. Die Theater setzen eine Ehre darein, das dörfliche Brauchtum zwischen Kulissen und Versatzstücken Abend für Abend anzuleuchten. Es gibt in Deutschland fast keinen neuen Erzähler mehr, der nicht in diesem, im vergangenen oder im vorvorigen Jahr mit einem Bauernroman seinen ersten Talentbeweis gegeben hätte. Und es wird wohl nicht mehr lange auf sich warten lassen, bis der Film, seine Rückständigkeit und damit sich selbst überwindend, eine Serie von Ackerbausujets findet und auf den Markt wirft. Damit erst wäre die literarische „grüne Woche" ganz und gar beendet.

Im gleichen Jahr konstatierte Werner Bergengruen in der *Literarischen Rundschau,* daß der Heimatroman gegenwärtig zwar „hoch in Gunst, aber nicht ebenso hoch in Blüte" stehe:

Wir haben es bereits einmal erlebt – es liegt jetzt Jahrzehnte zurück – daß der Heimatroman nach verheißungsvollen Anfängen von der Schar der Mitläufer, Dilettanten und Konjunkturisten in Mißkredit gebracht worden ist. Wir werden wachsam sein müssen, damit diese Entwicklung sich nicht wiederhole, im Heimatroman wie in jeder anderen auch im Thema mit Bewußtsein nationalbetonten Gattung, also im politischen Zeitroman, im Bauernroman, im historischen Roman.

Peter Bamm urteilte 1935, es sei ein „Hauptfehler der ländlichen Romane", weder „Hypotheken" noch „Getreidepreise" oder die „Hagelversicherung" zu erwähnen. Auch interessierten die „seelischen Konflikte eines bayrischen Bauern" vielleicht manchen „neueren Schollendichter", nur einen „gar nicht, den bayrischen Bauern":

Und wenn man seine Ernte in der Scheuer betrachtet, so muß man zugeben, daß sie nur zur Hälfte der Sonne, zur anderen Hälfte den Leunawerken zu verdanken ist. Es gehört zu den größten Taten der Wissenschaft, daß sie Mist aus der Luft zu produzieren vermag. Und wenn einer sich vom Brot eine Scheibe abschneidet, sollte er daran denken. […] Verfolgt man dergestalt die Fäden, die vom Misthaufen eines Bauernhofes in die Welt hinauslaufen, so scheint es, als ob das Landleben für die Poesie keinen Platz habe. Aber dem scheint nur so. Freilich müßte ein jeder, der der Kuh poetische Girlanden um den Schwanz winden will, zuvor gehalten werden, vier Wochen lang eine Kuh zu melken, zu putzen und ihren Stall sauber zu halten. Dann könnten wir jedenfalls einige gelungene Distichen über die so sehr vernachlässigte Poesie des Mistes erwarten.

Ähnlich sarkastisch äußerte sich 1936 Kurt Matthies im *Inneren Reich* über „sogenannte Randbezirke der Literatur" wie „Heimatkunst und dergleichen". Hermann Claudius habe mit solchen „heimatscholligen Pimpeleien nicht das geringste zu tun". „Denken Sie beileibe nicht, daß seine Vorliebe für die plattdeutsche Sprache irgend etwas mit treuherzig besorgter Stammestum-Pflege zu schaffen habe." Ein Jahr später sekundierte Willi Steinborn im selben Organ:

Es ist der besondere Mangel eines großen Teiles unserer Bauernliteratur, daß sie wirklichkeitsleer ist, daß in ihr also die Scheindichtungen vorherrschen […] Dichter betrachten die bäuerliche Welt außerdem zumeist als Gegensatz zur städtischen und stellen sie aus dieser Richtung dar. Einen verfehlteren Ansatzpunkt kann es nicht geben. Der Bauer ist ein Bauer, nichts anderes, also auch kein Gegensatz. Das Gebilde, das in solchen Dichtungen Bauer heißt, hieße gemeinhin treffender Gegenstädter oder Wunschstädter oder Städterwunsch.

Auch Rudolf Henz sollte hier genannt werden: ein österreichischer Innerer Emigrant der ersten Stunde. Als hochrangiger Kulturvertreter des „Ständestaates“ wurde er von seinen Posten entfernt und wich ins Militär bzw. in randständige Berufe aus. Trotz Überwachung konnte er in katholischen Verlagen publizieren, so etwa *Begegnung im September* (1939). Dieser im niederösterreichischen Waldviertel spielende Roman über Identitätsfindung, bietet Anlaß, von Illusionen bzw. Vorurteilen über das angeblich so gesunde bäuerliche Leben Abschied zu nehmen. Heimatliebe in einer berauschend geschilderten Landschaft mischt sich zunehmend mit der Einsicht, wie dumm, fremdenscheu oder künstlerisch banausisch sich Einheimische zuweilen verhalten. Selbst engagierte Traditionspflege wird von den Dorfbewohnern allenfalls als inhaltsleere Folklore begriffen:

> *„Da kennen Sie wohl die berufsmäßigen Lobpreiser der Bauern zu wenig“, entgegnete ich […], „die da jedes Bräuchlein in Spiritus legen und am Ende glauben, sie hätten mit ein paar Spinnrädern, Gläsern und Tellern schon das Volk bewahrt. Das lebendige, das gegenwärtige Bauerntum mißachten sie ja, schon weil es nicht mehr das alte ist, obgleich doch auch das so anheimelnde Alte einmal neu und ungewöhnlich war. Wer kann sich denn heute vor den braven, urwüchsigen, klobigen Bauern in den Büchern noch retten; und wer ein Bild ohne Bauern malt, versperrt sich selbst den Weg. Wir Stadtleute aber sind samt und sonders arge Schlingel und Bösewichte, gar wenn wir uns um das Geistige bekümmern.“ […] Er zögerte: „Sie sind doch kein Intellektueller!?“ „Eben weil ich keiner bin, von Bauern stamme und unter ihnen aufgewachsen bin, deshalb graust mir vor dem bäuerlichen Klimbim der Intellektuellen, die vor jedem Misthaufen in Verzückung ausbrechen und jede Kuhmagd mit einem Heiligenschein umgeben.“*

Daß man solche massive Kritik nicht schlicht wegrezensierte, ist bezeichnend. Ohnehin hatte sich seit der NS-Machtergreifung die offizielle Kulturlinie ja bereits verschoben. Die Großstädte, die man nun selbst beherrschte, galten nicht mehr als Gegenpart schlechthin. Und die Technik, die sich in stürmischen Aufbauleistungen und in der Aufrüstung manifestierte, war zunehmend wohlgelitten. Richtig peinlich wurde es zudem für „Blubo"-Vertreter, wenn sich gestandene Erzähler des Themas annahmen und dabei die vorgegebene Ideologie geradezu auf den Kopf stellten, wie etwa Hans Fallada mit *Wir hatten mal ein Kind* (1934). Der Roman erzählt vom eigenwilligen Johannes Gäntschow, dem letzten Vertreter eines uralten Rügener Bauerngeschlechts. Pikant war, daß der thematische Rückzug aufs Land äußerlich den neuen Kulturtrend bestätigte. Und da das Buch entsprechend beworben wurde, unkten Exilkritiker bereits, Fallada sei ins „Blubo"-Lager desertiert.

Das war er nicht. Aber er verwirrte manchen Rezipienten dadurch, daß er den dargestellten Herrenmenschentyp in dessen egozentrischer Roheit nicht schlechterdings verwirft. Es gibt Passagen, wo der „Held" und seine Sippe im Zeitsinn sogar (scheinbar) verklärt werden. „Gäntschows seien noch heute die reinen Heiden", heißt es, etwas aus der Urzeit lebe noch in ihrem Blut. Der Vater wird als „riesenstarker Mann" gepriesen. Sein Sohn verkörpere „uraltes Bauerntum. Ererbter Instinkt von tausend Höfen, in denen man sich nicht an die Liebe verlieren darf, da man den Hof behalten muß." Doch neben der unbändigen, furchtlosen Unabhängigkeit und unbeugsamen Willensstärke zeigt der Autor gleichermaßen die seelische Verhärtung dieses Sturkopfs:

> *Er genießt seine Einsamkeit. Er ist ein Schädling, er ist der Feind, er ist das Unsozialste, was sich nur denken läßt. Er schlägt allen ins Gesicht, und er ist noch stolz darauf, daß er allen ins Gesicht schlägt. Er meint, das sei was Rechtes. Er braucht keinen, und er ist stolz darauf, daß er keinen braucht. Er meint, so müßten Männer sein. Er verachtet Dummheit, er verachtet Schwachheit, er verachtet alle Gefühle, alle Frauen, alle Menschen überhaupt.*

Insofern wirken viele Passagen, die auf den ersten Blick dem NS-Ideal des von „gesundem Blut" bestimmten Bauerntums entsprechen, zugleich wie dessen Parodie. Schon die Vorfahren oder Geschwister hatten meist „einen Sparren im Hirnboden", endeten in Trauer, Umnachtung oder gewaltsam. Gäntschow war ohnehin durch seine Ausbildung als „halber Gymnasiast", und „Drittel Schlosser" beruflich fast schon auf ‚Abwege' geraten, bevor er nach dem Tod des Vaters und des älteren Bruders schließlich doch noch zu seinem Hof kam. Ausgerechnet die Erbfolge scheitert durch zwei Totgeburten. Und wie Gäntschow auf die erste reagiert, demonstrieren die Tiraden eines widerwärtigen männlichen Chauvinismus, den Hellmuth Langenbucher in seiner Abrechnung mit Fallada besonders aufspießt:

> *Gäntschow heißt der diesmal von ihm gezeugte „Held". [...] Die Frau, die uns in der „Liebes- und Ehegeschichte des Helden" vorgeführt wird, hat bei dem Mann, der, als er sie noch nicht hatte, sie unbedingt haben mußte, ein scheußliches Leben, aber sie hält alles aus, da sie ihn liebt; nur als sie gerade mit Fensterputzen beschäftigt auf dem Fensterbrett steht, und der Mann in irgend einem Wutanfall Tassen an die Wand zu werfen beginnt, da hält sie es nicht mehr aus, fällt herunter und hat die unvermeidliche Frühgeburt, die der Herr Papa mit folgendem Gefühl begleitet: „Er hatte mal ein Kind, und sie hat es ihm weggenommen. Verludert, verschludert, unachtsam in ihrem eigensten Beruf, ohne einen Gedanken in ihrem Vogelkopf. Zu nichts nütze!" Er reitet dann in die Nacht hinaus. „Er weiß alles von sich, er weiß, daß er ein schlechter Gatte ist und untauglich zur Ehe, er weiß, daß er nicht die rechte Liebe zu seiner Frau hat, er weiß, daß er ein armes, ihn hilflos liebendes Würmlein oft grausam quält – das alles weiß er. Aber trotzdem er das alles weiß, trotzdem zürnt er ihr weiter, trotzdem reitet er hier im Lande herum bis in die stockfinstere Nacht, reitet herum, ballt die Fäuste, knirscht mit den Zähnen und flucht vor sich hin: Verdammtes Weiberpack! Hirnloses, langhaariges Hühnervolk!*

Gebärmaschinen sollte man erfinden, die würden wenigstens funktionieren!" Das ist Hans Falladas Held Johannes Gäntschow, der „Urmann", wie Rauch ihn nennt, oder „diese Urgestalt des Mannes, der darum ganz Mann ist, weil er nur sich selber sieht". [...]

„Wir hatten mal ein Kind", lautet die Überschrift des sechsten Abschnittes. Doch es wird wieder nichts damit. Während Fallada jedoch die angetraute Frau seines „Helden" vom Fensterbrett fallen läßt, damit eine Frühgeburt zustande kommt, erleben wir bei der geraubten Frau, die immer noch die Frau des „beherrschten Hamburger Kaufmannssohnes" ist, die Geburt über fünfzig Seiten hinweg, und das alles nur um des Ergebnisses willen, daß es wieder nur ein totes Kind ist. Worauf Johannes Gäntschow auf Seite 538 des umfänglichen Buches die Erkenntnis hat: „Er hatte sie nie geliebt. Er hatte nie einen Menschen auf der Erde geliebt, er hatte immer nur sich geliebt", während wir auf Seite 545 erfahren, daß die geraubte Frau wieder zu ihrem Herrn Gemahl zurückkehren wird. Und dafür der ganze ungeheure Aufwand! [...] Die Gestalten, die Fallada uns vorführt, sind keine Menschen, sondern Ausgeburten einer zügellosen Phantasie [...]. Was soll dies Buch in unserer Zeit?

Von seinem Standpunkt aus empörte sich Langenbucher sogar zu Recht über das, was ihm Fallada mit diesem Roman als Kuckucksei ins weltanschauliche Nest gelegt habe, und verlangte, daß sich an diesem Buch „die Geister der Kritik endgültig scheiden". Auch Nachkriegsgermanisten witterten ideologisch Verfängliches und wunderten sich, warum Fallada gerade diesen Roman so hoch geschätzt hatte. Was den Vorwurf betrifft, frauenfeindliche Herrenmensch-Ideale zu transportieren, gilt jedoch mehr noch als bei anderen Werken Falladas der Hinweis, wie konsequent (multi-)perspektivisch dieser Text konzipiert ist. Fast jede Aussage relativiert sich daher. Und dem Sexisten Gäntschow steht eine Christiane gegenüber, die ihrem Johannes wahrlich nicht das alleinige Wort überläßt:

Denn eitel bist Du wie alle Männer. [...] Und einen heroischen Schluß mit Blut und Flammen und möglichst einem ganzen Weltuntergang, den hättest du natürlich am liebsten. Aber ich fürchte, Hannes, es wird nichts damit. Das Schicksal arbeitet etwas hinterlistig, die stärksten Helden wirft am Ende eine Kinderhand um [...]. Manchmal habe ich das Gefühl, es gibt doch zu viel Männer, mehr jedenfalls, als eine einzelne Frau ertragen kann. Und da wird mir das Zusammensein mit einer vernünftigen Frau wie der Senta nur gut tun. Sie lachte, und lachend ging sie aus dem Zimmer.

Aber auch manche anhängliche Fallada-Leser fremdelten – und fremdeln heute noch – ein wenig mit diesem Buch angesichts der Brutalität, mit der Konflikte ausgetragen und die wenigen humoristisch-versöhnlichen Passagen von Sarkasmus und Groteske weitgehend erdrückt werden. Oder angesichts etlicher (bewußter) Dunkelheiten im Text. Wertungen hängen wesentlich von Erwartungen ab. Und besonders die interpretatorische Fokussierung auf politische Orthodoxie gefährdet eine angemessene Würdigung dieses bedeutenden Werks. Wie viele große Romane erschöpft auch dieser sich nämlich nicht in einem einzigen Zweck. Zwar präsentiert er gewiß ein stattliches Beispiel für Heimat- und Bauernliteratur voller bemerkenswerter berufsspezifischer Sachkunde, Regional- und Mentalitätskenntnis, mit der er Rügen ein literarisches Denkmal setzt.

Doch Themen wie Gäntschows heikle familiäre Sozialisation oder der Generationenkonflikt kommen gleichermaßen zum Tragen, dazu ein unerbittlicher Blick auf den Geschlechterstreit, der mit Strindbergscher Härte verfochten wird. Zudem ist *Wir hatten mal ein Kind* ein aufwühlender Text über die fatale Verstrickung innerhalb der Verfallsgeschichte eines alten Geschlechts, die mehr mit der Dekadenzproblematik der *Buddenbrooks* zu tun hat als mit fälschlich unterstellter „Blubo"-Imitation. Hier bekommt ein „Held" vom Schicksal kaum eine Chance, seiner Erblast zu entkommen. Je angestrengter er es versucht, umso mehr zerstört er das Glück. Und wenn der Autor am Ende Bilanz zieht, so bedeutet es viel, daß er seinen vermeintlichen Helden nach dessen schmerzlichster Lektion geradezu abrupt aus der Handlung verabschiedet:

> *Wir lassen Johannes Gäntschow allein, ihn, der das Leben seiner Ahnen noch einmal erlebt hat. Noch einmal hat ihn der Fidder Herr auf den Stein gelegt als Opfer. Noch einmal hat er zu spät entdeckt, daß er lieben konnte, und muß sich nun in den eigenen Fesseln von den Ratten der Gewissensbisse auffressen lassen. Noch einmal ist er ins Leben gefahren auf der Suche nach der Silberkuh. Aber statt ihrer hat er eine Frau gefunden, und die Frau ist ihm gestorben. Und auch in seiner Kiste ist nichts anderes gewesen als in der Kiste seines Großvaters Düllmann: wertlose Unordnung und ein Kinderkleidchen, unbenutzt.*

Wie dem auch sei, Langenbucher sah im Text nur eine erneute Herausforderung, und sein Verdikt endete mit der Drohung, Literatur und deren Kritik sei im Staat Hitlers „keine Privatsache mehr". Es gehe nicht mehr „um den Kitzel gewisser Kreise, die sich schon wieder vom gemeinsamen Leben zu distanzieren beginnen, sondern es geht um den Neubau der deutschen Kultur." Fallada antwortete auf diesen Warnschuß mit dem Vorwort seines nächsten Romans *Wolf unter Wölfen*. Er habe, schrieb er schnippisch, den Vorwurf, daß Gäntschow „ein gar so brutaler Bursche sei", „mit einiger Verwunderung gelesen: da er einen brutalen Mann schildern wollte, konnte er keinen milden zeichnen."

Dann setzte er noch eins drauf und bot einen Text, der so ziemlich das Gegenteil der von NS-Funktionären gewünschten literarischen Mission darstellte. Denn der Wolfsroman zeigt die Alternative des Landes, an der man ja physisch und psychisch gesunden sollte, als desaströsen Ort, der geradezu mit Merkmalen besetzt ist, die man in der Antiheimatliteratur der 1960er und 70er Jahre antrifft. Auch hier herrscht eine Wolfsgesellschaft, nur noch primitiver. Und bezeichnenderweise kehren nach Ende der Inflation die noch Rettbaren nach Berlin zurück, von wo sie einst zur vermeintlichen Heilung ausgezogen waren. Daß Fallada von nun an von etlichen NS-Hardlinern keine Schonung mehr erwarten durfte, versteht sich von selbst.

Ideologisch Unstimmiges zeigt auch Anton Betzners 1942 erschienener Roman *Basalt.* Seine epische Chronik des modellhaften Bergdorfs Hainrod kennzeichnet die Verbindung von Elementen, die gemäß vielgeäußerten Wertungsklischees kaum zusammenpassen: Bodenständigkeitsideologie und Aufklärung, Mythos und Psychologie, Archaik und Sozialanalyse, Politikferne und seriöse Zeitkritik. Wäre der Begriff durch den NS-Sprachgebrauch nicht gänzlich desavouiert, ließe sich *Basalt* nicht einmal unzutreffend als gehaltvoller Blut-und-Boden-Roman definieren. Denn auch darum geht es, daß einem Erben als höchster Lebenssinn Hof und Bauerntum erhalten bleiben. Nur vergißt der Autor nirgends, was ein solches bis zur Obsession verfolgtes Ziel anrichtet.

Für den alten Ringk liegt darin ein sittliches Gebot, dem er alles andere unterordnet. Und wenn der völkische Bauernroman dazu tendiert, daß nicht der Hof für den Bauern, sondern der Bauer für den Hof existiere, so erspart Betzner seinem Leser nicht die Einsicht, welche Opfer diese inhumane Akzentverlagerung fordert. Denn der Alte wird unter dieser selbstgewählten Bürde zu einer Art Lasttier, einem Raffer und Sparer, der gelegentlich auch zu illegalen Mitteln greift, sich schindet, demütigt und seiner Familie wenig persönliches Glück beschert. Daß er zum Schluß erblindet und vom Schicksal zu weitgehender Passivität verurteilt wird, die ihm allenfalls Hoffnung auf eine leidliche Nachfolgeregelung läßt, paßt zu dieser von Betzner wechselweise als „Lazarus“ oder „Arbeitsmaschine“ charakterisierten Figur. Der Autor respektiert deren triebhaften Schaffensdrang, aber mahnt zugleich einen übergeordneten Sinn aller Aktivität an.

Von der Dutzendware der Bauernliteratur hebt sich dieser Roman allein dadurch ab, daß er andere Berufe und Lebensbereiche ähnlich gewichtet wie die Landwirtschaft. Das Interesse des Autors gilt gleichermaßen dem Schmied und Maurer, Bahnwärter und Bürgermeister, Händler und Gastwirt samt Familien, der langsam dem Tod entgegendämmernden Alten wie der Wöchnerin. Die Tätigkeit in der Schnapsbrennerei schildert er ähnlich detailliert und brutal wie das Schweineschlachten, Steinehauen oder Sprengen im Steinbruch. Thematisiert sind Konkurrenzkämpfe um Arbeitsplätze und Löhne, berufliches Auf- und Absteigertum oder karrierebedingter Bewußtseinswandel. Mit intimer Kenntnis wird das abgestufte Sozialgefüge illustriert. Als Beispiele dienen Streitereien zwischen Vollbauern, Siedlern, Knechten und dem Gutsherrn. Und nicht zuletzt steht das ganze Dorfleben im Spannungsfeld zweier rivalisierender Erwerbsbereiche: des agrarischen und des industriellen, repräsentiert durch den Steinbruch, dessen Ausbau einschneidende wirtschaftliche und gesellschaftliche Folgen für die Dörfler im Umkreis zeitigt.

Das erinnert an Romane wie Zolas *Germinal,* so daß der Einwand gegen die Heimatliteratur, sie beschränke sich auf eine folkloristische Fassade, hier gewiß nicht greift. Vom klischeehaften Gegensatz zwischen dem „Wunschbild Land“ und dem „Schreckbild Stadt“ kann keine Rede sein. Vielmehr mischt sich die Achtung des Verfassers für die Eigenart der Bewohner und deren Lebenskampf mit der Feststellung einer zuweilen bedrückenden geistigen Enge, Unfreiheit und moralischen Bigotterie. Das Dorf wehrt sich nicht nur gegen den Fortschritt, sondern tendiert dazu, Unangepaßte „aufzufressen“. Für den Text gilt des Autors sarkastisches Fazit aus seinem früheren

Roman *Die Gebundenen:* „Vieh und Menschen und Bosheit, das sei eben die Symbiose des Dorfs".

Auch Ilse Molzahns Roman *Der schwarze Storch* (1936) ignoriert „Blubo"-Standards. Nicht einmal der Ahnenstolz wird ernst genommen, mit dem Katharinas im Niedergang befindliche Familie ihre Stammbaum-Papiere hütet, da die mütterliche Linie das väterliche Bauernblut doch ausgerechnet mit sozialem Abstieg verbindet. Thema ist der wirtschaftliche und moralische Ruin eines ostpreußischen Gutshofs. Und statt von hohem Ethos getragener Landwirte finden sich fast durchweg schwache Charaktere und beklagenswerte Sozialverhältnisse. Erzählt wird aus der unverständigen, gleichwohl entlarvenden Perspektive der sechsjährigen Katharina, deren Geplapper sie unfreiwillig in Schuld verstrickt. Ihr mangelndes Verständnis der Erwachsenenvorgänge enthüllt diese und hält sie zugleich ein wenig im Dunkel.

Landleben realisiert sich hier in einem leuteschindenden Vogt, der seine Tochter mißbraucht, Familienstreit zwischen einem alkoholkranken Vater, der seine Tochter schlägt, und einer „moralischen" Mutter, die auf falschen Verdacht hin vorschnell ein Dienstmädchen entläßt. Verantwortungsscheue Gutsherren stellen polnischen Mägden nach und mißhandeln Knechte. Dazu sind drei Tote zu beklagen, deren Ursache teils unklar ist. Man verdächtigt und vertuscht in einer Handlung voller Tabus: Selbstmord, ungewollte Schwangerschaft und ein totes Kind, von dem man nicht weiß, ob es natürlich oder durch Abtreibung verstorben ist. Eine lesbische Erzieherin und ein bigotter Probst, der einer vermeintlichen Sünderin das christliche Begräbnis verweigert, runden das Panorama ab. Die Autorin, die auch in sonstigen Texten frauenemanzipatorische Anliegen aufgreift, setzt hier unmißverständliche sozialkritische Akzente.

Am Ende zerstört ein Hagelsturm die Ernte, und der unrentable Betrieb wird abgerissen. Ein Sinnbild? Fraglos symbolisch ist das

Erscheinen eines seltenen Schwarzstorchs, der üblicherweise einsam lebt. Er wird vom Vater erschossen, um ausgestopft als Deckendekoration Verwendung zu finden. Um ihn rankt sich als grandioser Romanhöhepunkt das sozialkritische Märchen von der Storchenschlacht, in der ein gesellschaftlicher (schwarzer) Außenseiter von einer mordlüsternen Horde weißer Vögel gemeinschaftlich grausam zerhackt wird. Das katastrophale Ende einer solchen Gemeinschaft liegt in der erzählerischen Konsequenz.

Die düstere Atmosphäre und Stilmittel des Magischen Realismus verbinden das Werk mit Horst Langes *Schwarzer Weide* (1937). Im Zentrum des Romans steht ein über lange Zeit ungesühntes Verbrechen in einer ostschlesischen Flußlandschaft, in der triebhafte Menschen wie dämonische Mächte walten und sich Traum und Realität geheimnisvoll durchdringen. Menschliche Schicksale werden in Abhängigkeit zur Natur gesehen. Man wird unentrinnbar in sie verstrickt wie in ein Spinnennetz. Über allem lasten dumpfe Katastrophenerwartung und Schuld, zugespitzt durch die provozierende Passivität des Ich-Erzählers, der vom Mord am Bauern Starkloff durch eine Schreckensvision wußte und selbst dann nicht reagierte, als man einen Unschuldigen verurteilte. Diese Hauptfigur ist bezeichnenderweise sowohl mit dem Täter als auch dem Opfer verwandt. Erst mit zehnjährigem Abstand macht er sich als Rächer auf, die Gerechtigkeit wiederherzustellen. Erst als der Mörder in den Wassern der Schwarzen Weide sein verdientes Ende findet, löst sich gleichsam der Bann und macht den Erzähler und die Gutsbesitzerstochter füreinander frei.

Das war nun zwar, auch im Urteil eines Dutzends prominenter Kollegen, respektable Literatur, doch nichts weniger als die gewünschte Heroisierung erbgesunder, willensstarker Herrenbauern. Hinzu kam, daß Lange dem Romanbösewicht Züge aktueller demagogischer Umtriebe verlieh. Übertrug dieser doch die eigene furchtsame

Getriebenheit auf seine Anhänger, indem er religiösen Fanatismus und sektiererische Hysterie förderte.

Folgerichtig verfiel der Roman, nachdem erste Kritiken besonders die sprachliche Leistung gerühmt hatten, mit der eine Landschaft eindringlich heraufbeschworen wurde, bald auch orthodoxer Kritik. In der nationalsozialistischen *Weltliteratur* warf ihm Eberhard Ter-Nedden bereits im Titel vor, *Zerrbilder aus Schlesien* produziert zu haben, und attackierte die Schar derjenigen, die auf Langes Stilqualitäten hereingefallen seien. Sie lobten dadurch nämlich „einen Stil der Dekadenz" und huldigten dem überwundenen naturalistischen Weltbild bzw. einer Sphäre, in der „das Dumpfe und Untermenschliche, das Niedrige und Unschöne zu Hause sind".

Heimatliteratur von Niveau ◆ Das Beispiel Josef Friedrich Perkonig

Nicht immer enthielten nennenswerte Texte zum Komplex „Heimatliteratur" so viel ideologisch Konfrontatives: Die meisten thematisierten eher, unbeeinflußt von ästhetischen Vorschriften, schlicht einen ihnen vertrauten Raum. Dazu gehören etliche zwischen 1933 und 1945 erschienene Werke, die sich von kommandierter Tendenzliteratur deutlich unterschieden. So etwa Erzählbände von Stefan Andres wie *Moselländische Novellen* (1937) oder *Utz der Nachfahr,* im schlesischen Bereich Werke etwa von Gerhart Pohl (*Der verrückte Ferdinand,* 1939), Friedrich Bischoff (*Die goldenen Schlösser,* 1935; *Rübezahls Grab,* 1937; *Himmel und Hölle,* 1938) oder Cosmus Flam, dem 1934 mit *Die Salzstörche,* einer Erzählung aus der Friderizianischen Zeit zum Thema des Schmuggels im Grenzraum, ein Achtungserfolg beschieden war. Peter Stühlens epische Regionalchronik des deutsch-französischen

Grenzraums (*Eltern und Kinder,* 1935; *Aus den schwarzen Wäldern,* 1936; *Das Erbe,* 1941) verdient gebührende Anerkennung. Von der Nordsee erzählte Hans Leip z. B. in *Fähre VII* (1937).

An Gedichtbänden, in denen regionale Besonderheiten zum Ausdruck kommen, fehlte es nicht, häufig als Erinnerung an die Jugend. Exemplarisch sei Bischoffs *Schlesischer Psalter* (1936) genannt oder Anton Schnack mit seiner *Flaschenpost,* die der Landschaft am Main poetischen Tribut zollt. Etliche Lyrik- und Prosatexte Brittings oder von der Vrings tun Entsprechendes. Auch Großstädte haben ihr spezifisches, von Dichtern veranschaulichtes Ambiente. Für München geschieht dies in unverwechselbaren Dialogen zwischen der liebenswerten Liesl Karstadt und dem ständig grantelnden Karl Valentin. Andernorts gilt dies für Josef Weinheber, dessen gelegentliche NS-Werbeträgerschaft seinen Lyrikband *Wien wörtlich* (1935) etwa gänzlich unberührt läßt. Der Dichter hat darin in Form vielschichtiger Dialektsatire seiner Heimat ein keineswegs verklärendes und dennoch liebevolles Denkmal gesetzt.

Auch der Kärntner Josef Friedrich Perkonig findet vor heutiger philologischer Rechtschaffenheit nur wenig Gnade. Sah er doch wie viele Kollegen im „Anschluß" Österreichs eine große Hoffnung. Seine politische Einstellung prägten (durch den Verrtrag von Saint Germain verschärfte) ethnische Konflikte in seiner Heimat, was schließlich sogar in eine NS-Funktionärskarriere mündete. Für die Beurteilung der folgenden unpolitischen Werke ist dies jedoch unerheblich. Darin schrieb er mit großer Sympathie über die dörfliche Bergwelt. Seine Schilderungen kennzeichnet ausgesprochen Regionalspezifisches, so daß es dem Verlag geboten schien, in *Der Schinderhannes zieht übers Gebirg* (1935) ein Dialektglossar anzuhängen.

Die in Langen-Müllers „Kleiner Bücherei" herausgebrachte Erzählung handelt von der Renommierlust und Gerüchtegläubigkeit einfacher Leute. Dadurch wird ein Landstreicher bzw. einer dieser unruhigen Wanderer, die Perkonig nahestanden, von panischen Berglern erschossen. Der Autor sieht also Gefahren der Borniertheit und erstarrt nicht in Respekt vor Tradition. Aber er verurteilt nicht generell. Denn die Dörfler erkennen ihre Schuld und büßen sie über Jahrzehnte durch eine Wallfahrt. Andere kenntnisreich geschilderte menschliche Schwächen werden ironisch gebrochen.

Ähnliches gilt für den achtbaren Dorfroman *Honigraub oder Der Hügel Sankt Joseph* (1935), ein christlich-humanes Werk, das in einer kleinen Kärntner Gemeinde spielt. Auch hierin wird der Mensch als ein vom Wandertrieb geplagtes Wesen dargestellt. Schicksalhaftes klingt an, zudem Vertrauen in eine höhere göttliche Gerechtigkeit trotz mancher Zweifel. Die Bewohner werden im Sinne Raabes oder des alten Fontane mit Humor und Verständnis gezeichnet. Aber Perkonig kennt seine Landsleute zu genau, um nicht zugleich bemerkenswerte soziale Härten zu registrieren: die Tragik des Altwerdens, die Spekulation des gerissenen Gastwirts auf schlechte Zeiten, ein seine Pflichten vernachlässigender Feuerwehrhauptmann.

Bewohner des Armenhauses fürchten weiteren Zuzug und votieren dagegen. Idealisierung unterbleibt auch beim Helden Lukas, der sich als „Evangelist" bezeichnet, ohne von Fehlern frei zu sein. Dabei sendet dieser grundsätzlich selbstlose Mensch in einer Notlage seine Bienen zu Lasten eines Nachbarn aus und läßt sie Honig rauben. Als es entdeckt wird, ächtet man ihn. Doch am Tiefpunkt seines Lebens winkt ihm Fortuna durch ein Lotterielos und bringt die Story noch zu einem Happy-End. Auf dem Totenbett wird Lukas wieder von allen geliebt und darf sein Lebensfazit verkünden, er wisse wohl, „jeder läßt seine Bienen fliegen".

Um in Österreich zu bleiben, wäre das Werk einer Inneren Emigrantin zu nennen, die gleichermaßen Ländliches atmosphärisch dicht und psychologisch packend schilderte: Imma von Bodmershofs Erzählung *Die Rosse des Urban Roithner* (1943) – zudem ein respektables Exempel des Magischen Realismus. Es geht um einen Ochsenknecht, den Besitzgier und Stolz auf seine Pferde ins Verderben stürzen. Ein bißchen klingt auch die Kohlhaas-Thematik an. Erwähnung verdienen auch Johannes Freumbichlers Roman *Auszug und Heimkehr des Jodok Fink* (1942) sowie Hans Leifhelms *Steirische Bauern* (1935, 2. Auflage unter dem Titel *Das Dorf im Gebirge*, 1941), Erzählungen aus seiner Wahlheimat.

Baltische Phantastik • Otto von Taube, Bruno Goetz, Oskar Grosberg u. a.

Eine Domäne für geborene Erzähler mit explizitem Heimatbezug war das Baltikum. Hier wuchs eine Literatur, noch dazu ein Genre, gespeist aus Spökenkiekerei und übersprudelnder phantastischer Erzähllust in einer menschenarmen, von dunklen Wäldern, Seen und Mooren gekennzeichneten Landschaft. Sie gebiert eine geheimnisvolle, (in Anlehnung an E. T. A. Hoffmann) poetisch gefaßte Geisterwelt, die vielfach bereits in der Jugend durch einheimische Märchen-, Sagen- und Gespenstererzählungen vermittelt wurde. Das gilt exemplarisch für Bergengruen und Vegesack bzw. deren Köchin oder Kindermädchen. Schwarze Romantik prägt einen Großteil von Bergengruens Schaffen, angefangen mit *Der Starost* (1938, Neufassung von *Das große Alkahest*, 1926), einem Hauptwerk seiner „okkultistisch-spirituellen Periode“ (Gero von Wilpert), über die Novelle *Die Feuerprobe* (1933) bis zum Sammelband *Der Tod von Reval* (1939) als Höhepunkt grotesker Erzählweise.

Geschichten mit *Schimmelreiter*-Flair bot Otto von Taubes *Der Fluch über Luhsen* (1939), ein Band mit meist christlichen Legenden oder Sagen, die häufig im Baltikum angesiedelt sind. Thema und Darstellungsweise erinnern an vergleichbare Exempel des 19. Jahrhunderts. Allerdings finden sich immer wieder Erzählerreflexionen eingeschaltet, um die Differenz spätromantischer Weltsicht zur rationalistischen Gegenwart zu überbrücken. Gelegentlich klingen in Kommentaren auch Zweifel an, die das geheimnisvolle Geschehen in Frage stellen. Ähnliches gilt für den Sammelband *Von Spuk und Traum* (1940).

Übersinnlichem verhaftet sind auch Herbert von Hoerners Erzählung *Der große Baum* (1938) und *Der graue Reiter* (1940). Es geht dabei (etwas aufdringlich) um Tradition und Respekt vor dem Numinosen. Eine bemerkenswerte Mischung aus genretypischer Phantastik und Kritik an der baltischen Jeunesse dorée wiederum bietet Hoerners Novelle *Die letzte Kugel* (1937). Im Zentrum steht der mysteriöse Teilnehmer eines Pistolenduells. Durch die präzise Vorhersage seines magischen Waffengeschicks erschüttert der Fremde einen allzu selbstsicheren und arroganten Oberschichtenschnösel. Gewinnt er doch mittels dreier Brotkugeln, durch die er beleidigt worden war, geradezu voodoohafte Gewalt über seinen Kontrahenten und zerstört dessen Selbstbild eines unantastbar Mutigen.

Auch Bruno Goetz zeigt seine Meisterschaft im Bereich des Übersinnlichen durch zahlreiche Erzählungen, die teils erst nach dem Krieg in Büchern publiziert wurden. Als artistischer Höhepunkt darf die Novellensammlung *Die Pferde gehen durch* (1938) gelten. Sie illustriert drei Formen von Besessenheit, die sich wechselseitig als künstlerische Kreativität, religiöse Schwärmerei oder zerstörerische Vitalität auslebt. Die Eingangsnovelle *Die Pferde gehen durch* zeigt einen genialen Komponisten auf der selbstzerstörerischen Suche nach einer

Universalmusik der Seelensprache und einen Bund Gleichempfindender.

Der Güleli schildert eine weltabgelegene Gemeinde, in der ein archaischer Brauch die Herzen der ländlichen Bevölkerung beherrscht und einen jungen Pfarrer zur Revision seiner christlichen Überzeugung nötigt. Seine emotionale Eingliederung in die Gemeinde gelingt erst durch eine Art Menschenopfer, unfreiwillig dargebracht durch einen sozialen Außenseiter, der sich in seiner religiösen Wahnwelt verstrickte. *Die Bluttaufe* schließlich erzählt von einem dämonischen Kapellmeister, dessen Suggestivität besonders Frauen betört und in einer egozentrischen Lust am prallen, irrationalen, das Chaos einbeziehenden Leben gründet. Die Atmosphäre erinnert an zeitgeschichtliche Allegorien wie Thomas Manns *Mario und der Zauberer* und gestattet ebenfalls eine aktuelle politische Auslegung.

Auch klassische Heimatliteratur ist im Baltikum verbreitet, gefördert durch die grandiose Naturkulisse, die Abgelegenheit der Höfe oder den aus dem Heimatverlust resultierenden Trennungsschmerz. Kaum eine Baltenautobiographie ohne den Hinweis, daß der erste Umzug in „grauer Städte Mauern" als Trauma erlebt wurde, das todunglückliche Kinderseelen zurückließ. Dagegen wird die Zivilisationsferne eines solchen Lebens mehrheitlich begrüßt. Von Vegesacks *Baltischer Tragödie* war schon die Rede.* Edzard Schaper steigerte solche verklärte Stimmung noch in seiner Aussteigerrobinsonade *Die Insel Tütasar* (1933). Auf Hamsuns Spuren zelebriert er in einfühlsamer Annäherung an die einsame Meerlandschaft eine fast schon panmystische naturreligiöse Feier.

Als Prototyp erschien 1937 in zweiter Auflage – speziell für deutsche Leser mit einem Vorwort und Worterklärungen ausgestattet – der

* Vgl. S. 93–95.

1926 erstmals veröffentlichte Roman *Meschwalden. Ein altlivländischer Gutshof* von Oskar Grosberg. Es handelt sich um einen soziologischen Roman über ein Mustergut im Jahreszyklus, verbunden mit chronikalischen wie humoristischen Einlagen, amüsanten Tierschilderungen und vielem mehr, was das Werk zu einer gesellschafts-, wirtschafts- und mentalitätsgeschichtlichen Fundgrube macht. Grosberg war (wie sein estnischer Vater) selbst Hofbesitzer und schildert die Verhältnisse um 1860 als Insider.

Sein Standpunkt ist patriarchalisch, aber nicht engstirnig. So registriert er, aus heutiger Sicht betrachtet, eine Reihe sozialpolitischer Ungeheuerlichkeiten: etwa den Umstand, daß die Hofjungen zu geringem oder früher fast gar keinem Lohn arbeiteten, weil ihnen sonst eine fünfzehnjährige russische Militärpflicht drohte, daß im Rahmen der Abschaffung des „Halbgehorchs" Ländereien der „Waldwirte" vom Gutsherrn teils widerrechtlich enteignet wurden, Vorgesetzte auf dem Gutshof ihre Untergebenen prügelten, Pastoren in der Regel auf Seiten der Herren agierten, was die Unterworfenen den „Herrenhutern" zutrieb. Andere Aufmüpfige drohten, zum russisch-orthodoxen Glauben überzutreten, in der Hoffnung, sich damit wirtschaftlich besser zu stellen. Wir erfahren, daß Gutsbesitzer ein Monopol auf das von ihnen gebraute Bier beanspruchten oder die Herrenjustiz für die Betroffenen kaum Gerechtigkeit bot. Auch Arbeitsbedingungen werden teils als wenig ersprießlich dargestellt, wenn z. B. das Gesinde beim Flachsspreiten einem derartigen Gestank ausgesetzt war, daß es sie für Wochen fast zu Aussätzigen machte, oder Frauen buchstäblich in der Tretmühle tanzen mußten. Hotels wahrten eine strenge Hierarchie mit eigenen deutschen Zimmern und Tischen.

Andererseits verspottet der Autor ewiggestrige Vertreter einer unzeitgemäßen Adelsgesinnung ebenso wie illusionäre russische Reformer. Zudem verkörpert Meschwalden einen auf Zusammengehörigkeit und gegenseitige Verantwortung angelegten Wirtschaftskosmos im Übergang zur Industrialisierung, der noch weitgehend den Wunschvorstellungen eines autarken Lebens entspricht. Dazu gehören mannigfaltige heute ausgestorbene Hofhandwerke, ausgiebige Feste, Schwelgereien baltischer Küchenkunst, amüsante Stories über geistige Getränke oder die Jagd als landestypische Passion.

Definitorisches

Das führt zurück zu der Frage, ob es denn – zumal im „Dritten Reich" – ästhetisch wie ideologisch überhaupt einen seriösen Literaturkomplex geben konnte, der unter der politisch hochemotionalisierten Vokabel „Heimat" figuriert. Die danach benannte Textgattung zumindest erfreut sich ja vielfach noch heute eines beklagenswerten Rufs als Bezeichnung für eine Literatur, die unreflektiert konservativ-nostalgische Stereotype des Landlobs transportiert. Dem ästhetischen Verdikt folgt meist auch das politische. Provinzielle Beschränkung statt weltinteressierter Offenheit bedinge eine heikle fortschrittsfeindliche Rückständigkeit. „Kulturpessimismus" postulierte Fritz Stern schon im Titel seiner einflußreichen Studie von 1963 berge „politische Gefahr".

Qualität attestierten führende Nachkriegsgermanisten daher fast nur noch den Produkten der seit den 1970ern aufkommenden sog. „Neuen" bzw. „Anti-Heimatliteratur", die sich gemäß den Normen einer „detektivischen Heimatkunde" (Norbert Mecklenburg) auf die Entlarvung mentaler Erzübel kaprizierte: dumpfer Vorurteile gegen Fremde, patriarchalischer Strukturen, unterdrückter, sich brutal entladender Sexualität, Antiintellektualismus und Bigotterie. Dies erfüllen manche kritischen Texte der Regionalliteratur aus der Zeit von 1933 bis 1945 zweifellos. Aber eben nicht durchweg. Und in vielen verbleibt zumindest eine Restsympathie für einen vertrauten Raum. Kurz: Solche generellen Vorbehalte bedürfen des Widerspruchs:

1. Was die Qualitätsfrage betrifft, gab und gibt es fraglos regionalpatriotische Trivialprodukte, wonach nur daheim die Berge und Seen so schön, die Wiesen so grün, die Würste so schmackhaft oder die Mädels so hübsch seien, – jenen Abstammungsdummstolz, der ähnlich verdrießt wie sein masochistisches Gegenteil. Es gab in manchen Texten die nur als Papierwesen existierenden knorrigen Einödbauern, die frohen Herzens den Holzpflug in die karge Scholle stoßen und die Kümmerlichkeit ihres Bodens als gottgefällige Prüfung preisen. Das war eine massenhafte Fließbandfertigung nach dem Muster von *Heidi* bzw. Roseggers oder Ganghofers (zu deren Zeit noch berechtigteren) Alpensagas, um Heimat- und Naturliebe kommerziell auszubeuten. In ihnen tummelt sich das schöne und gute Naturkind, bedroht vom bösen Fremden, der bereits am stechenden Blick identifiziert werden kann. Jäger jagen Wilderer im Weichbild von putzigen Gemsen und rauschenden Gebirgsbächen. Vor dem Frühstück hat die Gute, die am Schluß glücklich gefreit wird, schon zwei sanfte Rehlein gestreichelt usw.

Allerdings verbietet es sich, einen kompletten Literaturtyp für solche Entartungen haften zu lassen. Sonst ließe sich etwa ein ernstzunehmender Liebes- oder Seeroman gar nicht mehr schreiben. Erst die folkloristisch vermarktete Überzeichnung verhindert, daß regionalliterarische Texte ihr Bestes entfalten: nämlich authentisches, unverwechselbares Lokalkolorit, milieudichte (teils dialektgeförderte) Anschaulichkeit eines konkreten Raums, stimmige Tonlagen des Denkens, Empfindens und Redens, jenseits einer globalen Designersprache von Kunstmenschen. Kommerzielle wie politische Aufladung gefährdet natürlich dieses Eigentliche. Doch in welchem Genre wäre dies anders? Wie überall sonst gibt es auch hier brillante oder miserable Beispiele, gesellschaftlich anregende oder politisch bornierte Texte in des Wortes doppelter Bedeutung.

2. Fortschritt hat einen Januskopf. Auf Sterns These vom politisch gefährlichen Kulturpessimismus paßt die Replik, auch Zivilisationsoptimismus sei keineswegs harmlos. Schließlich verraten ungebremste Industrialisierung, Rationalisierung und Globalisierung inzwischen doch überdeutlich, welchen Preis wir für die von Huxley prognostizierte „Schöne Neue Welt" entrichten. Auch Gurks *Tuzub 37* antwortet darauf. Darüber hinaus wirkt sich der Kontrast von einst und heute, von Überliefertem und sogenanntem Fortschritt für die hiesigen gesellschaftlichen Verlierer zuweilen so drastisch aus, daß sich der Eindruck vom Abstieg geradezu aufdrängt.

So einfach sticht der Vorwurf unreflektierter Nostalgie also höchstens bei Autoren minderen Rangs. Die besseren schönten auch das Früher nicht, selbst wenn sie – wie etwa Perkonig – im resignativen Bewußtsein menschlicher Unzulänglichkeiten manchen Mißstand eher lächelnd als strafend kommentierten und ihre Grundloyalität aufrechterhielten. Wer sich über lange Zeit wirklich mit seinem Zuhause beschäftigt, weiß um die Schwächen des bzw. der genau Beobachteten. Ein Knut Hamsun z. B. kannte seine Bauern und verzuckerte ihr Profil gewiß nicht.

3. Was die vermißte Weltläufigkeit betrifft, mißtraue man zumindest jenen Kultursnobs, für die ausschließlich New York, Paris, Berlin oder London zählt. Bereits ein Skeptiker wie Horaz hätte sie belehren können, ein gereifter Fontane (mit dem Gedicht *Heimat*) desgleichen oder ein später Benn:

Meinen Sie Zürich zum Beispiel
sei eine tiefere Stadt,
wo man Wunder und Weihen
immer als Inhalt hat?

Meinen Sie, aus Habana,
weiß und hibiskusrot,
bräche ein ewiges Manna
für Ihre Wüstennot?

4. Auch könnte ein Blick über die Nationalgrenzen hinaus die ganze Erblast-Diskussion entspannen. Denn Heimat- bzw. Countryliteratur wird in aller Welt als selbstverständliches Betätigungsfeld für Schriftsteller betrachtet. Wir kaufen ja auch besten Gewissens entsprechende ausländische Produkte oder sehen die Filme, sobald sie uns aus der Bretagne, Neuseeland oder Südamerika erreichen. Denn die angeblich weltweite, in Wirklichkeit vor allem deutschlandfixierte Perspektive mancher Germanisten erscheint in diesem Licht selbst provinziell und übersieht, wie sehr die Frage nach der Heimat zum international wichtigen Stoff taugt.

Käme doch niemand auf die Idee, die liebevollen Provinzcharaktere bedeutender Regionalisten wie Marcel Pagnol, Alphonse Daudet oder Dany Boons Film *Willkommen bei den Sch'tis* als politisch gefährlich zu brandmarken. Guareschis *Don Camillo und Peppone* war allenfalls Kommunisten ein Dorn im Auge. Und auch der klassische Western wurde noch nicht als Einstiegsdroge zu einem US-Totalitarismus entdeckt. Von García Márquez' skurrilen Provinzszenen und -charakteren ganz zu schweigen!

5. Nicht die Großstadt als solche schreckt Regionalisten, sondern ein spezifischer Effekt: die Konfrontation mit gesichtslosen Menschenmassen, die sich nicht mehr von bestimmten Traditionen angesprochen fühlen bzw. kein rechtes Zusammengehörigkeits-, Vertrautheits- und Verantwortungsgefühl entwickeln. Denn Heimatliteratur ist nicht einfach fortgeschriebene Bukolik, Schäferdichtung oder Lob des Landes und der einfachen, von der Natur, den Jahreszeiten und Lebensrhythmen festgelegten Ordnung. Der ländliche Rückzug erfolgt vielmehr meist aus dem Bewußtsein, daß etwas sozial oder politisch aus dem Ruder gelaufen ist, das von den (Meinung monopolisierenden) Zentren nicht allein gesteuert werden sollte. Das gilt für Wilhelm Raabes *Stopfkuchen* ebenso wie für Wiecherts literarisierte Waldeinsamkeiten, für Ernst Jüngers *Marmorklippen* ebenso wie für Naturgedichte Wilhelm Lehmanns oder F. G. Jüngers. Es liegt darin in der Regel eine Antwort auf aktuell empfundene Defizite. Denn Heimat ähnelt der Luft, von der man erst Notiz nimmt, wenn sie einem entzogen wird.

6. Viele literarische Botschaften und alle Kontroversen um Heimat und ihren Antipoden waren bzw. sind politisch. Denn die Stadt (respektive das dort jeweils regierende Establishment) setzt – besonders seit der Industrialisierung – die sozialen Normen und ästhetischen Trends. Wehleidigkeit stand ihr also nicht zu, als sich bereits um 1900 zunehmend Einflußlose dagegen wehrten. Wer diesen Streit begonnen oder seine teils inakzeptable Schärfe zu verantworten hat, scheint mir zweitrangig gegenüber dem Umstand, daß er geführt werden mußte oder immer noch sollte, wobei heute „Stadt" für größere, teils internationale Lenkungsinstanzen steht, bis hin zu den Direktiven einer „Neuen Weltordnung". Schließlich geht es stets um das kulturelle Erbe.

7. Alles in allem bedarf die angeblich so heftige „Infektion“ von Heimatliteratur mit NS-Gedankengut erheblicher Relativierung. Schließlich ist „Heimat“ nur gelegentlich identisch mit der Nation. Typischer sind Differenzgefühle, das Empfinden einer besonderen schicksalhaften Lage, etwa in mehrsprachigen Grenzgebieten wie Elsaß-Lothringen, Oberschlesien oder dem Sudetenland.

Nach diesen notwendigen Korrekturen definiert sich das Genre wie folgt: Heimatliteratur beschäftigt sich vorwiegend mit Eigenheiten, Problemen, Sprache, Mentalität und gemeinsam erfahrener Geschichte eines als besonders und vertraut empfundenen Raums. Das geschieht in solidarischer Weise, verrät Zuneigung und trägt zur Identitätsstiftung bei. Heimatliteratur reagiert auf Krisen, Gefährdungen und Verluste von Heimat aufgrund von einschneidenden Veränderungen wie Industrialisierung, Landflucht, Entfremdung, sozialen und ökonomischen Umschichtungen, Traditionsverlust und rapidem Wertewandel im Zuge von Technisierung und Modernisierung. Sie reflektiert die Gefährdung der Landschaft, den Zivilisationsekel, das Erlebnis der Anonymisierung in den Städten, neue Grenzziehungsprozesse, Separatismus oder Furcht vor Überfremdung. Dabei tendiert sie häufig zu stabileren Orientierungsnormen.

Erläutern wir vier Hauptursachen für Krisengefühle:

1. Schmerzliche Ortswechsel legen einen wertenden Vergleich zu früher nahe: Der naturbegeisterte Förstersohn Ernst Wiechert, der ins städtische Gymnasium verfrachtet und von Heimweh geplagt wurde, schrieb als Ausdruck lebenslanger Sehnsucht Erzählhymnen auf die ostpreußischen Wälder. Ähnliche Gefühle beherrschten Ludwig Thoma, wobei dessen episches Bayern-Biotop *(Lausbubengeschichten)* allerdings humoristisch-satirischen Charakter besaß. Heimat- als

Erinnerungsliteratur verfaßte eine ganze Generation baltischer Schriftsteller, die aus ihren menschenarmen Gegenden in Deutschlands Städte verschlagen wurde, von Bergengruen über Gertrud von den Brincken bis Siegfried von Vegesack. Exemplarisch erscheint Bergengruens Erinnerung: „Als die schwerste Verletzung meines Lebens habe ich die Herausreißung aus meiner natürlichen Welt und die mir gewaltsam und unverständlich vorkommende Verpflanzung nach Deutschland empfunden. Sie erschien mir als eine Deportation."

2. Technische, industrielle, soziale, ökonomische oder politische Modernisierungsprozesse bedrohen die emotionale Sicherheit, insofern sie abrupt und nachhaltig auf eine Region oder ein Land einwirken. Anton Betzners *Basalt* schildert modellhaft (sogar für gegenwärtige Umstrukturierungen etwa in Entwicklungsländern), was einer bäuerlichen Gemeinschaft widerfährt, wenn plötzlich die industrielle Moderne Einzug hält. Ähnliche Konstellationen einer modernisierten Heimat behandeln Friedrich Bischoff *(Der Wassermann)* oder Stefan Andres *(Die unsichtbare Mauer)*. Sie stehen damit auf den Schultern von Schriftstellervätern, die in gängigen Literaturgeschichten nur nicht als solche wahrgenommen werden.

So veranschaulichen etwa Hauptmanns *Weber* den fatalen Zusammenprall einer Region mit der Moderne. Die Revolution der zu Niedrigstlöhnen gepreßten Heimwerker mochte angesichts der Wirtschaftsentwicklung aussichtslos sein. Opfer sind sie aber genauso wie der Landstrich, der sie Jahrhunderte lang ernährt hatte. Zum Mitleid des Autors gesellte sich die Einsicht, daß mit dem Ruin dieses Berufsstands zugleich ein Stück Heimat auf der Strecke blieb. Insofern wirkt der schlesische Dialekt als Sympathiebekundung.

Anders gelagert ist der Konflikt in Theodor Storms Novelle *Der Schimmelreiter,* seiner epischen Reverenz an ein Deichbaugenie.

Gleichwohl verschärft just dieser Hauke Haien in seinem gründerzeitlichen Ungestüm den Konflikt, weil er eine noch im Früheren befangene Bevölkerung nicht wirklich überzeugt, sondern bloß kommandiert. In resignativer Toleranz wiederum steht Fontanes *Stechlin* im Kampf gegen die neuen Ideen seiner Umwelt. Ähnliches gilt für Wiecherts *Einfaches Leben,* zu dem sich Kapitän Orla bekennt.

3. Von jeher bestimmten Eingriffe von ortsfernen Zentralinstanzen bzw. deren Leitideen und Lebensstil auch die Provinz. Der Gegensatz von (Groß-)Stadt und Land hat sich heute nur verlagert von den Metropolen zu supranationalen Befehlsinstanzen, von der EU bis zu diversen Einflußgiganten im Zuge der Globalisierung. Im 19. und 20. Jahrhundert plagten die regional Betroffenen des weiteren häufig sprachenpolitische Engherzigkeiten, die den Verhältnissen vor Ort nicht gerecht wurden. Auch aus ökonomischen oder mentalitätsmäßigen Gründen entstand vor allem an der deutschen West- oder Ostgrenze eine kontroverse wie differenzierende Selbstfindungsliteratur zwischen den Mächten. Exemplarisch seien die Namen von René Schickele, Otto Flake, Marie Hart und August Scholtis genannt.

4. Hinzu kamen ethnische Spannungsfelder infolge von Kriegen, Irredentismus, Gebietsabtretungen, Vertreibung, massenhafter Zu- und Abwanderung. Heimat als nationales Sehnsuchtsprojekt bot Hoffmann von Fallerslebens *Lied der Deutschen.* Vertreibung, Umsiedlung, Exil sind weitere Anlässe, sich ein Stück Heimat wenigstens literarisch zurückzuholen. Man denke an Vegesacks *Baltische Tragödie,* an Max Hermann-Neißes Gedichte im englischen Exil *(Ewige Heimat, Heimatlos),* an Joseph Roths vergangenheitsselige *Kapuzinergruft,* an Zuckmayers grandiose Beschwörung des rheinländischen Menschen in *Des Teufels General,* geschrieben mit heißem Herzen in Vermont.

Ja, selbst eine scheinbar unpolitische lokale Jugendträumerei wie *Die Stadt* von Theodor Storm, den Fontane liebevoll-ironisch der „Husumerei" zieh, verdankt ihre Existenz seiner Verbannung.

Gehen wir von solcher, den Begriff „Heimat" ernst nehmender Definition aus, wird sofort klar, daß Literaturgeschichte ohne Heimatdichtung ein arger Torso bliebe, was nur dadurch überspielt wird, daß man die akzeptierten Platzhirsche mit ihren Texten fast ausschließlich auf das Konto von National- oder Weltliteratur bucht. Für Heimatliteratur entfallen so jegliche Meriten. Auch wird wertungsmäßig verkannt, daß eine literarisch höchst kunstfertig gestaltete Milieuverhaftung eher ein (inter-)nationales Popularitätshindernis darstellt. Qualitätssiegel werden nämlich oftmals nach falschen Maßstäben verteilt, als ob der Globus dem Stadtplan gegenüber höherwertig sei.

Heimatliteratur und „Drittes Reich" • Johannes Kirschweng, Gertrud von den Brincken, August Scholtis u. a.

Um Grundsätzliches typologisch zu erfassen, wurde die Beziehung zwischen Heimatliteratur und Nationalsozialismus mit Ausnahme der Auswucherung zu „Blubo" nur gestreift. Doch sei dem Problem nicht ausgewichen. Es gab schließlich um 1900 die „Heimatkunst"-Bewegung, deren Postulate für manche NS-Produkte die Blaupause lieferten. Es handelt sich um eine (regional-)patriotische, gegenmoderne Kulturinitiative zur Beendigung der „Vorherrschaft Berlins". In ihr mischten sich nachvollziehbare (jugendbewegte) Reformanliegen mit Rivalitäten auf dem Buchmarkt und Chauvinismen, die sich wechselweise antinaturalistisch, antifranzösisch, antisemitisch bzw. biologistisch gebärdeten. Die so angestoßene Debatte nach der Devise „Los von Berlin!" fand in der späten Weimarer Republik ihre

Fortsetzung im Streit um die Vorherrschaft in der Preußischen Akademie der Künste.

Er zählt zu den Vorläufergefechten einer kulturellen „Machtergreifung“ und wurde bisher fast ausschließlich unter dem Rubrum eines tendenziell nazistischen Angriffs auf republikanische Parteigänger begriffen, was die Sympathieverteilung und die Schuldfrage zwangsläufig vereinfacht. Ergiebiger schiene es mir, einmal voraussetzungslos zu beantworten, was die Martin Raschke, Hermann Stehr, Agnes Miegel, Wilhelm Schäfer & Co. in eine Gesinnungsfront mit so unappetitlichen Gesellen wie Alfred Rosenberg oder Adolf Bartels geführt hat, in der sie ja ursprünglich keineswegs standen. Schließlich begrüßte selbst Klepper am Nationalsozialismus laut Tagebuch noch am 28. Mai 1933 die „stärkere kulturelle Berücksichtigung alles ‚Bodenständigen und Landsmannschaftlichen‘“.

Heimatkünstler und ihre Nachfolger waren in ihren Kampagnen gewiß nicht zimperlich. Doch gilt dies gleichermaßen etwa für Döblins Spott über die „Literatur des total platten Landes“, mit der er den fundamentalistischen Vorwurf der „Asphaltliteratur“ und des Berliner „Sündenbabels“ konterte. Schließlich war es anmaßend, wenn Lobredner der Moderne beanspruchten, für das Ganze zu sprechen und den vom Lebensgefühl der Großstadt geprägten Raum zum Nabel der Welt zu verklären. Bereits die sozialhistorische Statistik widerlegt solche kulturellen Alleinvertretungswünsche. Schließlich lebten in Deutschland um 1914 bei aller stürmischen Industrie- und Stadtentwicklung noch zwei Drittel der Bevölkerung in Dörfern bzw. in Kleinstädten mit bis zu 30.000 Einwohnern. Wenn daraus die Notwendigkeit einer stärkeren Repräsentanz des literarischen Regionalismus abgeleitet wurde, war dies zunächst einmal mehr als eine unbillige Forderung nostalgischer Reaktionäre. (Daß es auch die gab, sei unbestritten.)

Eine Allianz zwischen Heimatliteratur und NS-Ideologie gab es nach Versailles zweifellos vor allem in Grenzregionen, wo vielerorts Nationalitäten- und Sprachenstreit die Gemüter beherrschte. 1935 z. B. entschied eine Volksabstimmung im Saarland darüber, ob das Land künftig Deutschland zurückgegeben, Frankreich angegliedert oder unter Völkerbundsverwaltung verbleiben sollte. Im Vorfeld des Plebiszits entwickelte sich eine regelrechte literarische Saar-Konjunktur, die hunderte von Aufrufen, Gedichten, Pamphleten, Romanen oder Dramen hervorbrachte.

Eines der bekanntesten Werke war Liesbet Dills 1934 erschienener Roman *Wir von der Saar,* der mit Mitteln der Heimatliteratur die Verbundenheit dieses Gebiets mit dem Reich demonstrierte. Die Handlung endete am 27 August 1933 mit dem Pilgerzug der Saarländer zum Niederwald-Denkmal, wo Hitler als Abstimmungsredner seinen künftigen Untertanen eine gemeinsame glorreiche Zukunft verhieß. Mit ähnlicher Tendenz erschien 1935 Johannes Kirschwengs Roman *Das wachsende Reich,* nur daß der schreibende Kaplan den Speyerer Dom wählte, um sein Buch an einem Bekenntnisort der Verbundenheit mit Deutschland ausklingen zu lassen.

Im Sonderfall der Grenzlandliteratur ließ sich also zumindest für die überwältigende Schriftstellermehrheit regionales Bewußtsein in national(istisch)es verwandeln. Doch deckungsgleich ist beides nie gewesen. Ließ sich doch gerade aus der Heimatperspektive offenbar auch genau das Gegenteil vertreten, wie Liesbet Dill selbst in ihrem 1925 erschienenen Werk *Der Grenzpfahl* belegt, worin sich eine deutschstämmige Lothringerin, um ihrem Sohn das väterliche Erbe zu erhalten, zur Rückkehr nach Metz und zur Einbürgerung als Französin entschloß. Auf andere Weise gilt dies auch für Gustav Reglers 1934 in Paris erschienenes kommunistisches Kampfbuch *Im Kreuzfeuer,* das sich gleichfalls diverser Mittel eines Heimatromans bedient. Auch der

Fall Kirschweng ist nicht so schnell ad acta zu legen. Denn auch seine Heimatfundierung war keineswegs auf nur *eine* (nationale) Option fixiert. Sein vehementes Deutschland-Bekenntnis entfaltete sich nur aus der Provokation, die die gewaltsame Abtrennung der Saar darstellte.

Wie wenig sich der Autor und die Gattung nämlich auf chauvinistische Tendenzen reduzieren ließen, zeigt er beispielhaft im 1939 veröffentlichten Roman *Der Neffe des Marschalls,* einem in der Tradition des poetischen Realismus geschriebenen Text, der das tendenziell klischeegefährdete Plädoyer für ein Glück im heimatlichen Winkel mit erzählerischer Ironie auflockert. Auch läßt es der Autor in satirischen Passagen an Mut zur zeitkritischen Mahnung nicht fehlen. Dies wiederum erleichterte der Umstand, daß er sein Thema in die Vergangenheit verlegte: die Zeit zwischen Napoleon I. und der Juli-Revolution. Auch in dieser Epoche purzelten politische Systeme, was reichlich Gelegenheit bot, Anpassungsbereitschaft wie Konjunkturrittschaft exemplarisch aufzuspießen.

Im Roman geht es um den Ex-Sergeanten Peter Ney, einen fiktiven Neffen des napoleonischen Marschalls Michel Ney. Peter muß wegen eines ungeklärten Betrugsverdachts Frankreichs berühmte Kriegsschule Saint-Cyr verlassen und ins saarländische Dörfchen Beaumarais zurückkehren. Hier verarbeitet er als Schuster den gesellschaftlichen Abstieg und entdeckt neue Lebensziele. Seine Identitätsfindung wird mit der seiner Region parallelisiert, deren selbstbewußte Interessenwahrung dem Autor am Herzen lag. Gemäß seiner „Lotharingien"-Utopie sprach Kirschweng der Region eine deutsch-französische Mittlerrolle zu, lehnte zentralistische Bevormundungen ab und empfahl weltpolitische wie militärische Bescheidung. Denn „Töten und Sterben", heißt es, könne Peter doch „nur für das kleine Dorf Beaumarais". „Und für ein Dorf wird man nicht gleich töten und sterben müssen."

Der geweiteten politischen Perspektive entspricht ein freier Umgang mit erzählerischen Mitteln. Humor bestimmt die Atmosphäre über weite Strecken, ergänzt durch ein wenig Phantastik und schnurrige Charaktere. Daneben findet sich ein Ton, der Peter Scholl-Latour noch Jahrzehnte später „tief berührt" hat. Er hing mit Peter Neys ehrbarer Gewohnheit zusammen, seinen Sold aus dem französischen Metz statt des preußischen Trier zu holen, darüber hinaus mit Kirschwengs aussöhnender Grenzutopie: „Dieser verschrobene Neffe, der mit Wehmut an die große Zeit des Korsen zurückdachte wie der berühmte Grenadier Heinrich Heines", schrieb Scholl-Latour, „hatte merkwürdige Visionen, wenn der Westwind sich zum Sturm aufblähte. Dann glaubte er, die Hengste des alten Zwischenreichs Lotharingien wiehern und durch die Nacht galoppieren zu hören." Und es waren nach des Autors Willen keine Streithengste, sondern segensreiche Boten des Friedens.

Ideologische Konterbande enthält bereits die Entwicklungsgeschichte Peter Neys, der von heroischen zu zivilen Idealen umgerüstet wird und in provokativem Triumph bekennen darf, daß er sich seinem Onkel, dem großen, aber später exekutierten Marschall, überlegen fühle: „Ich bin in St-Cyr davongejagt worden, aber ich lebe. Ich habe es nur bis zum Sergeanten gebracht, aber ich lebe. Ich habe dem neuen Ruhm der Familie Ney nichts hinzugefügt, aber ich lebe, ich lebe, ich lebe." Und es gab weitere verschlüsselte Kritik am politischen Kurs Berlins. Denn Kirschweng haßte eine bestimmte Art preußischer Bevormundung, die seit 1815 den Saarländern zuweilen fast das Gefühl gab, kolonisiert zu sein.

Im Roman spottet er daher über engherzig-groteske Vorschriftengläubigkeit, Obrigkeitsdenken, Verständnislosigkeit gegenüber anderen Empfindungen, militaristischen Hochmut oder krampfhafte Eindeutschungsbestrebungen. Er äußert Sympathien für einen preußischen Deserteur und lehnt Berliner Personalimporte ab, soweit sie sich als unkundig des Landes und seiner Mentalität erweisen. Darüber hinaus heiratet sein Held ein Mädchen, die als „Zigeunerin“ gilt. Doch wo Kirschwengs Zivilcourage gelobt wird, muß zugleich eine mögliche Zeitgeistkonzession erwähnt werden: die Figur eines Viehhändlers namens Marx Hirsch, dem für seine Raffgier ein übler Streich gespielt wird.

Das mag damaligen lokalen Geschehnissen entsprochen haben, hätte aber im Rezeptionskontext des Jahres 1939 unterbleiben müssen, es sei denn, man liest den Text dialektisch. Denn Kirschweng versieht die Episode mit einer Pointe, die ihr einen Teil der Schärfe nimmt, falls nicht sogar aus dem impliziten Vorwurf jüdischer Geschäftemacherei ein Lehrstück über die ökonomische Alibifunktion des Antisemitismus hervortritt. Denn der Bauer, der aus einer ruinösen Schuldforderung des Marx Hirsch erst durch eine großzügige Anleihe gerettet wird, erweist sich selbst seinem Wohltäter gegenüber als Schurke und verleumdet nun den christlichen Geldgeber, was diesen, jenseits aller ethnischen Zuschreibung, zu einem misanthropen Fazit veranlaßt: „Ein Stück Canaille steckt in allen.“ Man dürfe es „nur nicht füttern und fett werden lassen“.

Das Thema „Rassismus und Heimatliteratur“ sei durch das Beispiel Gertrud von den Brinckens ergänzt, die (gewisser Schnittmengen mit nationalsozialistischer Ideologie wegen) eigentlich nicht in den Kontext Innerer Emigranten gehört. Als bedeutendste deutschbaltische Autorin verdient sie jedoch ausnahmsweise eine Erörterung, die ihrem hochkarätigen Œuvre und dieser spezifischen Verstrickung gerecht wird. In vier respektablen Romanen behandelte sie den Verlust der (baltischen) Heimat und deren Identitätsprobleme. Auch bedrückende weibliche Rollenerwartungen in einer Standesgesellschaft werden einprägsam veranschaulicht.

Ihr autobiographisch getönter Roman *März* (1937) zeichnet ein glaubwürdiges Zeitbild vor dem Ersten Weltkrieg mit eindrucksvollen Porträts einer von der Urbevölkerung getrennt lebenden herrschaftlichen Minderheit. Deren überlegener Status wird jedoch durch schwere Krankheiten von Vater und Sohn ökonomisch gefährdet. Die Autorin illustriert das getrübte Verhältnis der Balten zur russischen Regierung, das im Verwandtenkreis zu heftigen Disputen führte. Die jugendliche Erzählerin teilt die Abneigung, vermittelt aber wenigstens die Irritation angesichts eines Onkels in hohen russischen Diensten und einer berühmt-berüchtigten Vorfahrin des Geschlechts. Auch das Verhältnis der Barone zur lettischen Ureinwohnerschaft und zur städtischen jüdischen Bevölkerung wird angesprochen, letztere meist in Handelsberufen tätig und mit Reserve geschildert.

Für die junge Traud bleibt als Objekt der Verehrung vor allem der Gutsverwalter, der bei Frauen generell nicht nein sagen kann bzw. will und somit die wechselnden Hauslehrerinnen in Seelennöte bringt. Die Mutter wird als starke Persönlichkeit gezeigt, deren aufklärerische Neigung ihre Kinder schon früh auf das Leid der Welt vorbereitet. Dabei scheint ihre frühe (auch religiös desillusionierende) Erziehung im Sinne der Pflicht die Tochter zeitweilig zu überfordern. Sie betreibt ein Resozialisierungsprogramm für „Stiefkinder des Lebens" aus der Unterschicht, ungeachtet der eigenen Finanzmisere, welche die Familie am Ende zwingt, das Anwesen zu verkaufen und in die Stadt zu ziehen.

Das klingt nach naturalistischer Elendsmalerei. Doch erscheint Traud diese Jugend in einem weithin menschenleeren Land, in dem lange Besuche zu den ersehnten Ereignissen zählen, als wirkliche Heimat und Ausdruck großer Freiheit in einem abenteuerlichen Erlebnisraum voll unberührter Natur. Der Abschied jedenfalls stürzt sie am Romanende – wie im Fortsetzungsband mit dem sprechenden Titel

Unsterbliche Wälder (1941) – in eine tiefe Sinnkrise. Von der Stadt sieht sie sich geradezu „aufgefressen" angesichts der als schal empfundenen Lebensentwürfe ihrer Bekannten.

Jugendeindrücke bestimmen auch ihre künftige Utopie: „es war gar nicht schwer, gut zu sein, man mußte sich nur durchrauschen lassen vom Walde. Sobald sie erwachsen war, wollte sie Wälder pflanzen um alle Städte herum. Alles mußte wieder Wald werden, wenn es besser werden sollte. Und kleine herzliche Häuser darin für verlorene Tiere. Und auch für Menschen. Für einige – nur für die allerbesten." Der 1940 erschienene Roman *Herbst auf Herrenhöfen* vertieft von den Brinckens epische Sozialstudien. Wir erhalten zudem mit durchaus emanzipatorischen Ansätzen Einblicke in die soziale Isolation einer Baronin als Kehrseite standesbedingter Kommunikationsschranken.

Die Werke sind nach heutigem Standard inkorrekt, wenn dies auch nur auf wenigen Seiten durchschlägt. Denn eine Zeitlang besaß die Autorin wie etliche ihrer Landsleute Sympathien für den Nationalsozialismus oder das, was man aus weltfremder baltischer Perspektive dafür hielt. Aufgewachsen in einem Milieu „deutsch bis in die Knochen" und idealistisch von deutschbaltischen Missionsgedanken geprägt, erlebte sie hautnah abstoßende Repressionen vonseiten des russischen Chauvinismus und die blutige revolutionäre „Demokratisierung". Fast zwangsläufig bewunderte sie die energische Gegenwehr deutschbaltischer Freiwilligenverbände, von denen sich später in Deutschland etliche Vertreter ins NS-Lager begaben. Auch ihr naividealistischer Ehemann wurde Parteimitglied.

Sie war keine Apartheit-Vertreterin, aber nicht allen Volksgruppen gegenüber gleich aufgeschlossen. Juden erschienen ihr als städtisch-proletarische Existenzen milieubedingt fremd, wozu auch Kindheitserlebnisse beitrugen. Auf Vorbehalte treffen sie, wo sie – in auffallend hoher Repräsentanz – als bolschewistische Revolutionäre erlebt werden, was auch für grundsätzlich ressentimentfreie Autoren wie Grosberg, Schaper oder Guenther zutrifft.* In *Herbst auf Herrenhöfen* schildert von den Brincken den rebellischen Auftritt eines „Halbjuden" mit Mephistokopf im Rahmen einer alkoholbefeuerten Abiturfeier. Dieser Redner spricht sich harsch gegen verknöchert-obrigkeitliche Lehrer aus, was im Ausspruch gipfelt: „[...] wenn ihr unseren Heldentaten im Wege steht, werden wir Verbrechen aus ihnen machen!"

Eigenem Bekunden zufolge löste die Autorin sich vom Nationalsozialismus, als deren Vertreter mit dem Machtantritt zu Verfolgern wurden und manche abstrakt gebilligten Ideale sich in Gestalt des Massenmords konkretisierten. Augenzeugenberichte eines Judenpogroms aus der Ukraine lösten spätestens 1942 eine ideologische Abkehr aus, die der 1943 erschienene Roman *Niemand* belegt. Es scheint, daß von den Brincken den blutigen NS-Rassismus erst jetzt in dessen ganzer Dimension erkannte. Immerhin tilgte sie nun in der gekürzten Neuauflage von *März* Judenfeindliches gänzlich. Ein jüdischer Pferdeschinder wird ebenso eliminiert wie der spuckende Hosiassohn. Und aus früheren „Judenkindern", die auf ihren Hund mit Steinen werfen, werden im Text nun „Straßenjungen".

In *Niemand* erörterte sie ihre neue Sicht ethnischer Probleme nun modellhaft am Beispiel von Letten, Mischlingen und Zigeunern. Das geschieht vor allem durch zahlreiche Äußerungen von Baron Rigo, der mit seinen Standesgenossen ob ihres Volks- und Adelsdünkels zerstritten ist. Da dieser Protagonist noch in deutschzentrierten Ahnenfolgen denkt, wiegen solche Leserappelle umso stärker. In zahlreichen ermahnenden Kommentaren verkündet er zwar gewiß keine egalitäre Anthropologie. Immerhin steckt der Text aus seiner Perspektive humane Pflöcke gegen blutige Rassismus-Exzesse ein und

* Zum Grundsätzlichen vgl. Verf.: *Feindliche Nähe und Angst vor dem Gulag?* (2003).

verstößt bereits damit unverkennbar gegen ideologische Dogmen des „Dritten Reichs“:

Nichts liegt Vater ferner als Hochmut des Geistes, des Standes oder des Stammes. Er ist Vater aller seiner Gemeindekinder und unterscheidet nicht zwischen einem deutschen und einem lettischen Gott. Menschentum, Liebe und Leid haben keine Landesgrenzen. Gewiß: er ist als Deutscher in dieses Land und auf seinen Platz gestellt. Deutscher sein bedeutet ihm Träger höherer Pflichten […]. Nicht sich dünken, nicht sich brüsten. – Sein!“

Vater hatte sie einer Zigeunersippe überlassen. Er vertrat, bei aller Abneigung gegen diese fremde Rasse, die Meinung, daß keiner zu gering dafür sei, daß man mal ein Wort oder eine Wohltat an ihn verwende. Er ließ sich gern vom Primas der Sippe Bericht erstatten über ein Schicksal voll Sturm und Stärke.“

Ihre Schritte waren beschwingt: ein Menschlein dem Tode entrissen zu haben, welch eigenes Glück: Und wenn es auch nur ein Zigeunermenschlein war, braun und verschrumpft, nicht allzuviel wert in der Schöpfung. Es war doch ein Stückchen Lebendigkeit, das sich gegen das Verlöschen wehrte.

Überall kann das Leben sein, gewiß, nur sieht und hört man es dort nicht, wo es von tausend selbstsüchtigen Stimmen überschrien, von tausend herzlosen Lachern überlacht wird. […] Dies war das Leben in seiner nacktesten Wahrheit, dieses tote Zigeunerkind in ihrem Schoß […]. Wo ein Herz blutet, wo eine Untat gen Himmel schreit, wo ein Kinderkörper zu Stein wird – da ist das Leben!

Du denkst über das Verhältnis zwischen Deutschen und Letten in der gebräuchlichen Wertung, in Höhenunterschieden: hier ein edles Roß – da das Rindvieh. […] In der Frage der Paarung gehört Hengst zur Stute und Hirsch zur Hinde. So denke ich auch in bezug auf menschliche Gattenwahl. Ich betone nochmals, daß ich damit keine Wertung, am allerwenigsten eine moralische Wertung verknüpfe. Naturgemäß ist einem jeden die Nation, in die er hineingeboren ist, die, sagen wir: sympathischste. Aber ich habe die Augen ein bißchen weiter geöffnet, und siehe da, ich habe ein paar Vorzüge, auf die wir ein Monopol zu haben behaupteten, auch bei den anderen als Besitz entdeckt.

Den Roman *Niemand* charakterisieren neben solcher Einstellung gegenüber anderen Ethnien eine verzweifelte, aber durchweg handlungsleitende Orientierung an der Religion. Rigos (und der Autorin) Geschichtspessimismus stößt sich an der krisenverschärfenden Arroganz der meist als egozentrisch und borniert gezeichneten Oberschicht, die für Rigo erst im letzten Akt der Tragödie heroische Größe gewinnt. Die baltischen Sozialkonflikte mögen heutige Historiker anders perspektivieren. Dennoch verdient dieser Roman als eigenständige Zeitdeutung und souveräne Literaturleistung ernst genommen zu werden. Provokant war gewiß die Themenwahl in einer Phase biologistischer Selbstgewißheit, die auch militärische Erfolge aus der Überlegenheit germanischen Blutes ableitete. Von der Brinckens Antiheld hingegen ist als Findelkind ein ethnischer und sozialer Niemand, der seine Rolle im Konflikt zwischen baltischen Baronen, Russen und der landstämmigen Unterschicht erst bestimmen muß:

„Ob du edles oder unedles Blut hast, wirst du nie durch eine Ahnentafel erfahren, die gibt es für dich nicht. Du kannst es allein aus dir selbst erfahren, und das ist schließlich der gültigste Maßstab."
Götz bewegt den Kopf, ihm ist dumpf wie in einem Kellerverließ. Also wird er nie herausfinden aus dieser Ungewißheit, es war alles vergeblich! Sohn eines Zigeuners – gut. Zigeuner unter Zigeunern kann das ärgste nicht sein. Sohn eines Knechtes? Dann geht man eben aus den Parkettzimmern in die Gesindestuben und spielt nicht einen aus vornehmem Blut und nicht mit dem Feuer!

Auch Deutschtum ist ihm keine natürliche Empfindung, sondern allenfalls eine kulturbedingte Wahl:

> *Götz [...] will ruhig bleiben. „Ich glaube an die deutschen Dichter und Denker und Helden, aber an die deutschen Metzger und Krämer und Biertischphilister, die es ebenfalls gibt, glaube ich nicht. Sie sind nicht meine Brüder [...].“*
> *„Ich fühle mich mit ihnen verwandt“, schreit Axel, „mit jedem deutschen Metzgergesellen, jedem einfachsten deutschen Mann – mehr als mit Lermontoff oder Dostojewski.“*
> *„Dann tut es mir leid um dich.“*

Solche Identifikationskrisen begleiten ihn sein ganzes, nur 23 Jahre währendes Leben lang. Weder bei seinen adligen Gasteltern noch in der Religion oder in verschiedenen Frauenbeziehungen findet er emotionale Sicherheit. Er verweigert die Konfirmation und einen freiwilligen Einsatz im deutschen Heer. Seine Stellung als Niemand wird erst durch den bolschewistischen Umsturz insofern aufgewertet, als nun die Barone zum Freiwild werden und ihm seine Anonymität zugutekommt. Eine Jugendfreundin, die ihn seinerzeit als nicht ebenbürtig empfand, überredet ihn jetzt zu einer Alibi-Ehe. Doch auch diese gewährt ihr keinen Schutz vor Deportation. Erst zum Romanschluß, der 1919 spielt, findet Götz durch sein Engagement bei der Baltischen Landeswehr gleichberechtigte Anerkennung. Seinen Lebenssinn erkennt er fast triumphierend in dieser neuen Gemeinschaft, konkret: in der Aufgabe, seine in der Schlacht von Wenden bedrängten Landsleute zu warnen. Doch auch hier sieht er sich vom Schicksal getäuscht und von einem sich strikt verbergenden Gott nicht erhört. Denn kurz bevor er seine Mission erfüllen kann, stirbt er an Herzschwäche. Die letzten Sätze lauten: „Gott ist groß. Er weiß, was er tut, er weiß, wozu alles getan wird. Wir – nein, wir wissen es nicht.“

Auch Betzners *Basalt* zeigt ideologische Inkompatibilitäten, ungeachtet des Umstands, daß Politik nur spärlich in den geschilderten Mikrokosmos einzudringen scheint. Immerhin gibt es den Rückblick auf die Revolutions- und Inflationsphase seit 1918. Sie hätten das „Gift" des Kriegs und Nachkriegs in sich noch nicht „ausgeschwitzt", heißt es als Begründung für die Konfliktbereitschaft der Männer von Hainrod. Und in der Tat bleibt Krieg, der ja ohnehin den zeitlichen Rahmen der Handlung markiert, das emotionale Zentrum, um das ihr Denken, ihre Furcht und ihr Hoffen kreisen. Krieg hat viele unter ihnen zu traumatisierten Opfern gemacht, einige zu Hassern, die in der Manier von Wiecherts *Totenwolf* auf Revanche und erneute Bewährung lauern, andere zu Atheisten, denen in den Gemetzeln von 1914 – 18 der Glaube an eine göttliche Weltordnung verlorenging.

Es fällt dabei auf, wie wenig Erhebendes der Autor mit dem Kriegserlebnis verknüpft, sieht man von einer lebenslangen Gefühlsgemeinschaft und verbindenden Gesängen ab. Gesundheitliche Schädigungen, Angstvisionen aufgrund einer erlittenen Verschüttung, Folgeschäden aus der Gefangenschaft – darauf laufen die meisten Schicksale hinaus. Und als es 1939 erneut zu den Waffen geht, überwiegt der bedrückende Eindruck der Verlustziffern. Krieg findet jetzt nahezu ausschließlich aus der Optik der Dorfbewohner statt, die um ihre Söhne (und damit auch um kaum entbehrliche Arbeitskräfte) bangen. In einem Gespräch heißt es:

Da zieht die Spur, die rote leuchtende Spur von deinem Haus in die Wüste, von dem meinen ans weiße Meer, vom Landhaus oben in die Ukraine und auf Moskau zu, nach Norwegen und in die Bretagne vom Kutt seinem Haus, nach Flandern von der Hütte des Nachtwächters und von der des Maurers nach dem Schwarzen Meer hin, vom Hof des Blinden nach Leningrad und nach

Kreta. Auch die Vermißten und die Gefallenen haben ihre Spur. In die Luft und über die Meere läuft sie hin. Ein ganzes Netz, hier und in allen Dörfern und Städten läuft es zusammen. Und jetzt hat die Welt uns eingefangen. Und nun zieh dich da heraus.

Den alten Ringk macht die Ungewißheit über das Schicksal seines Hoferben fast närrisch. In trotzig-verzweifelten Anrufen fordert er Gott zu einem günstigen Urteil heraus, das seinem Enkel die heile Heimkehr garantieren möge. Und für aufgeweckte Leser lag der Verdacht nicht fern, daß im Hadern mit einer höheren Macht auch die irdische eingeschlossen sei. Damit dies tagespolitisch nicht zu sehr aufstieß, milderte Betzner die Provokation durch wenige Gegenfiguren, die, soziologisch gewiß korrekt, dem Bedenken der Altvorderen den Optimismus der Jüngeren entgegenstellen. Sie trauen sich offenbar auch militärisch zu, „das Kind schon zu schaukeln".

Nachhaltiger wirkt die Bedrückung der Alten. Ihre Zweifel gelten ja bereits gewissen technischen, industriellen oder zivilisatorischen Neuerungen, die der Autor zumindest als zwiespältig beurteilt. In der Familie Ringk stehen sich der Vertreter des seßhaften, auf scheinbar ewige Gesetze eingeschworenen Bauerntums und das innovationsfreudige industrielle Aufsteigertum beispielhaft gegenüber, ein Generationenkonflikt, der in aller Härte ausgetragen wird. Denn die Alten leiden unter dem Verlust von Vertrautem und dem sie überfordernden Tempo der Neuerungen.

Auch äußerlich ändert sich vieles. So wird bezeichnenderweise der Friedhof vom Basaltwerk eingestaubt. Wald- und Ackerflächen müssen weichen. Das „Idyll" des Tales wird durch schwarzgraue Halden, Rauch und Lärm vernichtet. Als „Glückszeichen für die Arbeiter" wertet der junge Ringk seine erfolgreiche Probesprengung, die diese Entwicklung initiiert. Dem Baron gilt sie dagegen als „Überfall und Vertreibung". Er hält dem künftigen Bruchmeister als stummes Argument ein dabei zerstörtes Vogelnest vor Augen und provoziert die schlagende Antwort dieser Hauke-Haien-Gestalt: „Es fallen noch mehr Vögel aus dem Nest, wenn der Betrieb erst angeht." Wahrlich ein weiterweisendes und ausdrucksstarkes Symbol!

Zusammenfassend läßt sich feststellen, daß Heimatliteratur im „Dritten Reich" für nationalsozialistische Einflußnahmen anfällig war, gezielt in Dienst gestellt wurde und dies zuweilen auch gerne mit sich geschehen ließ. Diese pragmatische Bilanz verdeckt jedoch, wie sperrig das Gedankengut war, das mithilfe der Heimatliteratur dem NS-Ideologiekomplex einverleibt wurde. Schon vom Prinzip her widersprach der regionale Ansatz den zentralistischen Bestrebungen des Regimes. Wo dieses Potsdam und dessen Gehorsamkeitshierarchie als Ideal zelebrierte, machte Heimatliteratur auf den Eigenwert der kleinen Gebiete und zuweilen auch auf preußische Bevormundung respektive Überfremdung aufmerksam.

Selbst ihre tendenziell unpolitische Haltung stand in gewissem Gegensatz zu totalitären Ansprüchen des Hitler-Staates. Ein Betznerscher Bauer, dessen Hauptinteresse im Zweiten Weltkrieg dem Hoferben galt, entzog sich den propagandistischen Vorstellungen einer mobilisierten Volksgemeinschaft. Ein Verkünder des einfachen Landlebens fragte nicht nach Weltmacht. Heimatliteratur, wo sie idyllisch verklärte, kollidierte mit heroischen Erwartungen, und wo sie quietistische Vorstellungen vom Glück im Winkel vermittelte, mit Hitlers imperialistischem Konzept. Zum ideologischen System der Heimatliteratur paßten Aktionen wie der Rußland-Feldzug wenig. Viel näher lag für literarische Regionalisten, unabhängig von der jeweiligen persönlichen Courage oder Widerstandsbereitschaft der Verfasser, dergleichen Unternehmen als vermessen zu betrachten. Ausdrücklich formulierte Kirschweng dies im just zum

Ausbruch des Zweiten Weltkriegs erschienenen Roman *Der Neffe des Marschalls,* der sich wie ein Antikriegs- oder Antiimperialismus-Manifest liest:

> *Weißt du, wir alle gehören nicht zu der Rasse der Eroberer [...]. Eroberer haben etwas von Meerfahrern an sich, und wir, wir sind so weit von allen Meeren entfernt, wir haben die Nied und die Blies und die Prims und haben schließlich auch die Saar und ein kleines bißchen auch noch die Mosel, aber das sind alles wirkliche Heimatflüsse und Flüßlein. Sie geleiten nirgends aus der Heimat heraus in die weite gefährliche Welt. [...] wir sind keine Rasse von Eroberern. Wir sind eine Rasse von inbrünstigen Daheimbleibern.*

So also definierte Kirschweng Heimat im Moment, als man im Saarland Evakuierungen befahl und die Militarisierung der Gesellschaft ihrem Höhepunkt zustrebte. Auch der traditionsverhaftete Grundzug der Heimatliteratur, häufig verbunden mit antistädtischem, antitechnischem und antimodernistischem Affekt, widersprach vielen Tendenzen, die sich im „Dritten Reich" in praxi durchgesetzt hatten. Wenn Werfel den Typus, der den Nationalsozialismus auslebte, einmal als „motorisierten Golem" bezeichnete, so brachte dies Eigenschaften in Anschlag, die mit den meisten Heimatgeschichten schlechterdings nichts gemein hatten. Natürlich trug zu solchen Mißverständnissen auch die in sich widersprüchliche völkische Weltanschauung bei. Aber wo diese zunächst zur Verherrlichung, später zur Verdammung der Heimatliteratur herangezogen wurde, ließ man unberücksichtigt, daß die Gemeinsamkeiten zwischen dem Völkischen und jenem Teil der belletristischen Produktion am wenigsten auf Feldern lagen, die der NS-Diktatur ihren Schreckensruf einbrachten.

Der Befund wird erhärtet durch den Blick auf die Verhältnisse im Kontext des gewaltsamen Österreich-Anschlusses oder in anderen

Grenzregionen. In Schlesien etwa erschien 1935 Victor Kaluzas heftig umstrittener Roman *Das Buch vom Kumpel Janek,* der deutsch-polnische Blutsmischungen verteidigte und proletarische Anliegen vertrat. Die ihm hierzulande wohlwollten, sahen darin einen Versuch der Werbung gegenüber den Polen, sich dem deutschen Volkstum anzuschließen. Die Parteipresse hingegen zieh es der Gesinnungslosigkeit. Auch Cosmus Flams von der Idee deutsch-polnischer Versöhnung getragener, historisch zurückschauender Roman *Ein Land entsteigt der Dämmerung* (1938) erregte Anstoß und wurde später verboten.

Zum Ärgernis für NS-Orthodoxe wurde August Scholtis. Verstand sich der Autor doch, wie es im späten Erinnerungsband heißt, als literarischer Sachwalter jener unspektakulären, zivilisationsfernen „heimatlosen Menschheit", die zwischen „Staatsgrenzen hin und her gezerrt, abwechselnd durch beide Seiten des freien Willens beraubt, genötigt, gejagt, geplündert" wurde und deren Knochen die Schlachtfelder der Weltkriege düngen.

Für Scholtis' Erfahrungen im Grenzgebiet speiste sich die schlesische Kultur- und Mentalitätsmischung hauptsächlich aus folgenden Elementen: Preußentum wurde über den Protestantismus vermittelt, dazu über allgemein propagierte Kaisertreue und bürokratisch eingebleutes Obrigkeitsdenken. Deutscher Einfluß äußerte sich in Form von Technik und Industrie sowie in Gestalt der ins Reich wandernden Maurer, die auf diese Weise trotz ihrer patriotischen Grundorientierung demokratisch-soziale Ideen mitbrachten. Von polnischer Seite nannte er vor allem einen intensiv gelebten Katholizismus, dessen enge Verbindung zur nationalen Unabhängigkeitsbewegung dem Autor allerdings stets suspekt blieb. Auch den für ihn selbst kennzeichnenden Hang zu Mystik, Gespensterfurcht und -faszination leitete er aus polnischer Herkunft ab.

Sein von der Kritik gefeierter Debütroman *Ostwind* erschien Ende 1932 und wurde bereits ein halbes Jahr später verboten. Der Autor sah sich daher künftig zu kleineren Anpassungen genötigt. Doch am Grundsätzlichen hielt er fest: der dringenden Empfehlung, den kulturellen Mischcharakter eines Grenzgebiets ohne Vorbehalte zu akzeptieren. Er warb für Deutschland, zu dem er sich ja einst bei der Abstimmung bekannt hatte. Aber die Entscheidung möge im friedlichen Wettstreit der überlegenen zivilisatorischen wie sozialen Konzeption zufallen. Gewaltsame Akkulturation lehnte er ab. Scholtis' lebenslanges Plädoyer für eine auch vom Geistigen getragene Koexistenz in einem Vielvölkergebiet geschah im Bewußtsein, daß schon die sozioökonomischen Voraussetzungen seiner Heimat einer kulturellen Blüte kaum günstig waren. Umso schädlicher wirkten alle Versuche, das wenige, das im Zusammenhang unterschiedlicher Ethnien entstanden war, auch noch ins Prokrustesbett nationalstaatlicher Homogenität zu zwängen.

Sein nächster Schlesien-Roman, *Baba und ihre Kinder,* 1934 noch im jüdischen Cassirer-Verlag erschienen, bekräftigte die Überzeugung, es gebe keinen essentiellen Unterschied zwischen Polen und Deutschen, es sei denn, er würde durch Politik oder klerikale Agitation von außen hineingetragen. Baba, die sympathietragende Hauptfigur, will von einer Völkerrangordnung nichts wissen. Die erdhaft-dralle Matrone zeigt sich großen Worten und Parolen ohnehin abhold und konzentriert sich darauf, ihre zahlreichen, meist unehelichen Kinder durchzubringen. Mit dem Realismus des Underdogs begreift sie nationalistische Überhitzungen als Ausweichen vor der sozialen Frage und reduziert Politisches auf alltägliche Lebensbewältigung. Je nach Opportunität hält sie es mal mit den preußischen Panen, mal mit dem katholischen, für Polen optierenden Pfarrer und zieht Vorteile aus solchen Querelen. Auch spottet Scholtis über alle Versuche, politische mit linguistischen Grenzziehungen zu vermengen. Denn Baba und die Ihren reden partout keine reine Staatssprache, sondern wie ihnen der Schnabel gewachsen ist.*

Ebenso hält es Strolch Truba im Roman *Das Eisenwerk* (1939), der Scholtis' Absicht fortsetzt, zu einer differenzierten Sicht des Ostens beizutragen. Im Zuge des verschärften Konflikts mit Polen hatten sich zwar die schriftstellerischen Rahmenbedingungen im Vergleich zu 1934 deutlich verschlechtert. Doch zu tatsächlich regimekonformem Schreiben war der Autor nicht bereit und bei seiner Tendenz zur realistischen Sozialanalyse und Sympathie für kleine Leute, Außenseiter und Herumtreiber auch wenig geeignet. So schilderte er Menschen zwischen allen Fronten, in der Bedrängnis durch ökonomische Zwänge, Modernisierungsprozesse und Volkstumskonflikte, sich verständigend in einer Mischsprache, gefühlsmäßig verschiedenen Lokalgeistern von Boloto unterworfen, die man laut Volksmeinung gegebenenfalls anderen auf den Hals hetzen konnte. *Das Eisenwerk* hält nicht ganz das Niveau der früheren Romane. Aus Einzelepisoden gefügt, in einer Erzählweise zwischen Sozialreport und Anklängen an Céline, wirkt es weniger homogen als *Ostwind* und *Baba*. Aber auch Originelles und Verblüffendes wird geboten.

Der beherrschende Eindruck des Romans ist dessen durchgehende Resistenz gegen Klischees. Sobald man glaubt, den Autor ideologisch fixiert zu haben, findet sich eine andere Textstelle, die frühere Urteile wieder relativiert. Einerseits deutet er die Entwicklung als notwendiges Resultat deutschen Fleißes wie Fortschrittswunders und verspottet antideutsche Ressentiments von polnischer Seite. Andererseits schildert er das häßlich Traditionslose dieser Entwicklung, die

* Vgl. S. 297–300.

am Schluß in krassesten Kapitalismus mündet, der unter dem Einfluß des Großhändlers Chacharoff – ein sprechender Name – geradezu karikaturistisch vonstatten geht.

Er schildert preußische Beschränktheit und Ungerechtigkeit und Stockherrschaft in gleichem Atemzug wie gute Taten, die etwa der Ausbildung Einheimischer dienen. Die junge Generation zeigt sich aufgeschlossener, dafür unsensibler hinsichtlich des Untergangs einer Welt. Tüchtigkeit steht Menschlichkeit gegenüber. Scholtis kritisiert polnische Ressentiments, aber verteidigt die Lebensart der Polen. Er plädiert für eine Politik des Laissez-faire und die deutsche Mission, aber gegen Völkerhochmut.

Alle wichtigen Figuren sind mehrdimensional angelegt. Der Pfarrer erweist sich als humaner, ausgleichender Typus, jedoch zugleich als Parteigänger des Klerikalismus. Die zwei Hauptfiguren Gustav Grefkha und Strolch Truba als Antagonisten haben beide Ambivalentes an sich. Der Aufsteiger Gustav orientiert sich an den tüchtigeren Deutschen, trennt sich von seinem polnischen Milieu und entwickelt sich zum brutalen Exekutor der Industrialisierung. Er vergißt seine Herkunft und hat dennoch keine Chance, in einen höheren Stand einzuheiraten. Die eigentliche Sympathiefigur Truba, ein Spaßmacher à la Schwejk, Gelegenheitssäufer mit genialen Ideen, visionären Zügen und einer gewissen Tiefe, interessiert sich zwar für deutschen Fortschritt, reagiert aber mit Enttäuschung auf Gustavs Entwicklung. Alois Birlands Vorurteilsfreiheit reicht nur so weit, wie es seinem ökonomischen Vorteil zugutekommt. Seine Schwester darf Gustav nicht heiraten. Zwischen Gustav und Truba, die letztlich zwei Formen gescheiterter Assimilation verkörpern, kommt es am Ende zu einem (symbolischen) Untergangskampf. Alles in allem also die Schilderung eines äußerst problematischen Raums.

Solche Mehrdeutigkeiten empörten den Kritiker Ter-Nedden und mündeten in der offiziösen Berliner *Weltliteratur* in das Urteil, Scholtis' sittliche und politische Haltung sei untragbar. Ihm fehle jegliches Blut- und Rassebewußtsein und Verständnis für die kulturelle Ostmission. Des Autors Replik auf solche Vorwürfe, die in der *Neuen Literatur* wiederholt wurden, bestand in trotzigen Schreiben an die jeweiligen Herausgeber, die in der Geschichte der NS-Publizistik ihresgleichen suchen.

Den Rezensenten bezichtigte er „bengelhafter Bemerkungen" vom Niveau „hochstapelnder Gymnasiasten". Die auch von SS-Autoren geprägte Zeitschrift sei ein „Skandalblatt mit dem höchst anmaßenden Titel einer ‚Weltliteratur'", in der sich offenbar eine „minderwertige Schimpfgenossenschaft zusammengetan" habe, um „Himmel und Hölle herauszufordern". Die Zuschrift an Will Vesper, den Herausgeber der *Neuen Literatur,* verschärft noch den Ton:

Sehr geehrter Herr,

[...] Ich werde alle meine Bücher und Aufsätze durch die Reichsschrifttumskammer nachprüfen lassen und die deutsche Nation wird mir bestätigen, daß ich meine Pflicht getan habe, umsomehr als ich nur eine minderwertige preußische Volksschule besuchen durfte, wo mich verantwortungslose Schulmeister während der Deutschstunde ihre Hühner nach Eiern befühlen ließen und zum Kuhkalben verwendeten. Die Nation wird ein stilles Lächeln haben für diese skandalösen Zustände, die ich Euch längst verziehen habe. Ich habe einen deutschen Namen und spreche wie meine Familie und unsere Grenzlandsippen einen slavischen Idiom. Herr Ter-Nedden versteht davon nichts und soll lieber seine Finger in den Arsch stecken und nicht in die östliche Mission unseres Volkes.

Heil Hitler!
(gez.) August Scholtis

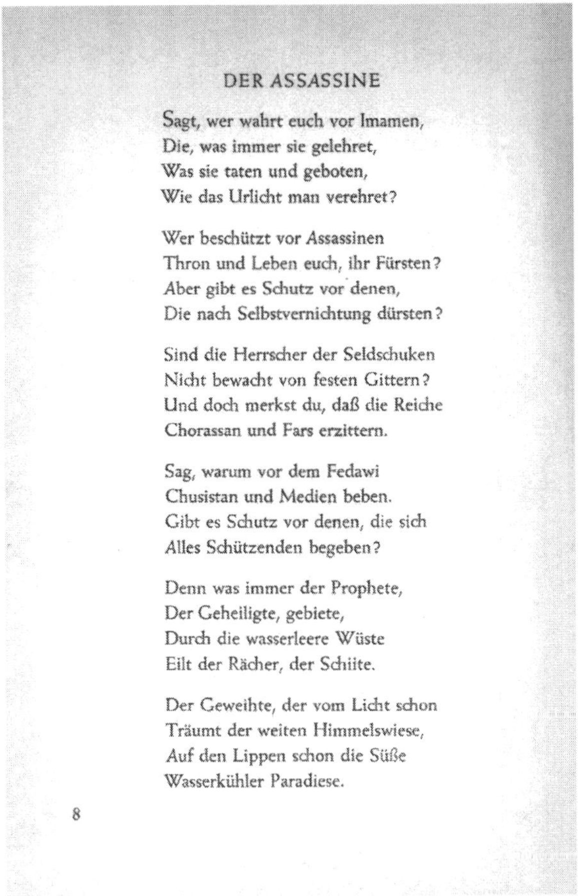

DER ASSASSINE

Sagt, wer wahrt euch vor Imamen,
Die, was immer sie gelehret,
Was sie taten und geboten,
Wie das Urlicht man verehret?

Wer beschützt vor Assassinen
Thron und Leben euch, ihr Fürsten?
Aber gibt es Schutz vor denen,
Die nach Selbstvernichtung dürsten?

Sind die Herrscher der Seldschuken
Nicht bewacht von festen Gittern?
Und doch merkst du, daß die Reiche
Chorassan und Fars erzittern.

Sag, warum vor dem Fedawi
Chusistan und Medien beben.
Gibt es Schutz vor denen, die sich
Alles Schützenden begeben?

Denn was immer der Prophete,
Der Geheiligte, gebiete,
Durch die wasserleere Wüste
Eilt der Rächer, der Schiite.

Der Geweihte, der vom Licht schon
Träumt der weiten Himmelswiese,
Auf den Lippen schon die Süße
Wasserkühler Paradiese.

8

1 Friedrich Georg Jünger: *Der Assassine* (Anfang), Seite aus *Der Missouri. Gedichte,* Insel 1940.

2 Werner Bergengruen: *Der Großtyrann und das Gericht,* Hanseatische Verlags-Anstalt 1935 • **3** Stefan Andres: *El Greco malt den Großinquisitor,* P. List 1936 • **4** Hans Fallada: *Wolf unter Wölfen,* E. Rowohlt 1937 • **5** Ernst Wiechert: *Das einfache Leben,* A. Langen / G. Müller 1939.

6 Horst Lange: *Die Leuchtkugeln,* H. Goverts 1944 • **7** Siegfried von Vegesack: *Baltische Tragödie,* Deutsche Buch-Gemeinschaft 1936 • **8** Rudolf Brunngraber: *Radium,* E. Rowohlt 1936 • **9** Frank Thiess: *Tsushima,* P. Zsolnay 1936.

10 Marianne Langewiesche: *Königin der Meere,* H. v. Hugo 1940 • **11** Ricarda Huch: *Deutsche Geschichte – Das Zeitalter der Glaubensspaltung,* Atlantis 1937 • **12** Ernst Penzoldt: *So war Herr Brummell,* Arcadia 1933 • **13** Hans Hömberg: *Kirschen für Rom,* W. Andermann 1943.

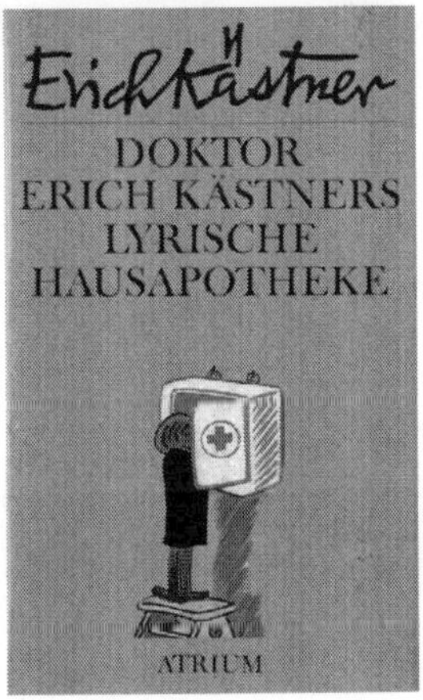

14 Gerhart Hauptmann: *Iphigenie in Aulis,* Szenenfoto von der Uraufführung, Wiener Burgtheater, 15. 11. 1943, Käthe Braun als Iphigenie, Ewald Balser als Agamemnon • **15** Georg von der Vring: *Dumpfe Trommel, schlag an!* H. Goverts 1939 • **16** Erich Kästner: *Doktor Erich Kästners Lyrische Hausapotheke,* Atrium 1936.

17 Friedrich Georg Jünger: *Gedichte,* Widerstands-Verlag 1934 • **18** Werner Bergengruen: *Dies irae,* Arche Bücher 1945 • **19** Ernst Jünger: *Blätter und Steine,* Hanseatische Verlags-Anstalt 1934 • **20** Peter Bamm: *Der Hahnenschwanz,* Deutsche Verlags-Anstalt 1934.

21 Kurt Kluge: *Der Herr Kortüm,* A. Spemann 1938 • **22** Hans Fallada: *Heute bei uns zu Haus,* E. Rowohlt 1943 • **23** Ehm Welk: *Die Heiden von Kummerow,* Ullstein 1937 • **24** Stefan Andres: *Vom heiligen Pfäfflein Domenico,* P. List 1936.

25 Herbert von Hoerner: *Die Kutscherin des Zaren,* A. Spemann 1936 • **26** Werner Finck: *Das Kautschbrevier,* Herbig 1938 • **27** Stefan Andres: *Die Sintflut – Das Tier aus der Tiefe,* R. Piper 1949 **28** Werner Bergengruen: *Der Tod von Reval,* Hanseatische Verlags-Anstalt 1939.

29 Kurt Kusenberg: *Der blaue Traum,* E. Rowohlt 1942 • **30** Kurt Kusenberg: *La Botella,* E. Rowohlt 1940 • **31** Paul Gurk: *Tuzub 37,* Holle & Co. 1935 • **32** Hans Fallada: *Wir hatten mal ein Kind,* E. Rowohlt 1934.

33 Ernst Schnabel: *Schiffe und Sterne,* H. Goverts 1943 • **34** Horst Lange: *Schwarze Weide,* H. Goverts 1937 • **35** Johannes Kirschweng: *Der Neffe des Marschalls,* K. Alber 1939 • **36** August Scholtis: *Das Eisenwerk,* W. Krüger 1939.

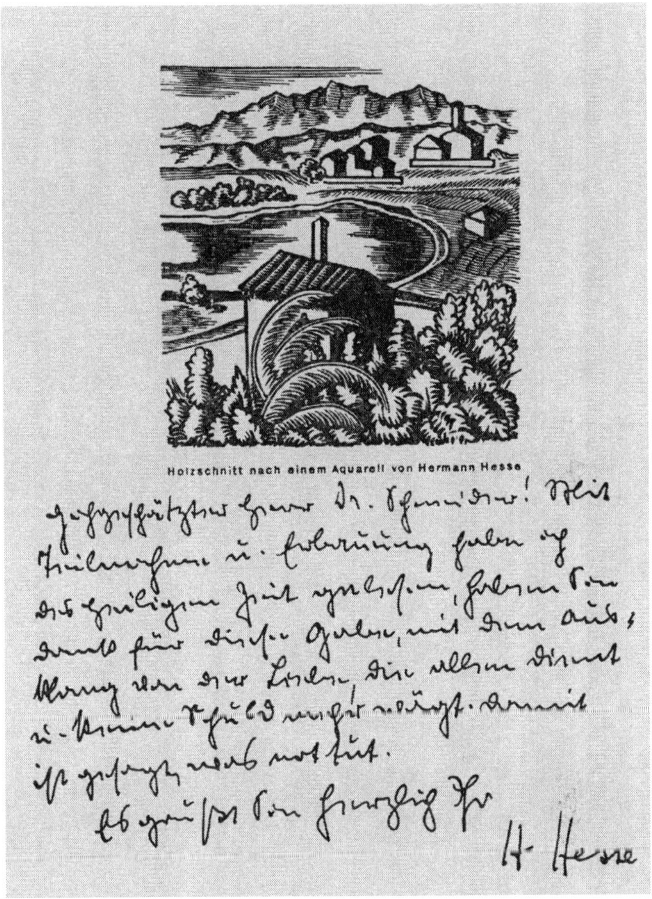

37 Hermann Hesse dankt Reinhold Schneider für dessen Gedichte *Jetzt ist des Heiligen Zeit,* Brief vom 22. März 1944: *Hochgeschätzter Herr Dr. Schneider! Mit Teilnahme u. Erbauung habe ich Des heiligen Zeit gelesen, haben Sie Dank für diese Gabe, mit dem Ausklang von der Liebe, die allen dient u. keine Schuld mehr wägt. Damit ist gesagt, was not tut. / Es grüßt Sie herzlich Ihr / H Hesse*

V.
Kleine Bücherchronik der Inneren Emigration

Vorbemerkung

Die folgende schmale Auswahl bemerkenswerter Bücher, die im „Dritten Reich“ erschienen bzw. entstanden sind, bietet Anregungen, sich in die Materie zu vertiefen. Nutzen mag die Lektüre vor allem denen, die sich bewußt sind, in solchen Texten etwas zu lesen, was ihnen aus der gegenwärtigen Belletristik nicht (mehr) vertraut ist. Zwar wirkt einiges noch durchaus aktuell, anderes jedoch eher fremd. Und wir sollten das uns nicht mehr ganz Vertraute mit ähnlicher Neugier und Aufgeschlossenheit entdecken wollen, wie wir dies bei der Annäherung an andere Kulturen gewohnt sind. Denn stets nur das jeweils Geläufige zu konsumieren und zu schätzen, bannt uns in einem Verständniszirkel.

Die Auswahl versteht sich nicht als Hitparade der Epoche. Sonst hätte ein Dutzend Autoren wegen ihrer überragenden Bedeutung den Großteil der Nennungen bestimmt und andere gänzlich verdrängt. Etwa die Hälfte verdankt ihre Erwähnung der Schwerpunktsetzung dieses Bands, wobei nicht alle im Haupttext Genannten hier erscheinen. Bei anderen Akzenten wären andere Werke angeführt worden. Dafür kamen einige im Band nicht besprochene Bücher hinzu – ihrer literarischen Qualität oder stilistischen Innovation wegen oder weil sie als subversive Dokumente Erwähnung verdienen. Exemplarisch gilt dies für etliche Feuilletons von Rudolf Pechel. Als dominierendes Auswahlkriterium galt also die Epochensignifikanz der jeweiligen Texte, sei es durch ihre formale Eigenart, sei es durch den Mut und Einfallsreichtum ihrer Verfasser, in einem kulturpolitisch hochreglementierten Rahmen ästhetische und regimekritische Botschaften zu versenden.

Bibliographische Ambitionen lagen mir fern zugunsten des Hinweises auf wenige exemplarische Titel, die eine Ahnung von der Reichhaltigkeit einer unterschätzten Literaturszene vermitteln. Unterrepräsentiert sind Essays, Produktionen für Theater, Film und Funk,

Reise- und Tagebücher. Für eine Aufnahme von Diarien – es fehlen wichtige Nachkriegseditionen wie die von Ruth Andreas-Friedrich, Jochen Klepper, Horst Lange, Arnold Weiß-Rüthel, Oskar Loerke, Felix Hartlaub oder Viktor Klemperer – gaben in der Regel die ästhetische Qualität sowie der Stellenwert im Gesamtwerk der Autoren den Ausschlag.

Es verzerrt ein wenig die Optik, daß hier, ohne die Liste um ein Vielfaches aufzublähen, nur selbständige Publikationen genannt werden konnten, also keine einzelnen Aufsätze, Impressionen oder Gedichte (mit Ausnahme einiger Zeitschriften-Vorabdrucke). Denn zentrale, erst später (in Sammelbänden) publizierte Texte entstanden bereits im „Dritten Reich", gehören also ästhetisch oder programmatisch zunächst einmal in diesen Kontext. Das gilt besonders für Stefan Andres, Gottfried Benn, Wolfgang Borchert (vgl. *Das Gesamtwerk,* 1949), Günter Eich (*Abgelegene Gehöfte,* 1948), Peter Huchel und für Georg Brittings 1940 begonnenen Sonett-Zyklus über den Tod, der komplett erst 1947 erschien *(Die Begegnung).* Zur Ergänzung im Bereich pragmatischer Texte verweise ich ausdrücklich auf die entsprechenden Passagen im Kapitel *Schlüsseltexte.**

Es mag verwundern, daß in einer Liste von Texten aus der Feder von Regimekritikern oder -skeptikern in seltenen Fällen selbst zeitweilige „Aushängeschilder" des „Dritten Reichs" auftauchen: z. B. Fussenegger, Tumler, Weinheber, Perkonig, Rehberg oder Erhart Kästner. Die jeweiligen Begründungen dafür stehen im Haupttext. Dem Ansatz des Buches entsprechend, dem es wesentlich um eine Literaturszene geht, ist auch eine kleine Auswahl solcher Bücher aufgenommen, die von deutschsprachigen Autoren aus dem (damaligen) Ausland, z. B. aus Österreich, der Tschechoslowakei oder der Schweiz, verfaßt wurden,

* S. 204 – 225.

aber im reichsdeutschen Buchhandel präsent waren bzw. häufig auch mit Blick auf diesen hergestellt wurden. Darunter fallen auch so prominente „Halbexilanten" wie Borchardt, Hesse, Horvath, Musil.

Die Aufstellung bevorzugt Epik, was sich unter dem Aspekt der Zugänglichkeit wohl rechtfertigt. Auch wo keine Neueditionen existieren, lassen sich Romane oder Erzählungen wenigstens noch antiquarisch beziehen oder über die wenigen, nicht modernistisch ausgedünnten Bibliotheken einsehen. Bei Dramen ist die Chance geringer, von Hörspielen ganz abgesehen, die höchst selten ediert wurden.

Die Anordnung folgt in der Regel der Erstausgabe der Bücher. Bei einer früheren Zeitschriftenausgabe, z. B. in der *Dame*, gilt deren Datierung, bei (nichtpublizieren) Theaterstücken mitunter auch die Premiere. Nach den im „Dritten Reich" erschienenen Texten sind die in den entsprechenden Jahren geschriebenen, aber erst nach dem Krieg veröffentlichten Texte in einem eigenen Absatz aufgeführt.

Zur Kennzeichnung der Gattungen, soweit sich diese nicht aus den Titeln ergab, wurden folgende Abkürzungen benutzt: A – Autobiographie / Dr – Drama / Erz(n) – Erzählung bzw. Erzählungen / Ess – Essay(s), Betrachtung(en), Impressionen, satirische Glossen etc. / F – Fabel / Gde – Gedichte / Kibu – Kinderbuch / Kom – Komödie / Nov – Novelle / R – Roman / Rb – Reisebuch / Tb – Tagebuch

Die chronologische Abfolge fördert Überlegungen zum Kontext bestimmter Werke oder zur politischen Entwicklung. 1933 etwa indizieren die Titel, mit aller Vorsicht formuliert, daß sich manche Verleger bei sensiblen Themen zurückhielten und erst austesteten, was jenseits von Unterhaltungskost noch erlaubt war. Der schon bald einsetzende Wirtschaftsaufschwung schlägt sich vielleicht in einem reichhaltigeren Themenspektrum nieder. Ab 1943 mehren sich Produktionen für die Schublade, was 1944 unübersehbar wird. 1945 versiegen Publikationschancen fast gänzlich.

1933

Werner Bergengruen: *Der Teufel im Winterpalais* (Erz) • Georg Britting: *Das treue Eheweib* (Erzn) • Otto Flake: *Hortense oder Die Rückkehr nach Baden-Baden* (R) • Mascha Kaléko: *Lyrisches Stenogrammheft* (Gde) • Erich Kästner: *Das fliegende Klassenzimmer* (Kibu) • Jochen Klepper: *Der Kahn der fröhlichen Leute* (R) • Hans Leifhelm: *Gesänge von der Erde* (Gde) • Robert Musil: *Der Mann ohne Eigenschaften*, Bd. 2 (R) • Johann Rabener: *Verurteilt zum Leben* (R) • Walter Erich Schäfer: *Schwarzmann und die Magd* (Dr) • Edzard Schaper: *Die Insel Tütasar* (Erz) • Rudolf Schlichter: *Tönerne Füße* (A) • Heinrich Spoerl: *Die Feuerzangenbowle* (R) • Ernst Wiechert: *Der Dichter und die Jugend* (Rede an der Univ. München, 6.7.1933, publ. 1936).

1934

Emil Belzner: *Kolumbus vor der Landung* (R) • Richard Billinger: *Stille Gäste* (Kom) • Hans Georg Brenner: *Fahrt über den See* (R) • Hans Fallada: *Wer einmal aus dem Blechnapf frißt* (R) • Ders.: *Wir hatten mal ein Kind* (R) • Otto Flake: *Die Töchter Noras* (R) • Curt Goetz: *Dr. med. Hiob Prätorius* (Kom) • Robert Graves: *Ich, Claudius, Kaiser und Gott* (R) • Paul Gurk: *Berlin* (R) • Theodor Haecker: *Schöpfer und Schöpfung* (Ess.) • Albrecht Haushofer: *Scipio* (Dr) • Ricarda Huch: *Deutsche Geschichte, Bd. 1: Römisches Reich Deutscher Nation* • Ernst Jünger: *Blätter und Steine* (Ess) • Friedrich Georg Jünger: *Gedichte* • Erich Kästner: *Drei Männer im Schnee* (R) • Bernhard Kellerman: *Jang-tsze-kiang* (Erz) • Heinrich Kromer: *Von Schelmen und braven Leuten* (Erzn) • Friedo Lampe:

Am Rande der Nacht (R) • Oskar Loerke: *Der Silberdistelwald* (Gde) • Paula Ludwig: *Traumlandschaft* (Traum-Erzn) • Josef Mühlberger: *Die Knaben und der Fluß* (Erz) • August Scholtis: *Baba und ihre Kinder* (R) • Ernst Wiechert: *Die Majorin* (R).

1935

Peter Bamm: *Die kleine Weltlaterne* (Ess) • Werner Bergengruen: *Der Großtyrann und das Gericht* (R) • Karl Friedrich Borée: *Quartier an der Mosel* (R) • Georg Britting: *Der irdische Tag* (Gde) • Fred Endrikat: *Die lustige Arche* (Gde) • Peter Gan: *Die Windrose* (Gde) • Walter Gilbricht: *Marie Charlotte Corday* (Dr) • Ders.: *Michael Kohlhaas* (Dr) • Paul Gurk: *Tresoreinbruch* (R) • Ders.: *Tuzub 37* (R) • Victor Kaluza: *Das Buch vom Kumpel Janek* (R) • Wolfgang Koeppen: *Die Mauer schwankt* (R) • Arnold Krieger: *Das Blut der Lysa Gora* (R) • Elisabeth Langgässer: *Tierkreisgedichte* • Wilhelm Lehmann: *Antwort des Schweigens* (Gde) • Thomas Mann: *Leiden und Größe der Meister* (Ess.) • Karl Muth: *Schöpfer und Magier* (Ess) • Josef Friedrich Perkonig: *Honigraub oder Der Hügel Sankt Joseph* (R) • Erik Reger: *Napoleon und der Schmelztiegel* (R) • Eugen Roth: *Ein Mensch* (Gde) • August Scholtis: *Jas, der Flieger* (R) • Peter Stühlen: *Eltern und Kinder* (R) • Josef Weinheber: *Wien wörtlich* (Gde, erw. Neuausg. 1938) • Günther Weisenborn: *Die Neuberin* (Dr) • Ernst Wiechert: *Der Dichter und die Zeit* (Rede in der Univ. München, 16. 4. 1935, publ. 1936)

Rudolf Borchardt: *Jamben* (Gde, publ. postum 1967)

1936

Stefan Andres: *El Greco malt den Großinquisitor* (Erz) • Ders.: *Vom heiligen Pfäfflein Domenico* (Erz) • Gottfried Benn: *Ausgewählte Gedichte* • Werner Bergengruen: *Die Rose von Jericho* (Gde) • Friedrich Bischoff: *Der schlesische Psalter* (Gde) • Hans Georg Brenner: *Das Geheimnis des Adolph Freiherrn von Knigge* (R) • Rudolf Brunngraber: *Radium. Roman eines Elementes* • Hans Carossa: *Geheimnisse des reifen Lebens* (R) • Günter Eich: *Katharina* (R) • Curt Elwenspoek: *Der höllische Krischan* (R) • Herbert von Hoerner: *Die Kutscherin des Zaren* (Erz) • Erich Kästner: *Doktor Erich Kästners Lyrische Hausapotheke* (Gde) • Hermann Graf Keyserling: *Das Buch vom persönlichen Leben* (Ess) • Adam Kuckhoff: *Der Deutsche von Bayencourt* (R) • Elisabeth Langgässer: *Der Gang durch das Ried* (R) • Oskar Loerke: *Der Wald der Welt* (Gde) • Paula Ludwig: *Buch des Lebens* (A) • Edgar Maass: *Verdun* (R) • Ilse Molzahn: *Der schwarze Storch* (R) • Josef Friedrich Perkonig: *Nikolaus Tschinderle, Räuberhauptmann* (R) • Gerhart Pohl: *Die Brüder Wagemann* (R) • Sigismund von Radecki: *Nebenbei bemerkt* (Ess) • Erik Reger: *Heimweh nach der Hölle* (R) • Hans Reimann: *Das Buch vom Kitsch* (Ess) • Ernst von Salomon: *Nahe Geschichte* (Ess) • Edzard Schaper: *Die sterbende Kirche* (R) • Anton Schnack: *Die Flaschenpost* (Gde) • Reinhold Schneider: *Das Inselreich* (Ess) • Rudolf Alexander Schröder: *Dichtung und Dichter der Kirche* (Ess) • Heinrich Spoerl: *Der Maulkorb* (R) • Peter Stühlen: *Aus den schwarzen Wäldern* (R) • Frank Thiess: *Tsushima* (R) • Siegfried von Vegesack: *Die baltische Tragödie* (R-Trilogie) • Ders.: *Spitzpudeldachs und andere Tiergeschichten aus dem Bayrischen Wald* (F) • Ernst Wiechert: *Wälder und Menschen* (A).

Ödön von Horváth: *Don Juan kommt aus dem Krieg* (Dr, UA postum 1952) • Jan Petersen: *Unsere Straße* (R, publ. 1936 in Prag).

1937

Stefan Andres: *Moselländische Novellen* • Peter Bamm: *Der i-Punkt* (Ess) • Werner Bergengruen: *Der ewige Kaiser* (Gde) • Ders.: *Die drei Falken* (Nov) • Friedrich Bischoff: *Der Wassermann* (Erzn) • Richard Billinger: *Der Gigant* (Dr) • Rudolf Borchardt: *Vereinigung durch den Feind hindurch* (R) • Georg Britting: *Der bekränzte Weiher* (Erzn) • Otto Brües: *Der schlaue Herr Vaz* (R) • Hans Fallada: *Wolf unter Wölfen* (R) • Gertrud Fussenegger: *Mohrenlegende* (Erz) • Walter Gilbricht: *Letizia* (Dr) • Oskar Grosberg: *Meschwalden* (R, 2. Aufl.) • Gerhart Hauptmann: *Das Abenteuer meiner Jugend* (A) • Manfred Hausmann: *Abschied von der Jugend* (R) • Hermann Hesse: *Neue Gedichte* • Herbert von Hoerner: *Die letzte Kugel* (Erz) • Ricarda Huch: *Deutsche Geschichte,* Bd. 2: *Das Zeitalter der Glaubensspaltung* • Kurt Ihlenfeld (Hg.): *Die Stunde des Christentums. Eine deutsche Besinnung* (Ess) • Friedrich Georg Jünger: *Der Taurus* (Gde) • Marie Luise Kaschnitz: *Elissa* (R) • Jochen Klepper: *Der Vater* (R) • Friedo Lampe: *Septembergewitter* (R) • Horst Lange: *Schwarze Weide* (R) • Ilse Langner: *Der Mord in Mykene* (Dr) • Ernst Penzoldt: *Der dankbare Patient* (Ess) • Fritz Reck-Malleczewen: *Bockelson* (R) • Carl Rothe: *Die Zinnsoldaten* (R) • Rudolf Alexander Schröder: *Ballade vom Wandersmann* (Gde, vollst. Ausg. 1947) • Heinrich Spoerl: *Man kann ruhig darüber sprechen* (Ess) • Franz Tumler: *Der Ausführende* (R) • Günther Weisenborn: *Die Furie* (R) • Ehm Welk: *Die Heiden von Kummerow* (R) • Eugen Gottlob Winkler: *Gestalten und Probleme* (Ess).

Ernst Barlach: *Der gestohlene Mond* (R, publ. 1948) • Gottfried Benn: *Weinhaus Wolf* (Erz, publ.1949) • Gertrud Kolmar: *Welten* (Gde, publ. postum 1947) • Ernst Wiechert: *Die weißen Büffel* (Erz, 1937 öffentl. vorgetragen, publ. 1946).

1938

Martin Beheim-Schwarzbach: *Der Verstoßene* (R) • Werner Bergengruen: *Die verborgene Frucht* (Gde) • Friedrich Bischoff: *Himmel und Hölle* (Erzn) • Georg Britting: *Das gerettete Bild* (Erzn) • Heimito von Doderer: *Ein Mord, den jeder begeht* (R) • Werner Finck: *Das Kautschbrevier* (Kabaretttexte) • Sir Galahad (d. i. Bertha Eckstein): *Bohemund. Ein Kreuzfahrer-Roman* • Bruno Goetz: *Die Pferde gehen durch* (Erzn) • Oskar Grosberg: *Elsa Thode* (Erz) • Albrecht Haushofer: *Sulla* (Dr) • Ernst Jünger: *Das abenteuerliche Herz. Zweite Fassung* (Ess) • Johannes Kirschweng: *Die Fahrt der Treuen* (Erz) • Kurt Kluge: *Der Herr Kortüm* (R) • Gertrud Kolmar (unter dem bürgerl. Namen Chodziesner): *Die Frau und die Tiere* (Gde) • Gertrud von le Fort: *Die Magdeburgische Hochzeit* (R) • Hermann Lenz: *Das stille Haus* (R, publ. in der *Neuen Rundschau,* Buchausg. 1947) • Oskar Loerke: *Der Steinpfad* (Gde) • Walter von Molo: *Geschichte einer Seele* (R) • Franz Nabl: *Steirische Lebenswanderung* (Erzn) • Sigismund von Radecki: *Die Welt in der Tasche* (Ess) • Fritz Reck-Malleczewen: *Charlotte Corday* (R) • Eduard Reinacher: *Der starke Beilstein* (Erzn) • Hans Reiser: *Shiri Kaipi vom Amazonas* (R) • Christiane Ritter: *Eine Frau erlebt die Polarnacht* (Rb) • Olaf Saile: *Kepler* (R) • Friedrich Schnack: *Gesammelte Gedichte* • Reinhold Schneider: *Las Casas vor Karl V. Szenen aus der Konquistadorenzeit* (Erz) • Otto von Taube: *Geschichte unseres Volkes,* Bd. 1: *Die Kaiserzeit* (Bd. 2, *Reformation und Revolution,* 1942) • Arnold Ulitz: *Der Gaukler von London* (R) • Karl Valentin: *Brillantfeuerwerk* (Kabarettexte) • Siegfried von Vegesack: *Unter fremden Sternen* (Rb) • Georg von der Vring: *Der Goldhelm* (Erz) • Wolfgang Weyrauch: *Strudel und Quell* (Erz) • Ernst Wiechert: *Atli der Bestmann / Tobias* (Erzn).

1939

Peter Bamm: *Der Hahnenschwanz* (Ess) • Werner Bergengruen: *Der Tod von Reval* (Erzn) • Heinrich von Bohn: *Kamerad Mensch* (Erzn) • Georg Britting: *Rabe, Roß und Hahn* (Gde) • Rudolf Brunngraber: *Opiumkrieg* (R) • Walter Gilbricht: *Abraham Lincoln* (Dr) • Albrecht Haushofer: *Augustus* (Dr) • Werner Helwig: *Raubfischer in Hellas* (R) • Norbert Jacques: *Leidenschaft. Ein Schiller-Roman* • Ernst Jünger: *Auf den Marmorklippen* (R) • Johannes Kirschweng: *Der Neffe des Marschalls* (R) • Ernst Legal: *Gott über Göttern* (Dr) • Edgar Maass: *Das große Feuer* (R) • Joachim Maass: *Ein Testament* (R) • Ernst Penzoldt: *Die Powenzbande* (R, illustr. Neuausg.) • Sigismund von Radecki: *Alles Mögliche* (Ess) • Werner Riemerschmid: *Die Frösche von Sumpach* (R) • Eugen Roth: *Der Wunderdoktor* (Gde) • Oda Schaefer: *Die Windharfe* (Gde) • Reinhold Schneider: *Sonette* • August Scholtis: *Das Eisenwerk* (R) • Rudolf Alexander Schröder: *Aufsätze und Reden* (2 Bde.) • Otto von Taube: *Der Fluch über Luhsen* (Erzn) • Siegfried von Vegesack: *Das Kritzelbuch* (Gde u. Erzn) • Georg von der Vring: *Dumpfe Trommel, schlag an!* (Gde) • Leo Weismantel: *Gericht über Veit Stoß* (R) • Konrad Weiß: *Das Sinnreich der Erde* (Gde) • Ernst Wiechert: *Das einfache Leben* (R) • Karl Zuchardt: *Die Prinzipalin* (Dr).

Friedrich Georg Jünger: *Illusionen der Technik* (Ess, Neufassung als *Die Perfektion der Technik,* 1946) • Ernst Wiechert: *Der Totenwald* (A, KZ-Bericht, publ. 1946).

1940

Walter Bauer: *Wanderer im Süden* (Rb) • Emil Belzner: *Ich bin der König* (R) • Werner Bergengruen: *Am Himmel wie auf Erden* (R) • Hans Georg Brenner: *Nachtwachen* (R) • Heimito von Doderer: *Ein Umweg* (R) • Paul Fechter: *Der Zauberer Gottes* (Dr) • Walter Gilbricht: *Ulysses daheim* (Kom) • Albrecht Goes: *Der Nachbar* (Gde) • Gerhart Hauptmann: *Der Schuß im Park* (Nov, publ. in der Zs. *Die Dame,* Buchausg. 1941) • Alma Holgersen: *Kinderkreuzzug* (R) • Hans Hömberg: *Kirschen für Rom* (Kom) • Friedrich Georg Jünger: *Der Missouri* (Gde) • Kurt Kusenberg: *La Botella* (Erzn) • Horst Lange: *Ulanenpatrouille* (Erz) • Marianne Langewiesche: *Königin der Meere* (R) • Hans Leip: *Das Muschelhorn* (R) • Alexander Lernet-Holenia: *Mars im Widder* (R, publ. in der Zs. *Die Dame,* Buchausg. 1941) • Oskar Loerke u. Peter Suhrkamp (Hg.): *Deutscher Geist* (Ess) • Erika Mitterer: *Der Fürst der Welt* (R) • Johannes Moy: *Das Kugelspiel* (Erzn) • Paula von Preradović: *Pave und Pero* (R) • Hans Reiser: *Der neue Binscham* (R) • Walter Erich Schäfer: *Der Leutnant Rougier* (Dr) • Edzard Schaper: *Der Henker* (R) • Ruth Schaumann: *Die Übermacht* (R) • Reinhold Schneider: *Macht und Gnade. Gestalten, Bilder und Werte in der Geschichte* (Ess) • Rudolf Alexander Schröder: *Die weltlichen Gedichte.*

1941

Georg Britting: Der *Schneckenweg* (Erzn) • Rudolf Brunngraber: *Zucker aus Cuba* (R) • Hans Carossa: *Das Jahr der schönen Täuschungen* (A) • Hans Fallada: *Damals bei uns daheim* (A) • Elisabeth von Glasenapp: *Griechische Reise* (Rb) • Paul Gurk: *Büroassistent Tödtke* (R) • Fritz Habeck: *Der Scholar vom linken Galgen* (R) • Gerhart Hauptmann: *Iphigenie in Delphi* (Dr, Teil 4 der 1940–44 verfaßten *Atriden*-Tetralogie) • Manfred Hausmann: *Einer muß wachen* (Ess) • Werner Helwig: *Im Dickicht des Pelion* (R) • Hermann Graf Keyserling: *Betrachtungen der Stille und Besinnlichkeit* (Ess) • Ernst Kreuder: *Die Nacht des Gefangenen* (Erzn) • Heinz Kükelhaus: *Thomas der Perlenfischer* (R) • Dr. Owlglass (d. i. Hans Erich Blaich): *Idyllen und Katastrophen. Heitere Geschichten in Bildern und Versen* • Ernst Penzoldt: *Korporal Mombour* (Erz) • Luise Rinser: *Die gläsernen Ringe* (Erz) • Reinhold Schneider: *Dreißig Sonette* • Peter Stühlen: *Das Erbe* (R) • Frank Thiess: *Das Reich der Dämonen. Roman eines Jahrtausends.*

Ricarda Huch: *Deutsche Geschichte, Bd. 3: Untergang des Römischen Reiches Deutscher Nation* (beendet 1941, publ. postum 1949) • Oskar Loerke: *Die Abschiedshand* (Gde, verf. vor 1941, publ. postum 1949).

1942

Emil Barth *Das Lorbeerufer* (Erz) • Anton Betzner: *Basalt* (R) • Johannes Freumbichler: *Auszug und Heimkehr des Jodok Fink* (R) • Heinrich Goertz: *Johannes Geisterseher* (R) • Bernt von Heiseler: *Cäsar* (Dr) • Walther von Hollander: *Der Gott zwischen den Schlachten* (R) • Ernst Jünger: *Gärten und Straßen* (Bd. 1 d. Kriegs-Tb *Strahlungen,* Gesamtausg. 1949) • Erhart Kästner: *Griechenland*

(Rb) • Kurt Kusenberg: *Der blaue Traum* (Erzn) • Marianne Langewiesche: *Die Allerheiligenbucht* (Erz) • Wilhelm Lehmann: *Der grüne Gott* (Gde) • Hans Leip: *Kadenzen* (Gde) • Ders.: *Die Laterne* (Gde) • Alexander Lernet-Holenia: *Beide Sizilien* (R) • Willi Schäferdiek: *Zuma* (Nov) • Ernst Schnabel: *Nachtwind* (R) • Franz Spunda: *Der Herr vom Hradschin. Roman Kaiser Karls IV.* • Friedrich Franz von Unruh: *Bruderdorf* (Erz) • Georg von der Vring: *Oktoberrose* (Gde).

Stefan Andres: *Das Tier aus der Tiefe* (R, Bd. 1 der geplanten Tetralogie *Die Sintflut,* publ.1949) • Wolfgang Hoffmann-Zampis: *Erzählung aus den Türkenkriegen* (publ. 1947) • Gerhard Nebel: *Bei den nördlichen Hesperiden* (Urfassung d. Tb 1942, publ. 1948) • Rudolf Pechel: *Zwischen den Zeilen* (Ess aus d. *Deutschen Rundschau,* Auswahl 1932–1942, publ. 1948).

1943

Stefan Andres: *Wir sind Utopia* (Erz) • Carl Rudolf Bertsch: *Das Gerücht* (R) • Imma von Bodmershof: *Die Rosse des Urban Roithner* (Erz.) • Gertrud von den Brincken: *Niemand* (R) • Hans Fallada: *Heute bei uns zu Haus* (A) • Sir Galahad (d. i. Bertha Eckstein): *Der glückliche Hügel. Ein Richard-Wagner-Roman* • Hermann Gaupp u. Karl Krolow: *Hochgelobtes gutes Leben* (Gde) • Gerhart Hauptmann: *Iphigenie in Aulis* (Dr, Teil 1 der *Atriden*-Tetralogie; die Teile 2, *Agamemnons Tod,* u. 3, *Elektra,* publ. postum 1948) • Rudolf Henz: *Der große Sturm* (R) • Hermann Hesse: *Das Glasperlenspiel* (R, Teildrucke in der *Neuen Rundschau,* Buchausg. in der Schweiz) • Fred von Hoerschelmann: *Die zehnte Symphonie* (Dr) • Ricarda Huch: *Weiße Nächte* (Erz) • Hermann Kasack: *Das ewige Dasein*

(Gde) • Rudolf Krämer-Badoni: *Jacobs Jahr* (R, gedruckt im Winter 1942 / 43, aber nur wenige Ex. ausgeliefert, dann Aufl. verbrannt, publ. 1978) • Heinz Kükelhaus: *Weihnachtsbäume für Buffalo* (R) • Gertrud von le Fort: *Das Gericht des Meeres* (Erz, im Druck verbrannt, publ. 1950) • Hans Leip: *Der Widerschein* (Erz) • Josef Leitgeb: *Vita somnium breve* (Gde) • W. E. Schäfer: *Das Feuer* (Dr) • Ernst Schnabel: *Schiffe und Sterne* (Rb) • Reinhold Schneider: *Jetzt ist des Heiligen Zeit* (Gde) • Wolfgang Weyrauch: *Das Liebespaar* (Erz).

Emil Barth: *Lemuria. Aufzeichnungen und Meditationen (1943–1945)* (Tb, publ.1947) • Gottfried Benn: *Zweiundzwanzig Gedichte* (Privatdruck) • Ernst Jünger: *Der Friede* (Ess, 1943 beendet, kursierte 1944 in heimlichen Abschriften oppositioneller Militärs, publ. 1948) • Hans Erich Nossack: *Der Untergang* (Bericht, verf. 1943; publ. 1948).

1944

Georg Britting: *Lob des Weines* (Gde) • Paul Gurk: *Iskander* (R) • Friedrich Georg Jünger: *Die Titanen* (Ess) • Johannes Kirschweng: *Der Kathedralenläufer* (Erz) • Ernst Kreuder: *Das Haus mit den drei Bäumen* (Erzn) • Horst Lange: *Die Leuchtkugeln* (Erzn) • Hans Rehberg: *Die Wölfe* (Dr) • Hermann-Georg Rexroth: *Der Wermutstrauch* (Kriegs-Rb) • Heinrich Schirmbeck: *Die Fechtbrüder* (Erzn) • Reinhold Schneider: *Die Waffen des Lichts* (Gde).

Stefan Andres: *Die Arche* (R, Bd. 2 der geplanten Tetralogie *Die Sintflut,* publ.1951) • Gottfried Benn: *Roman des Phänotyp* (publ. 1949) • Werner Bergengruen: *Dies irae* (Gde, publ. 1945 nach Kriegsende) • Rudolf Borchardt: *Anabasis* (A, Flucht-Bericht, publ.

postum 2003) • Hans Fallada: *Der Trinker* (R, publ. 1950) • Ders.: *Fridolin, der freche Dachs* (Kibu, publ. 1955) • Ders.: *Gefängnistagebuch 1944* (publ. postum 2009) • Otto Flake: *Nietzsche. Rückblick auf eine Philosophie* (Ess, publ. 1946) • Hans Henny Jahnn: *Fluß ohne Ufer* (R, Bd. 1 u. 2, *Das Holzschiff* u. *Die Niederschrift des Gustav Anias Horn,* gedruckt 1944, aber nicht mehr ausgeliefert, publ. 1949 / 50) • Hermann Kasack: *Die Stadt hinter dem Strom* (R, die ersten zwölf Kapitel beendet 1944, publ. 1947) • Gerhard Nebel: *Auf ausonischer Erde* (Urfassung d. Tb 1943 / 44, publ. 1949) • Fritz Reck-Maleczewen: *Tagebuch eines Verzweifelten* (verf. 1936 – 1944, publ. postum 1947) • Roman Karl Scholz: *Goneril* (Erz., verf. in Gestapo-Haft, publ. postum 1947) • Josef Weinheber: *Hier ist das Wort* (Zs.-Teildrucke, 1944 gesetzt, publ. postum 1947).

1945

Rudolf Hagelstange: *Venezianisches Credo* (Gde, verf. 1944, illegal publ. 1945, reguläre Buchausg. 1946).

Werner Bergengruen: *Compendium Bergengruenianum 1940 – 45* (Ess, nur Teilveröffentlichungen) • Theodor Haecker: *Tag- und Nachtbücher 1939 – 1945* (publ. postum 1947) • Felix Hartlaub: *Im Dickicht des Südostens* (Erz, verf. 1944 / 45, publ. postum 1950) • Albrecht Haushofer: *Moabiter Sonette* (postumer Privatdruck 1945 nach Kriegsende, reguläre Ausg. 1946) • Gerhard Nebel: *Unter Partisanen und Kreuzfahrern* (Urfassung d. Tb 1944 / 45, publ. 1950).

Literaturhinweise

Die *Schlaglichter* schöpfen aus einem halben Jahrhundert eigener Forschung zur Literatur im „Dritten Reich". Aus gut zwei Dutzend einschlägigen Veröffentlichungen seien hier vier genannt, weil sie die Problematik ergänzen und vielleicht dem Wunsch einzelner nach quellenbelegter Fachkontroverse entgegenkommen.

Günter Scholdt: *Autoren über Hitler. Deutschsprachige Schriftsteller 1919 – 1945 und ihr Bild vom „Führer"*. Bonn 1993.

Ders.: *Kein Freispruch zweiter Klasse. Zur Bewertung nichtnazistischer Literatur im „Dritten Reich"*. In: *Zuckmayer-Jahrbuch* 5 (2002), S. 127 – 177.

Ders.: *Feindliche Nähe und Angst vor dem Gulag? Der „Historikerstreit" im Spiegel von Schriftsteller-Äußerungen zwischen 1917 und 1945*. In: *Das 20. Jahrhundert. Zeitalter der tragischen Verkehrungen*. Hg.: Helmut Fleischer u. Pierluca Azzaro. München 2003, S. 156 – 206.

Ders.: *Innere Emigration und literarische Wertung*. In: *Kanon, Wertung und Vermittlung. Literatur in der Wissensgesellschaft*. Hg.: Matthias Beilein, Claudia Stockinger u. Simone Winko. Berlin-Boston 2012, S. 123 – 143.

Wie bereits gesagt, fehlt bislang eine befriedigende Gesamtdarstellung dieser Epoche. Insbesondere Literaturgeschichten (z. B. die von Metzler, Hanser, Athenäum, Rowohlt oder Lang) und etliche Monographien sind nur unzulängliche, zuweilen lieblose Annäherungen an den literarhistorischen Gegenstand. Ein solches Kollektivurteil wie meine konfrontative Germanistenmusterung ist naturgemäß insofern ungerecht, als die Betonung eines dominierenden Trends etliche respektable Einzelleistungen übergeht: Spezialstudien zu Autoren,

Werken, Zeitschriften oder sonstigen Aspekten des Themas, die nicht vom Zeitgeist verheert oder deren Informationswert von Skepsis gegenüber manchen Inneren Emigranten zumindest nicht beschädigt wurde.

Das gilt beispielhaft für Jan-Pieter Barbians Institutionengeschichte *Literaturpolitik im „Dritten Reich“* (überarb. Ausg. 1995) und manch andere Abhandlung, die, ungeachtet bestimmter von mir nicht geteilter Wertungen, gebührende Erwähnung verdienten. Da hier jedoch kein Forschungsbericht geschrieben werden konnte, beschränke ich mich als Anregung zunächst einmal auf das Nennen einer Handvoll Titel, die (zumindest partiell) gegen den aktuellen philologischen Stachel löcken oder mich in meiner Kurskorrektur durch wichtige Hinweise bestärkt haben:

Hans Daiber: *Schaufenster der Diktatur. Theater im Machtbereich Hitlers.* Stuttgart 1995.

Friedrich Denk: *Die Zensur der Nachgeborenen. Zur regimekritischen Literatur im Dritten Reich.* 3. Aufl. Weilheim i. OB 1996 [trotz mancher streitbaren Simplifizierung].

Heidrun Ehrke-Rotermund u. Erwin Rotermund: *Zwischenreiche und Gegenwelten. Texte und Vorstudien zur „verdeckten Schreibweise“ im „Dritten Reich“.* München 1999.

Sebastian Graeb-Könneker: *Autochthone Modernität. Eine Untersuchung der vom Nationalsozialismus geförderten Literatur.* Opladen 1996.

Günther Rühle: *Theater in Deutschland 1887–1945. Seine Ereignisse – seine Menschen.* Frankfurt a. M. 2007.

Hans Dieter Schäfer: *Das gespaltene Bewußtsein. Über deutsche Kultur und Lebenswirklichkeit 1933–1945.* München-Wien 1981, erweiterte Neuausg. Göttingen 2009.

Dieser Kürzestliste sei noch eine Auswahl an Sammelbänden und Monographien angefügt, die das Thema „Innere Emigration“ in den Mittelpunkt rückten oder zur Begriffsdebatte beigetragen haben. Daß das nicht immer produktiv erfolgte, versteht sich nach dem in der Einleitung Gesagten von selbst:

Christian Adam: *Lesen unter Hitler. Autoren, Bestseller, Leser im Dritten Reich.* Berlin 2010.

Moritz Baßler, Hubert Roland u. Jörg Schuster (Hg.): *Poetologien deutschsprachiger Literatur 1930 – 1960. Kontinuitäten jenseits des Politischen.* Berlin-Boston 2016.

Danièle Beltran-Vidal (Hg.): *Exil intérieur. Innere Emigration.* Montpellier 2003.

Gisela Berglund: *Der Kampf um den Leser im Dritten Reich. Die Literaturpolitik der „Neuen Literatur“ (Will Vesper) und der „Nationalsozialistischen Monatshefte“.* Worms 1980.

Lothar Bluhm: *Das Tagebuch im Dritten Reich. Zeugnisse der Inneren Emigration von Jochen Klepper bis Ernst Jünger.* Bonn 1991.

Sigrid Bock u. Manfred Hahn (Hg.): *Erfahrung Nazideutschland. Romane in Deutschland 1933 – 1945.* Berlin-Weimar 1987.

Michael Braun u. Georg Guntermann (Hg.), unter Mitarb. v. Christiane Gandner: *Gerettet und zugleich von Scham verschlungen. Neue Annäherungen an die Literatur der „Inneren Emigration“.* Frankfurt a. M. 2007.

Wolfgang Brekle: *Schriftsteller im antifaschistischen Widerstand 1933 – 1945 in Deutschland.* Berlin-Weimar 1985.

Christiane Caemmerer u. Walter Delabar (Hg.): *Dichtung im Dritten Reich? Zur Literatur in Deutschland 1933 – 1945.* Opladen 1996.

Tea-Wha Chu: *Nationalsozialismus und Verantwortung in der christlichen Literatur. Zur Poetologie des Zwischen-den-Zeilen-Schreibens*

der christlichen Dichter in der Inneren Emigration 1933 – 1945. Frankfurt a. M. etc. 1994.
Horst Denkler: *Was war und was bleibt? Zur deutschen Literatur im Dritten Reich. Neuere Aufsätze*. Frankfurt a. M. etc. 2004.
Horst Denkler u. Karl Prümm (Hg.): *Die deutsche Literatur im Dritten Reich. Themen – Traditionen – Wirkungen*. Stuttgart 1976.
Wolfgang Frühwald u. Heinz Hürten (Hg.): *Christliches Exil und christlicher Widerstand. Ein Symposion an der Katholischen Universität Eichstätt*. Regensburg 1987.
Marcin Gołaszewski, Magdalena Kardach u. Leonore Krenzlin (Hg.): *Zwischen innerer Emigration und Exil. Deutschsprachige Schriftsteller 1933 – 1945*. Berlin-Boston 2016.
Reinhold Grimm u. Jost Hermand (Hg. v. Teil 1), Peter Uwe Hohendahl u. Egon Schwarz (Hg. v. Teil 2): *Exil und Innere Emigration*. 2 Bde. Frankfurt a. M. 1972 – 73.
Hermann Haarmann (Hg.): *Heimat, liebe Heimat. Exil und innere Emigration (1933 – 1945)*. Berlin 2004.
Charles W. Hoffmann: *Opposition Poetry in Nazi Germany*. Berkeley-Los Angeles 1962.
Johann Holzner u. Karl Müller (Hg.): *Literatur der „inneren Emigration" aus Österreich*. Wien 1998.
Uwe-K. Ketelsen: *Literatur und Drittes Reich*. Schernfeld 1992.
Dieter Krohn (Hg.): *Aspekte der künstlerischen inneren Emigration 1933 – 1945*. München 1994.
Frank-Lothar Kroll u. Rüdiger von Voss (Hg.): *Schriftsteller und Widerstand. Facetten und Probleme der „Inneren Emigration"*. Göttingen 2012.
Ernst Loewy: *Literatur unterm Hakenkreuz. Das Dritte Reich und seine Dichtung. Eine Dokumentation*. Frankfurt a. M. 1966, 3. Aufl. 1977.

Joël Pottier (Hg.), in Zusammenarb. m. Peter André Bloch: *Christen im Widerstand gegen das Dritte Reich*. 2., überarb. Aufl. Sachsenheim 1995.
Anatol Regnier: *Jeder schreibt für sich allein. Schriftsteller im Nationalsozialismus.* München 2020.
Hans Sarkowicz u. Alf Mentzer: *Literatur in Nazi-Deutschland. Ein biographisches Lexikon.* Hamburg-Wien 2000, erw. Aufl. 2002.
Annette Schmollinger: *„Intra muros et extra". Deutsche Literatur im Exil und in der inneren Emigration. Ein exemplarischer Vergleich.* Heidelberg 1999.
Ralf Schnell: *Literarische Innere Emigration 1933–1945*. Stuttgart 1976.
Franz Schonauer: *Deutsche Literatur im Dritten Reich. Versuch einer Darstellung in polemisch-didaktischer Absicht.* Olten-Freiburg i. B. 1961.
Jörg Schuster: *Die vergessene Moderne. Deutsche Literatur 1930–1960.* Stuttgart 2016.
Hinrich Siefken u. Hildegard Vieregg (Hg.): *Resistance to National Socialism: Kunst und Widerstand. Forschungsergebnisse und Erfahrungsberichte. 3. Nottingham Symposium.* München 1995.
Bernhard Zeller, in Zusammenarb. m. Friederike Brüggemann, Eva Dambacher, Hildegard Dieke u. Friedrich Pfäfflin: *Klassiker in finsteren Zeiten, 1933–1945. Eine Ausstellung des Literaturarchivs im Schiller-Nationalmuseum.* 2 Bde. Marbach 1983.

Register der erwähnten Werke

Das Register verzeichnet alle deutschsprachigen Werktitel, die im Buch erwähnt werden, und zwar sowohl selbständige als auch unselbständige Veröffentlichungen. Man findet also beispielsweise einzelne Gedichte ebenso verzeichnet wie angeführte Sammelbände, in denen sie enthalten sind.

Die in das Buch aufgenommenen Fotos dokumentieren zeitgenössische Buchcover aus der Bibliothek des Verfassers. Das Szenenfoto, das als Abbildung 14 gezählt wird, entstammt einer Fotokarte des Pressedienstes Wien-Bild / Cuntz aus dem Besitz des Verlags. Das Faksimile, das als Abbildung 37 gezählt wird, ist entnommen dem Band von Franz Anselm Schmitt und Bruno Scherer: *Reinhold Schneider. Leben und Werk in Dokumenten.* 2. Auflage. Karlsruhe: Badenia Verlag 1973.